超级符号
理论与实例

完整梳理超级符号学术脉络，彻底读懂超级符号方法！

徐卫华　刘佳佳　著

浙江传媒学院 COMMUNICATION UNIVERSITY OF ZHEJIANG ×华与华　文匯出版社

图书在版编目（CIP）数据

超级符号理论与实例 / 徐卫华，刘佳佳著. -- 上海：
文汇出版社，2022.7

ISBN 978-7-5496-3776-8

Ⅰ. ①超… Ⅱ. ①徐… ②刘… Ⅲ. ①市场营销—案
例—中国 Ⅳ. ①F723.0

中国版本图书馆CIP数据核字(2022)第097141号

超级符号理论与实例

作　　者 / 徐卫华　　刘佳佳

责任编辑 / 戴　铮
执行编辑 / 邱奕霖
特邀编辑 / 李思语　　周汝琦
封面装帧 / 吴　琪

出版发行 / 文匯出版社
　　　　　　上海市威海路 755 号
　　　　　　（邮政编码 200041）
经　　销 / 全国新华书店
印刷装订 / 河北中科印刷科技发展有限公司
版　　次 / 2022 年 7 月第 1 版
印　　次 / 2022 年 7 月第 1 次印刷
开　　本 / 710mm×1000mm　　1/16
字　　数 / 290 千字
印　　张 / 29.5

ISBN/ 978-7-5496-3776-8
定　　价 / 149.00 元

侵权必究
装订质量问题，请致电010-87681002（免费更换，邮寄到付）

目 录

序言 1：

超级符号就是超级品牌

超级符号是华与华公司在二十年营销传播实践中创立的一套理论和方法体系，2020 年 11 月，华与华公司与浙江传媒学院联合成立超级符号研究所，编写的这本《超级符号理论与实例》就是研究所的第一个学术课题，也是超级符号理论的最新发展成果和全新起点。

理论来源于实践，在超级符号理论发展过程中，最早提出的是"播传"和"品牌寄生"，在 2002 年注册广州华与华的时候，我们就曾考虑把公司命名为"播传广告"，因为"发动消费者替我们传播"、看重传达率而不是到达率，是当时我们最重要的传播思想，这一点在田七牙膏"拍照不喊茄子，喊田七"的电视广告创意中得到了最突出的表现。

也是在拍照喊"田七"这个案例中，我们总结出"品牌寄生"的理论，寻找"寄主"，将品牌寄生于消费者的生活场景。华楠说："人们合影的时候会喊'茄子'，这就是一个生活场景，一个寄主，我们就把田七品牌寄生在这个寄主、这个生活场景上面，当这个场景发生时，我们的品牌就会自动播传。"

在品牌寄生之前，我已经对品牌文化非常敏感，这要追溯到华与华公司成立之前。1998 年，我职业生涯的第一个案例——喜悦洋参，当时我们用一个印第安酋长的形象，统合了包装设计和整个传播系统，由此我得到一个"品牌文化"的体会——占人类文化的便宜！文化是人类历史形成的一切物质财富和精神财富的总和，我们可以将我们的品牌嫁接人类的文化财富，比如喜悦洋参以"100% 纯正美国西洋参"为定位，嫁接印第安酋长形象，就获得了整个印第安文化和符号系统。

品牌寄生和品牌文化的结合，最终发展成华与华方法的文化母体四部曲理论——寻找母体，回到母体，成为母体，壮大母体。

2004 年，我做了一个名为《七剑》的 PPT，讲华与华的七条主要方法，其中有符号力量和词语魔方两条。PPT 中说：

"符号和词汇是人们认知和交流的基本中介单位，消费者是靠一些记忆碎片来积累、组合对品牌的印象的。我们追求将最小的记忆碎片打造成为一个强有力的价值符号，就可以得到最高的传播效率。符号是营销传播中的最小记忆单位，符号是最低衰减性的信息包，符号是我们插在战略领地上的国旗，用最简单的符号达到最复杂的目的。

罗伯斯庇尔说他发现他的工作，是"用词语统治世界"，我们也追求用词语来影响他人，我们需要组合一个简单直观的词组，来代表和传播我们所需要的一切。这就是"词语魔方"。

华楠后来把"价值符号"改为"超级符号"，"词语魔方"则发展成现在运用的"母体词组"来编织。事实上我很喜欢"魔方"的概念，我们的工作，就是转动"符号魔方"和"词语魔方"。

2008 年，"超级符号就是超级创意"作为华与华公司的广告口号，开始在航机杂志上发布。2013 年，我们出版了华与华第一本书，书名就叫《超级符号就是超级创意》，在这本书里，正式定义了超级符号：

"超级符号是人们本来就记得、熟悉、喜欢的符号，并且还会听它的指挥；超级符号是蕴藏在人类文化里的'原力'，是隐藏在人类大脑深处的集体潜意识。它已经为掌握了它引信的人积聚了数万年的能量。将超级符号嫁接给品牌，就得到了超级创意、超级产品、超级品牌、超级企业。"

《超级符号就是超级创意》这本书，并不是一本超级符号的专著，还容纳了华与华在经营哲学、企业战略、企业管理、产品开发、营销传播等多方面的内容，可以说，是一本"华与华方法纲要"，所以，我一直给自己一个任务，就是把该书分拆形成各方面的专业著作。2019年，我们出版了《超级符号原理》，总结了"文化母体、超级符号、购买理由、货架思维"的思想框架，和"寻找母体，回到母体，成为母体，壮大母体"的创作流程。2020年，又出版了《华与华方法》，总结了企业三大定律：交易成本定律、社会职能定律、创新利润定律；品牌三大原理：社会监督原理、品牌成本原理、品牌资产原理；传播三大原理：刺激反射原理、播传原理、信号能量原理。

但是，这些书只是提出我们的思想，我还希望把它形成可以在学校教学的教材。我也深知，在社会科学领域没有什么新知，我们所勘探到的地方，大多已经有前人耕耘过。我们只是以自己的知行合一将之重新组合而已，或许有所发明，但也都是推陈出新。所以，我们需要结合高校的学术力量，发掘在这一领域的"人类总智慧"，梳理学术脉络，完备学术体系，这就是本书的任务。

浙江传媒学院的徐卫华、刘佳佳、焦玥、宋哲、方腾、陈瑜嘉六位老师组成了本书编写组，在一年多的时间里，老师们奋力笔耕，我们也定期举行学术会议，反复研讨，终于如期完成了本书。整个过程对我而言，是一个重新学习的过程，而最终的呈现，更让我喜出望外！既为自己感到自豪，也对老师们的学术水平感到由衷的敬佩！

浙江传媒学院文化创意与管理学院张雷院长、林利宏书记、赵礼寿副院长、龚立群副院长对华与华-浙传超级符号研究所的成立和本书的编写给予了巨大的支持，华与华商学的颜艳、夏晓燕、胡文俊等同事也全程参与并对本书的最终完成做出了贡献，在此一并致以崇高的谢意！

上海华与华营销咨询有限公司董事长
超级符号研究所名誉主任
华杉
2022 年 3 月 9 日

序言 2

古希腊哲人亚里士多德曾经说过，知识与非知识的区分标准是能否传授，前者能传而后者不能。从这个意义上说，我们非常有幸，部分地参与了超级符号理论的知识生产。

超级符号理论的原创者是华与华的创始人——华杉、华楠兄弟。尽管他们总是非常谦虚，认为他们没有"另立新说"，只是总结和提炼了前人的观点；但在我们看来，超级符号理论堪称中国本土原创的品牌营销传播理论的代表。

华与华与浙江传媒学院合作建设的"超级符号研究所"，于 2020年 11 月正式落户于浙江传媒学院文化创意与管理学院。华与华董事长华杉先生出任研究所名誉主任，华与华董事合伙人、副总经理颜艳女士出任名誉副主任，徐卫华、刘佳佳受托分别担任执行主任、副主任。这本书正是"超级符号研究所"成立之后，启动的第一个学术研究项目。

本书是编写团队合作的成果：

整体框架，由徐卫华构思；

第一章，刘佳佳撰写初稿并统稿；

第二章，宋哲撰写初稿，刘佳佳修改统稿；

第三章，方腾撰写初稿，刘佳佳修改统稿；

第四章，徐卫华撰写初稿，夏晓燕修改，最后由徐卫华统稿；

第五章，焦玥撰写初稿，刘佳佳修改统稿；

第六章，陈瑜嘉撰写初稿，徐卫华修改统稿。

同时，本书编写也是校企协同的典范：

华与华董事长华杉先生将他几十年的所学和所悟，毫无保留地与编写团队分享，为本书提供了核心观点，并审定了各章的书稿；

浙江传媒学院文化创意与管理学院张雷院长、林利宏书记、赵礼寿副院长共同主持了研究所的成立以及本项目的对接和签约活动，并多次指导和协调本书的编写工作；

华与华董事合伙人、副总颜艳女士持续地关注本项目进展，组织了本书的学术研讨会，并为本书撰写提出了许多宝贵的意见和建议；

华与华商学总经理夏晓燕女士，作为本书的项目总监，负责本项目的流程管理，并直接参与了本书的编写工作；

华与华的胡文俊女士作为本书的项目经理，一直耐心、细心地跟进每一个细节，资料转交、信息传达、意见沟通，无一遗漏，止于至善。

一年半来，我们都感觉忙碌而充实：从食堂到咖啡馆，从图书馆到会议室，从桐乡到下沙，阅读、思考、讨论；从阳春三月的杭州温德姆，到盛夏的木守西溪，再到秋意浓浓的乌镇益大丝业会馆，高密度的学术交流，实打实的思想碰撞，让我们更加坚信学术的美好！

如果幸福是把灵魂安放在最适当的位置，那么学术研究和交流不仅仅是我们的本职工作，也是我们最大的幸福。

恳请各位方家赐教！

徐卫华

从左至右为：胡文俊、宋哲、刘佳佳、徐卫华、华杉、颜艳、方腾、焦玥、陈瑜嘉、夏晓燕

第 一 章

超级符号：品牌传播的符号系统

本章索引

引言：

寻找提高营销传播效能的"金羊毛"

"我知道我花在广告上的资金有一半被浪费掉了，但我无法知道究竟是哪一半。"如果你读过一些有关营销传播的资料，很可能听过上面这句格言。事实上，没有证据能够表明约翰·华纳梅克曾说过这句话，但作为当时全美最大百货公司之一的老板，他曾孜孜不倦地追求过营销传播效能的最大化。也许因为这句格言听起来很高深、耐人寻味，还有一些幽默的意味，才从 19 世纪末的美国流传至今。

营销传播效能通常是一个不断损耗的过程，也是一个极为复杂且困难的议题。任何一家企业在发起营销传播活动时都希望获得最大的收益，不仅在短期内可以挣回投入的资金，而且还想在未来也能持续盈利。正如近年来被广泛讨论的"品效合一"一样，企业希望营销传播的投入不仅可以带来直接销售，而且能够建设长期品牌。企业发送"1"，希望可以得到"1"，甚至得到"10"、得到"100"的结果。

理想很丰满，但现实却往往很骨感。营销传播的效能从本质上依赖于人们对于信息的反应，这些复杂的反应过程涉及注意信息、加工信息、记忆和对于信息的反应。消费者对营销传播信息的外部信息刺激的心理活动过程，被认为是一种看不见、摸不着、不透明的东西，也就是"黑箱"。企业发送"1"，往往只能得到"0.01"。在下列的各个阶段中，任何时候都有可能出现问题，造成营销传播投入的浪费，甚至功亏一篑。

企业希望目标消费者可以从茫茫信息海洋中注意到它们，然而并没有；

企业希望注意到信息的消费者，都可以正确地理解信息，然而并没有；

企业希望所有注意到这一信息的消费者，可以一丝不差地接受这个信息，然而并没有；

企业希望消费者记住它们的信息，每当有需求时选购它们的商品，然而并没有；

企业希望消费者在看到信息之后，直接去购买它们的产品，这是很多企业的终极目标，然而并没有；

企业希望消费者可以持续购买它们的产品，并且把产品推荐给身边的人，替它们传播，然而并没有。

那么，有没有一种思考原理与操作方法，可以回应上述那句流传百年的"格言"，解决营销传播在上述各个阶段可能存在的"损耗"和"浪费"问题？有没有可能在降低营销传播损耗的同时，还能让企业的营销传播效能成倍数地放大？有没有可能在降低营销传播成本的同时，还可以不断地积累品牌资产？上述的一系列问题指向本书的核心命题——"超级符号"的原理与方法。

具体来说，总论部分包括三个方面的要点与议题：

第一节是提出问题。 过往的营销传播理论对效能的探索有哪些？在营销传播的专业化进程中出现了哪些困惑？营销传播有哪些特殊性，它的最终目的或者说核心议题是什么？超级符号基于上述的思考，将符号学引入营销传播领域，重构了逆向编码的营销传播模型。

第二节是明确概念。 从符号编码和解码的视角来看，超级符号是一种符号编码方法。所谓"超级"，应当如何理解？超级符号的形式包括哪些？为什么会将超级符号理解为"行为主义符号学"，如何理解行为主义和精神分析这两条看似截然不同的学术脉络？

　　第三节是结构框架。超级符号指代的并不是一个静态的符号对象，而是作为营销传播的理论与方法体系而存在。超级符号理论的要点有哪些？这些要点之间有什么样的关系？它们如何落脚在提升营销传播效能上？超级符号方法体系背后的理论智慧来源有哪些？

第一节
超级符号的理论缘起

　　这一节主要讨论超级符号的理论缘起。营销传播对效能的追求，贯穿了跌宕起伏的 20 世纪，并延绵至今。被誉为"传播学之父"的施拉姆曾专门谈到，人类生存的最主要优势之一，即在于他们加工信息的效率超过其他动物。在营销传播百年求索过程中，涌现了诸多的营销传播观点与主张，但与此同时，营销传播的专业化也带来了诸多的问题，走入了迷途，遮蔽了营销传播的本质问题。

　　超级符号理论找到了营销传播最为关键的问题，回归营销传播自身的特殊性。所谓"问题就是答案"，当我们找到问题的时候，答案其实就在问题的背面。"超级符号立足语言和符号"这一深层思考智慧，从"人是符号的动物"出发，思考符号的约定俗成对人的强大影响，并将符号的功能极致化运用在营销传播中，进而重构了整个营销传播的思考框架。

一、营销传播效能的百年求索路

（一）营销传播效能的思考历程

广告起源最直接、最重要的动因，就是人们在商品交易和其他商业活动中产生将商品信息广而告知的需求。古希腊时期就已有修辞、演讲、说服等古老艺术。古代文明最为发达的地区存在着初始的广告物或者类似广告的活动，表示警告或注意。早期拉丁文的广告被称为"adventure"，其意为"我大喊大叫，以吸引或诱导人的注意"，前半句讲的是对传播技术的思考，服务于后半句所讲的传播目的。

广告和促销在 20 世纪初期逐渐形成和完善。在文案表达中，广告被定义为"印在纸上的推销术"，广告应该像一个挨门挨户进行推销的推销员，广告所说的应该像推销员对消费者口头所讲的东西那样，广告不一定非要十分漂亮和非常悦目，重要的是讲清为什么值得花钱买某种产品，一则好的广告应该是合情合理而不必多加修饰的销售工具。"广告的目的不是娱乐大众，而是推销产品，而且是以尽可能低的广告成本将产品推销出去。基于成本和收益的准确数据而制作出来的邮购广告，是目前最好的邮购广告。"

除了文案的表达，视觉形象与符号的打造也成为联结商品和人的重要方式，相对于文案而言，视觉符号能激起人们深藏的心潮，大卫·奥格威以此提出"品牌形象理论"，认为"每一则广告都应该看成在对品牌形象这种复杂现象作贡献"，都应视为对"品牌的性格的长期投资""金光灿灿的奖杯只颁给对塑造协调一致的形象有远见而且能持之以恒的广告主"。品牌形象的树立是一个长期的过程，必须有长远的眼光，缺乏长远打算，仓促凑合，是不利于品牌形象树立的。

企业识别系统在 20 世纪 50 年代逐渐成熟，IBM 是一个典型的应用案例。作为世界上最大的计算机公司，IBM 在上百个国家和地区有生产与销售机构，拥有数十万员工。董事长沃森提出："IBM 公司的优点是具有开拓者的精神和创造性，公司应该如何把这些特色有效地传达给世界人士呢？"在导入企业识别系统后，IBM 迅速被世界各地的同行业所认知、认可，成为具有国际影响力的企业，有了美国"蓝巨人"之称。

从信息学角度来看，企业识别系统包含了信息的生产制造子系统，比如理念策划、行为构思等，以及传播输出子系统，如公关、广告、推广等，二者共同服务于一个目标，即增强企业营销传播效率。企业良好形象的树立和信息传播的效率呈正相关关系。企业识别系统建设的最终目标是要使信息达到统一性和一致性，以节省企业信息传播的成本，提高传播的精确度和效果，从而在消费者内心建立企业统一且明确的形象。而后，日本企业的识别系统在更深层次上进行了推进和应用，将识别系统贯穿和体现在企业经营思想和经营活动之中，"形象力"和"商品力""销售力"三个维度在企业发展中缺一不可。

进入 20 世纪 90 年代，"整合营销传播"理念出现，它"以消费者为中心"和"追求传播的协同效应"，希望可以形成"一个形象，一个声音"，传播成为营销非常重要的依据。其一，营销价值转换自始至终处在一个信息传播场中。流通和交换首先是信息交换，进而才是价值交换。信息流动停止了，营销也就中断或终止了。其二，营销中的所有元素都可以完整地转化为营销传播元素。比如，产品本身就是一种信息载体，同样也代表了相应的信息，价格、渠道亦是如此。营销传播不仅扮演中介与沟通的角色，而且本身就成为一种价值。

（二）营销传播的"专业化"迷途

如冯友兰先生所言，对前人理论的研究，重要的是"接着讲"，而不是"照着讲",将各个阶段的"实然状况",聚焦到对"应然"的终极价值追求。从这一维度来看,营销传播效能的思考历程存在专业化带来的"迷途"。

在 19 世纪末 20 世纪初的社会科学大分化的趋势下,广告学作为一门独立的学科诞生了。从知识来源上讲,广告学把原属新闻、传播、营销和心理活动中的概念、范畴加以综合、抽象和分离,进行了新的结构组合和逻辑构造,构建出了独立的学科理论体系。Charles H.Sandage 曾在他的著作《广告作为一种社会力量》中对广告学发展的早期历史做过生动的阐述:"广告学小宝贝的爸爸是心理学,妈妈是新闻学。因此可以说,广告教育是由心理学发端而在新闻学中孕育的……广告学这个小家伙在很小的时候就被其生父遗弃了,但是,在他成长的岁月里,商业的市场营销学作为他的继父出现在了他的生活中,并和新闻学妈妈一起承担起养育广告学的重任。"

在百余年的发展中,学科的专业化分工推动了企业与民众对营销传播的认知,也产生了较为丰富的研究成果。但与此同时,广告也从一个相对开放的"领域",逐渐成为一个相对单一和边界封闭的专业"学科",形成了自身的特定概念、范畴、话语体系、研究工具、研究方法等,其中的专业化如此精细,以至于出现了一种"只见树木不见森林"的怪现象,如学术视野的局限、学科歧视和偏见等。这也导致学界研究与业界实践的不断脱节。

这一现象可以概括为"专业化迷途",营销传播效能的核心问题在营销传播的"专业化"进程中被遮蔽。人们往往将广告认为是一种营销传播的执行工具,用精密的专业话语概念去讨论广告,但是广告的目标却在不断远离企业的增长和品牌资产的积累;人们经常热切地讨论传播创意的好坏,却忘记了创意并不是企业开展营销传播活动的最终目的;人们更容易追求更新潮的概念,更关注那些新的变化,会认为互动和沟通等新概念,比"宣传""广告"等概念更高级、更有效,但是却忘记了营销传播中最为关键的成本与产出，面对动辄万计的受众，互动和沟通的成本往往难以估量。

（三）回到最终目的：营销传播的特殊性

针对上述诸多"迷途"，我们需要回归营销传播的本质，始终服务于最终目的，即回到原点来重新思考营销传播。营销传播是一种特殊的传播活动，从传播过程的各个要素来看，企业希冀的理想状态是所有受众能够在最短的时间，明确地识别并记住企业的信息，产生持续的购买行动。营销传播的对象并非个体，而是数量众多的受众，人们对营销传播的内容会有一定的自我防御和信息屏蔽。

其一，电光石火的反应时间与自我防御意识。当讨论一则广告好不好时，人们会认真地琢磨广告背后的意涵。这会陷入一个误区，即假设"零损耗"。营销传播信息不是像艺术品那样挂在墙上供人欣赏，而是在街道、商场或网页的纷乱环境中展示，营销传播需要回到商品、消费者以及具体的传播情境中，充分考虑人们极为有限的"反应时间"，传播信息需要在电光石火之间夺人眼球。

此外，相对于其他类别的信息，当人们接触营销传播信息时会带有一定的自我防御意识，会习惯性地选择避开这类信息，或者完全不接受，或者曲解广告的本意。"如何传出去"成为营销传播的当务之急，如果传不出去，哪怕你的内容再好，都难以真正产生效用。

其二，漫长的传播认知过程。认知心理学为营销传播提供了"输入—内部信息加工—输出"的思考模式，很多学者以此研究了营销传播的影响过程，比如问题、认知、理解、态度、感知、承认、试用、行动等。营销传播最关心的是行动，或者说转化。大卫·奥格威感慨道，"我们的目的是销售，否则便不是做广告""不要在乎广告有多么光鲜或抢眼……也不用管能引起多少大众兴趣。最关键的是广告能否带来销量？"营销传播就是回应这一关键问题，将漫长的传播认知、情感、态度和行为过程，直接转化到价值记忆与行为反射。

其三，有限的成本与规模化的人群。对于企业而言，如何通过有限的成本，来完成与规模化人群的沟通，这是一个非常艰巨的任务。整合营销传播看似美好，但是对于大多数的企业而言，难以有足够的预算与之相匹配。此外，每一个个体都有着各自不同的经验认知，营销传播如何能够抓住受众的集体认知，最终实现受众头脑中对品牌和商品信息认知的统一性，也是一个非常困难的任务。对企业而言，他们希望通过营销传播来实现消费者头脑中有着"同一片记忆碎片"的目标。

其四，传播的空间扩散与时间累积。营销传播不只是一个作品，而是一系列的活动，准确地说，是在较长时间内进行的一系列营销传播和推广活动。人们看到或听到基本讯息的次数越多，就越容易记住这些讯息，并习惯性地立即回应。广告的真谛是重复。如何将营销传播以尽可能低的成本，在空间上扩散，同时能够在时间上不断累积成为品牌资产，这也是营销传播需要思考的关键议题之一。

二、营销传播的符号学理解

如果要回应上述提出的营销传播特殊性，以及营销传播所面临的一系列关键问题，营销传播思考的理论基点是什么呢？不同的理论基点意味着不同的参照坐标，新的坐标往往重构整个世界。达尔文以演化之维，弗洛伊德以力比多之维，卡西尔以符号之维重构了那些我们原以为只是"两脚无毛直立行走"的动物。每一维度，都是对一度被遮蔽的知识的敞开与创造。这种敞开是人类主体性与存在价值的自我确证，也是人类科学的终极目标。

对于营销传播而言，我们将思考基点归结到了符号的维度。营销传播对效能的本质追求，也需要回到语言学和符号学这一深层的人类智慧中。人是符号的动物，符号携带或明或暗的意义，深刻影响着人的行为，或者说，符号控制了人的行为，是驱使人们消费的动力。营销传播用符号和语言来完成效能的提升，进而完成企业增长和建构品牌的目标。

（一）符号之维：人是符号的动物

研究传播学其实就是研究人。对人的存在、人性和人的本质，以及人的活动和发展的一般规律的思考，是传播学研究的立足点。从人类智慧的长河中，我们可以看到很多关于"人是什么"的回答。那么，"人是什么样的动物呢？"答案众说纷纭。贝塔朗菲认为是生理官能，尼采认为是权力意志，弗洛伊德认为是性欲本能，马克思认为是经济本能。

哲学家恩斯特·卡西尔把人定义为符号的动物，认为符号是人思维和创造的主要工具，人与动物的根本区别就在于动物只能对"信号"（signs）做出条件反射，而人能够把这些"信号"改造成有意义的符号（symbols）。人就不再生活在一个单纯的物理宇宙之中，而是生活在一个符号宇宙之中。语言、神话、艺术和宗教组成了这个符号宇宙的各个部分，它们构成了织成符号之网的不同丝线，也是人类经验的交织之网。符号化的思维和符号化的行为成为人类生活中最富有代表性的特征。这就是人的真正本质，是人的唯一本性。卡西尔的论述是哲学转向的一个缩影，它关注的问题并非古代哲学的"世界的本质"是什么，也非17世纪以来认识论哲学关注的"我们如何知道世界的本质"，而是聚焦"我们如何表述所知晓的世界的本质"。

（二）符号的约定俗成与符码规则

被誉为"现代语言学之父"的索绪尔从研究语言入手，发现语言是一种"符号现象"，"依我们来看，语言的问题主要是符号学的问题"。他还进一步提出，"我们可以设想有一门研究社会生活中符号生命的科学，……我们管它叫符号学。"那么什么是符号呢？索绪尔提出，"我们把概念和音响形象的结合叫作符号"。比如，"树"这个音响形象之所以被称为符号，是因为它带有"树"的概念。后来的学者拓展了索绪尔的解释，将其思想应用于分析非语言符号系统。他们认为，当某一事物可以代表和替代另一事物时，这种功能被称为符号功能，而承担这种功能的某一事物，同样也是符号。

具体来说，"符号"代表一种整体，由"能指"和"所指"组成。"能指"在语言符号中表示符号的音响形象，而在非语言符号中则表示通过感官所感知的媒介物，是带有物质性的，如物体、图像、气味等，"能指"一般可以理解为符号形式。"所指"表示语言符号和非语言符号所表述的概念，即符号的意义，一般可以理解为符号的内容。不论什么符号，"能指"和"所指"缺一不可，符号"是一个像看门户的两面神一样的、有两方面的存在物"。

1. 符号的任意性与约定俗成

索绪尔认为任意性是一切符号系统的基本原则[1]。即符号的所指和能指之间不存在自然的、必然的联系，而是任意的联系。所谓任意性，并不是说人可以随意指称事物，而是说符号的选择没有明确的目的。不同

---

[1] 索绪尔作为语言学家，在他的研究视野中认为任意性支配着整个语言系统，这是语言的本质特征。索绪尔还认为绝对任意的符号是最接近符号学理想的符号。但诸多学者对这一原则提出了质疑，典型的如同时代的符号学家皮尔斯提出的符号的"象似性"原则，象似符（icon）就和任意性的原则直接冲突。在本书中并不具体涉及这些争议，而更多的是聚焦符号任意性的对立面，即习惯性，强调能指与所指之间的"约定俗成"。

语种对表达同一概念所使用的词，它们的语音和书写是不一样的。比如，汉语中用"狗"，指一种听觉、嗅觉灵敏且被人类驯养来看守的家畜；但英语中却称为"dog"，发音和写法完全两样。换句话说，在表达同一事物的概念时，可以采用不同的符号形式。

符号虽然有任意性，但是一旦确定下来，个人是不能对它加以任何改变的。这就是"约定俗成"，也就是符号的习惯性。否则，如果符号可以由个人挑选的话，那便会造成社会生活秩序的混乱。纵观世界大多数国家和地区都有各自长期积累而又相对稳定的符号系统。在全球文化传播中，也有诸多能够跨越文化与地区差异的、人类共同熟知的符号系统。有些非语言符号系统，如交通安全标志、机场指示、握手礼等已经在大多数地区被接受且共通。

2. 符码：发送者与接收者的共同规则

符号之所以能够从任意性到"约定俗成"，在于符号背后完整而严密的规则。符号学称它们为"符码"。符号包括构成讯息的符号形式及其所表达的意义，以及有关符号的结合方式的种种规定。符码的作用是在传播过程中被体现出来的。信息发送者要想准确地达到沟通的目的，就必须遵从"使接收者也能理解"的共同规则，从而去构成信息的符号及其意义，而不能由信息发送者随意指定。

可以说，人类的思维是符号化的思维，离开了符号，思维就无法进行，也就是说，符号可以规定人们思考的方式。符号一旦约定俗成，产生有固定符码的符号系统，就能规定人们怎样去思考。我们在日常成语中所提到的"鸡同鸭讲""对牛弹琴"，指代的就是传收双方不按照符码规定而出现的尴尬局面。营销传播之所以能够取得成功，往往是在选择符号的过程中，借用了符码规则的强大约束力，在对接收者所处的符号系统进行全方位思考的理解基础上，通过符号引发接收者的"解释"，来引发人的潜意识不自觉地主动参与行为。

3. 符号的功能及其在营销传播中的价值

符号的功能一般可以划分为两大类：实用性功能和美学功能。符号具有标识、表意、传播、编码、实现或表现对象等实用性功能；美学功能是指符号所发挥的、内在的创造性功能，它会超越符号实用性的条框，同社会上产生新事物的创造活动产生深刻联系。美国符号学家查尔斯·莫里斯基于"有机体应用符号来达到某种目的"，将符号的用法分为四类：符号的告知用法，即符号被用来告知人们一些关于事物的情况；符号的价值用法，即符号被用来影响人们的喜爱行为；符号的激动用法，即符号被用来激起人们的反应行为；符号的系统用法，即符号被用来把产生符号的行为组成一个确定的整体。

符号在营销传播中的应用价值，可以概括为以下三个方面的功能：

其一，指称识别功能，"一物代一物"是符号的基本属性。传播需要一个符号来指称要表达的对象。这就是符号的"能指"和"所指"，比如，"狗"这个词，即是一个能指，它的所指，是指狗这个具体的动物。对一家公司或一个商品而言，如何能够被注意、区分和识别，成为最为基本的要点，这也是降低营销传播成本的重点议题。

其二，信息压缩功能，符号的指称有时候会浓缩大量信息。在社会生活中，握手、敬礼、竖大拇指、飞吻等都是典型的动作符号，把食指竖起来放在嘴边，再配上一个声音符号"嘘"，表示"别说话"。为什么有些符号背后蕴含的意义联想更多，为什么有的符号和词语容易让人记住，这往往与人们头脑中既有的认知网络有密切关系。

其三，行动指令功能，符号有强大的意志力，能够影响人们的看法，指挥人们的行动。一个典型的例子就是"红灯停，绿灯行"，人们从小就学习并习惯、依赖于符号的命令。人们往往并不会察觉到符号的存在，但它一直影响和指挥人们的行动。营销传播过程中具决定意义的即是行动。营销传播需要借助符号的这一功能来指挥消费者的行为，让他们采取购买行动和播传行动。

三、营销传播的"逆向编码"模式

符号一经形成理论思想，就立刻成为理解传播的重要视角。营销传播的目的是通过影响消费者的观念和行为，促使其做出购买商品的行动。企业想要消费者购买这个商品，就需要一个符号，或者说，需要一个符号来指称它。符号的编码与解码，是所有传播过程要素的核心，符号的重新编码会直接作用到营销传播效能上。营销传播效能的最大化，需要以信息的接收者为起点和终点，用解码来解决编码的问题，这就是本部分要讨论的"逆向编码"。

（一）一切传播都是符号的编码与解码

一切传播都是符号的编码和解码。比如，你正在阅读的这篇文字，就是本书编写组用汉语言文字符号编码，传送给你，你通过解码来理解符号文本背后的意义。传播的信息至少有一部分存在于发送者的符号储备系统中，也存在于接收者的符号储备系统中。

传播的最小单元是符号，信息是传播的材料，信息也总是表现为某种符号。符号交往是人类特有的交往方式，人类符号互动的能力和范围，表征着人类传播的本质特征。被誉为"传播学之父"的施拉姆认为"信息源能编码，信息传播终端能解码，只能以各方所具有的经验为条件。……信息是一种基本符号，传播实现的前提必须是双方经验领域具有某种共性"。

在传播过程中，发送者将符号编码给接收者，接收者将符号解码。为了让接收者适当地"解码"相关的讯息，发送者必须尽其所能，根据接收者的文化结构和意义体系来转化成讯息，开发出合适的模式，塑造必要的形象，以达到良好的沟通目的，这样才能完成营销传播过程。所以，发送者需要从接收者的"解码"过程入手，充分理解接收者头脑中既有的认知，然后再进行"编码"，对要发送的信息进行选择和设计加工。这是一个"逆向编码"的过程，即用解码来解决编码的问题，接收者既是起点，也是终点。

（二）逆向编码的四个要点

将逆向传播回归到传播效果最大化的目标，我们需要在以下四个方面对这一模式进行考量（见下图）。

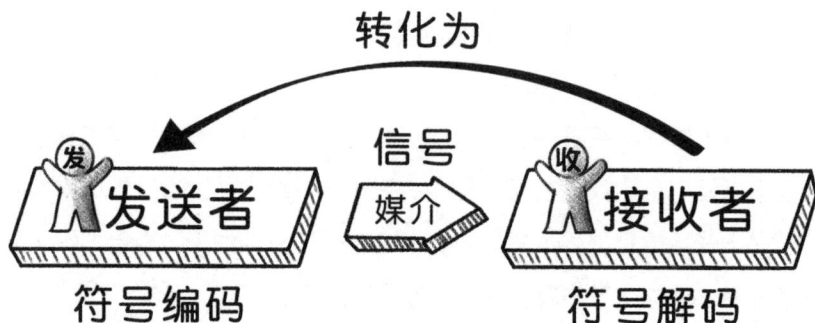

其一，符号编码与解码层面：传播可以利用接收者的潜意识，让编码在接收者脑海里完成。发送者发送的，并不是最终编码，是"观念的爬虫"，符号编码挖掘接收者脑海里的数据。接收者在符号解码时，会涉及诸多"不在场"的意义。比如，"我爱你"，这一语言符号作为携带意义的感知，其背后蕴藏了丰富的意义和情感联想。传播并不是将接收者想要传达的信息"强行灌输"，而是调动消费者对于信息文本的既有认知。

其二，媒介层面：媒介并非只是传送媒介，其本身就是编码的一部分，有时甚至是最重要的一部分。传播学家马歇尔·麦克卢汉认为媒介最重要的作用就是"影响了我们理解和思考的习惯"。麦克卢汉的视角将传播带回到媒介本身，犹如当年哥白尼把人们的视野从"地心说"倒转成"日心说"一样。"媒介即信息"也可以理解为"形式即内容"，形式本身是有意义的。在对信息本身进行符号编码之外，也需要充分考虑传播信息所发布的媒体，哪怕是同一个符号的编码，但它在不同形式的媒介上产生的效果也是不一样的。

其三，接收者层面：**接收者也是发送者。**传播对接收者的行为反射并不满足于他的购买行为，而是首先即刻把他转化为发送者，再次发动传播。"传"是一个比"播"更古老、更具影响力的思考维度。企业最应该珍视的资源是那些已经购买并使用产品的消费者。他们每个人都是一个"媒体"，如何让他们参与到营销传播中，产生一传十、十传百的效果，这就涉及营销传播效能"放大"的问题。传播的本质不是"传播"，是"播传"，是发动消费者传播。

其四，信号层面：**信号必须足够简单，信号能量必须足够强，而且必须持续不断，并长时间重复，最好是永远重复。**信号更注重感官刺激，更表象，强调可觉察性，比如，光信号、声信号或者电信号等，是一种行为反射的明确指令。比如，在一个包装上，包含购买理由等重要的信息只有足够简单、足够清晰、足够有视觉张力，才可以让消费者在电光石火的一瞬间注意到。信号也具有能量，首都机场门口的户外广告和乡村电线杆上的小广告的信号能量完全不同，经济学将广告作为质量的信号，广告本身说了什么并不如消费者知道广告很昂贵这一事实重要；信号还需要重复与时间累积，时间会不断增加品牌和物品的仪式性，这也会转化为营销传播中的信号能量。零食品牌格力高在1935年于大阪市中心设置了一座霓虹塔广告屏（见下页图），广告主画面为一个奔跑的男人形象，其最初目的是为了鼓舞身处经济大恐慌中的人民，但经过数十年的时间累积，时至今日，这块高20米、宽10.38米的巨型广告牌已经成为大阪的地标性建筑。

第二节
超级符号的概念与运作逻辑

这一节将开宗明义，介绍"超级符号"的概念。概念是理解原理与方法的关键，也是重要的学习工具。当知之甚少的时候，"概念"是进入基本原理与方法体系的捷径；当知之甚多的时候，"概念"是开拓创新的突破口。因此，我们希望这是你了解超级符号原理与方法的第一课，也希望在你读完这本书之后，能够用自己的理解重新审视这一节的内容。

超级符号，从字面意义上来理解，往往被认为是"超出一般等级"的"符号"。在本书中所说的"超级符号"，指代的是一种理论和方法，其目的在于回应引言中所提出的——寻找降低营销传播损耗，提高营销传播效能的终极命题。这一部分我们主要讨论超级符号的定义及其要点，超级符号的两类主要形式，五感符号与语言符号，以及超级符号作为"行为主义符号学"的运作逻辑。

一、超级符号的定义及其要点

（一）超级符号的定义

超级符号认为一切传播都是符号的编码与解码，营销传播需要从解码出发来思考编码。超级符号使用传播效率最高的符号来进行编码。超级符号的"超级"之处，在于其选用的符号在指称识别、信息浓缩、行为指令功能上达到最强。经过选择并改造的"超级符号"，是人人都看得懂的符号，并且人人都按照它的指引行事的符号，人们甚至都不会去思考它为什么存在，只要一看见这类符号，就会听它的话。

超级符号理论与方法涵盖对符号的选择、改造和占据的整个过程。超级符号选择具有强大心理与行为影响力的符号，力图占据这一符号自身的价值、意义、品类感、消费者偏好等既有特性，根据营销需求对其进行改造，私有化为一个可注册的商标，或者形成消费者心目中具有排他性的品牌认知，成为不断沉淀的品牌资产[1]。作为一种编码方法，超级符号可以应用于一切传播形式上，包括品牌命名、品牌形象设计、包装设计、平面广告、音频广告、视频广告等。

超级符号方法是刺激消费者本能的、最高效的反射方法。符号就是大脑深处的意识，是文化条件的反射，是一个直接的、本能的反射捷径。这个反射是本能的，是在一瞬间完成的。超级符号向消费者发送了一个信号，它是一个有符号载体的意义发送，引发接收者潜意识的介入，它不要求解释，却要求接收者以行动反射。人类在文化中也会习得

---

1 参考了"超级符号"的提出者华杉、华楠已出版的《超级符号就是超级创意》《超级符号原理》等著作，以及相关活动的演讲实录、内部培训等资料。

一些固定的信号反应[1]。我们可以从以下三个方面，进一步理解超级符号的内涵。

第一，超级符号选择具有强大心理与行为影响力的符号，其目的是占据这一符号的价值、意义、品类感、消费者偏好。

在人与真实世界之间隔着一层看不见、摸不着的符号外衣。符号是有生命的，它对人们的心理和行为有着强大的影响力，符号背后是人类所共同拥有的文化契约。人们受符号指引，被符号规定，按符号行动，在符号的运作方式中生活。甚至可以说，符号就是人的存在，没有符号给予人的世界以意义，我们就无法作为人存在于世。超级符号通过"嫁接"到具有强大"势能"的符号，用传播效率最高的符号来编码，引爆人们大脑深处的集体潜意识，让人们自发卷入，以此降低营销传播的损耗，放大营销传播的效能。

第二，超级符号依据购买理由或品牌形象的需要，对符号进行改造，形成刺激信号，快速完成价值记忆，产生行动反射。

正如罗兰·巴特所言，"商业动机不是被掩饰，而是被一种大得多的再现作用倍增，因为它使读者与人类宏大主题进行沟通"。超级符号的改造即是依据购买理由或品牌形象的需要，对符号进行改造，在符号解码时，抓取接收者的潜意识，得到信号放大；同时，将接收者转化为发动者，发动播传，实现媒体维度的信号放大，完成品牌识别、记忆、价值传达、消费者偏好等目标，将以往漫长的传播认知、情感、态度和行为过程，一下转换到价值记忆与行为反射上。

第三，超级符号的最终目的是占据，不仅是作为法律层面的可注册的商标，更是在消费者心目中打造成具有排他性的品牌资产。

---

1 符号学界对符号的解释众说纷纭，至今没有接近一致的意见。把信号排除符号之外，会造成理论和实践上的极大困难；把信号包括在符号内，一样会引起许多困惑，这的确是一个两难之境。结合国内著名符号学者赵毅衡的观点，在本书的讨论中，编写组认为信号符合符号的基本定义。

在选择并改造符号之后，其最终目的是如何占据。以可口可乐为例，经典的玻璃瓶包装的形状在一开始出现的时候，是由一个女人的身体的符号演变而来的。它借用了这个符号，使得人们喜爱这个瓶子的形状，经过在时间长河中不断地重复，在可口可乐成为全世界到处都能见到买到的第一品牌的时候，经典的可乐瓶就进化成了一个符号。这个脉络可以概括为"始于符号，成为符号"。超级符号成为消费者购买行动的指引，当消费者看到可口可乐的瓶子时就会去购买它，无论这个瓶子在法律上是不是被保护的，在消费者的心智中它就属于可口可乐，它可以为消费者提供稳定的价值承诺，甚至成为人类共有的文化符号。

（二）固安工业园的案例解析

我们以一个具体案例来加深对超级符号原理与方法的理解。假设你现在正在负责一个营销传播的项目，要为邻近北京的河北省廊坊市固安县工业园区做营销，目标是吸引更多的投资者，让他们注意到并且愿意来固安实地考察。对城市营销而言，营销的对象是一个"地点"，营销的第一步首先需要找到这个地点的"地标符号"，比如，中国的符号是长城，上海的符号是外滩，杭州的符号是西湖，巴黎的符号是埃菲尔铁塔，纽约的符号是时代广场，但是，固安作为河北省廊坊市靠近北京大兴的一个县城，并没有什么值得挖掘的地标符号，如果按照常规的省、市、县的"编码"方式，难以很好地讲述固安工业园区的价值，并且传播起来也非常有难度，"损耗"会很大。那么，你会怎么切入呢？

营销传播需要跳出固安县城地标符号，以及常规的省、市、县的编码逻辑，从更广阔的中国地理范畴中找答案。固安的区位是它最大的优势所在，也是工业园区的最大卖点。固安地处北京、天津、河北保定三市中心，与北京大兴仅隔一条永定河，距北京天安门直线距离50公里。这就找到了破解困局的"金钥匙"。以中国最出色的地标之一——北京天安门为中心，然后根据天安门标注固安的位置——正南50公里（见下图）。这样一来，"天安门正南50公里"给所有信息接收者一个清晰的地理位置的概念，工业园区的投资价值也得到了淋漓尽致的体现，编码通过符号嫁接，把中国最有"势能"的符号"天安门"赋能固安，把每一个中国人内心深处对北京、对天安门的既有经验和认知这一巨大"原力"注入了固安工业园区，一个本来完全陌生的、第一次听说的固安，一下让人感觉非常熟悉，让一个新品牌瞬间就变成了老朋友。这就是符号的魅力所在，因为人是符号化的动物，只有人类发展出了"符号化的想象力和智慧"，不同的符号编码可能会有全然不同的解码。"天安门正南50公里"的符号编码背后是人们的经验、思想，甚至记忆仓库，透过这个符号编码，固安工业园区与广大的信息接收者的关系发生了全新的变化，人们立刻熟悉，并马上对其产生亲切感，同时还迅速了解了它的价值。

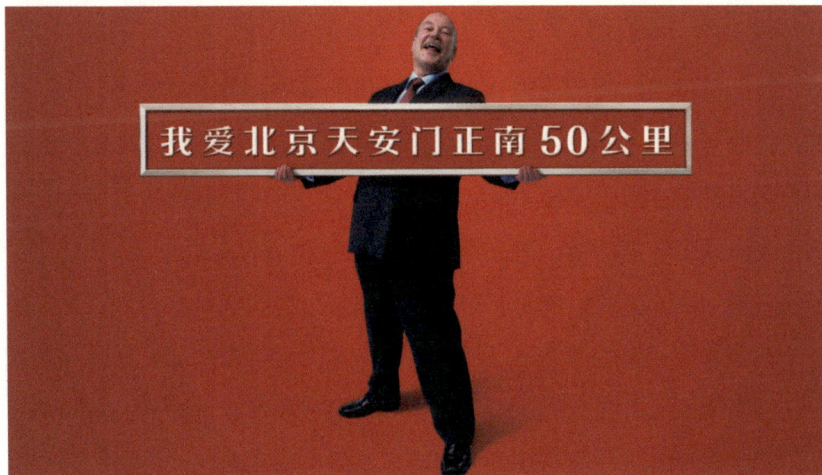

　　"天安门正南 50 公里"还可以继续注入"原力"。提到北京天安门，我们可能都会不自觉地哼唱起一首儿歌《我爱北京天安门》，这首儿歌差不多是每一个中国人从小就会唱的歌曲，也是每一个中国人都熟悉、意义深刻和倍感亲切的"符号"。如果能够将固安工业园区进一步嫁接到这一句话和这一首歌上，那就会增加诸多的品牌感受、品牌体验和品牌价值。那么，完整的口号随之而来——"我爱北京天安门正南 50 公里！"

　　有了极具势能的"符号"，还需要借助多种媒体对"符号"进行传播，对刺激信号进行放大。具体的传播执行围绕着既有的媒介接触点展开。固安工业园区取得了《我爱北京天安门》这首歌的版权所有者授权，改编成了一首新歌，固安版本的《我爱北京天安门正南 50 公里》在固安规划馆、招商引资的展馆里循环播放；在园区的广告中，选择了一个典型投资者和企业家形象的符号，一个西装革履的西方男人端着一块标语牌，标语牌的形式和字体与天安门广场上"世界人民大团结万岁"的标语牌风格一致，并且成为诸多场景中引导拍照"打卡"的背景墙；固安的城市景观、街道、节日活动中，"我爱北京天安门正南 50 公里"成为无所不在的符号。经过长时间的积累，这一符号会内化为固安的城市品牌传奇、品牌资产，也成为固安的城市文化遗产（见下图）。

总而言之，相对于原本的"河北省廊坊市固安县"的符号编码而言，"我爱北京天安门正南 50 公里，固安工业园区"在接收者脑海里抓取了"天安门"的既有意义联想和文化认知，以及《我爱北京天安门》这首歌曲的记忆和情绪，在最短的时间内，在消费者的头脑中完成熟悉、情绪、偏好的跃迁，以及对固安区位独特价值的理解。**符号的编码不仅解决了"引言"中可能存在的诸多传播效能问题，还成数倍地放大了营销传播效能，并且还从长期发展的视野，全方位地重构了固安的城市品牌，最终实现了营销传播在时间脉络的沉淀与累积。**

二、超级符号的形式：五感符号与语言符号

国内学者赵毅衡将符号理解为被认为"具有携带意义的感知"。如

果要理解超级符号，就需要回归人与符号的关系，所有的符号形式都需要经由人的感官才得以产生意义。感官成为理解超级符号的重要视角。人们通过五官感受，对符号进行处理，从而感受到信息，在心目中逐渐形成品牌的基本形象。《说文》中记述，"感，动人心也"。感官提供了一种思考符号的路径。符号依托一定的物质载体才能被人感知，机体存在的环境中，对象的特征离不开视网膜、中枢神经这类机体感觉器官。非语言符号和语言符号都需要通过感官才得以感知其背后的意义。

超级符号绝非仅仅是我们所理解的"视觉符号"，也不是更为狭隘的品牌标识或者 logo。超级符号的"符号"，包含听觉、嗅觉、味觉、触觉的所有感官维度的符号，以及语言这一人类最为重要、不成比例的庞大符号系统。本节对超级符号的形式进行深入思考，将超级符号划分为五感符号和语言符号两大类别，图像和语词构成知识的双重编码，也是超级符号应用中最为重要的两类符号形式。除此之外，还可以结合具体的应用情境，从多个维度对符号展开分类思考。

（一）感官化的符号路径

人的视觉、听觉、嗅觉、味觉、触觉五大感觉，成为构建品牌符号的五大路径。从这一点来说，符号包括视觉符号、听觉符号、触觉符号、味觉符号和嗅觉符号等。2021 年诺贝尔生理学或医学奖得主的成果是在"发现温度和触觉感受器"方面有卓越贡献。获奖者之一科学家朱利叶斯在诺奖公布后的采访中说，"感觉系统是伟大的，正是有了它，我们才能感知我们所生活的世界的一切"。温度和触觉受体的发现，是继视觉、嗅觉、味觉、听觉之后，"人类与客观世界又一次激动人心的握手"。

感官渠道的符号影响大致由一个低级推向高级、简单推向复杂、可及性较强推向可及性较弱的修饰关系，分别为**触觉、味觉、嗅觉、听觉、视觉**。具体体现在通感方面，往往是比较低级、简单、可及性强的感觉，用于形容比较复杂的感知，如"甜蜜的微笑"，用味觉形容视觉，"柔和的嗓音"用触觉形容听觉，"清凉的蓝色"用触觉形容视觉。在当下的理论研究和实践领域，均对"多感官体验"表现出越来越多的关注。人文主义地理学家段义孚在《恋地情结》中讨论了人类如何感知和构建他的世界，人的各个感官并非孤立存在，当一个人认识世界的时候，全部的感官都在同步起作用。哪种器官、哪些感觉能得到特殊训练与开发，取决于个体差异和文化背景。电影《心灵奇旅》里孤僻而厌世的灵魂"22"，苦于找不到自己的"火花"。当他在乔伊的身体里，用手触摸阳光下的落叶，感受通风口出来的风，细细品尝食物的味道，才知道生命的意义不在于实现某个目标，感受生活本身即是"火花"。

视觉符号和听觉符号是超级符号的两个重要来源。正如语言学家雅各布森所言，"人类社会中最社会化、最丰富和最贴切的符号系统显然是以视觉和听觉为基础"。德国人类学家利普斯也认为，"最简单的交际媒介当然是语言，传播消息的其他听觉方法是由语言发展出来的。与听觉方法相对照的是传播消息的视觉方法，它的发展导致了文字的发明……这两项原则从很早的时期起即服务于同样的目的"。在传播学看来，视觉符号体现于纵向的时间维度，旨在久远；而听觉符号展示于横向的空间维度，旨在广远。超级符号对语言符号和图像图形符号的应用，是将视觉与听觉的长处加以结合。

视觉第一。从狭义上理解，超级符号多被认为是视觉图形符号。超级符号选择对心理与行为有强大影响力的视觉图形作为编码的对象，进行改造和进一步地占有。这与当下的时代特征密切相关。人们生活在一个视觉被高度开发的时代，人们的眼球总是充斥着大量的静态的或动态的图像，每天眼花缭乱。传播学家麦克卢汉认为技术是人体的延伸，他将人类文化划分为三个阶段：口语文化时期、印刷文化时期和电子文化时期，其中在电子文化时期技术延伸的是人的视觉感官，以视觉文化为表征。而且麦克卢汉也承认，与 17 世纪的抽象书籍文化相比较，今天的文化是一种高度感性的、画像似的视觉文化。视觉文化，就是图像逐渐成为文化主因的形态。

听觉并非第二。如果将人与人之间的"二手传播"加入考量，听觉在信息获得中的比重会大幅上升。人们所熟知的节奏、旋律等语言规则就是典型的听觉感官的符号感知。就如同很容易传唱的革命歌曲改编自民谣的曲调，很多商业歌曲的流行背后也是这个逻辑。听觉在当下的符号应用中还远远不够。听觉有视觉无法比拟的优势，就是不需要看见。视觉只利用了眼睛这一个感官，而听觉可以同时启动受众的耳朵和嘴巴，口耳相传，视觉的内容需要转化为说与听，才能真正扩散开来。对听觉维度符号的编码和解码的理解与应用，是超级符号理论特别关注的部分。

嗅觉是人类全部感官中最敏感的，也是同记忆和情感联系最密切的感官。生物学研究证明，每个人的鼻子可以记忆一万种味道，而嗅觉记忆的准确度比视觉要高一倍。每天我们都生活在味道当中，体会着味道对情感、记忆、情绪以及行为所产生的重大影响。从远古时代起，露天市场的卖主使用熏香吸引路人来到他们的小摊前；现代商业中，酒店服务、奢侈品、汽车销售、商务等领域也有诸多有关嗅觉营销的案例。气味不仅仅是一种传播讯息的载体，还可以引发更多文化意义层面的联想。食物的气味使我们想起母亲的烹调；鲜花的香味使我们想起早年的春光、想起童年时乡间的生活，还能使人想起自己喜爱的朋友。

味觉在很大程度上决定着人们对饮食的选择，使其能根据自身需要及时地补充有利于生存的营养物质。《舌尖上的中国》表面上是美食，背后却是味觉感受、味觉回忆、味觉识别，更是家的味道、中国味道，甚至是人生的味道。"味道"这个词也不仅仅拘泥于食物本身，更有了情味、意味的含义，酸甜苦辣，人生百味。食物、味觉并不只是提供营养和使人愉悦，它和其他感官一样具有表现和表达功能。康师傅的红烧牛肉面的广告一直是"就是这个味儿"，老干妈的"风味豆豉"味道也成为一种味觉符号化的品牌识别。

关于触觉符号，有观点认为**触觉是人类第一语言，婴儿一出生就需要抚摸，而且他能读懂抚摸**。生物学上将触觉定义为分布于全身皮肤上的神经细胞接受来自外界的温度、湿度、疼痛、压力、振动等方面的感觉。日本设计师原研哉对触觉有诸多研究与实践，也被称为"触觉体验领域的领导者"，他设计的梅田医院的导视系统，全部使用白色棉布作为材料，创造出柔和、清洁、温馨亲和的触觉体验。他认为随着电子媒介的发展，书籍摆脱了信息媒介角色，回归到其天然性质的迷人本色，即当好一种材料，这种材料与人的触觉感受密切相关。

（二）语言系统：一个不成比例的庞大符号系统

除了上述的五种感官维度的符号思考，**语言符号系统也是超级符号应用的重要领域**。比如，上文所谈到的固安工业园区的案例，"我爱北京天安门正南 50 公里"即是语言文字形式的超级符号。符号学发展的重要模式之一即是语言学模式。索绪尔认为，语言虽然只是人类使用的符号之一，却是不成比例的超大符号体系。语言符号系统是人类创造出的一种最为先进、完善的符号体系，在一切符号形式中占据着基础地位，包括口语和文字的语言符号。作为一种有组织结构的、约定俗成的习得符号系统，语言符号用以表达一定地域社群和文化社群的经验。

从根本上来说，语言是人类的基本理解方式。它蕴含着前代人的观念和社会痕迹，是后代人对前代的人和事的想象基础，"凭借着社会成员之间的契约而存在"，是一种社会事实。社会是无序的，它需要人们用符号系统去建构一个表面上有序、合理的社会现实。语言中不仅包含着世界的道理，而且包含着人们是怎样理解世界的。对语言的考察本身就是反思，反思人们思考世界的方式。苏珊·朗格认为"词语提供思维的形式，你所看到的基本上由你能命名的东西所决定"。词语本身决定着思维的对象甚至思维的模式。

语言符号在过往的传播实践中有着丰富的应用成果。列宁曾提到，"恰当的语言，抵得上千军万马"。我们在记忆的仓库中可以列举出诸多具有感染力和召唤力的语言例子，"无产者在这个革命中失去的只是锁链，他们获得的将是整个世界。全世界无产者，联合起来！""打土豪，分田地""不自由，毋宁死""没有共产党，就没有新中国"等。据说著名诗人拜伦曾看到一个沿街乞讨的盲人，身边挂着的一个牌子上写道："自幼失明，沿街乞讨。"用来乞讨的破盒子里空空如也。于是，拜伦将牌子上的字改成了："春天来了，可是我却看不见。"路人一时间纷纷解囊。语言可以直接转化为动机，也可以使人脸红，引人微笑，催人泪下，让人行动。

值得一提的是语言符号系统中的音义结构二层性，底层是音位，其他感官形式的超级符号也可以通过语音符号来达到更广泛的传播。在语言中，往往首先要强调语音的首要地位，因为文字系统只是语音的无声形式，用于储存、记忆和传承。无声形式降低了交流功能，强化了定向功能。但是，定向功能的最后达成，也必须以声音的回归来完成。可以说，口语是语言的首要形式，文字仅仅是转注和记录语言的系统。语言学的奠基人之一索绪尔提醒人们注意口语的首要位置，因为口语是一切语言交流的基础。他曾专门写道，"语言和文字是两种不同的符号系统；文字的存在目的仅仅是表征语言……语言学的论题不是口语词和书面词的关系，唯有口语词才是语言学的论题""书面形式是口语形式的第二种符号——符号的符号""听觉符号好比商品和服务，而视觉符号是流通媒介，是货币"。即使使用文字这样一种无声形式，也一定要使用最接近语音的口语。

（三）其他维度的符号分类标准

符号有多少种分类标准和分类办法，超级符号就有多少种理解维度。上述的划分只是超级符号理论和方法在实践中广泛应用的一种思考结果。除此之外，还存在着诸多符号分类方法，这些分类方法为超级符号提供了更广阔的应用视野。

按照不同的地域，超级符号可以来源于地域、民族、国家、全球等不同地理范畴的符号。面向不同群体的传播需要选择不同地域的符号。如语言学家洪堡特认为，民族的语言即民族的精神，民族的精神即民族的语言。二者的统一程度超过人们的任何想象。在"巴别塔"的寓言中，上帝令语言分化以阻止人类完成伟业，不能完成通天之塔的修建。语言符号分化所导致的人类纷争也非常频繁。不过，人类从未停止创造一种完美符号以弥补语言文化分裂，以及语言本身的沟通屏障。奥运会历史上就有诸多完整的视觉语言出现，用色彩图形符号来解决不同语言文字符号传播存在的障碍。

按照领域不同，超级符号可以来源于语言、神话、宗教、艺术、科学、历史等维度。卡西尔认为符号世界的展开即人性的圆周，上述的各个领域组成了文化的扇面，值得一提的是，在这些"文化符号和象征体系"中，超级符号的来源之一是社会公共符号。比如，国际通用的标识，这是一种不受语言文字束缚的直观传递方式，其传递速度和效果是语言和文字所不及的。此外，为了产生最大的视觉冲击效果，交通标识及公众信息标识的设计均采用简单、明确的图形、符号，并且结合那些可以使得受众产生下意识反应的图形与颜色，传达警告、指令与指示信息。其中最典型的是交通信号灯。

按照符号"物源"的历史顺序。符号可以来自自然事物，例如，雷电、岩石、植物、动物等，它们"落到"人的意识中，被意识符号化，才携带意义，比如，起源于原始社会的图腾，人类幻想依靠"超自然力"对客体强加影响或控制。被当作图腾加以崇拜的有植物、动物以及自然物或自然现象；人工制造的器物，原本是使用物，"被认为携带意义时"，都可能成为符号，如金元宝等；人工制造的"纯符号"，完全为了表达意义而制造出来的事物，不需要接收者加以"符号化"才成为符号，因为它们是作为意义载体被制造出来的，如语言、图像等。比如，新石器时代的陶器上面的几何纹、水波纹、绳纹、席纹等，蕴含了人类的生活方式和审美意识。

按照对象关联物为主体的三分法。皮尔斯认为符号可以分为类象（图像、肖似）符号、标志（指示）符号和象征符号。类象符号指借助符号自身和指示物相似的一些特征而产生意指作用的符号，如摄影作品等；标志符号以接近性为基础，不仅包括符号和指示物之间的空间或时间接近关系，而且包含彼此的前因后果的关系，或者部分与整体的关系。如"烟雾"用来表示"火"，敲门表示有人来；象征符号的能指和所指关系是任意的，甚至是武断的，它需要通过解释者的创造使之积极配合才能发挥符号的意指作用。如"鱼"这个词，和"yú"这个汉语拼音指代"鱼"这个事物，是一种"约定俗成"。

其他一些符号分类方法。苏珊·朗格把符号区分为推理符号和表象符号。前者即语言符号，用于科学分析，交流思想；后者即非语言符号，用于艺术洞察，表达情感。她认为，尽管语言是人类最惊人的符号手段，但语言绝不是人类唯一清晰的表达工具，凡是不适用于推理性思考模式的，也就不能用语言表达出来。因此，用语言去反映和表达主观情感和情绪是无能为力的，这样才导致以表现人类情感的艺术及其符号的产生。

三、行为主义符号学：超级符号的运作逻辑

　　超级符号在本质上是应用性、实践性、操作性的。对所有的应用学科而言，如果要把握其中的真谛，就需要从它的基础学科一步一步地探寻。"你必须领悟所有比你自己的学科更加基础的学科的所有重要思想。只有掌握了那些最基础的知识和原理，你们才能够清清楚楚地解释问题。"超级符号之所以"超级"，其深层的价值来源与运作逻辑是什么呢？

　　心理学是理解超级符号的重要基础学科。"既然做广告是在和人的心理打交道，那么它唯一的科学基础就应该是心理学，而这里所说的心理学，则是对广告人努力去影响的那些人的心理进行系统的研究的一门学问。"超级符号对符号的选择、改造及占据，与符号对人的心理和行为的影响分不开。超级符号聚焦传播过程的接收者，一方面，接收者所获得的解释并不在于符号编码自身，而在于接收者自身潜意识中的既有认知；另一方面，发送者希望接收者在面对刺激信号时，直接采取行为反射。

　　超级符号可以概括为"行为主义符号学"。超级符号理论认为，一切传播都可以视为刺激信号和行为反射，信号能量越强，带来的行为反射也越为明显，这背后源自行为主义心理学的理论智慧。超级符号理论还认为一切营销传播都是对品牌资产的长期投资，超级符号是人类文化的原型，蕴含人类文化的原力。符号本身具有历史向度，品牌发展的最高境界是成为人类的文化符号，这背后源自精神分析心理学的理论智慧。

（一）一体两面的行为主义符号学

　　作为"行为主义符号学"的超级符号理论，源自行为主义心理学和

精神分析心理学，它们分别从人的外部环境与内在本能入手，对人的心理进行了深入的研究，成为思考符号与人际关系的两个相互观照的面向，并且从外部环境和内部本能两个维度，为超级符号的符号应用提供了心理学的理论智慧来源。

需要说明的是，精神分析主要应用于人格发展和心理治疗；行为主义心理学则具有生物学工具主义色彩，这两种理论观点在学界都有诸多批评与争议的声音，并且相互之间也存在着诸多的争执。超级符号并不是要参与到心理学的学术讨论中，我们的态度不是同意或不同意某一流派，而是从各派的研究中得到最为有益的东西，将其应用到如何提高营销传播效能的现实困惑中。

超级符号的"行为主义符号学"运作逻辑具体包含了以下两方面的含义：

一切传播都是刺激信号与行为反射。刺激信号的能量越强，则行动反射越大，符号就是直接的、本能的反射捷径。营销传播的核心目标是引发消费者的行为反射，源自行为主义心理学。

一切传播都是符号的编码与解码。符号可以激发起人类文化中关于符号的所有经验，把人类的文化财富和原力能量为我所用，源自精神分析心理学领域的潜意识与集体潜意识。

作为行为主义符号学的超级符号（Super Signs）		
符号类别	"信号"	"象征"
范式流派	行为主义心理学	精神分析心理学
影响动力	外部的环境	内部的本能与原型
影响来源	人的后天学习－习惯	人的先天遗传与本能
作用模式	信号刺激－行为反射	象征符号的潜意识运作
代表人物	笛卡尔、巴甫洛夫、华生、斯金纳等	弗洛伊德、荣格、弗洛姆、坎贝尔等
哲学脉络	唯物主义的营销传播	唯心主义的营销传播

"象征"更多的是精神分析心理学脉络的概念，精神分析坚持认为人的行为受潜意识决定，潜意识包括人们意识不到的，却激发大多数的言语、情感和行为的驱力、冲动和本能。这一脉络从弗洛伊德伊始，到荣格、弗洛姆、坎贝尔等，都注重潜意识、集体潜意识等方面的心理研究，可以理解为唯心主义的营销传播理论。

"信号"更多地作为行为主义的核心概念。行为主义从人的外部环境出发，有强烈的环境决定论色彩，研究刺激信号和行为反射。行为主义认为应该把意识从心理学研究中驱逐出去，在刺激信号和行为反射之间，意识是一个不适合科学研究的黑箱。这一理论发展脉络，从笛卡尔开始，到谢切诺夫、巴甫洛夫、华生、斯金纳，都注重生理学等身体行为科学的研究，可以理解为唯物主义的营销传播理论。

二者并不是学术领域水火不相容的观点交锋，它们之间也有一些共同的指向。超级符号的思考一直尝试避开漫长的传播认知、兴趣、态度等环节，在心理学层面而言，上述环节是意识层面的作用。超级符号聚焦符号编码在刺激信号和行为反射之间的关系，以及符号对于潜意识、集体潜意识等维度的自动投射、补偿、升华、合理化等反应。这既涉及行为主义心理学与对外部环境刺激引发的学习、习惯等行为反射相关，也与精神分析心理学的观念有关。从精神分析心理学来看，人们几乎不能控制他们当前的行为，因为他们的许多行为根植于他们观察不到的潜意识之中。

举个例子，我们非常熟悉的中小学学校上课之前的起立仪式——"同学们好"与"老师好"。一方面，可以从潜意识视角分析，我们童年生活中的学习经历给"老师好"附加了诸多的心理能量。另一方面，可以从行为主义心理学分析，全班集体起立的大声高喊可以理解为一种刺激信号，在课程开始之前，老师与学生之间相互的大声问好，就是在互相发送强信号，让相互的行为反射更强一些。当"老师好"被应用到"新东方，老师好！"的品牌营销传播中（见下页图），"老师好"的符号编码就在潜意识和行为反射两个维度，极大地提升了营销传播的效能。

（二）信号刺激与行为反射：行为主义心理学脉络

超级符号对符号的应用，承袭了行为主义的范式，并不注重接收者在意识层面对符号进行无限衍义的解释，而是注重符号对接收者心理与行为层面的直接影响，它所关注的是信号刺激带来的行为反射。如果从参与度和卷入度两个指标来看待超级符号，那么超级符号体现为两个要点：第一，参与度低，接收者哪怕处在一种茫然的状态，也可以从信息泛滥且嘈杂的环境中，一眼注意并识别出来；第二，卷入度高，接收者会将头脑中既有的关于符号的意义联想、情绪、记忆和潜意识深处有关符号的文化原力激活，进而不自觉、下意识地采取行动。

从本质上来说，行为主义心理学是一种外因论的观点，主张心理学应该研究行为，成为"行为的科学"，否认意识的概念，特别强调环境对于人类行为的影响，决定人类行为的并不是先天遗传，而是环境和训练的作用。这种对心理学对象问题的极端主张，遭到了诸多批评，但是对于营销传播研究而言，却提供了一条意识"黑箱"之外的路径。营销传播实践关注的核心问题，恰恰是如何影响并激发人的行为。

行为心理学家通过刺激－反射的方程式来解决社会问题，积累刺激－反射的数据资料，建立刺激源数据。其中有代表性的成果来自巴甫洛夫和华生、维纳、斯金纳等。巴甫洛夫将对动物的基础研究延伸到心理学领域，他认为人与动物类似，都是由环境因素操纵和控制的。之后，巴甫洛夫运用"条件反射"方法研究了动物的行为、心理活动，并提出了人有第一和第二两个信号系统的思想，认为人除了有第一信号系统——对外部世界的映像产生直接反应之外，还有第二信号系统，即引起人的高级神经活动发生重大变化的语言和符号反应功能。

约翰·华生被称为行为主义的创始人。在他看来，行为是个体适应环境的各个反应系统，它是以刺激反应的结合来表现的，即刺激－反应（S-R）的公式，华生不考虑有机体的内部状态，认为这一部分是不实际的。华生认为学习的实质是形成习惯，而习惯是通过学习将遗传对刺激做出的散乱、无组织、无条件的反射，变成有组织、确定的条件反射。一切学习的反映（例如习惯）就是在这种简单反射的基础上，经过条件化逐渐建立起来的。

华生认为言语能成为行为或对象的替代物，即言语对行为或对象具有可替代性或等值性效用。随着个体的成长，个体能够对外部环境中的每个物体和情境建立条件化的词语反应。词语不仅能够唤起其他的单词、词组和句子，当被人类恰当地组织起来时，它们可以唤起人类所有的操作活动。

华生在智威汤逊广告公司工作时，细心研究了广告应该如何激发人们的购买行为，在对香烟产品的"品牌忠诚"研究中，他发现吸烟者并不能区分不同品牌的香烟，对某种品牌的偏好建立在与各种品牌名称相联系的商品形象的基础上，换句话说，有时候人们并不是在购买商品本身，而更多的是在购买一种感觉、一种气氛。从这一发现出发，巧妙地处理与品牌相联系的商品形象很可能会影响销售额。

在华生之后，行为主义心理学的发展经历了数十年的演进，包括古典行为主义、新行为主义、新的新行为主义等阶段，斯金纳、托尔曼、赫尔等学者也在以各自颇具创造性的观点，不断改良和丰富行为主义心理学的智慧。

（三）潜意识、集体潜意识与原型：精神分析心理学脉络

超级符号所选用的是传播效率最高的编码符号，其作用原理即在于引爆人们大脑深处的集体潜意识，让人们自发卷入 [1]。一个符号可以引起潜意识的反应，它可以调动或激起大量前逻辑的、原始的感受，还会引起许多完全属于个人感受上的、情感上的或想象的经验。这与当下营销传播中的"洗脑"现象有着完全不同的逻辑。"洗脑"是将原封不动的符号不断地重复，从 A 点运送到 B 点，以达到灌输的目的。而超级符号的潜意识作用只是发送符号编码出去，和接收者自身头脑里本来就有的东西相结合，然后产生"里应外合"的倍增效果。

在精神分析心理学诞生之前，心理学把人的意识作为心理学唯一的研究对象，很少考虑潜意识对人的行为有什么样的影响和作用。西格蒙德·弗洛伊德作为精神分析的创始人，通过潜意识来对人性进行观察，潜意识不仅是精神分析学说的理论基石，也成为解释历史和文化现象的根本出发点。弗洛伊德认为，人的精神或心灵具有复杂的结构，恰似一

---

1 "潜意识"往往同"无意识""前意识""下意识"等相近概念混淆。本文统一用"潜意识"以及"集体潜意识"来表达。在精神分析心理学的理解中，潜意识指代人们不能认知或没有认知到的部分，是人们"已经发生但并未达到意识状态的心理活动过程"。弗洛伊德又将潜意识分为前意识和无意识两个部分，有的又译为前意识（下意识）和潜意识。

个"等级森严的王国"。在人的精神中，除了有意识的情感、思维和意志之外，还包括无意识的情感、思维和意志。潜意识在人类社会生活中发挥着重大作用，其基本特征是原始性、冲动性、活跃性、非理性、非时间性和非道德性等。

弗洛伊德认为人类绝大多数行为是由过去的事件决定的，而非现实目标所能制约。人们几乎不能控制他们的行为，因为这些行为根植于潜意识追求之中，受到非理性因素、潜意识动机、生物本能驱力和 6 岁之前的性心理事件控制。正如德国哲学家叔本华所评论的那样，人们可能会相信，思想中有一半行为发生于潜意识。大部分思考是快速且无意识的。每天进行的大部分思考都是在潜意识中进行的，并体现在大部分日常行为中。

荣格进一步提出了"集体潜意识"和"原型"的概念。他认为所有的人类都享有一种共同的心理结构原型，它是组成集体潜意识的功能单位，在一起构成了"人之为人的古老遗传""以不可见的方式决定个体生活的一种活生生的反应系统和能力倾向"。每个人一生下来就具有的原型天赋，指导和控制着人类的生命循环。任何一个人在生活中所经历到的东西，并不单纯由个人的人生阅历决定。从根本上说，它也是受到整个人类的集体历史指导的。这个集体的历史在集体无意识中被转化成生物学密码。

诸多学科的发展也在接近或者回应荣格的观点。对荣格的原型假设最强有力的科学依据来自行为生物学。1951 年，廷贝亨在《本能的研究》中认为，每一个动物物种都有一套完整的行为技能。物种的中枢神经系统的结构是经过进化而逐渐形成的，而这套完整的行为技能就依赖于这些结构。这个结构被称为先天释放机制。当它在环境中遇到某种适宜的刺激，即信号刺激时，先天释放机制便会提前做好准备，变得活跃起来。

比较神话学家约瑟夫·坎贝尔将集体潜意识带到了世界各地的神话

叙述中，他在仔细研究了世界各地文学和民间传说中的神话原型之后，认为世界各地从古至今林林总总的英雄传说，表面千差万别，内里却始终遵循着一个永恒的共同模式。从神话学发现生命的原型，原型隐藏极深，变幻莫测，在原型操纵之下，原型故事的演绎超越时空，贯穿人类个体的全部历史。

营销传播实践需要找到更具心理能量和生命感应力的符号，这些符号每个人都会不由自主地直接理解背后的意义。正如荣格所言，象征（符号）是心理活动真正的能量转化器。当象征变成意象，化身为图像材料之后，又能以自己的含义给心理活动打上烙印，从而推动心理过程的流动。超级符号即是借助某些符号背后的象征魔力，比如固定程式、口号、画像等，对符号接收者"施展魔法"。典型的如商业竞争和政治领域使用的各种标志、旗帜、徽章和商标等，它们的图像和颜色的象征性意义对大众能产生很大的魔力，使大众为之激动兴奋。

（四）"自动激活"：超级符号的神经科学依据

现代神经科学研究为超级符号提供了有力的科学支撑。1975年，现代心理学家迈克尔·波斯纳与斯奈德对大脑"双进程"思考进行了研究，一种是快速且无意识的思考方式，可以概括为"自动激活"（Automatic Activation）；另一种则是速度稍慢、经过深思熟虑的思考方式，可以概括为"意识加工"（Conscious Processing）。心理学家丹尼尔·卡尼曼在《思考，快与慢》中更为直接地将其命名为快思考的系统1与慢思考的系统2，系统1是直觉、无意识地思考，系统2是需要集中注意力的、有意识地思考。

前者是一种无意识的思考系统，人类在这方面与其他动物一样，拥有一套具有一定程度自主性的子系统，它在事物之间建立联系，发展出各个门类，然后自动将事件、话语、人物、行为与情境归入不同类别。正如其名字所表明的那样，它的运作速率很快，且永远无法被关闭。

后者是一种有意识的思考系统，它理性且富有逻辑，喜欢质疑。它不断提出问题并寻找答案，运作缓慢且重视逻辑分析。它的处理容量较低，在相当程度上要依靠意识的记忆，而且它的能量需要比前者高得多。

超级符号的作用机制依赖于大脑"双进程"中的"自动激活"。高效率和低成本的商业目的决定了符号应用需要关注更直接的行为反射。举个例子，一些流行的口水歌往往会成为商业传播领域的母本，在听过一次后，我们会久久不能忘怀，还有可能在某个瞬间不自觉地哼唱出来。这就是"自动激活"的快思考。口水歌中的"耳虫"（Earworm）会挖出一条通往我们大脑的通道，一经进入，就很难被赶走。

另一个典型例子是"红绿灯"。在红绿灯之前的时代，人们通过十字路口时，总会看到交通指挥员长时间辛苦地用各种手势和旗帜来指挥交通，当红绿灯出现之后，它们扮演了千千万万个交通指挥员的角色。红绿灯作为符号，它并不是被凭空设计出来的，这源自远古时代人类对色彩的感知，颜色在催生情感方面扮演了极其重要的角色，红色会增强人的生理唤起程度，这也是红色普遍用于警示标识的原因之一。红绿灯也是一种行动指令。我们通过不断地学习、重复，将遗传对刺激做出的散乱、无组织、无条件的反射，变成有组织、确定的条件反射，形成习惯。人们在十字路口会不假思索地听红绿灯指挥。红绿灯成为一种特定行为或对象的替代物，符号对行为或对象具有可替代性或等值性效用。

第三节
超级符号的结构框架

　　超级符号从营销传播效能这一终极命题出发，为品牌建构和营销传播提供了一种全局、系统的思考框架。超级符号原理和方法广泛吸纳了诸多的学科智慧，可以说是一种有交叉特色的"社会科学研究"，涉及诸多人类古老且基础的知识传统，包括修辞学、符号学、心理学、生理学、语言哲学、人类学、传播学、经济学、媒介环境学等诸多学科领域。

　　超级符号原理与方法可以应用到企业与品牌的各个运作环节，涉及传播创意、产品开发、品牌建构、企业战略等层面，借助超级符号原理与方法，可以形成超级创意、超级产品、超级品牌、超级企业。可以说，超级符号不仅是一种营销传播的编码方法，更是一种"企业与品牌的符号学"，是营销传播创意的理论和方法，是品牌营销的理论和方法，是产品开发的理论和方法，也是企业战略的理论和方法。

一、符号的时空意义：超级符号理论的战略价值

（一）品牌就是提供稳定价值的符号系统

超级符号基于人类学、语言哲学的底层思考，从处在传播与文化的核心纽带的"符号"出发，贯穿营销传播、产品开发、品牌塑造、企业战略等领域，建构了一整套体系化的理论观点与应用方法。在超级符号理论的视野中，营销传播的每个局部都包含了品牌与企业的整体，对符号的运用既涵盖了短期的营销传播目标，又考虑到长期的品牌资产积累。

超级符号理论具有指导全局计划和策略的战略价值。符号所构成的意义场，涵盖时空的维度。回到符号学诞生之初，索绪尔在分析语言时有"历时"和"共时"的解析，历时中包含共时，共时中包含历时。符号在文化中的运作依赖它们，而文化的存在和形成反过来又依赖符号的使用。空间维度的传播需要借助符号来完成编码和解码；时间维度的传承也需要借助符号来延续与过去的关联性。

超级符号将品牌视为一个生命体，在其成长与发展的过程中时刻都在向外部发送信息。一方面，一切传播都是符号的编码和解码，企业通过符号来不断跨越空间，与散布在各地的规模化的消费者们进行对话；另一方面，品牌就是提供稳定价值的符号系统，消费者通过熟悉的、可识别的符号，来感知并判断品牌的价值承诺。品牌也通过符号重返时间的河流，以期成为人类文化结构和意义体系中的一部分。

（二）一个经典案例的解读

有机构专门列举了 20 世纪美国十大品牌形象（见下页图），分别

为万宝路硬汉、麦当劳叔叔、绿色巨人乔利、贝蒂厨娘、劲量兔子、皮尔斯伯里面团娃娃、杰迈玛姑妈、米其林男子、凯洛格老虎托尼、奶牛埃尔西。色彩丰富、充满想象力的品牌形象往往能够帮助品牌在市场的混乱局面中突围，建立消费者的认知，传达关键的产品利益点。纵观这些成功品牌，它们无一例外都可以在符号背后找到历史深远且有强大影响的意义体系，有的甚至是对古老神话的重塑。

二十世纪美国十大广告形象

万宝路硬汉　麦当劳叔叔　绿色巨人乔利　贝蒂厨娘　劲量兔子

皮尔斯伯里面团娃娃　杰迈玛姑妈　米其林男子　凯洛格老虎托尼　奶牛埃尔西

我们以十大品牌形象之一的绿色巨人乔利（Jolly Green Giant）为例，来进一步理解超级符号理论思考的三个层次与五个要点。它的创意最初来自一个巨大的豌豆荚。在美国的历史中，豌豆荚以及巨人形象都有诸多传说和积极的联想，豌豆甚至自南北战争以来就成为很多地区过年必备的食物之一。绿巨人的取材来自传说中的巨人樵夫——保罗·班扬（见下页最上图），他是美国神话中的人物，力大无穷，伐木快如割草。因其体型巨大，传说其只需迈一小步，就能跨越三条街。密歇根州半岛的形状貌似手套，因而被人传说为保罗·班扬的手印。

    每个人都喜爱的绿色巨人最早是由美国明尼苏达谷罐头公司（Minnesota Valley Canning Company）于 1928 年推出的，它在标签上印制了一个绿色巨人的形象（见下图），从而巧妙地绕过了不准公司起名为"绿色巨人"的商标法，绿色巨人即是由美国人熟悉的豌豆荚和巨人形象组合而成。

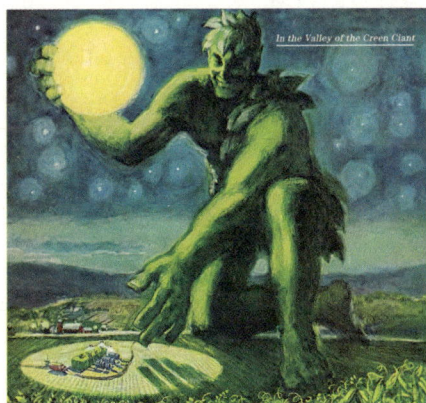

    著名广告人李奥·贝纳在 1930 年的印刷广告中将绿色巨人乔利推向大众生活，标题"月光下的收成"，配上"无论日间还是夜晚，绿色巨人的豌豆都瞬间选妥，风味绝佳，从产地到罐装，不超过 3 小时"的

正文，这个广告也成为李奥·贝纳的代表作和广告史上的经典作品。在
20世纪60年代的电视广告中，绿色巨人乔利的人性化特征也在不断
丰富。在最初的电视广告中，一个演员将身体涂成绿色，并穿上粘满叶
子的服装。后来，广告采用全动画制作技术，绿色巨人始终在背景中出
现，不刻意去吸引人们的目光，只说着"嗬嗬嗬"。他几乎不移动，不
走路，也永远不会离开他的山谷。如今，一座55英尺（约16.764米）
的绿色巨人塑像耸立于明尼苏达州的布卢厄斯县，它已经成为一个地标
性的建筑，而绿色巨人也成为人类文化中的一个符号。

在过去的近一百年时间里，绿色巨人品牌的产品在不断迭代，但是
这个品牌形象符号带领着越来越多的产品不断地壮大，甚至走向更广
阔的世界各地，成为支持产品销售的第一理由。在绿色巨人的系列产
品进入中国时，它的包装背景与主打图案是绿巨人，它的广告宣传是
绿色巨人，它的门店背景墙甚至是开业活动都会有粘满树叶的绿巨人
演员出现。

李奥·贝纳谈道，广告人最重要的努力目标是支持并扩大广告宣传
与符号的权威，"品牌创造历史，品牌会变成历史。它们会变成我们共
同的故事，或者我们个人、个别的故事。……在我们集体和个人记忆里
的，是我们先民的故事，是我们的初恋，是我们实现或未完成的梦想。
广告的世界糅合了这些最深层的回忆和渴望，我们只要研究了解这些非
意识的地图，就能找到我们品牌最确定的道路"。有些符号生来即是符
号，有些符号是在消费过程中演变、沉淀，从而进化为符号。历久不衰
的大品牌最后会变成某种标志——不只是企业的标志，而且还是整体
文化的标志。

回顾绿色巨人的品牌发展历史，每一笔广告投入，都是品牌资产的
长期投资的一部分。符号系统生命力更强大，强大到以个人的生命来
看，它是接近于永恒的。从这个角度来看，超级符号就是品牌工作的起
点，也是终点。品牌营销的终极目标就是建立一套超级符号系统，并让

这个超级符号系统在它所在的领域占领制高点。培养超级符号越难、时间越长，积累的优势就越大，永远没有结束的那天。如果说企业的使命是永续经营，那么，超级符号就需要永续积累。

二、超级符号的方法要点与理论观照

超级符号的方法要点具体涵盖以下五个方面：文化母体、品牌语词、品牌图形、媒介逻辑和品牌资产。基于营销传播效能这一终极命题，形成了母体观、语词观、图像观、媒介观与资产观（见下页图）；围绕着符号的选择、改造与占据展开，体现为对符号能量的征用、放大和留存三个层次。

第一层次：**母体观**。母体观开启超级符号创意来源的思考，回应如何找到文化母体，选择最具势能的符号。母体观提出了"文化母体"的概念，把人类的文化财富和原力能量为我所用，激发人的整体性经验，母体观回应了超级符号的创意来源的命题，提供了超级符号理论与方法的总体论述。

第二层次：**语词、图像与媒介三个分论**，即语词观、图像观和媒介观。三个分论对应营销传播的文案创作、视觉设计与媒介策划。基于文化母体的思想，在语言系统和视觉系统中选择最具能量的符号，并且通过对媒介的重新理解，进一步放大符号所携带的信号能量。

第三层次：**资产观**。资产观统摄超级符号的所有营销传播思考，回应如何将符号能量留存，积累品牌资产。超级符号让人在瞬间熟悉、一击即中的"成本"视角之外，还存在一个福祚绵长的"投资"视角，营销传播不仅是"费用"，还是"投资"。品牌就是一个符号系统，它始于符号，又进化成为人类的文化符号。

超级符号的结构框架

超级符号的理论要点		超级符号的学术传统
文化母体	母体观：寻找、回到、成为、壮大母体	人类学、文化符号学等传统
品牌语词	语词观：词语权能、母体词组、口语套话	修辞学、语言学、语言哲学传统
品牌图形	图像观：守旧创新，文化契约	符号学、图像学等传统
媒介逻辑	媒介观：元媒体、播传、强媒体等	媒介环境学等传统
品牌资产	资产观：买我产品，传我美名	经济学、管理学等传统

（一）母体观及其理论观照

"母体观"回应的是"超级符号从哪里来"的议题，在本书的第二章内容中有详细的论述。超级符号引入"文化母体"的概念，从最深层次提出对于世界和人生的解释框架。文化母体是人类生活中循环往复的部分，母体有它约定俗成的时机、仪式、道具，存在不可抗拒、必然发生、集体无意识、自发卷入等诸多特点。用通俗的话来理解，文化母体可以称为人类的集体行为习惯，大家每天都在重复做的事情，是行为模式的重演，是一种无意识的"母体行为"。比如，每天上班下班，过马路，吃早餐，等等。词语、符号、仪式和道具是"母体行为"的具体表征物，它们在揭示文化母体的独特价值。从这一视野来看，商品就是母体道具，商品竞争即是需要进入文化母体中，抓住词语，参与仪式，成为母体的符号或道具。品牌建构，以及相关营销传播思考也要从母体中来，到母体中去，从而成为母体，壮大母体。

人类学、文化符号学、社会学等学科提供了诸多深层智慧，成为进一步丰富与深化超级符号"文化母体"的理论来源。人类学认为，文化概念表示的是从历史上遗留下来的、存在于符号中的意义模式，是以符号形式表达的、前后相袭的概念系统，人们借此交流、保存和发展生命的知识和态度。理解一个民族的文化，也就是在不削弱其特殊性的情况下昭示其常态，把它们置于人们日常的符号系统之中。社会学领域当中也有诸多有关"主体建构""社会模仿"等相关研究，对于进一步拓展超级符号的"文化母体"概念有诸多助益。

（二）语词观及其理论观照

从人类思维与符号接收角度来看，超级符号的表达呈现分为双重维度，一方面是词语技术，即超级符号的语词观，品牌语词；另一方面是图像方法，即超级符号的图像观，品牌图形。二者分别指向人类对信息处理的线性思维和非线性思维，即文字思维和图像思维，共同作用于提高营销传播效能的最终目标。

"语词观"回应的是"超级符号的语言技术是什么"的议题，在本书的第三章内容中有详细的论述。超级符号引入"品牌语词"作为对词语技术的概述，形成了一整套"以购买理由的提炼与传播为中心"的体系，词语权能、母体词组、口语套话是语词观的主要内容。购买者购买的不是产品，而是购买理由，产品就是购买理由，包装就是放大购买理由，文案就是证明购买理由，营销就是传播购买理由。

语言哲学和修辞学是超级符号语词观的重要理论来源。古老的修辞学思想、与传播话语结构相关的语言学，以及海德格尔、维特根斯坦、苏珊·朗格等人的理论成果在内的语言哲学研究，沃尔特·翁等媒介环境学家对于传播口语现象的研究等，共同作用于对语言这一符号系统的理解。人类很难驾驭语言，但语言却能驾驭人类。词语对思维的控制，超过了思维对它的驾驭。语言不仅是思想的载体，也是思想的驱动器，更是思想的牢笼。

（三）图像观及其理论观照

"图像观"回应"超级符号的图像方法是什么"的议题，本书第四章会有详细的论述。超级符号形成了一整套关于图像等非语言符号的营销传播思想，品牌可以理解为提供稳定价值的符号系统，超级符号代表一定会被满足的、简单、清晰的价值承诺，它可以是任何形式，如品牌标识、声音、颜色、花边、音乐、卡通、姿势等。具体而言，从文化母体中选择符号，依据购买理由改造，使之成为超级符号，使品牌获得传统符号所携带的价值与情感。从长期视角来看，产品是随着技术和消费需求等因素的变化不断迭代升级的，是"流水的"，而符号则是相对稳固不变的，产品的质量与良好体验会逐渐迁移并累积到符号上，最终实现品牌的建构。

在具体的理论来源上，图像学、符号学等学科为超级符号的图像方法提供了诸多学术智慧。在 20 世纪中期以来的视觉转向，或者图像转向的趋势下，当代社会最终在景观意义上表现为"以形象为中介的人与人之间的一种社会关系"。"因为在这个世界中，人们所处的境况是个体面对着压倒一切的形象、编码和模型的浪潮，它们其中任何一个都可能塑造一个个体的思想和行为"。好比语言文字对应的是人的线性思维，图像、图形等非语言符号在图像与符号维度形成了另外一个广阔的研究地带。

（四）媒介观及其理论观照

"媒介观"回应"超级符号在哪里应用和承载"的议题，本书第五章会有详细的论述。超级符号引入"元媒介""强媒体"等概念，重构营销传播中对有关媒体和传播的理解。所有符号和信息最终的承载和送达均离不开媒介，媒介本身的意义有时候还会超过其承载的符号与内容的意义。超级符号的媒介观聚焦"媒介转向"。一方面，从商品角度来看，商品即信息，包装即媒体，货架就是广告位，互联网货架更是广告位。在人类商品交换的早期已有这样的思考，在大众媒体兴起之后，这些本来的媒体资源反而被遗忘或者扭曲了。另一方面，从人的角度来看，消费者在日常消费中会经历四种角色：购买前的受众、购买中的购买者、使用中的使用者、购买后的传播者。传播者的角色使得每一个消费者都有可能成为"媒介"，将古老的口碑传播重新焕发光彩，传播的本质在于"传"。

媒介环境学是建构超级符号媒介观最为重要的理论来源。媒介环境学派将媒介作为环境进行研究，不同的媒介形式会产生不同的方式，以不同的方式影响人如何感知、认识、思考、理解和表征外在于人的世界。1968 年，媒介环境学的关键人物尼尔·波兹曼公开介绍媒介环境学时提到，媒介环境学试图解释媒介隐含的、固有的结构，解释它们对人的感知、理解和感情的影响。其秉承了马歇尔·麦克卢汉有关媒介的论述，如"地球村""媒介即讯息""热媒体与冷媒体"等。

（五）资产观及其理论观照

"资产观"回应"超级符号的品牌观是什么"的议题，本书第六章会有详细的论述。超级符号从传播视角形成了自己独特的"资产观"。所谓品牌资产，即是能给我们带来效益的消费者品牌认知，这是对基于顾客的品牌资产理论的丰富，也使得相对复杂的品牌资产评估变得更容易理解和操作。对企业而言，做任何一件事、一个创意、一个设计、一个活动，首先要自问自答几个问题：能不能形成资产？能不能保护资产？能不能增值资产？超级符号引入品牌和品牌资产，使得大卫·奥格威当年的名言，"每一则广告对品牌来说都是一笔长期投资"变得可论证、可操作、可落地。超级符号的品牌资产观可以简要概括为买我产品、传我美名，从而实现品牌寄生的目标，最终品牌也成为人类文化遗产的一部分，成为符号。

在具体的理论来源上，超级符号的品牌资产观吸纳了经济学、营销学、传播学、人类学等学科的相关成果。在品牌资产观看来，营销传播不仅是一种成本维度的思考，更是一种投资，超级符号不仅降低营销传播的成本，同时还不断积累品牌资产。超级符号将以往泾渭分明的学科理论综合到"资产观"中，也直接回应了营销传播效能的百年困惑，使"品效合一"成为可能。

第二章

文化母体：超级符号的创意来源

本章索引

引言：

对营销传播"崇雅抑俗"的反思

　　总论部分明确了超级符号作为一种理论与方法，这一章要讨论的**核心命题是：超级符号的创意来源**。当下的营销传播实践中存在"崇雅抑俗"的怪现象。品牌往往被视为一个"高大上"的概念，与其相关的词语有"身份""信仰""忠诚"等，企业总是想着怎么样才能赋予品牌深刻而高级的文化内涵。品牌研究领域也建构了一整套概念严密的学术体系，衍生了诸如"挚爱""偶像""酷"等理论主张和运作方法。

　　"崇雅抑俗"也成为日常生活中的一个普遍现象。我们在与好友聊天时，常常会因某人不清楚某事或某个典故而调侃道："你这人真没文化！"于是，文化往往被搁置在一个非常高的位置上。具体到文化史上，雅俗分流是一个长期存在的现象。任何时候，现存的文化都可以在雅俗的界限上加以区分，结果往往是"崇雅抑俗"，雅文化正襟危坐在文化殿堂之中，而俗文化却难觅一席之地。

　　究其原因，"崇雅抑俗"是多种因素综合作用的结果，既包括历史沉淀的原因，又包括接收者的原因。无论古今中外，很多国家都有一种"崇文尚文"的风尚。普罗大众的通俗文化往往受到轻视和忽略，甚至会被贬斥为缺乏品位和价值，相对于"俗"的"雅文化"成为精英阶层自我保护的手段。同时，从接收者角度来看，对"俗"的讨论是一种

"自我印象管理"。为了达到别人心目中理性化的形象，人们往往对大众化、通俗化的事物保持距离，以彰显自身的个性与形象。

回到营销传播本身，企业经营的最终目的是和最广泛的目标受众群体建立联系，让目标消费者们记住它、熟悉它、喜欢它，并乐意掏钱购买它的商品和服务，甚至逢人就爱谈论它，品牌的最终梦想是成为一方人民，甚至全世界的、人类的风俗、习俗、民俗。从这一点来说，"俗"的本义与营销传播的最终目的在本质上是完全一致的。可以说，营销传播的本质在于追求并达到"俗"背后的大众化规模感，营销传播的内容也期待成为人与人之间日常言谈的话题。

以拍摄集体照为例，拍摄集体照时为了要对好口型，大家都要大喊一声"茄子"。田七牙膏的符号编码"拍照大声喊田七"由此而来（见下图），它是听觉标志和广告口号，也传达了品牌的身份、价值和体验。一家人聚在一起拍照时喊"田七"，各个景点拍集体照的时候喊"田七"，田七品牌因此成为日常生活中的符号和仪式，"日常"往往具有绵延性、序列性、轮次性等特征，当田七品牌进入"日常"，那么，销售就会自然而来，品牌也自然成为习俗的一部分。

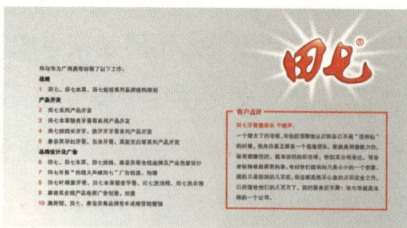

　　我们需要重新回归"俗"的本义，才能真正地理解"俗"。《说文解字》认为，"俗，习也"。所谓"俗"，是社会上长期形成的风尚、礼节、习惯等，是一种俗尚、风俗、习俗和约定俗成。"俗"可以理解为一种既定的社会文化秩序，是由群众通过长期实践而认定形成，具有超越时间的承继性和跨越空间的传播性，其本身具有强大的传播力和生命力。

　　"俗"使得符号在营销传播中具有了最大化的文化契约效力。符号本身的传播价值来自其能指与所指的约定俗成，符号的选择与改造的前提是找到循环往复的"俗"。一个符号越"俗"，它就蕴含着越多的人类文化原力，当品牌嫁接到这一符号上，就得到了人类文化原力的祝福，激发人们大脑深处关于这个符号的所有经验，打开相关的记忆、情绪和体验宝库。

　　"俗"还使得符号具备了一种"俗语不设防"的效能。被誉为"美国广告界的教务长"的詹姆斯·韦伯·扬在《如何成为广告人？》中指出，"广告怎样发生功效"的方式之一是"建立熟悉感"。"俗"本身恰恰蕴含着自然而然的熟悉与亲切，品牌的语词创作要么始于俗话，要么进化成为俗话，品牌的视觉符号创作也是同样逻辑。对营销传播而言，一旦没有了心理防线，信息能更被人接受和信赖。

第一节
超级符号的母体观

一、案例解读：微信红包的"一夜爆红"

先以一个具体的案例，走进超级符号的母体观。2013 年 8 月，财付通正式与微信合作推出了微信支付。产品研发出来，如何让人们接受并使用是一个更重要的问题。对微信而言，让用户"心甘情愿"地在微信绑定自己的银行卡，从而进入移动支付市场，是一个非常巨大的挑战。尤其是在这个市场中，自 2004 年正式独立出来的支付宝已经在这个领域深耕多年。假若你是项目负责人，你会如何展开营销传播活动呢？最后的结果大家可能都已知晓，那就是借助于一夜爆红的"微信红包"。

首先来梳理一下"微信红包"营销传播活动的时间线。2013 年 11 月，微信支付团队在一次产品头脑风暴会中想到，在春节时收发红包的仪式运用到微信移动端上，为即将到来的春节增加一些喜庆气氛。之所以有这种想法，是因为腾讯公司地处广东地区，自成立以来的十几年时间里一直保持着新春"逗利是""品春茗"的南方风俗传统。每年春节后上班的第一天，上万名员工向领导和已婚同事领红包的场面颇为壮观。

2014年1月26日，微信红包（见下图）正式上线，"新年红包"的微信公众账号开始面向全国宣传。28日，"新年红包"登录微信的"我的银行卡"，微信红包在一夜之间风靡大江南北，如同游戏般的"拼手气群红包"尤其受欢迎。根据官方的统计数据，自除夕开始，至2014年大年初一16时，参与抢微信红包的用户超过500万人，总共抢红包7500万次以上。红包活动最高峰是除夕夜，最高峰期间的1分钟内有2.5万个红包被领取，平均每个红包在10元内。

在2015年春节，微信红包与当代最大的民俗之一——"中央电视台春节联欢晚会"合作，仅仅在除夕当日，微信红包收发总量达10.1亿次，春晚微信摇一摇总量达110亿次。微信红包成为年夜饭的主菜单。此后，微信红包的收发数量也在一路飙升，在2015年5月20日为4亿个，6月1日为5亿个，七夕节全天收发总量达14.27亿次，中秋节为22亿个，微信继续将红包不断丰富优化，推出表情红包、封面红包等等。时至今日，"微信红包"逐渐成为一种全新的用户习惯和文化现象。原来我们在逢年过节走亲访友时，见了小孩才发红包，但微信红包将红包拓展到了更多使用场景，比如生日、婚礼等，甚至开会迟到了、遇到喜事儿了等日常事件，都要发红包。

微信红包的背后包含了微信支付的推广目的。用户想要给微信好友或在微信群里发红包，或者在收到红包后想要提现，就必须绑定银行卡，这样一来，绑定微信支付的用户数量大增。可以说，一夜之间，微信依靠着"红包"，打通了移动支付。有媒体认为这是一次"偷袭珍珠港"，微信红包一年的成果相当于支付宝八年多的努力，支付宝在移动支付市场一家独大的局面被悄然改变。

关于微信红包如何能够一夜爆红，各种观点众说纷纭。有人认为是因为微信无与伦比的社交属性，也有人认为是极致的产品体验，还有人将成功归因于可遇不可求的时机和运气。这些说法各有道理，但是，在超级符号理论看来，微信之所以能在一夜之间打通移动支付，关键在于找到了春节这一中国人最重要的节日，占据了这一节日母体中最为重要的符号之一——"红包"。

微信红包的名字叫"红包"，这是一个全国人民与之有着明确文化契约关系的词语。同时，微信红包还征用了我们所认为的"红包"的视觉符号，它不是"黑包"或"白包"，它必须是红色的，形状也是长方形的，之所以要做成这样，就是通过"红包"符号才能够进入不断循环往复的春节母体之中。百节年为首，春节作为中国人最隆重的传统佳节，春节是发红包仪式最强大、最活跃的节点。

微信以新年红包打通移动支付，是超级符号理论对文化母体应用的典型案例。文化母体当中蕴含着巨大的生命力、传播力和行动力，母体的戏剧永不停息、真实日常、循环往复、无所不包，并且以仪式和符号的形式出现。超级符号的创意来源即是要找到文化母体，企业进行营销传播，就是要借助符号、词语、仪式来占领文化母体，建立强大品牌，把品牌寄生在消费者的生活中，才能使品牌有着稳定无限的价值。每当文化母体循环至此，购买就会发生。

二、文化母体及其特征

当下营销学的主要观点认为，成功的公司应该认识环境中尚未被满足的需要和趋势，并能做出反应来获得利润。所谓趋势，指的是某些势头和持久性的事件的方向或演进，只有与强大的趋势相吻合而不是反其道行之，新产品或营销计划才能获得更大的成功。这一观点有一定的道理，指出了趋势在内的外部宏观环境所存在的强大力量，但是，也存在很大的缺陷——它将视角一味地聚焦在未来的可能性上，忽视了人作为一种符号动物，每个人始终处在文化母体的循环往复之中。超级符号理论将视角投向了文化母体，并以此作为符号的创意来源。

要理解人们为什么购物，首先应该了解人，敏锐地认识到人类的本性，他们怎样生活，并熟悉那些影响其日常生活的社会准则与文化习俗，这些准则与习俗已经编入了每个人的生理和心理程序。人之为人，即在于社会与文化维度，它们是强劲的动力。当营销传播洞察并把握了这些深层次的准则与习俗，也就接入了巨大的力量，获得了生命动力的本质，就控制了每时每刻驱动人们的文化动力。每个人从来到世界的那一刻开始，直到生命的终点，都无法逃避人类的准则与习俗。

超级符号理论认为，商业只是品牌的外在表象，而文化才是品牌营销的底层逻辑。只有从文化的角度去理解，从社会文化这一根源上去寻找，从文化这块地基深深地打下桩去，才能引起更加广泛的文化认同，才能建立起品牌的大厦。文化中蕴含着最原始且最深层的原力，品牌营销需要回归到人类漫长的历史文化中。社会文化中的"根""源""原"等，即是超级符号的创意来源。符号，可以理解为社会集体和文化结构的共同认知模式之一，是社会文化的循环往复的表征物。只有把握文化母体，才能真正地理解超级符号原理。

（一）文化母体：循环中的演化

人类生活是一个巨大的文化母体。星体的运行给我们带来一年四季和昼夜交替变换，这是一个周而复始、循环往复的过程。地球上所有的生命都是根据这个旋转繁衍、迭代，过着有规律的生活。人类的生活亦是如此，每个人都处在周而复始、循环往复的戏剧中，在永不停止的过程中出生，也在永不停止的戏剧中去世。人类在循环当中不断演化，循环的部分是守旧，演化的部分是创新，创新基于守旧，创新的前提是守旧，一切创新首先要守旧。创新的基石，就在于能否进入这个循环。游牧文明、农耕文明，乃至工业革命以来的现代城市文明，概莫能外。

文化母体一旦形成，就具有不可抗拒的力量，就一定会准时发生，发生的形式就是伴随着众多的、复杂的仪式、符号和道具。在日常生活的衣食住行、婚丧嫁娶、言谈交往等活动中，人们很少发问，而是自发地遵循着文化的惯习来思考和行动，凭借着重复性思维和重复性实践，不假思索地生存。环顾四周每时每刻都在发生的日常生活，就会发现这是一个自发和自在地运行的领域。在此，可将文化理解为一种相沿成习的文化意识的综合表现，物质与精神、传统与现实，以及过去与现在都在其中发生着信息交换。

微信红包案例中的春节即是一个典型的文化母体。春节是一个基于中华传统文化的巨大文化母体，一个中华文化圈中的人共同参与的巨大的人类的戏剧，有庞大的仪式体系和符号体系，还有非常强大的惯性。1934 年，当时政府发起了"新生活运动"。"新生活运动"的特点之一即是"破旧立新"，其中首先是废除旧历（农历）新年，过阳历新年。结果遭到人民群众的强力抵制。到了阳历新年，除了机关、团体、学校写几副"庆祝元旦""庆祝新年"的标语外，民间没有谁理睬，照样冷冷清清。可到了农历新年，大家依然隆重、热烈地欢度春节，风光不减当年，商店照例歇业休息，老百姓敬香、放鞭炮，谁也难以阻挡。

以《元日》这首诗为例，来更进一步理解文化母体，以及符号、词语与仪式在文化母体中的角色与价值。"爆竹声中一岁除，春风送暖入屠苏。千门万户曈曈日，总把新桃换旧符。"这首诗描写了新年元日热闹、欢乐和万象更新的动人景象，在我们感到熟悉、亲切的画面中，体现了无所不包的"文化母体"。

第一句"爆竹声中一岁除"，以听觉为媒，勾画出在阵阵鞭炮声中送走旧岁迎来新年的景象。什么时候会有爆竹声呢？一般都是有重大节日或某家某户有婚丧嫁娶等重要事件时才会出现"爆竹声"，因此"爆竹声"本身就是表达某种象征意义的听觉符号，当这种听觉符号出现时，听到它的人们自然而然会进入某种特定的"场景"之中，按照特定"场景"所安排好的"脚本"行事。

第二句"春风送暖入屠苏"，以触觉和味觉为媒，展现人们迎着和煦温暖的春风，开怀畅饮屠苏酒的喜庆场景。屠苏有什么讲究呢？屠苏酒又名"岁酒"，是农历正月初一要喝的一种酒饮。每一年的正月初一，家家户户都会按照从幼到长的顺序饮屠苏酒，寓意新年平安健康。所以"屠苏"也是一种符号，当它出现时，人们便会将其与正月初一的时间点相联系，导入相应的"故事脚本"，并延伸至整个春节。

后面两句"千门万户曈曈日，总把新桃换旧符"，以视觉为媒，呈现旭日光辉普照千家万户的景象，"新桃换旧符"已成为一套民间习俗和仪式。"桃符"是一种绘有神像、挂在门上避邪的桃木板，每年"元日"取下旧桃符，换上新桃符。在逐渐演进的过程中，桃符的物理实体逐渐被符号性更强的"春联"所替代，"贴春联"成为春节的习俗之一。

　　我们看到，这整首诗所呈现出来的画面、仪式、物件，看似平常，与我们的生活和我们所了解的先人生活并无太多新奇之处，然而这一切却都是在不知不觉中"自然"发生的，而推动这种"自然"的力量就是我们所说的"文化母体"。"文化母体"为品牌营销提供了一个最为底层的认知模式。文化母体一旦形成就会体现为仪式和符号，传承的就是仪式和符号。超级符号理论的出发点，即是要回到文化母体。王安石的《元日》历经千年，依然有着蓬勃的生命力，承载着中国人千年不变的情感和期望，并仍将以千年为单位被延续传承下去。

（二）文化母体的定义及其学理逻辑

1. 文化母体的定义

　　要理解文化母体，我们需要首先回到文化的概念。所谓文化，是人类一切物质财富和精神财富的总和，有时特指精神财富。如果说，人类文化的本质就是符号，人类文明传承的就是符号，那么，品牌也是如此。每一个品牌都是一个物质财富和一个精神财富的集合。可以说，品牌就是一个最典型的文化标本，建立品牌就是建立符号。超级符号理论的核心逻辑就是基于人类或者民族的文化遗产来构建品牌。

　　文化母体侧重于文化的母体性特征，所谓"母"，泛指能有所滋生的事物，比如"母酒""字母""母体"等。"母体"一词受电影《黑客帝国》中的"母体"（The Matrix）启发，本义是子宫、母体、孕育生命的地方。文化母体是一种个体"不假思索"背后的深层文化结构，是一种有关人的底层认知系统。每个人都生活在文化母体之中，正如历史学家布罗代尔所言："今日世界的百分之九十是由过去造成的，人们只在一个极小的范围内摆动，还自以为是自由的、负责的。"

　　具体而言，文化母体就是整个养育我们的文化，是日常生活中循环往复、不断重复的那一部分。不断循环往复的文化母体成为所有人的共同经验、共同知识、共同观念，这是与生俱来的、祖先传下来的、每个人都知道的，而且每个人的观念和行为都会受其影响，甚至会受其操控，集体潜意识地自发卷入。文化母体有它的约定俗成的时间、仪式、道具，不可抗拒、必然发生，以仪式和符号的形式体现出来。

2. 文化母体与"IP""场景"概念的异同

"文化母体"与"IP""场景"等概念有交集。"文化母体"与人类的文化叙事和文化原型有关，内含着丰富的人类文化财富，通过意义广泛的文化符号加以表征，从这一视角来看，"文化母体"与"IP"的定义有联系。"IP"是英文"Intellectual Property"（知识产权）的缩写，在文娱领域有所引申，可以理解成"所有成名文创（文学、影视、动漫、游戏等）作品的统称"。IP 更多的只是代表智力创造成果物的版权，往往以一种内容生产过程中的文化符号而存在，它们往往源自文化母体，成为超级符号理论运用的重要符号来源。

"文化母体"与当下热门的"场景"概念也有联系。"文化母体"本身即是一个循环往复、真实具体的场景，也是一个人所经历过的，或者与之切肤相关的场景。"场景"的原意是"戏剧、电影中的场面"，在消费领域中引申为消费者所处的时空环境及其决策行为的总和。比如，"喝咖啡"这个行为，当人处于不同的场景中时，状态天差地别，相应的需求也不尽相同。"场景"往往作为一种考量因素，更多的是对消费者需求的精准且深入挖掘。"场景化"的描述是理解"文化母体"的真实性与日常性的重要手段。

相对而言，文化母体更注重"母体"，指代的是一种无限的循环、重复和复制，如果它只出现过一次或者它的次数是有限的，就不能被称为"母体"。文化母体从人类生活的深层底层结构出发，是一种最底层的对世界的认识方式。比如，"曹操"作为一个话题，已经被讨论了

1790多年，而且对他的讨论必将继续，所以讨论"曹操"这个话题即是一个文化母体，一定能够催生畅销书、畅销的产品、畅销的电影、畅销的电视剧、畅销的游戏。

基于文化母体的思想，营销传播可以重新思考人、符号与商品三者的关系，文化母体在约定俗成的时机必然发生，人们不可抗拒地、集体潜意识地自发卷入，商品成为文化母体的道具，符号和仪式也成为加入循环往复的母体的必要通路。比如，在之前提到王安石的《元日》中，春节即是个巨大的文化母体，放爆竹、贴春联就是仪式，而爆竹、春联、红包就是符号。基于这一思考基础，产品开发、营销传播、品牌文化等都可以用文化母体的思想加以理解。

借助文化母体的思想，我们可以重新理解生活与工作中的很多现象。举个例子，刘德华演唱的歌曲《恭喜发财》自2005年登上央视春晚之后，就逐渐成为"中国新春第一背景音乐"。每当年历翻到春运开始、小年将至、返乡高峰和鞭炮声阵阵的时候，《恭喜发财》就会自动成为中华大地，从哈尔滨到深圳，从西昌到日照的人民喜闻乐见的一首歌。有很多原因可以解释《恭喜发财》的成功，比如，歌词与旋律的搭配极好，浓郁而鲜明的民族特色，通俗易懂，适合口耳相传的词曲，等等。但是，《恭喜发财》成功的关键在于将歌曲寄生到了循环往复的春节这一文化母体之上。

类似的例子有很多，文化母体提供了一种深层次的对世界的认识方式。比如，萨克斯独奏的《回家》，在日复一日的商场打烊中不断被提起；《难忘今宵》意味着一年一度的央视春晚宣告结束；威猛乐队（Wham）的代表作 *Last Christmas* 在1984年面世之后，在以后每年的圣诞节都会在全世界被反复播放；蜜雪冰城的主题曲之所以能够获得巨大成功，一个核心原因在于"你爱我，我爱你，蜜雪冰城甜蜜蜜"都是母体词组。

3. 文化母体的学理逻辑

文化母体的思想背后蕴含着历史学、人类学、文化学、地理学、宇宙学等基础学科的智慧。历史学家许倬云曾谈到自己的历史观，"个人的地位最小，最短是人，比人稍长的是政治，比政治更长的是经济，比经济更长的是社会，时段最长的是文化，更长的是自然"。文化母体根源是宇宙旋转和星体运行，其形成与作用往往是一种"长时段"的"沉默的历史潜流"。相对而言，个人、日常生活、我们的错觉、我们的瞬间印象的短时段，是所有时段中最变幻莫测、最具欺骗性的。人类所处的文化世界，并不是因为个人而生，人处在周而复始、循环往复的社会文化世界中，在永不休止的过程中到来、生活与离去。

从社会学视角来看，文化母体是在长期的人类文化积淀中形成的固定的社会学行为，其中的固定动作我们称为仪式，标志性不可或缺的附属品称为符号。社会学家涂尔干认为社会核心中深层次的、持久性的情感层面，由深植着社会情感、集体表征与仪式的符号象征显现出来，社会学家布尔迪厄提出，深层的结构性的文化母体（Deep-Structuring Cultural Matrix）塑造个体行为，并通过引导个体"不假思索地服从秩序""持续的、可以转化的倾向系统，它把过去的经验综合起来，每时每刻都作为知觉、欣赏、行为的母体发挥作用"。

从文化学视角来看，广义的文化指代的是"你过去做的事"，甚至可以是"你的先辈所重复做过数次的事"。这种不断循环往复的特性，是文化对今天日常生活最大的影响来源。"文化"提供了"文化母体"的素材来源，"母体"明确了"文化母体"的作用逻辑。文化母体往往需要从文化中加以寻找，文化中蕴藏着丰富的认知经验、价值理念和行为指南，我们每个人都是"悬在由他自己所编织的意义之网中的动物"。我们的一切认知都源于既有文化经验，一切行为都是母体行为。

从人类学视角来看，人类学家爱德华·泰勒认为"文化或文明，从广义人种学的角度来看，是包括知识、信仰、艺术、道德、法律、风俗以及作为社会成员的人所获得和接受的其他所有能力和习惯的复合整体"。泰勒提出"文化遗留"的概念，即前一个文化阶段的符号、仪礼、习俗，在下一个甚至以后若干个文化阶段仍然被保留。马林诺夫斯基认为文化体系不仅决定人的价值观念，也构成人的行为准则。克利福德·格尔茨认为文化经由历史传承下来的、以符号为表现形式的意义模式，是一个以符号形态来表达的、被继承的观念系统，凭借这一手段，人们交流、保持和发展有关生活的知识以及对待生活的态度。

（三）文化母体的特征

由于人类社会的周而复始、循环往复，每个人在出生的时候，并不是说来到了一个崭新的世界。出生，可以比喻为"进场"，我们进入一个完备的、无所不包的符号系统中。如卢梭所言："人是生而自由，却无往不在枷锁之中。自以为是其他一切的主人的人，反而比其他一切更是奴隶。"和动物改变自身去适应自然环境不同，人从一出生开始，就不断地被深层的文化结构内化、社会化，同时，这也是接受符号系统的过程，文化母体的影响体现为符号系统的自然化，最终体现在我们的真实日常生活之中。

具体来说，文化母体包括永不停息、无所不包、循环往复、真实日常等特性。下面我们逐一解释上述的四个特征。

永不停息，回应的是文化的时间属性。文化是伴随着人类社会的发展而发展的，人类社会诞生了多久，创造的物质财富和精神财富的总和也就积累了多久。只要人类社会存在，文化就永远存在。列宁将其称为"永恒的范畴"。文化母体的"永不停息"会作用到每一个人的身上，人的一生时间都处在永不停息的文化母体之中。

循环往复，这是人类的主要行为特征。从最深层次的根源上来说，这一特征是为了适应星体运行。生物的生命特征是适应星体运行的结果，银河系、太阳系、地球的旋转给我们带来了一年四季和昼夜的交替更迭。地球上所有的生命以此来繁衍、迭代，过着有规律的生活，历法、节气等都是人对时间进行秩序和意义的建构。

无所不包，指代的是文化多样的表现形式是"无所不包"的。广义的文化概念包括物质文化，即人类在生产生活过程中所创造的各种物质成果及其所体现的意义；制度文化，即人类在交往过程中形成的价值观念、风俗习惯、法律法规等各种规范；精神文化，指人类在自身发展演化过程中形成的思维方式、宗教信仰等各种思想和观念。

真实日常，不论是物质财富还是精神财富，都是人类在生产生活过程中创造、保留、继承和演化的，所以本质上文化是特定时空人类生活图景的反映，具有真实日常的属性。就如在本章引言部分我们所提到的，文化不是一种精英主义的看法，而是与日常生活紧密相连，我们需要回到日常生活中，去认识和理解"文化"。

在所有文化母体的特征当中，最容易被忽视的是真实性和日常性。可以说，我们的每一个行为都是在执行母体的要求，我们的认知经验和习惯性思考也是因为文化母体的作用。比如，人们每个工作日都要上班，会从居民区通往写字楼，这就是一个母体现象。于是，有人就会在这条路上开设一个早餐店，因为他知道每天早上都有足够多的人从这里经过。包子铺里的包子、油条、豆浆、牛奶都是母体所需要的道具。人们在固定的地点、固定的时间发生固定的动作，这些都有着严格的规范。

文化母体体现在空间的传播性与时间的承继性双重维度上，为降低营销传播成本、提高营销传播效能提供了全新的视野，也为品牌文化、商品开发、营销传播等提供了底层的思考逻辑。进入母体中的人，是集体自发地卷入，而且是不可抗拒的，包括人、商品、符号、仪式、品牌等在内都处在文化母体之中。而母体是依附于符号而存在的，并体现为符号和仪式，从而为超级符号提供了创意来源。

回到刚才早餐店的例子，企业经营的第一要务是需要找到永不停息、循环往复、无所不包、真实日常的文化母体。商品可以视为文化母体运作的道具，商家为了区分包子的种类，将包子顶部搓圆作为肉包子，把包子顶部捏尖就是菜包子。这样包子身上便有了符号。从文化母体的视角来理解，符号即是用来揭示产品的价值，加快产品与购买者之间信息沟通的速度和效率，从而让产品与品牌可以加入循环往复、永不停息的文化母体之中。

三、母体观：文化母体四部曲

超级符号的母体观回应文化母体思想在营销传播领域的应用，具体可以概括为营销传播借助超级符号编码，将品牌（商品）寄生于文化母体上，从而获得文化财富，激发母体行为。文化母体的作用过程可以概括为十六个字的"文化母体四部曲"：寻找母体、回到母体、成为母体、壮大母体。

（一）文化母体的应用脉络

文化母体为理解超级符号"从哪里来"和"到哪里去"提供了一种深层的思考逻辑。在文化母体看来，文化是人们日常生存、生活、生产领域的经验、知识、行为的沟通体系。每一个人来到这个世界上，就已身处符号系统和行为模式之中，一万年前如此，今天依然如此。我们从生到死的整个过程都处在符号系统之中，所有的消费都是符号的消费。只有掌握编码规则的人才能理解，而掌握编码规则的人只能是某一特定文化的成员，这里的特定文化是指语言、符号系统以及语言之外的象征体系等。风俗传统往往是所有文化中最具价值的母体类型。

在总论中我们提到，超级符号理论的本质是行为主义符号学，其背后是行为主义和精神分析心理学的双重脉络。对文化母体的进一步理解也需要回到这两个脉络中，即行为反射层面的文化母体，以及文化原型层面的文化母体。

在文化原型层面，超级符号理论将品牌嫁接人类文化的符号，获得文化财富。符号学家罗兰·巴特在他的学术名著《符号学历险》中谈道，"商业动机不是被掩饰，而是被一种大得多的再现作用所倍增，因为它使读者与人类宏大主题进行沟通"。固安工业园区的"我爱北京天安门正南50公里"的符号编码包含了文化的信息——我爱北京天安门，"我爱北京天安门"包含了人们头脑里的一个整体性的、丰富的记忆包，包含了中国的宏大主题和文化遗产。"我爱北京天安门正南50公里"使得固安工业园区被放大，并与中国的宏大主题相结合，打开了一个文化资产的宝库。这一符号编码使它获得了"我爱北京天安门"的文化财富，进而成为固安工业园区的品牌资产。

在行为反射层面，超级符号理论将产品寄生在日常生活之中，激发母体行为。可将文化母体理解为一种周而复始发生的戏剧，是不可抗拒、必然发生的，母体发生时是集体潜意识，参与母体的人是自发卷入，一切母体行为都是在潜意识当中进行的。当要拍集体照时，大家都要大喊一声"茄子"。田七牙膏的符号编码"拍照大声喊田七"因此而来，它是听觉标志和广告口号，也传达了品牌的身份、价值和体验。一家人聚在一起拍照时喊"田七"，各个景点拍集体照的时候喊"田七"，田七品牌因此就占领了母体的符号和仪式。文化母体中蕴藏着强大的购买力，只要找到文化母体、占领文化母体，销售就会自然而来。

上述的两个应用脉络成为本章对理解超级符号的文化母体的基本框架。它们共同指向一个基本理念，即创新的前提是"守旧"，即是否能首先找到循环往复、永不停息的文化母体，创新的关键在于是否能够进入这个"循环"之中，创新的生命力也源自能否符合既有的"循环"，一切的关键都在于认识人类文化的文化母体，文化母体一旦循环至此，购买必将发生，品牌就会闪光。

（二）文化母体的运作方式

文化母体的运作方式可以概括为"文化母体四部曲"，即寻找母体、回到母体、成为母体和壮大母体。品牌通过词语、符号、仪式等形式，寄生到文化母体上，实现对母体的占有，从而适应母体的循环往复特性，通过不断地重复和时间累积来占领母体，甚至替代母体当中本来的符号和仪式，让商品的仪式成为母体仪式的一部分，最终壮大母体。我们以前文提到的微信红包的营销传播活动为例，来深入理解"文化母体四部曲"。

第一，寻找母体。中国人在新年、春节会给老人送红包，会给小孩子发红包，长辈也会给晚辈发红包。微信找到了这一母体。母体不可抗拒，不可取消，只要是文化母体，它一定是过去频繁发生过、未来也必将发生的。

第二，回到母体。使用母体符号，也就是设计了微信的红包名称与图标符号。母体的戏剧，真实日常、循环往复，有它约定俗成的时间、仪式、道具。当剧本、时间、仪式、道具都有了，全国人民以集体潜意识的方式自发卷入。

第三，成为母体。微信红包取代了物理的红包信封，成为红包的新母体，成为春节，乃至人与人社会交往的道具，尤其在今天的互联网数字化世界中，微信红包强烈的符号性与仪式性，使得它具有更强烈的寄生性。

　　第四，壮大母体。红包文化被微信弘扬壮大了，现在不是过年过节才发红包，而是几乎发展到没有什么问题是红包不能解决的地步，如果有，就发两个红包。比如，有喜事就在群里发红包，开会迟到了也需要发红包。

　　在文化母体四部曲中，后两部分的"成为母体，壮大母体"尤其重要，品牌文化在某一阶段已成为人类日常生活的一部分，成为人类的文化风俗。品牌的梦想即成为一方人民，甚至是全世界的、全人类的风俗、习俗、民俗。人们与品牌一起成长，如同文化习得的"社会遗传"和历史承续的"文化遗产"一样，品牌借以从一代人传递到下一代人，在耳濡目染、潜移默化中，人们逐渐形成一种品牌文化的无意识，在认知、行为、思维等维度形成一种自然而然的、习惯化的操作程序。

　　基于文化母体四部曲的运作逻辑，从母体中来，到母体中去，成为母体，壮大母体，这就是商品在母体当中扮演的角色，如果能够实现这一点，就实现了品牌寄生。文化母体必然会重复的，而只要实现了品牌寄生，购买也是必然会发生的。超级符号理论首先需要寻找文化母体，描述文化母体，符号是文化母体呈现的主要形式，词语和仪式是辅助形式，然后依据文化母体和产品的关系，通过改造并占领特定文化母体的词语、符号和仪式，实现产品和品牌的寄生，从而提升销售，积累品牌资产。

　　文化母体不仅提供了可以让人瞬间熟悉与激发其行动的词语、符号与仪式，而且为更高的品牌战略维度提供了一套完整的思维架构。营销传播得以从一种末端偏重于执行和创意的活动，进而实现体系化、制度化、战略化，避免了在这个人人匆忙的时代如船过水无痕的讯息传播，使得营销传播从日常的普通活动，变成企业日日积累的营销战略，上升为品牌资产的长期积累。我们每个人在日常社会生活中，与品牌的这些词语、符号、仪式乃至故事相互摩擦碰撞，最终形成风俗传统，并且不断得以强化。可以说，文化母体是超级符号理论最根本的价值动力来源。

第二节
获得文化财富：基于文化母体的品牌寄生

文化母体不仅只是营销传播维度的思考方法，更是一种信念、思维和价值判断。纵观文化母体的四个特征：永不停息、无所不包、循环往复、真实日常，它所追求的不是创新，而是把握演化中不断循环的、不变的部分。正如我们之前所提到的，刘德华的《恭喜发财》歌曲可能并不是他最出色的创作，但是，这首歌在央视春晚这一新时代最大的习俗中出现，就被嵌进了春节这一文化母体之中，每年春节来临之时，《恭喜发财》都会出现在全国各地的大街小巷之中。

这一部分，我们将文化母体应用在品牌战略领域中加以思考。一切营销传播的落脚点，是通过符号和仪式的不断重复、强化、累积，最终加入循环往复的文化母体当中，成为循环的一部分。成功或者创新的基石在于是否能够进入这个循环，而且被这个循环所接受，即在之前文化母体定义部分所提出的四部曲：寻找母体、回到母体、成为母体、壮大母体，最终，品牌得以"寄生"到文化母体中。本节具体对这一命题展开叙述。基于文化母体的品牌寄生，可以让品牌嫁接具有人类文化原力的符号，与人类文化叙事的宏大主题相结合，从而获得文化财富。

一、品牌寄生：战略维度文化母体的应用

（一）品牌寄生的定义

什么是品牌寄生呢？品牌寄生是将品牌与生物学的"寄生"加以结合。"寄生"有两个必要条件，其一，有两种生物在一起生活，作为商业活动的品牌，以及具有强大力量的文化母体；其二，后者（文化母体）为前者（品牌）提供"营养物质和居住场所"。品牌寄生提供了一种新的塑造品牌的视角，即基于文化母体构建品牌价值，让产品在文化母体中充当一个道具，把品牌寄生在消费者的生活中。品牌寄生的寄主是文化母体，因为母体是不可抗拒、必然发生的，且发生的时候，人是集体潜意识地自发卷入，品牌得以将文化母体的原力能量和文化财富为我所用，只要实现了品牌寄生，购买也必然会发生。

如何实现品牌寄生？通过改造并占领特定文化母体的词语、符号和仪式。从母体中来，到母体中去，成为母体，壮大母体，这就是商品在母体当中扮演的角色，如果能够实现这一点，就实现了品牌寄生。文化母体必然会重复的，而只要实现了品牌寄生，购买也是必然会发生的。品牌寄生让品牌成为文化母体的一部分。文化母体在，品牌就在。

具体而言，建立品牌最高效的方法，就是找到一个文化母体，通过占据符号、仪式等，来获取文化母体的原力。品牌寄生的关键点在于对文化中的符号的应用。人类文化的本质就是符号，只有人类才能用符号来传递文化，跨越时空、跨越代际、跨越种族去传承。基于文化母体的底层逻辑，超级符号才能实现一夜之间让一个新品牌成为亿万消费者的

老朋友，发动大规模的购买，然后还能管用一百年，甚至一千年。

品牌不是游弋在社会文化之外的独立象征符号，它本身即是一个历史的实体。品牌顺应历史，品牌会成为历史。按照这一理解，品牌不是一个从无到有开发、全新的概念，而是需要嫁接到人们日常生活中的文化符号。品牌塑造的本质是寄生性的，不是创立新文化，而是更多地循环利用那些已有的、具有文化原力和母体能量的符号，并将这一力量承载于日常使用的产品中，进而融入人们的日常行为之中，最终成为风俗的一部分。

对于品牌而言，一旦成功地将产品寄生到了母体上，今后要做的就是不断地强化这个寄生，不断地强化这个仪式乃至替代母体当中本来的仪式，让商品的仪式成为母体仪式当中的一部分。在本章开头的微信红包的案例中，中国人看到红色的信封，就会迅速解码并认知为"红包"，而红包又作为一个符号再次形成一种意义感知，如"喜事""压岁钱"或是"利是"……它们反映的都是红包的文化母体。文化母体是一个巨大且丰富的"资源库"和"能量包"，它为人类的符号活动提供规模最大、数量最多的信息，简单、高效、有力。

（二）可口可乐圣诞老人的品牌寄生

有史以来最成功且最极致地体现品牌寄生思想的案例是可口可乐的圣诞老人。提起"圣诞老人"，你脑海里浮现出的形象是不是身穿红色棉袄，头戴红色绒帽，背着一个大背囊，坐在一个由驯鹿拉着的雪橇里的一个白胡子老爷爷？你有没有想过这个形象从何而来？

最初"圣诞老人"是西方基督教社会的一种文化共识，但形象各异，并没有统一的标准，可谓千奇百怪：高个子、小妖精模样、身穿法衣、披上兽皮，莫衷一是，而且圣诞老人的袍子是五颜六色的。1931

年，为了在寒冷的冬季更好地刺激可乐的销量，可口可乐公司雇用了一位名叫哈登·桑德布洛姆的插画师为杂志广告绘制海报。哈登从 1822 年摩尔的诗歌《圣诞节前夜》中获得了灵感，摩尔的诗歌中描绘了一个给孩子分发礼物的圣尼古拉的形象，让人联想到一个温暖、友好、令人愉快的真人——圣诞老人。于是，哈登在他的画作中让发礼物的圣尼古拉喝可乐，这样孩子们也会跟着喝可乐。可口可乐公司设计的圣诞老人形象"意外"走红，大受欢迎，成功塑造了今天人们公认的红衣白须、欢快喜庆的圣诞老人形象（见下图）。

可口可乐用新的圣诞老人形象去替代以前的花花绿绿的圣诞老人的时候，它仅仅是实现了一次成功的促销活动。但是当可口可乐把这个促销活动坚持到今天，它就牢牢地占据了圣诞老人这个母体，并且把以前的圣诞老人彻底清除出局。它成为母体一部分，而且它壮大了母体。可口可乐在全世界范围内完成了"圣诞老人"形象的"大一统"，无论法国人、英国人还是德国人，看到的都是可口可乐创作的"圣诞老人"。

每年的圣诞节，可口可乐都会发起规模庞大的促销活动，而且它把别的商家全部卷进来，把它的符号全部免费给所有的人用。圣诞节你到超市的时候，发现所有服务员都会戴一顶小红帽。这顶小红帽是可口可乐的注册商标，但是这个符号已经强大到没有人意识到这一点。

我们再回顾一下这个应用文化母体打造品牌的经典案例：首先，从母体中来——可口可乐看到冬天有一个圣诞老人，年年都会出现，所以设计了一个新的形象去占据圣诞老人；接着，到母体中去——它把圣诞老人投放到各个商场中；最终，成为母体，壮大了母体。现在全世界的人都认识了圣诞老人，而认识的是已经被可口可乐替换过的圣诞老人。

二、品牌寄生的作用机制

品牌寄生之所以能够激发人们的思考与行为，归根结底源于人们心智的设计方式。可以说，文化母体背后的原型是心灵的"软件"，原型程式会随时不断地作用着。想象一部电脑已经灌了某套软件，你不可能一打开这套软件就马上全部学会；原型和软件一样，在它被开启或唤醒以前，是一直沉睡在潜意识之中的。有观点认为，超级符号像是"营销黑客"，它们"黑"进了每个人的大脑，找到底层操作系统的"漏洞"，植入一段代码，附上特征码。在这一部分，我们具体讨论作为"底层操作系统"的文化母体在品牌寄生中的应用。

（一）原型与文化原力

美国学者玛格丽特·马克曾对深植人心的品牌背后的神话原型进行了深入的分析，"当下一件大事发生时，我们仍都将为之着迷，因为，每一个以如此神奇的力量吸引住我们的事件，都是某一种版本的'很久很久以前'，它们是一则则在现实生活中上演的神话"。如果将人嵌入长时段的历史演进脉络中，我们会更清晰地洞察到文化母体的原型与原力。

1. 原型及其应用

之前曾多次论述到，身处文化母体之中人们集体潜意识地自动卷入，精神分析学家荣格将"集体潜意识的基本结构"称为"原型"（Archetype）。何谓原型？即具有集体本质，透过神话的元素出现在世界各地的形式或形象，同时也是个人身上源自潜意识的产物。原型强调的最初、原始、先天，最后会归结到文化的主体人上，是活生生的可以触摸的人和附加在人身上的意义符号。每个人的心里都有一套感知原型概念的系统，这些原型意象拥有共同的本质，它们以神话元素在世界各地的形式或形象中出现，同时也是每个人身上源自潜意识的产物。

基于荣格的原型思想，文化母体可以被理解为文化原型的表现形式，包括文字、语言、建筑、饮食、工具、技能、知识、习俗、艺术等。原型意象所发出的讯息满足了人类的基本欲望与动机，也释放了深层的情感和渴望，能够和人内心深处的心灵印记说话，并唤醒他们内心深处潜藏的认知、情感和意义等。超级符号即是通过嫁接人类文化的符号，激发起人类文化里关于这个符号的所有经验，打开消费者头脑中的记忆、情绪和体验宝库，把人类的文化财富和原力能量为我所用。当品牌嫁接了超级符号，就得到了人类文化原力的祝福，就在每个人的大脑深处有了内应，品牌就自然而然地植入人类数千年最深的一层梦境。

学者法兰兹从心理学维度对原型进行了进一步的思考。荣格的原型思想在某种程度上采取了和行为主义相反的取向，也就是说，他不从外在来观察人。他不问我们如何行动、如何打招呼、如何交配、如何照顾我们年幼的子女；相反地，他研究人们在做这些事情时有什么感受、有什么幻想。对荣格而言，原型不仅是基本的意念，而且是基本的感受、基本的幻想、基本的影像。可以说，全人类都拥有了一份超越时间、空间和文化等表面差异的共同心理遗产。以此来看，我们可以预测人的很多行为与思考，因为他们总是依循着众所周知的程序架构开展。

原型对个体有巨大的作用力，形成他的感情、伦理和精神观点，影响他和别人的关系。因此，也就影响到他的整个目的。正如荣格在《人类及其象征》中的观点，"潜意识的强大力量也表现在神话、宗教、艺术和其他文化活动中。人类就是在这些活动中表现自己。显然，如果所有人都有共同传承下来的感情和精神行为模式，我们只需希望在实际的人类活动的每一领域中，去发现他的产物（象征性的幻觉、思想和行为）"。这里所谓的所有人共同传承下来的感情和精神行为模式，可以理解为文化原型，潜意识和集体潜意识中隐藏着一些人类千万年来所积累的智慧，每个人的心里都有两百万岁的自性，正睡去，或醒来。

2. "原力"的解释

文化是品牌的底层逻辑。从底层逻辑和最基本的原理开始，才能找到原理级的解决方案。怎么样发挥出品牌的原力呢？"原力"从哪儿来呢？从最古老的地方来，从人类几百年、几千年、几万年的历史文化当中来，即文化母体。所谓"原力"（the Force），来自著名的科幻电影《星球大战》里绝地武士使用的力量，是一种宇宙的原力，指代的是文化的本源力量。《星球大战》系列在拍摄过程中受到了坎贝尔的著作《千面英雄》的启发。每一集的《星球大战》之所以能够大受欢迎，有一大部分要归功于导演乔治·卢卡斯在有意识传达原型人物和神话情节上的成功。

神话学家约瑟夫·坎贝尔基于荣格的原型思想提出了"神话原型"的概念，在研究了全世界范围内的民族、宗教的神话后，坎贝尔发现他们的神话都是相似的，都是英雄的冒险，遵循着同一个"原子核心模式"，坎贝尔在《千面英雄》一书中提出，所谓"千面英雄"，是说一千个民族的英雄，有一千个面孔，但他们都是同一个原型、同一个英雄、同一个故事套路。神话是对整个人类进行精神分析的介质，即社会的梦境。

人类学家列维·斯特劳斯在《神话与意义》中也有类似的观点，"结构主义的宗旨，是探求不变的事物或者说是从表面上歧异分疏的众多事物当中，追索出不变的成分"。人类学家弗雷泽在《金枝》一书中也提出，春夏秋冬的四季循环与古代神话和许多祭祀仪式有关，巫术思维并没有因为人类的进化而消失，仍留存在思想里，体现在日常生活中。在古时的农耕民族劳作之中，人们观察到万物生老病死形成周期性的轮回，春天劳作，秋日收获，日复一日，年复一年，时间仿佛循环往复，过往发生的看上去今后也必然发生，今日发生的在过去也必然有所对应，于是植物不断重复的开花、结果、谢落成为人类灵魂最好的隐喻。

相应而言，今天的植物作为符号，再次出现在日常生活之中，它依然具有千年流传的意涵。甚至我们的整个生活都在这样一个不断循环往复的文化母体之中，穿正装、坐地铁、上网聊天，但不经意间，还是会显现从祖先身上遗传下来的东西，并将继续一代代传承，即使表面看上去它们已面目全非。我们可以看到很多在神话、宗教、梦境、幻想、经济生活、文学艺术中不断重复出现的意象，这种意象在人类几万年的形成过程中不断重复出现，最终使得人自出生开始就具备了某种与生俱来的潜意识。超级符号即是运用人类的集体潜意识，获得最强大的文化原力。

（二）N 级编码：超级符号的"源码"

超级符号的源头在文化母体中，文化母体为超级符号提供"源码"。"源码"之"源"，不仅是之前提到的"原型"和"原力"，还是根源和来源。也就是说，超级符号来自文化母体，既可以是在文化母体中找到这个符号的最初根源，也可以是在文化母体资源库中找到某一个"版本"作为源码，为超级符号理论提供源源不断的符号资源。

在 2019 年上映的电影《哪吒：魔童降世》中，哪吒以"魔童"形象及"叛逆"举止示人，与 1961 年《大闹天宫》中三头六臂的战神形象迥异，与 1979 年创作的国产动画片《哪吒闹海》中的正面少年英雄形象也大相径庭，"哪吒"作为一个"经典 IP"，其银幕形象虽然与时俱进不断变化，但几个标志性的元素——风火轮、乾坤圈、两个红头绳绑的发髻，则确保了"哪吒"这一形象和 IP 的稳定性和延续性，不同版本的区别又显示出差异。据主创人员介绍，哪吒的形象的确是借鉴和参考了《哪吒闹海》中的故事及人物设定。文学艺术上的这种改编创作使作为符号的"哪吒"在内涵上不断丰富，向"超级符号"进化。无独有偶的是，国内新能源汽车制造商合众汽车，就借用了哪吒这一符号，为其旗下产品命名，占有消费者心智，希望哪吒汽车成为未来汽车行业的"弄潮儿"，打破市场格局与僵化思维。

以神话研究闻名的文化学者叶舒宪提出 N 级编码的理论。他认为在文化结构中存在一个编码程序，分别是一级编码——物与图像，二级编码——文字，三级编码——古代经典，以及后续的 N 级编码——后代创作。N 级编码论具有明显的时间线性，其前提是发现和承认每一个民族或族群的历史讲述都是神话历史，然后便回到历史中去重构其原型编码（一级编码），再据此梳理随后的再表述过程，即二级、三级编码及其以下编码。

N 级编码理论着重讨论了符号与神话历史之间的关系，目的在于突破"文字"这种编码形式的限制。对于人们而言，借用 N 级编码程序，作为超级符号从发现到成形的一种方法论，是具有极强的解释力与合理性的。在论述 N 级编码程序时，叶舒宪使用了一个形象的比喻："如果作家是孙悟空，那么文化文本就是如来佛。"这个比喻实际上也展示了超级符号与文化母体之间的关系，超级符号无论如何也是无法跳出"如来佛的掌心"的。

沿着对春节这一文化母体的描述展开，我们可以清晰地看到，作为文化母体的春节，我们可以理清楚很多 N 级编码程序。例如，前文所说的"桃符"，如果把它理解成第 N 级编码，那么明代将桃符改为春联，就使春联成为第 N+1 级编码；如果年夜饭是第 N 级编码的话，可口可乐利用春节期间的广告投放，使其成为中国年夜饭桌上的必备饮料，那就是第 N+1 级编码；再比如，我们将压岁钱看作第 N 级编码，那么今天比压岁钱更加日常、更加现代的"网络红包"，就是基于春节礼物交换这一母体的第 N+1 级编码。因此，任何所谓创新，都源于传统，文化母体才是为超级符号提供源码的资源宝库。

（三）水波纹与鸟纹的应用解读

水波纹和鸟纹是世界各地的人们广泛应用的两种重要纹样，有着非常丰富的演变历史，在人类学研究中也有着重要的位置，我们以这两种纹样来具体讨论文化母体的原型、原力与 N 级编码的来源。

来自新加坡的莆田餐厅在向全球品牌转型的关键时期，选用了水波纹符号作为视觉战略（见下图）。水波纹是一个全球都认识的符号，在一万年前的原始社会的陶器时代，锯齿状的水波纹就已经存在，并被广泛运用至今，积蓄了万年的文化原力。许多史前时代的出土陶器上都有造型各异、制作精美的水波纹饰，如鱼纹、绳纹、蛙纹和鸟纹等。从世界范围内来看，很多地方都存在一些普遍性的象征符号，它们往往有着相似的文化背景，比如对母神的崇拜。

　　此外，它还是一种带有魔力的图案，它的规律性和指向性都有着很强的视觉控制性。李泽厚认为，"由再现（模拟）到表现（抽象化），由写实到符号化，这正是一个由内容到形式的积淀过程，也正是美作为'有意味的形式'的原始形成过程"。

　　从实物到符号的过程，也是物质世界的抽象与文明世界的传递过程。以日本动画《火影忍者》为例。木叶村忍者的标志是鸟头，村里忍者的头目叫火影，主角叫漩涡鸣人，鸣人的九尾封印是漩涡形的。从半坡文化到马家窑文化，再到半山期和马厂期文化，鸟的纹饰沿着"写实鸟—鸟纹—漩涡纹—大圆圈纹—拟日纹"的方向演化，最后变成象征太阳的金乌。可以说，鸟、太阳、火、漩涡可以理解为同一意象的不同表现形式。"鸟"的符号背后包含着人类千万年历史的文化原力，时至今日，我们依然可以从服装、航空、珠宝、互联网等领域看到诸多包含"鸟"元素的品牌。

第三节
激发母体行为：基于文化母体的营销方法论

　　母体在约定俗成的时机必然发生，以仪式和道具，让进入母体的人不可抗拒地、集体潜意识地自发卷入。母体具有强大的生命力，它根植于宇宙的星体运行规律，以及由此形成的一年四季的更迭和昼夜交替的自然现象，人类的历法、节气、宗教、文化等都是适应自然的结果，人类的繁衍、迭代乃至日常生活，都建构在无限循环、重复和复制的"母体"基础之上，并衍生了我们往往察觉不到的"母体行为"。

　　如果将人与商品嵌入"文化母体"中加以思考——当品牌将自己的产品寄生在文化母体上，文化母体在约定俗成的时机发生时，人们会不可抗拒地、集体潜意识地自发卷入，购买行为也自然而来。可以理解为一个母体有两端：一端是商品，商品是母体中的道具。一端是人，人又分为两端：商家负责生产和营销这些道具；消费者负责购买和体验这些道具。故，商家和消费者都是"母体执行人"，商家是母体的生产营销执行人，消费者是母体的购买体验执行人。营销的最终目的，即是借助符号和仪式的力量，将母体的两端（商品和人）和人的两端（商家和消费者）联系起来，借助符号来加快它们之间的信息沟通速度和效率，从而让沟通发生，并且让购买行为发生。

一、母体与个体关系：连接母体两端

文化与日常生活中的行为密不可分。我们同处于一个提供给我们共识的社会之中，共识就是不同的人在他们的行为、礼仪、习俗、神话、宗教信仰和艺术方面所表现出的共享或共同的意义、价值观和规范。这一部分我们从行为视角理解文化母体的应用，母体行为塑造和制约每一个个体的行为模式，文化母体是行为模式的不断重演，不仅体现在人与人的交往方面，也体现在人对信息和行为的处理上，营销传播的目的是让沟通发生，连接文化母体的两端，即人和商品。

（一）行为视角的文化母体

文化母体是一种无形的文化遗留物，包括民众心理方面的事物，是民众世代相传、相沿成习的生活模块，是社群的言语、行为和心理上形成的集体的模式，或者说，文化母体是人类在认识和改造自然与社会过程中形成的心理经验，这种心理经验经过传播，成为集体的心理习惯，并表现为特定的行为方式并世代传承。这既体现在人与人之间的社会模仿，也体现在作为个体的人对信息的处理机制。我们具体从下面两个方面展开思考。

1. 人与人：文化母体的社会模仿解释

法国社会学家塔尔德认为模仿是社会赖以存在和发展的基本原则之

一，"社会就是模仿"，塔尔德扩大了"模仿"的词义，认为"模仿"代表的是副本以同样的方式对范本进行重复的复制，也就是说，人是社会中的人，是历史中的人，无法摆脱环境与时代的局限性。

塔尔德认为，人之所以能够模仿是因为人具有同质性，因此彼此之间的精神可以相互拷贝，"现实不仅在同一个脑子里始终统一，而且从一个脑子传播到另一个脑子也保持不变。正是这一点而且也只有在这一点上，心理学可以被外化并转化成社会学。如果不同的'我'像有时认为的那样异质，如果它们没有共同之处，它们又怎么能够彼此传输或交流呢？如果没有交流，没有共同之处，它们怎么能够彼此联系构成一个'我们'呢？"所有的人都处在"社会模仿"中，哪怕是离群索居的人，他们拒绝留下彼此的印记，但是，他们依然被打上了共同祖先或者共同当代人的印记，这些印记通过风俗或生活方式展现，具体表现为语言、思想和行为。

2. 作为个体的人：文化母体的信息处理解释

人脑需要空间来处理新信息。周围环境所包含的信息量大大超过大脑的处理能力，所以我们总是为注意力选取其中一小部分，压抑或禁止我们的感觉器官对其余部分的感知。心理学研究认为，存在一种进化机制，这种机制阻断对相对不重要的信息的感觉摄取。当人们集中注意力的时候，他会减少大脑必须处理信息的数量，如果这是一些和他已知的东西相关的信息，那么他还将进一步减少大脑的信息处理量，因为这在他看来不是"新的"信息，因此不需要处理。冗余信息在人们处理信息的过程中至关重要。全新的、和以往的知识完全不相干的信息，只能通过与我们的记忆检索和匹配的方式进行处理，而这样的记忆对大多数人来说是不愉快和缓慢的。这与超级符号原理的神经科学依据一致，超级符号的作用机制依赖于大脑"双进程"中的"自动激活"系统。

此外，适量的冗余信息让人脑感受到兴奋愉悦。英国实验心理学家伯莱因对出生 5 周的婴儿做了"多重选择实验"，让一些婴儿熟悉 5 个玩具，然后他们可以从 6 组玩具中选出其中的一组，每一组都包含 5 个玩具。第一组 5 个是他们最初熟悉的那些玩具，第二组包括 4 个他们熟悉的玩具和 1 个他们没有见过的玩具，第三组包括 3 个他们熟悉的玩具和 1~2 个他们没有见过的玩具，以此类推，到最后一组时，所有玩具都是他们不熟悉的。实验结果显示，大多数婴儿都避开了第一组和第六组，也就是说，面对他们全都熟悉的和全都不熟悉的玩具，他们都没有选择，更多的孩子喜欢包含了有熟悉和不熟悉的玩具的组合，进一步印证了在自然属性上，人类是多么依赖冗余信息。

来自自然科学方面的种种证据向我们揭示了：人类大脑处理信息是需要相当一部分已知、熟悉的信息来协助的，而这些已知和熟悉的信息来自人类的生活经历、日常习得，或继承自前辈先人。由此我们可以作出一个推论：我们很多的个体行为通过符号与仪式得以不自觉地发生。由于文化是人类发展过程中所创造和积累的物质财富和精神财富的总和，因而文化给人类提供了最广泛、最丰富的已知和熟悉的各种信息，所以文化天然具有母体性，这种母体性为超级符号提供了取之不尽、用之不竭的"源码"。

（二）母体行为塑造和制约个体行为

在传统社会，人们过着彼此相似的生活，这种相似性带来了一种凝聚，所有成员因为人与人的相似而相互吸引，个人之间的差别很小，人们有相同的情感、爱好、信仰、价值观等，而社会成员的个体意识尚且没有发展的余地，所有社会成员都受到社会所共享和共同的"集体表征"的强烈制约。而这个"集体表征"，是指社会成员共享的意义系统，是社会成员信仰和感情的总和，以及由此构成的明确的生活体系。

随着社会分工的发展，人与人之间的差异开始显现并且越来越大，"集体表征"直接发挥的制约作用逐渐式微，但是，整个社会的道德及其赖以运行的舆论环境、习俗、法规和实践环境，都是由"集体表征"来塑造的，而它们功能的发挥都建立在赋予人们新的生活意义的基础上。换句话说，"集体表征"具有较为明显的"母体"特征，在这个社会当中的人，会有意或无意地依循"母体"行事。

以之前所提到的《元日》中的"屠苏"为例。"春风送暖入屠苏"，在一年一度春风到来的"元日"，饮屠苏酒成为古代过年时的一种风俗，古时汉族风俗于农历正月初一饮屠苏酒以避瘟疫。相传屠苏酒是三国时名医华佗采用屠苏草等多种原料浸泡而成的一种药酒，有祛邪防疫和延年益寿之功，后流行开来，类似今天的保健酒。有关屠苏酒的记载，最早见于南朝的《荆楚岁时记》，"正月一日，……长幼依次贺拜，进屠苏酒"。

喝酒来庆祝节日的喜庆，这一活动也逐渐流传下来。自西周开始，我们的祖先在辞旧迎新之际，就会携美酒、羔羊欢聚庆贺祈祷丰收，由此开创过年饮酒的先河。至汉代，"年"作为法定节日固定下来，春节饮酒已形成风尚。酒逐渐形成了酒文化，包含着浓厚的辞旧迎新、祈求幸福的意味。北宋时，除了晚上自家人团坐在一起喝酒守岁外，在白天邻里之间还会互相邀请对饮，谓之"别岁"。除了喝酒，邻里之间还会互相馈送酒食，谓"馈岁"。自清代之后，酒又变成了传递感情的使者，赋予了更多的社交功能，过年时，提着好酒送礼拜年的风俗一直沿袭至今。

回到商业与消费领域，改革开放之后的第一则广告即来自保健酒产品。1979 年 1 月 28 日，十一届三中全会召开后的第 37 天，一条 1 分 30 秒的"参杞药酒"广告在上海电视台播出。基于春节这一母体的酒类营销延续至今，对酒行业来说，春节是一年中销售最旺的时节，春节期间历来是酒企必争之地，白酒、红酒、黄酒等企业纷纷都将自己嵌入春节这一母体中。如果我们去网上做一些关键词搜索，可以看到很多诸如"某某酒业打响春节营销战"的新闻信息。

"黄金酒"是一个典型个案（见下图）。从命名到符号设计，再到春节仪式的推广，"黄金酒"的本质是要进入文化母体，成为晚辈向长辈表孝心、祝健康的最好礼品，并成为中国春节民俗文化的重要组成部分。"黄金酒"的命名创意来源于家家户户贴春联、贴窗花的行为，选择了"黄金万两""招财进宝"这一部分，"黄金酒"的视觉符号创意来源于中国传统文化中的"金元宝"符号，黄金酒设计了一个拟人化的卡通形象，无论在电视广告中的表现，还是在门贴中的运用，都力图成为中国春节民俗文化的新角色。

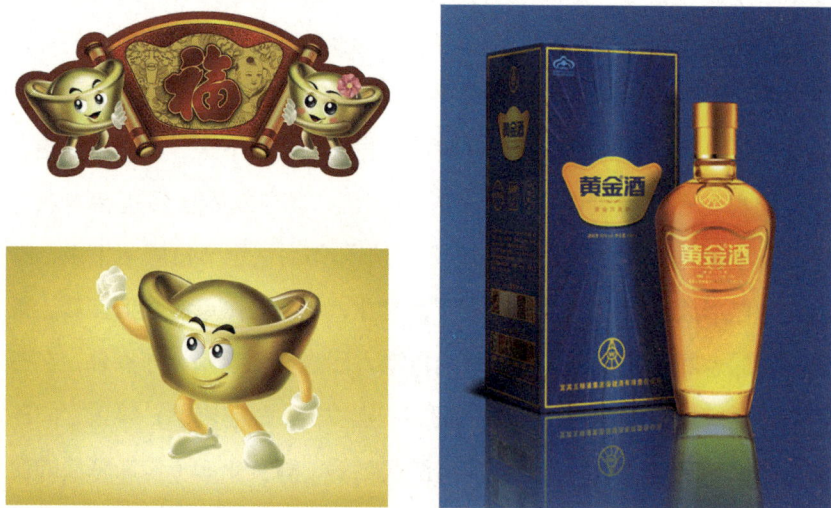

（三）沟通的发生：母体两端的人与商品

文化母体是人类生活中循环往复的部分。母体中有仪式、有道具。春节就是一个巨大的母体，红包就是道具。只要把产品变成母体道具，就能将产品年复一年卖出去，这是微信红包成功的关键；白酒就是文化母体的道具，这是黄金酒的战略思考起点。在文化母体中，商家提供了符号系统和仪式，当人们进入这一场景时，就会自动执行母体行为。

以图书营销为例，读者与作者同处于一个文化母体之中。比如一本写原生家庭的书，需要把原生家庭的伤痛具体描述出来，读者为什么要读，读者群体是谁？这些有着同样经历的读者群体就处在母体的一端，而作者处在母体的另一端，营销传播即是要让母体两端的人在第一瞬间建立联系，或者说"对上暗号"，作者写的是这个，而读者想要看的也是这个。

那么如何"对上暗号"呢？我们需要回到"文化母体"的"母体词语""母体符号""母体仪式"，当这些符号和意识出现时，作为"母体执行人"的读者会不自觉地受到母体的影响。超级符号的创意，需要回到文化母体中寻找。我们往往很难去真正洞察人心，但是通过对"人"背后的"文化母体性特征"进行挖掘，从而清晰地把握人的母体行为。

以《藏地密码》的图书营销为例（见下页图），作为"2008年排名第一的畅销小说"，《藏地密码》的累积销量突破千万册。之所以能够有如此销量，根本原因要回到文化母体中加以解释。《藏地密码》最初的名字是《最后的神庙》，这一名称缺乏准确的意涵，也看不到目标消费群体的特征。图书策划方找到了"人们对西藏心驰神往"的母体，人们会对"西藏见闻"这个词语敏感，"西藏"本身即是一个母体词语。结合流行的《达·芬奇密码》，图书策划方将图书改名为"藏地密码"，既可以精准地定位于西藏，也让书本充满了神秘色彩，让热爱西藏的读者充满"解密"的兴趣。当读者在书店里看到《藏地密码》，在母体的强大生命力与影响力的作用下，在第一时间就会与图书"对上暗号"，两者之间的沟通自然而然地就发生了。

基于文化母体的"沟通的发生"，是产品生命周期当中的奇点。对一本图书而言，当读者在琳琅满目的书架上看到它、拿起它，并与自身的需求和动机有联系，从而购买它，营销才真正开始，产品的命运也因此而改变。在现实生活中，绝大多数的商品并未等到"沟通的发生"的关键点就被下架，甚至退出市场。在图书行业中，大约 90% 的书在货架上停留一个月都没有与人产生任何沟通。

二、母体的一端：理解母体执行人

文化母体认为，人类社会为每个人都准备好了母体所需的场景和道具，人是母体的执行人，商家是母体道具的生产营销执行人，消费者是母体道具的购买体验执行人。要理解母体与个体关系，我们首先将视角转向"母体执行人"中的消费者。如何理解"母体执行人"中的消费者是开展一切营销工作的起点，也是超级符号理论的思考出发点。美国学者迈克尔·舒德森认为，"如果广告真能产生什么奇迹的话，奇迹通常也是出现在漫不经心的公众身上"。所谓"漫不经心"，也可以理解为身处文化母体之中的人们集体潜意识地自动卷入。这一部分，我们就着重讨论如何理解"母体执行人"。

（一）生活者的理解视角

在营销传播之前，首先需要明确目标消费群体在哪里、他们有什么特征等问题。消费者调研行业中用各式各样的大小调查、座谈会、问卷等方法来搜集数据资料，以理解目标对象的思想、言谈、憧憬，甚至烦恼。当下的消费者调研有一种从"消费者"到"生活者"的回归，认为人不只是流量，也不是大数据分析出来的一系列标签，而是有着自己生活态度、生活方式、生活圈子等的活生生的人。日本博报堂广告公司成立了专门的生活综研机构，提出"消费者"是经济维度的概念，而"生活者"才是真正以人为中心。

从文化母体的视角来看，无论消费者还是生活者，他们从根本上都是"母体执行人"，母体执行人的思考对于人们如何接收讯息、如何受到信息影响，进而产生母体行为有着重要的作用。不同社会层次的人之所以表现出不一样的生活方式，其原因在于文化的差异。不同的文化即不一样的"母体"，孕育出不同的宗教信仰、价值体系、饮食习惯、语言语法等。不同的行为和表征，本质上都是"母体"的结果，都是文化母体的执行人。因而上述的生活者的理解视角从消费者回归了生活者，但是，对生活者的诸多个性与生活场景的进一步思考，依然需要回到"母体执行人"，只有把握"母体执行人"的内涵，才能完整地理解消费对象。

（二）准确描述母体的五个要素

在之前的讲述中，文化母体的关键点在于"母体"，这是理解并应用的关键，相对于边界广阔且视角多维的"文化"，"母体"更清晰地聚焦到符号、行为等表达层面，强调了文化的母体性，是"你的先辈重复做过数次的事"，如何清晰准确地描述母体被认为是超级符号应用的首要任务。那到底怎么界定我们找到的是不是一个母体？我们可以用母体五要素来加以检验。

- 一个真实的人名
- 一个真实的场景
- 一个特定的状态
- 一个超级词组
- 一个可以按下快门的瞬间

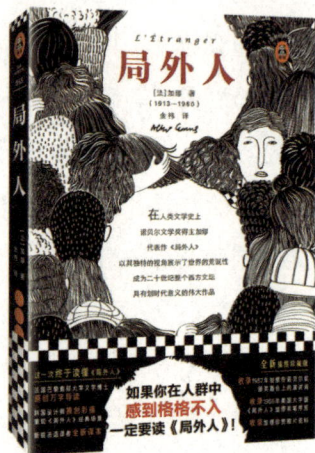

我们用一个案例来解释上述的五个要素。2019 年初，读客文化重新出版《局外人》（见上图）。新版《局外人》一上市就登顶当当、京东、Kindle 新书榜第一，引发了业界不小的震动。《局外人》在书中展现了个体在人群中格格不入的精神困境，在年轻读者中引起共鸣，由出版方发起的"格格不入"话题在豆瓣网上得到 200 万网友围观浏览。这部篇幅不长但内核深远的世界级经典的爆红，将加缪再一次推向大众视野。

《局外人》成功的背后是对母体五要素的深刻理解。首先，我们需要用一个真实的人名来描述，一个人名可以快速地让人们进入熟悉的人格化沟通的场景之中，然后需要对这一个人所处的场景及其特定状态进行描述，继而对特定状态进一步思考，找到母体词组，这个词组可以唤醒人身上循环往复的某种状态，进而用一个独特且尖锐的词语，一击即中。上述的诸多要素可以具体描绘为一个可以按下快门的瞬间，《局外人》可以概述为"王小芳在火锅店和同事聚餐，同事们有说有笑，王小芳在一旁格格不入"。

《局外人》直指当代人的困境 —— 社会有许多规则需要遵守，如果不遵守这些规则，就会被主流排斥，与身边人格格不入。相对于"孤独"这样的词语，"格格不入"更具冲击力，是戳中了这一部分人，很多读者自己不了解，却实实在在处于"格格不入"的状态。"感到格格不入"是母体性的超级词组，一方面它具有超级词组的独特和尖锐等词语维度的力量；另一方面，强调的是唤醒人身上循环往复的格格不入的状态，传达了"给予读者慰藉"的购买价值，此外，还运用了超级句式"如果……一定要……"，以及"一定要读"的购买指令。超级词组 + 购买价值 + 超级句式 + 购买指令构成了《局外人》的购买理由，即"如果你在人群中感到格格不入，一定要读《局外人》"。

三、母体的另一端：营销的多种路径

文化母体分为两端，一端是上述提到的人，我们称其为"母体执行人"，另一端是商品。这一部分着重讨论文化母体的另一端，即商品的营销，核心议题可以概括为：基于母体与个体的关系，在理解了母体执行人之后，商品如何研发、如何传播，才能比竞争对手更有利于满足顾客的需要。

（一）产品寄生的三个步骤

按照文化母体的理解，每种产品都有可能成为意义的媒介，就像各种仪式中所用的道具一般，商品就是不断循环往复的文化母体"戏剧"

中的道具。比如在美国，吃火鸡是感恩节的一项传统。由于这项习俗十分普遍，因此，一个感恩节像不像感恩节，就是取决于火鸡的有无。类似的还有元宵节与汤圆、冬至与饺子、腊八与腊八粥等。对文化母体的思想的实践应用，我们可以回到产品研发中加以思考。

文化母体可以作用到产品开发中。当你想做一个产品的时候，你要看到这个产品相关的母体是什么，然后再找到这个母体中循环往复出现的事件、词语、符号、仪式有哪些，最后你要思考如何把你的产品寄生在母体中。哈根达斯的冰激凌月饼即是一个典型的案例。

1921年创建于纽约的冰激凌品牌哈根达斯，于1996年率先在上海开设了冰激凌甜品屋，风靡一时。但是，冰激凌毕竟是一个有着明显季节性特征的产品。在夏天的销售旺季之后，如何能够进一步提升销量，能够让中国消费者在夏天之外继续选择哈根达斯呢？哈根达斯将视角投向了中国人民的传统节日——中秋节。但问题又来了，来自美国的哈根达斯与中秋节有什么关系呢？

这也要回到文化母体的符号与仪式中加以思考。中秋节源自天象崇拜——敬月习俗。在古代农耕社会，古人认为月亮的运行同农业生产和季节变化有很大关系。祭月在我国是一种十分古老的习俗，实际上是古时中国一些地方对"月神"的一种崇拜活动，而后逐渐演化为赏月、颂月、吃月饼、玩花灯、赏桂花、饮桂花酒等风俗。其中最重要的仪式之一，就是一家人坐在一起切月饼吃。俗话说："八月十五月正圆，中秋月饼香又甜。"月饼是圆形的，代表团圆的意思，"圆形"成为中秋节最强势、最核心的符号。

哈根达斯推出了冰激凌月饼（见下页图），其实是将哈根达斯的冰激凌做成中国传统月饼的形状和大小，将中国的传统文化和典型的西式食品结合起来，做成迎合中国人消费习惯的月饼。本来大家每年讨论的是五仁味还是莲蓉味的月饼，现在哈根达斯的冰激凌月饼成为大家关注的焦点。此外，哈根达斯品牌本身的较高档次和知名度，也推动冰激凌月饼被选择作为中秋佳节馈赠亲友的礼品。

　　把冰激凌变成月饼的关键点在于月饼的"圆形"符号，它不可以是三角形，也不可以是正方形，已流传千年的月饼在符号层面有着明确规定，品牌和商品只能适应这一规定。此外，哈根达斯在包装盒上印上了嫦娥，打造了符合中国国情——"礼尚往来""馈赠亲友"的礼盒，哈根达斯冰激凌获得了符号的赋魅，顺理成章地成为月饼。

　　具体来说，基于文化母体的产品研发可以概括为三个步骤：

　　找到过去发生无数次的母体场景。在上述的哈根达斯的案例中，即是面对秋冬季节的销售淡季的一种产品研发。哈根达斯冰激凌月饼成功与否的关键在于思考冰激凌和月饼有什么关系。怎么让冰激凌和月饼产生关系。

　　观察商品在其中扮演的角色。中秋节赏月和吃月饼是中国各地过中秋节的必备习俗，中秋节祭月后，全家人围坐在一起分吃月饼月果，甚至月饼也逐渐成为中秋佳节来临之际亲友之间人情往来的馈赠礼物。

　　设计商品参与扮演角色的方式。哈根达斯在千变万化的文化母体当中找到了母体中的符号、仪式、词语，那就是月饼流传千年的"圆形"，这是符号的规定，也是意义的来源，"圆形"也有着"团圆"的象征意义。

　　总结来说，我们要通过改造并占领特定母体中的词语、符号和仪式，从而进入循环往复、永不停息的文化母体，进入母体中的人，是集体潜意识、自发地卷入，而且是不可抗拒的。哈根达斯冰激凌月饼的成功即在于在产品开发、营销传播等方面，借助"母体词语""母体符号""母体仪式"，进入了中国人所共有的文化母体，购买自然而然地就发生了，参与这场仪式的人认准的只是符号。

符号把冰激凌变成了月饼。在今天，月饼也不再只是人们用来例行节日问候的工具，而是切实地成为人们传递个性与感情的载体。哈根达斯在这条路上不断地持续拓进。每年中秋佳节到来之前，哈根达斯都会召开"明月盛典"，推出新的味觉创新的产品，比如在2017年，哈根达斯推出"情黏中秋"系列月饼冰激凌，将东方传统美食——麻糬与西方美食冰激凌巧妙融合，开发出了麻糬风味冰激凌。

上述产品寄生的三个步骤可以用来分析很多成功的案例。比如中央电视台春节联欢晚会，从一开始"央视春晚"就找到了过去发生无数次的母体场景，对生于1980年代以后的中国人来说，中央电视台春节联欢晚会是"过年"的一个必看节目，在他们记事以来，每个和家人团聚的春节在年夜饭之后，就进入了另一个"仪式"——全家一起收看春晚。而后，观察"央视春晚"在其中扮演的角色，在1983年首次"闪亮登场"的背后，电视机这样一种象征先进科技、美好生活的物件进入千家万户中，"央视春晚"很快就成了现代中国人"过年"仪式中不可缺少的一个组成部分。再次，设计了"央视春晚"参与扮演角色的方式，没有央视春晚的大年夜是不完整和"不符合要求"的，看春晚已经从一种个体自主行为演变成一种自发行为，为的是执行"过春节"的规定动作，而春节本身就是个体执行文化母体的指令性符号。

（二）文化母体在营销传播应用的三个维度

对于产品研发而言，商品参与并扮演着关键角色，对于营销传播而言也是如此。母体一旦循环至此，购买必将发生。我们"生而为人"，都处在文化母体之中。我们之所以能够"认出"一些符号，是天生就被设定好这么做了。对于营销传播而言，假设你只有几秒钟的时间传达你的讯息，那么，如果能够运用到文化母体的思考框架中来设计、传达信息，营销传播的效能会大大提升。

　　节日往往是文化母体生命力的集中体现。我们依然以节日为例来说明如何基于文化母体，开展营销传播。年轻人希望每一天都是情人节，老年人群体期望每一天都是重阳节，因此便有了西贝莜面村的亲嘴打折节和足力健的重阳节结婚证打折案例（见下图）。

　　情人节那天必然会发生什么事情呢？情侣们必然会出去吃饭、逛街、看电影，也必然会有情侣经过西贝莜面村。在 2016 年情人节当天，西贝发起了首届亲嘴打折节，"亲个嘴，打个折"，将品牌寄生在情侣之间最常见的仪式中，即亲嘴、接吻。情侣们在情人节逛街庆祝时，西贝鼓励他们用接吻来表达对彼此的爱意，让品牌参与到情人节文化母体的仪式中，品牌就获得了文化母体强大的生命力。

可以设想下，随着时间的推移，亲嘴打折节活动的生命力会越来越强。20 年之后，当年的年轻情侣为人父母，西贝这家当年他们亲嘴打折过的餐厅会成为承载他们爱情记忆的载体，他们对这个品牌也会有深厚的感情。甚至在他们的子女长大之后，依然会有系列的衍生影响，因为情人节依然还在，新一代的年轻情侣们还在过情人节，还会去逛街、吃饭，还是会经过西贝莜面村，这时的"亲嘴打折"就不再仅仅是一个品牌活动，而是成为情人节文化母体中非常有生命力的母体，实现了从母体中来，到母体中去、成为母体、壮大母体，品牌也获得了恒久的生命力，成为人类文化的一部分。

相比于西贝而言，足力健品牌的消费群体是老年人。他们的营销活动围绕着"母亲节""父亲节""重阳节""春节"四大节日展开，其中最重大的是重阳节的品牌传播活动。重阳节是最适合足力健投资的文化母体，所有营销传播的终极目的是改造并占领特定文化母体中的词语符号和仪式，这是回应营销传播效能的"金钥匙"。

足力健打出主题口号："过重阳节，穿老人鞋"，在重阳节这样一个具有上千年文化母体的节日中与消费者展开沟通。"拿结婚证进店，买足力健省钱"，在重阳节期间，只要老年人拿上结婚证去足力健老人鞋的线下门店买鞋，就能享受到足力健老人鞋产品的专属优惠折扣。这不仅是一种鼓励老年人秀恩爱的新颖方式，拿上结婚证本身即是一个极具仪式感的道具，可以纪念两人的美好婚姻，同时更给予了老年人节日优待感。

当然，不仅是节日这样的文化母体，所有的母体都是营销传播思考的出发点和落脚点。2019 年 9 月 8 日，在第 35 个教师节来临之际，新东方在全国 50 座城市举行了品牌发布会，正式发布"新东方，老师好！"的品牌谚语。这也是一个通过仪式将品牌寄生在母体中的典型案例。早在春秋孔孟时代，求学问教已经成为每个人成长中必须会经历的事。我们上学的第一天，学会的第一句话就是"老师好！""老师好！"伴随着我们从幼儿园、小学、中学一直到大学，是我们向老师打招呼最常用的一句话。当我们长大成人、踏入社会，对于那些我们敬佩的人也会说一句："老师好！"这句耳熟能详、从小说到大、其中蕴藏着人类文化原力的俗语，注入新东方的品牌中，从而成为"新东方，老师好！"的品牌口号和品牌行动战略。

（三）对文化母体应用的进一步思考

概括而言，人类共同生活在一个巨大的母体中。文化母体中有程序、戏剧、脚本、道具。文化母体永不停息、无所不包、循环往复、真实日常。从母体中来，到母体中去，成为母体，壮大母体，这就是商品在母体当中不同阶段扮演的角色。如果能成功扮演这一角色，就实现了品牌寄生。文化母体可以理解为一种信念，它提供了一种对商品、品牌、营销传播的全新理解范式。在营销传播中，我们首先需要意识到文化母体运行的不可抗拒，不可取消。文化母体在过去频繁发生过，未来也必将发生的。

具体而言，基于文化母体，品牌寄生通过词语、符号和仪式实现，更具体地说，品牌寄生通过改造并占领特定文化母体中的词语、符号和仪式。只要进入母体，占领母体中的词语、符号和仪式，品牌就得以成为一个强大的品牌。符号取自母体，购买也是母体中的一个重复行为，足够强烈的符号才能够形成有力的寄生，品牌就是需要不断强化寄生，强化词语、符号和仪式。以此来看，文化母体在营销传播领域的应用可以概括为以下三个维度：

超级词组：超级词组承载着商品的购买理由。超级符号原理围绕超级词组和固定句式，写出能够打动、传播的句子，用一句话来说清楚购买理由，任何购买理由最后都会简化成一句话。这一内容会在后续的第三章中重点讲述。

母体符号: 符号的本质是对购买理由的放大, 超级符号原理从文化母体中寻找有冲击力的符号, 并通过改造来占领这个符号, 符号不仅是视觉的, 还可能是听觉、触觉、嗅觉、味觉的。这一内容会在后续的第四章中重点讲述。

母体仪式: 词语符号和感官符号提供了稳定价值的承诺, 通过具有母体仪式性的媒介, 来进一步展现及放大母体的效能, 达到不断强化品牌的新仪式、逐渐成为母体仪式一部分的目的。这一内容会在后续的第五章中重点讲述。

第 三 章

品牌语词：超级符号的语言技术

本章索引

引言：

广告文案技艺的"正道"与"病症"

　　当营销传播效能遇到语言符号系统会碰撞出什么火花？这是本章要讨论的核心命题。"语言的产生是真正意义上的人类传播的开始。"语言与文字是人类发展史上的重大里程碑，用语言和文字来传播商业信息也有着千年的历史，在现代广告业诞生之初，广告文案即成为核心技能。20世纪上半叶全美最大广告公司之一的老板阿尔伯特·拉斯克尔曾说，"如果一家广告公司写出的文案可以卖出商品，那就不再需要任何东西了"。后来他也雇用"美术设计指导"，原因只是因为有图的文案比较有利于销售。直到今天，广告文案依然是广告学的专业核心课程之一，也是营销传播行业重要的专业岗位之一。正如广告大师大卫·奥格威所讲的那样，"广告是词语的生涯"。每一则广告中的语言都是一个完整的语言单位，它是词语和词语按照一定的语法规则和语义规律组合起来的。对于一则成功的广告来说，广告中的词语就是它的灵魂。

　　广告文案大师约翰·肯尼迪在20世纪初将广告定义为"纸上推销术"（Salesmanship in Print）。这句话改变了整个营销传播行业的运作方式。在此之前，广告往往被视为一种付费的新闻。广告借助语言符号，其功能等同于卖力推荐的销售人员所起到的作用，"说服"是销售人员所扮演的主要角色。后来，罗瑟·瑞夫斯延续了这一理念，提出"广告是一门以尽可能低的成本，让尽可能多的人记住一个独特的销售主张主题的艺术"。他将营销传播效能与内燃机效率做了比喻，"广告是商业工具，也必须像内燃机一样在能否达到设计水平问题上接受鉴定"。

在上述广告文案的"正道"之外，却总是隐藏着一些"病症"。约翰·肯尼迪的接班者克劳德·霍普金斯曾提醒说，"（很多广告人）他们本能地认为广告要越吸引人越好，但是我们要记住广告的目的不是娱乐大众，而是推销产品，而且是以尽可能低的成本将产品推销出去。基于成本和收益的准确数据而制作出来的邮购广告，是目前最好的邮购广告"。"现代广告教皇"大卫·奥格威延续了克劳德·霍普金斯的看法，他一针见血地指出广告的"文学病"，"我从未欣赏过文学派的广告……高雅的文字对广告是明显的不利因素。精雕细刻的笔法也如此。它们喧宾夺主地把广告主题的注意力攫走了……广告不是炫技，而是为了把货卖掉，它不需要多么漂亮的修辞手法，也不需要文学功底多么深厚，要做的是弱化广告本身，突出产品，然后把货卖掉"。

我们将这种"病症"现象称为"广告新话"。广告创作者既不是追求"俗"的口语表达，也不是书面语的思考逻辑。比如某个水果品牌的包装上会写出"从果园到餐桌，一步到'胃'"，这句文案既没有自己的品牌名，也没有关于这个产品价值的具体展现，"位"和"胃"的谐音梗被误认为是文案创作追求的创意目标。这种文案在口语交流中不会使用，书面语中也很少出现。广告文案成为体现身份与阶层的表达物，是广告人对创作身份的强调，对自我精英阶层的标榜，而往往与营销传播和品牌建构的本来目的相差甚远。

超级符号的语言技术直指广告文案中所隐藏的那些"病症"，认为广告是促使人行动的语言艺术，回归广告文案的商业与生意本质，回应语言符号的营销传播效能这一终极命题。超级符号的"语词观"具体涵盖以下问题：

你能不能找到一个词语，使消费者在电光石火之间注意到你？

你能不能用一句话说清自己的业务，让消费者能够理解你的价值利益所在？

你能不能用一句话就可以说动消费者，让消费者购买自己的产品和服务？

你能不能让消费者主动把这句话传给他人，从而让品牌获得几何级增长效益？

主流的广告文案叙述，往往拘泥于对文案表象的简单归纳，将广告的文本本身拆分成标题、正文等不同结构，以及不同媒体形态下广告文案的写作方法，进而从应用文书的角度作出解读，这一叙述方式对语言的本质缺乏足够的深入思考，也因此带来了一些误解，比如语言的工具化，对口语传播的"俗"的偏见，等等。

超级符号的语言技术跳脱出当下广告文案在文体结构和媒体特征上的简单归纳，回归人类古老的语言智慧。具体来说，超级符号从语言哲学、语言学、修辞学、口语传播、民间谣谚等诸多领域汲取营养，"母体词语"与"品牌谚语"构成了超级符号语言技术的核心思想。

第一节
超级符号的语词观

本节从内容角色、核心命题与具体问题三个维度展开对超级符号语词观的思考，具体如下所示：

第一，在内容角色上，超级符号语词观可以视为超级符号原理与方法在语言符号中的应用实践观念，它承接之前所提到的超级符号的总论与文化母体，与超级符号的图像观组成了超级符号在符号表达方面的两大分支。

第二，在核心命题上，超级符号语词观要回应的是在语言这一最大的符号系统内，超级符号如何完成语言编码，即如何在母体当中寻找词语、词组、句式、套话等，通过对其进行改造，加以私有化，以实现占有的目的。

第三，在具体问题上，超级符号语词观借助语言哲学、修辞学等理论智慧，回应以下问题：语言哲学视角的营销传播有哪些要点？语词背后的"母体"包括哪些？口语传播中的"预制件"指代的是什么？为什么语言编码要追求"俗"？

一、"洗脑"与"醒脑"：蜜雪冰城主题曲背后的语言动力

先以一个具体的案例，走进超级符号语词观。当提到"蜜雪冰城"这个品牌时，你的脑海里是不是已经不自觉地闪现"你爱我，我爱你，蜜雪冰城甜蜜蜜"的旋律？短短 13 个字，配合蜜雪冰城"雪王"的表情包（见下页图），"蜜雪冰城"的主题曲成为 2021 年上半年最具影响的营销传播事件。从事后复盘的角度来说，你认为"蜜雪冰城"主题曲火爆的原因是什么呢？

我们首先来梳理这一营销传播活动的时间线。2021 年 6 月 3 日，蜜雪冰城品牌官方号在 B 站上传了主题曲 MV《你爱我，我爱你，蜜雪冰城甜蜜蜜》，随后又上传了中英双语版，魔性的旋律和简单的歌词短时间内，让这首主题曲 MV 在短时间内收获了超过千万次的播放量和百万次的点赞。随后 B 站鬼畜区的 UP 主们纷纷在主题曲的基础上进行二次创作，又为蜜雪冰城带来了一波流量。一时间，这首主题曲出现了英语版、俄语版、日语版、泰语版等不同语言版本，甚至还有四川话、粤语、广西话、东北话等方言版本，在微博、抖音、快手等社交媒体平台传播甚广。在三个月的时间里，蜜雪冰城主题曲在网上累计播放超过 200 亿次，平均每个国人收听了近十遍。

网络上有铺天盖地的分析文章，有人认为原因在于庞大且广泛的线下渠道优势，也有人认为是可遇不可求的社交媒体上的话题传播，还有人认为是多年来接地气的价格和亲民的品牌对外形象所致。一个成功的营销传播活动，必然会涉及诸多方面的合力，包括线下终端、运营策略、落地执行等，缺少其中任何一环，效果都会大打折扣。**在表象的热闹之外，我们希望从语言技术的角度出发，抽丝剥茧地去发现看似偶然的背后潜藏的一些必然。**

你爱我 我爱你

　　蜜雪冰城主题曲中的"爱"即是我们要讨论的第一个语言动力来源。作为一个经营着甜品事业的品牌，蜜雪冰城每天通过超过数百万杯的产品与消费者连接。"爱"与"蜜雪冰城"的"甜蜜"属性密切相关，其本身也是一个具有强大文化原力的词语。"爱"在古老文字字形中，就像一个人双手捧着"心"，它的嘴巴张得很大，好像在诉说心中的爱意。"爱"的繁体形式为"愛"，表明"爱"是一种发自内心的、深厚的感情，这即是"爱"的本义。"爱"本身不仅是一种感觉，也包含诸多责任，一种彼此的牺牲与彼此的成就，在瞬间感动的同时，还包括恒久的委身。实验心理学家古斯塔夫·费希纳和爱德华·B.铁钦纳曾将"爱"背后的力量称为"暖流"（Glow of Warmth），"现代广告教皇"大卫·奥格威在谈到广告标题撰写时，也认为加入一些充满感情的词语可以起到加强的作用，比如亲爱的、爱等。

　　围绕"爱"的文化母体，找到情侣间最经常说的话语："我爱你"。"我爱你"作为母体词组，也具有强大的文化原力，它是一个延绵千年的固定组合，或者说一个"预制件"，在英语语言国家，"I love you. You love me."，同样是世界人民天天讲的表白话语。这些母体词已经在过去的数百年中被不断重复，沉淀了人们浓厚的情感。蜜雪冰城主题曲在应用时并没有过多地改造，将"我爱你"这一"预制件"直接编织进来，从而获得了"母体词组"背后的原力。如果变成"我十分爱你"或者"我十二万分地爱你"，词组自身所携带的能量就会大打折扣。正如木心先生所言，"文字的简练来自内心的真诚。我十二万分地爱你，不如我爱你"。

为了将"爱"的能量进一步放大，蜜雪冰城把"爱""我爱你"升级为"你爱我，我爱你"，因为"爱"本应该就是双向的。蜜雪冰城的爱，是相互的爱，是老板对员工的爱，也是员工对员工的爱；是员工对顾客的爱，也是顾客对蜜雪冰城的爱；是顾客对顾客的爱，也是蜜雪冰城对顾客的爱。这是语言技术层面的第二个动力来源。

继而，我们所熟悉的歌曲、音调、旋律就出现了。蜜雪冰城把口号变成了音乐，"你爱我，我爱你，蜜雪冰城甜蜜蜜"既体现了品牌词，又增强放大了甜蜜的爱意。超级符号利用人们头脑中既有的潜意识，把内心的情感和文化联想快速、直接召唤出来。相对于口语而言，音乐更加感性、直觉化，歌词也无须任何思考。蜜雪冰城主题曲的曲调选用了史蒂芬·福斯特于1847年所写的经典乡村民谣《哦！苏珊娜》（*Oh! Susanna*）。174年前的旋律流传至今，这首音乐本身具有广泛的受众基础，天然具有传唱优势。大多数人小时候就对《哦！苏珊娜》有印象，比如通过游乐场摇摇椅或者小学音乐课的学习，朗朗上口的旋律为它成为爆款推波助澜。原本《哦！苏珊娜》讲述的是一个人远离家乡去寻找所爱之人的故事，蜜雪冰城将原本的丰富歌词简化为三句，13个字。整首歌曲的传播过程，人们没有任何心理防线，大家天然觉得很亲近，没有防备，这就极大地降低了品牌的传播成本。包括"口语套话"在内的谚语、歌谣等形式，可以说是蜜雪冰城主题曲之所以"出圈"的第三个语言技术动力。

值得一提的是，蜜雪冰城主题曲的作用逻辑并不是简单的"洗脑"机制。"洗脑"的本质是将符号编码发送出去，然后通过简单、重复、夸张等方式，往受众头脑里强行灌输，这一点类似传播效果研究中所说的"魔弹论"或"皮下注射理论"[1]。而超级符号更像是一种"醒脑"，利用受众头脑中既有的潜意识和集体潜意识，其所发出的符号编码只是一个"爬虫"或者"引线"，以此激发受众不自觉的一系列行动，其作用机制更多的是接收者的"原力觉醒"，只要一提到这个词、这句话、这个语调，就可以直接挖出人们的潜意识记忆，让人产生共情和共识。

二、营销传播的语言哲学问题

我们回到语言研究的丰富智慧中，寻找有关"语词观"的深层逻辑，并以此观照营销传播的现实。语言学家、哲学家、传播学家对语言现象的研究，尤其是在语言用法、语言意义影响等方面，提供了关乎语言本质的洞察。在这一部分，我们将营销传播的语言哲学问题提炼为以下三个要点。

语言第一，图形第二：语言是最大的符号系统，也是符号研究最重要的对象。营销传播的哲学问题，其重点就是语言哲学和修辞学。语言哲学提供了关乎语言本质的洞察，我们需要从语言出发，去倾听语言，"接受和顺从语言之要求，从而让我们适当地为语言之要求所关涉"，修辞学聚焦语言文字的编码技术。

表达与行动：词语就是召唤，词语不仅说事，而且做事。词语不仅发挥表达的作用，而且它能够推进行动。在营销传播中，品牌命名和产品命名是最重要的内容之一，一个好的名字胜过 100 个创意。营销传

---

1 "魔弹论"，也称为"皮下注射理论"，其核心内容是传播媒介具有不可抵挡的强大力量。它们所传递的信息在受传者身上就像子弹击中身体，药剂注入皮肤一样，可以引起直接速效的反应；只要对准了扫射，大众只能照单全收，并不尊重大众自身的自主性。

播不仅是向消费者传达信息，还要让消费者想到我们说什么之后要怎么做。

口语第一，听觉第一：营销传播是"说话的语言学"。传播是一种口语现象、听觉现象。语音居于语言的首要地位。和语音相对的是文字，文字从属于语音。所以文字一定要转化为语音才能传播。营销传播一定要用最接近语音的口语，因为口语有更大的刺激信号能量，更能激发消费者的行为反射。

（一）语言第一：语言是最大的符号系统

人类拥有最完整的符号体系。人类符号体系中既包括信号，也包括象征符。在当今社会已进入一个以视觉文化占主导的时代，大家都可以感觉到视觉图像作为一个文化主因越来越凸显出来。**但是对人类传播而言，语言符号无疑是一切符号的基础。语言，包括再现语言的文字是人类最基本的符号体系。对于营销传播而言，语言依然是最基本、最常用和最灵活的传播手段。**社会学家诺伯特·埃利亚斯认为，符号学是传播学的基础，因为没有符号，就没有传播。而语言学是符号学的主干，因为语言是最大的符号系统。

语言是由社会群体约定俗成的，由语音、语汇、语法构成的符号系统，代表了某一文化社会内部的经验。《荀子·正名》写道："名无固宜，约之以命。约定俗成谓之宜，异于约则谓之不宜。"语言是文化核心特征的标志，每一个人都生活在语言中，语言构成了人的世界。换句话说，人类驾驭了语言，也就拥有了一个动物类所没有的、丰富的"语义世界"，真实世界在很大程度上是被无意识地建构于特定文化群体的语言习惯之上的。

传播学往往被视为语言符号（verbal）和非语言符号（nonverbal）两个类别。**但具体到营销传播中，语言符号与非语言符号往往相伴而生，尤其是在口语传播中。**任何言语行为都包含着借助手势、姿态、服饰、发式、气味、口音、社会语境等"语言"来实现的信息传达，它们活跃于语言周边，有时甚至貌似与被说出的词语相左。修辞学在对语言表达效果进行研究时，其视野既包括词语修辞、句式修辞等书面语修辞，也包括口语修辞、体态语修辞等内容。在本节的论述中，我们将语言符号系统按照以下框架来理解。

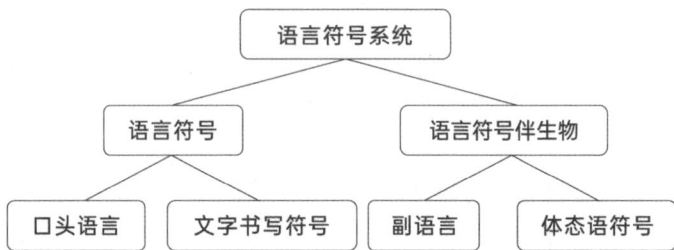

1. 语言符号

语言符号包括口头语和以书写符号文字形态出现的书面语。语言学家 E. 萨丕尔和 B. 沃尔夫通过对美洲印第安诸种语言的研究，提出了有名的萨丕尔·沃尔夫假说。所谓"现实世界"，其实是在相当程度上取决于人们所使用的语言。按照这一假说，**人们都是按照母语所设定的方向来透视现实、把握世界，其间，语言犹如一面透镜，映照出不同的景观。**

具体到营销传播中，超级符号语词观尤为注重两个方面的特性：

语言的有声性与口语传播。语言是按一定的规则组合实现表达的符号系统，语音居于语言的首要地位，传播是一种口语和听觉现象。书面语言的营销传播价值远远低于口语。口语可以绕开消费者的心理防线，而消费者往往对书面语是高度设防的，此外，口语还可以引发消费者的播传，产生口碑效应。

语言的约定俗成性与母体能量。语言符号背后是人们的约定俗成和习以为常。人们借助语言符号来表达思想、传达感情、交流知识。如海德格尔所言，"词语是能动的，词语不仅说事，而且做事"。语言技术的首要任务是找到共同体成员认可的语言符号，找到蕴含着巨大母体能量的词语、词组与句式。

2. 语言符号的伴生物

第一类语言符号的伴生物是副语言。语言符号的伴生符，如声音的高低、大小，速度的快慢，文字的字体、大小、粗细、工整或潦草，等等，都是声音语言或文字的伴生物。副语言不仅对语言起着辅助作用，它们本身也具有自己的意义，起着加强语言符号的作用，或者传递着语言符号以往的信息。按照有关学者所下的定义，副语言"是随着言语而瞬息发生的声学行为"。除了哭声、笑声、呼唤、叹息、呻吟，副语言主要涉及语调的变化以及应答性、习惯性的"噢""哎""啊""嗯哼""哎哟"等声音，超级符号语词技术中的"品牌谚语"对语调进行了深入的应用。

第二类语言符号的伴生物是体态语符号，例如动作、眼神、手势、表情、视线、姿势、服饰等等。由于它们也能像语言那样传递信息，因此有人也称之为"体态语言"。一般来说，体态语符号既可以独立使用，也可以与语言并用，它们在形成传播情境方面起着重要的作用。根据体态传播研究的数据显示，在两人会话的情境中，有 65% 的"社会意义"是通过非语言符号传播的。用传播学之父施拉姆的话说，"传播不是全部通过言辞进行的。一个姿势、一种面部表情、声调类型、响亮程度、一个强调语气……这一切都携带着信息"。

在具体的营销传播中，副语言和体态语有时会发挥决定性的作用。比如，在影视广告作品创作中，尤其是在当下的短视频创作与网络直播中，创意策划人员不能脑子里只想着文案和镜头，把表演留给导演和演员发挥，而要把副语言和体态语作为创作的核心内容，最好是每一个镜头和表演都能事先找到参考，再和导演、演员一起二次创作、三次创作。

3. 语言与营销传播的深层关系

在超级符号原理中，最大的符号系统既不是视觉，也不是听觉，而是语言系统，这是超级符号原理最为重要的底层逻辑。语言哲学也是营销传播最为关键的哲学问题，也是回应营销传播效能这一终极命题的核心所在。

语言可以视为人类的第一技术，一切都需要语言来表达，没有语言就没有人类的文明。对于超级符号的创作而言，设计一个标志、做一个门头、设计一个包装，也需要"将其能够说出来"作为检测设计方案的方法。如果这一视觉图形没法被说出来，或者说难以通过描述让人联想到准确的画面，那就证明这个设计的传播成本比较高，语言哲学的深入思考可以让"创意自己会跑"，可以说出来的符号创作才是最具传播效能的。视觉设计成功的关键在于有听觉的视觉、可描述的视觉、能说出来的视觉。

传播的关键在于传。这是超级符号原理最重要的核心之一。如果一个设计符号可以在消费者之间相互传播，品牌能够发动消费者替自己传播，那就会极大地降低营销传播的成本。品牌只需要告诉第一级的消费者群体，当消费者在告诉别人的时候，消费者在无形中就成了品牌免费的"媒体"，并且这一媒体本身具有品牌所没有的信任感和说服力量，所以从这一视角来看，对语言系统的思考和运用，也是理解超级符号媒介应用的关键，是理解"不做传播，做播传"这一概念的根本。

从更高战略维度来看，对语言系统的思考也是理解品牌战略的关键。除了太阳、月亮和星星是全世界每个人都看得到的东西，人们听说的事情总是远远超过他们看到的事情。伟大的品牌之所以伟大，往往离不开一些能够传世的口号，比如"人头马一开，好事自然来"等，品牌甚至可以理解为一种消费者之间的"口碑"，活在消费者的口耳之间。人们常说品牌的口碑最重要，重要的不是你的口碑"好不好"，而是你的口碑"是什么"。上述所提到的流传、言谈、口碑等概念，无疑都需要回到语言系统中加以思考。营销传播可以视为语言哲学、话语学、词语学，而超级符号原理的底色是语言哲学，是对语言系统的深入思考与重新发现。

（二）表达与行动：词语不仅说事，而且做事

语言不仅仅是交流、对话、交往的工具，还是世界向我们袒露自身的方式。我们面对的不是一个现成的、划分好了的世界，真正对世界进行划分的其实是语言。正如语言学家索绪尔所言，如果没有语言，我们的思想就是一片混沌。正是语言，让本来不存在界限和区别的混沌世界变得清晰起来。人的语言不仅在表达思想，而且还生成思想；不是人说语言，而是语言说人。

语言技术其实一直不成熟，我们语言相通，但是词语不通，我们各自对词语的理解影响了我们的思考，干扰了我们对真理的认知。我们往往不自觉地从人的主体出发，将语言视为一种被使用的工具。但词语是能动的，词语不仅说事，而且做事。词语能让别人做事情，还能控制人的思想。

1. 词语不仅是工具，本身还具有权能与尊严

20 世纪以来语言哲学转向的核心命题是"我们如何表达我们所知道的世界的本质"。很多思想家都对语言保持高度的警惕，也把语言当作困惑的根源。被誉为 20 世纪最具影响力的经济学家及社会思想家之

一的哈耶克曾这样描述词语对思想的控制：我们思考问题的时候，一定要用中立的词语。因为大多数的词语都有它的立场和逻辑。你使用了这个词语就站在了它的立场，进入了它的逻辑，你就无法独立地思考，而只能得到它的结论。

哲学家维特根斯坦认为，词语是不可靠的，"词语的规则在语言游戏中建立，又在语言游戏中修改。所以，我们经常感到需要把词语从沟通中抽离出来，送去清洗，再送回沟通中"。从这一角度来说，对"词语"的借用成为影响别人的重要思考路径。思维是语言的"内核"，符号是语言的"外壳"。思维是用词语思考的，植入词语比植入思维更简单。

海德格尔把语言提高到存在论、本体论的地位。他认为，"语言是最切近于人之本质的"。在他的著作《在通向语言的途中》中，海德格尔对"词语的权能与尊严"作了深入的讨论。"唯有词语才能让一物作为它所是的物显现出来，并因此让它在场。"词语是对事物的召唤，词语到达不了，事物就没法出场。可以说，话语就是世界。话语是存在之家，是话语令事物存在，说出来的才存在，没说出来的就无法存在。语言与我们密不可分，我们居于语言中。不是人需要使用语言，而是语言需要人说话来显现自身，不是人说语言，而是语言说人。我们能做的只能是倾听语言如何在"说"。人并不是词语的主人，而是一出生就中了词语的埋伏，在词语森林中迷失一生。词语对思维的控制，超过了思维对它的驾驭。话语说事情，更做事情，话语有强大的能动性，话语创造并统治了世界。

词语可以说是哲学思考的重要基石之一，是一切思考基础的基础。在企业运作和品牌建构中，"首先是清洗词语，给每一个词语清晰的边界定义，这个词语才能用"。我们的交流，往往是语言相通，但是词语不通，同一个词语，大家的定义都不一样。比如在营销传播中一些常见的词语，如品牌、营销、定位、战略等，每个人都在使用，但是这些词语怎么定义的从来没有一个共同的、清晰的界定，这往往会带来后续沟通和实践的一系列问题。

2. 词语命名不仅是分类，更是指令

世界就是认识，认识就是分类，分类就是命名和标签，命名和标签就是词语和符号。海德格尔将其表述为"词语破碎处，无物存在""存在在思想中形成语言，语言是存在的家"。按照常规理解，词语只是某一事物的名称，但在海德格尔的理解中，只有当词语服从某个指令来对物进行命名，物才能够存在。这样看来，词语倒有相对于物的优先性和决定权了，好像词语才是物存在的原因。这挑战了我们的日常认知，因为我们总认为先有物再有名称，名称之于物只是一个附加的标签。老子在《道德经》中也有类似的回答，"无，名天地之始；有，名万物之母。"天地之初，一片混沌，因为没有命名。有了命名，才有了万事万物，因为每一事、每一物，它必须被命名，所谓万物，就有一万个名称。

反过来说，没有词，就没有物。词语的权能就在于此。在新华社发布的《新华社新闻信息报道中的禁用词和慎用词》中，上百条规范用语和禁用词覆盖了日常语言使用的方方面面，比如第一条，对有身体残疾的人士不使用"傻子"，而是使用"智力障碍者"；不使用"瞎子"，而是"盲人"。没有词语的召唤，事物就出不了场，这就是词语的权能。简言之，词语就是权力，词语就是财富。

超级符号对词语和话语的思考也由此展开，在营销传播中，我们一定要去征用那些能够做事的词语和话语，而不仅仅将我们想要说的内容给消费者，只是传达信息，或者表征意义。超级符号词语技术的重点在于对词语背后隐藏的巨大力量进行挖掘，让消费者明白在我们说什么之后要怎么做。正如海德格尔所言，词语就是召唤，词语不仅发挥表达的作用，而且它能够推进行动。

（三）口语第一：营销传播是"说话的语言学"

传播是一种口语现象，也是一种听觉现象。语音居于语言的首要位置，和语音相对的是文字，而文字从属于语音，所以文字一定要能转化为语音，这样才能传播。从这一维度理解，口语要高于书面语。从语言哲学的角度来说，世界是说出来的，你说不出来的东西就不存在，更没有办法传播。这一思考体现在超级符号的各个维度，一个设计作品也需要说出来，也需要一种类似"看图说话"的思维习惯，一个品牌的资产到底有哪些，也需要能够说出来。

1. 营销传播是"说话的语言学"

在媒介形态和传播手段极为多元的今天，我们往往会从文字、书面语或者大众媒体的本位出发，用书面语思维来处理口语信息。比如，我们在做一个重要演讲前，往往会将自己想说的先写到纸上，一遍遍地润色、修改，然后再背诵娴熟，最后登台演讲，你演讲的内容其实并不是口语，而是书面语的口头再现。这个过程本身就是书面语文化对我们的无形影响。

营销传播是"说话的语言学"。营销传播的思考起点需要从书面语思维回归以语音为核心的"口语思维"，聚焦口语文化的语词技术。语言根植于口语之中，语音是语言的首要属性。词语并非由字母或中文的偏旁部首组成，而是由音节组成。正如现代语言学之父索绪尔所言，"文字是对口语的补充，而不是言语的转换器"，人们应该注意"口语的首要地位"。他要人们克服把文字当成语言基本形态的顽固倾向，因为"文字既有用，也有缺陷和危险"。

沃尔特·翁的思想成为超级符号"语词观"的重要智慧来源。在沃尔特·翁的概念体系中，他认为语言是一种口语现象。先有语言，后有文字。先有口语，后有书面语。文字是对口语的补充，而不是言语的转换器。书面语言只属于眼睛，口语属于眼睛、耳朵和嘴巴。书面语言的传播方式只在于读和写，只有口语才能同时发动听、说、读、写四大传播方式，书面语言的营销传播价值远远低于口语。

2. 语音居于语言的首要位置

有观点认为，口语是靠人体的发声功能传递信息的，由于人体能量的限制，我们往往会看到口语只能在很近的距离内传递和交流。这种观点忽视了以听觉为主要方式的口语对人的心理和行为的深刻影响。早在古希腊时，亚里士多德认为，"有声地表达是心灵的体验的符号，而文字则是声音的符号"。怀特海在《思维方式》中有类似的观点。"人类显示出一些对自然界的表面关系，例如视觉、听觉、味觉、嗅觉、触觉，人类将他们与世界的联系虚构为一种表达手段，就是语言。语言是人类天才的胜利。值得注意的是，在看和发声这两个不可兼得的东西中，发声是最早发展起来的媒介。发声是有机体存在的深层经验的天然符号"。从怀特海的观点来看，不管什么感觉经验，都必须转换为语言来表达，而口语居于首要地位，发声是深层经验，也就是说，发声才能打动集体潜意识。所以，使用文字或书面语，始终是隔了一层。不仅交流和语音有关，而且思维本身也以特定的方式和语音建立了千丝万缕的联系。

语音与人的思维以及头脑中对符号信息的处理更为密切，或者说，语音关乎人们对语言处理的本能。词语并非由字母或中文的偏旁部首组成，而是由音节组成。索绪尔将语音提到了语言学研究中非常关键的位置。语音是语言的最基本层次，语音居于语言的首要地位。社会学家诺伯特·埃利亚斯认为视觉、书写或印刷符号，都是声音模式的补充。"在语言中，首先要强调语音的首要地位，因为文字系统只是语音的无声形式，用于储存、记忆和传承。无声形式降低了交流功能，强化了定向功能。但是，定向功能的最后达成，也必须以声音的回归来完成。所以，**传播是一种听觉现象，即便我们使用文字这样一种无声形式，也一定要**

使用最接近语音的口语"。

3. 口语高于书面语

还有观点认为，口语使用的声音符号是转瞬即逝的事物，记录性较差，口语信息保存和积累受到空间和时间的巨大限制，但往往会忽视口语是人的体内信息系统的最重要媒介，人类的知识、经验的积累、储存和信息处理，与口语传播有着密切的联系。

口语可以绕开消费者的心理防线，而书面语对消费者是高度设防的。所谓"俗语不设防"，一旦让消费者没有了心理防线，就更能被人接受和信赖。"俗语"往往更容易突破消费者的心理防线，并且借助口语的力量，营销传播才能让人行动和传动。超级符号的语言技术的思考逻辑是要么始于俗话，要么进化成为俗话。"俗话说"比"专家说"、比"更优雅地说"更具营销传播的效力。超级符号原理的重中之重是发动消费者的播传，而其中的关键在于对口号与听觉的应用。

怀特海在《思维方式》一书中专门提到，"我们必须努力回到心理学，因为心理学造成了语言的文明。我们运用两种不同形式的语言，口语和书写语，书写语的历史不过一万年，作为一种具有广泛影响的思维的有效工具，顶多五六千年，而口语的历史和人性本身一样悠久，是构成人性的基本因素之一。口语是人性本身。口语在它表现于动物和人类的胚胎阶段，其变化是在情感表达和信号之间发生的，它很快成为二者的混合物。在语言越来越精确的发展中，口语保留了这三个特征，即：情感表达、信号及二者之间的相互结合"。

比如"人头马一开，好事自然来"，如果从书面语思维来看，你可能会质疑这句经典广告文案的价值。如果当作一句"说话"来说，这句话就非常的顺口，一不小心就会从嘴里溜出来。能够"播传"是一则广告文案优秀与否的第一标准。优秀的文案不仅要让人能在脑子里记住，还应该调动他的嘴让他说出来，不仅他自己爱说，还要他爱和别人说。

这样才能流行传播起来。美国的研究人员在仔细研究过大量广告后总结说，"如果在广告活动完成过程中有许多口头传播活动的成分，那么，它可能会比只有少量或根本没有口头传播的广告活动更容易产生持续效果"。营销传播活动播下口语的种子之后，哪怕活动已经结束了，这颗种子还在成长，影响仍然会久久不消。广告的口语特性所产生的人际传播带来的滞留影响，就是广告费为什么应该被视为一种投资而非单纯一种支出的原因。

三、语词观及其核心要点

超级符号语词观（见下表）可以简要概括为**基于语言符号系统的运作特性，在语音第一、口语第一、听觉第一等原则的基础上，从文化母体中寻找人类共同的文化契约，利用词语权能，征用母体词组，运用修辞学的技术，借助固定程式的口语套话，打造品牌谚语，从而达成快速沟通并促使消费者行动，发动消费者主动传播，最终达到降低传播成本、积累品牌资产的目标。**

超级符号语词观的核心要点并不是主动创造文案语词，而是寻找、改造、占有的逻辑，这与很多文学艺术作品的"预制件"拼装和编织类似，这些"预制件"的符号每一个人都很熟悉。从数千年前的《荷马史诗》，到 007 的电影，都是对一些固定的套语、名称、程式等要素组合应用的结果。

第一步寻找，在文化社群中寻找更具表现力、传播效率和文化资产的语词，这些语词具有更强的"说动"与"传动"能量；

第二步改造，嫁接到这些重复多次，甚至几百上千年的文化与公共语词上，依照购买理由对这些"预制件"进行重新编织；

第三步占有，通过传播、重复、积累，占据语词符号背后的意义，私有化为品牌资产，始于"俗语"，成为"俗语"。

超级符号的"语词观"	
基础	语言第一，图形第二：语言是人类最基本的符号系统 表达与行动：词语就是召唤，词语不仅说事，而且做事 语音第一，听觉第一：传播是一种口语现象
目的	说动（一句话就能说动消费者） 传动（设计一句话让消费者去播传） 自动（内部员工自动自觉地使用）
机制	母体词语引发母体行为 "俗语不设防"，绕过心理防线 固定程式与套语式的思维与播传
形式	母体词语（词语权能） 品牌谚语（口语套话）
理论来源	语言哲学、修辞学等

（一）说动与传动：语词观的目的

超级符号语词观的作用机制是通过人们的潜意识，引发受众不由自主地、不经过大脑思考地行动与传动。越是能打通潜意识而非显意识的词语符号，越容易引起消费者的行动与传动。"说动"与"传动"是超级符号"语词观"的两个核心目标，它们既是超级符号语言符号应用的思考起点，也是评判其传播效能高低的终极要点。超级符号语言符号编码法，其所选用的语言符号距离消费者的心智模式最近，不仅能从受众大脑抓取内容，引发其行为反射，而且能传诵、能自我复制，让传播放大。

所谓"说动"，源自超级符号对语言哲学的理解，词语不仅说事，而且做事。超级符号语言技术的最终目的之一，在于找到"一个词、一句话就能说动消费者"的那个词、那句话，超级符号将以往的"认知、了解、兴趣、行动（购买）、信任、传动"的复杂过程，直接转化为"刺激信号－行为反射"，认知、了解、兴趣、信任等在行动和传动中自然实现。

所谓"传动"，即用口语发动消费者主动传播。从超级符号的视角来看，传播不是传播，而是"播传"，是发动消费者替我们传播。广告语创作的本质不是我说一句话给消费者听，而是设计一句话让消费者去传给他的亲朋好友听。关于这一点，还可以从内部员工是不是自动自觉地使用看出来，如果内部员工都不愿意使用，消费者就更不可能主动播传给他人。

（二）母体词语和品牌谚语：品牌语词的两种形式

索绪尔用"规约"和"契约"来表述语言的这一特性。"（语言）既是言语技能的社会产物，又是社会集团为了使个人有可能行使这技能所采用的一整套必不可少的规约……语言本身就是一个整体、一个分类的原则。……（语言）是言语活动的社会部分，个人以外的东西，个人独自不能创造语言，也不能改变语言，它只凭社会的成员间通过的一种契约而存在"。语言符号系统中的"规则"与"契约"是超级符号语词观的重要来源，超级符号的语言技术，其目的在于充分地挖掘语词背后的"文化原力"和"传播势能"。

依然回到心理学层面去理解语言的价值。行为主义心理学家约翰·华生认为，言语能成为行为或对象的替代物，即言语对行为或对象具有可替代性或等值性效用。随着个体的成长，个体能够对外部环境中的每个物体和情境建立条件化的词语反应。词语不仅能够唤起其他的单词、词组和句子，当人类被恰当地组织起来时，它们可以唤起人类所有的操作活动。当消费者看到品牌的语言符号刺激时，他的本能会让他的思想做出反射，甚至体现在生理和行为层面。符号直接与人类大脑深处的意识联动，具体的行为反射是在一瞬间完成的，是本能的、直接的行为反射。

语言符号系统的结构层次（见下图），自下而上可以分为音位、语素、词语、词组、句子，它们最终通过组合，形成无穷的语言应用。超级符号的语词观在形式运用上体现在母体词语（词语维度）和口语套话（句子维度）。它们有一个共同点，即背后隐藏着人类本能、古老、原始的记忆与传承，接收者对这些语言符号没有心理防线，并且也极易与其他群体言谈。语言是我们母体文化的重要组成部分。"每一种母语以完全独特的方式教它的使用者如何看待世界，感知世界，在世上行事"。

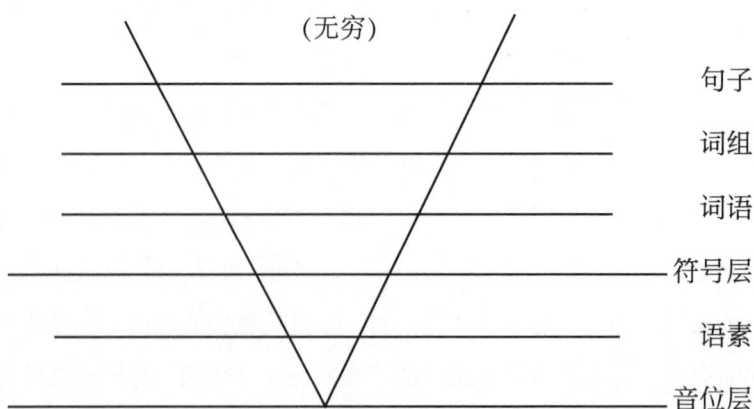

母体词语： 包括母体词和母体词组，其关键在于"**母体**"。母体是人类文化的预制件、固定组合、标准组合，根本价值在于能瞬间熟悉，易记忆、易传播，引发接收者自发的母体行为。词语是能动的，有它的权能，通过命名或指称，将事物带到我们面前，而每个事物都包含着一个世界。

品牌谚语： 品牌谚语源自口语套话的改造。口语是最没有心理防线的传播语言，更能被人接受和信赖。口语套话不仅只是"口语"，还包括"套话"，这是人类最本能、最古老、最原始、最强大的记忆、储存、传播和传承的方式，接收者往往对此没有心理防线，口语套话更容易被人接受和信赖。

第二节
母体词语：超级符号对词语权能的应用

　　这一部分主要对超级符号语言技术的"词语"展开论述。这里所谈到的"词语"，可以理解为是词和词组（短语）的合成，包括单词、词组及整个词汇。结合之前文化母体的研究，我们将其称为"母体词"和"母体词组"，这是超级符号语言技术的核心概念之一，在企业、品牌和产品命名、品牌口号、广告文案撰写中有着广泛的应用。借助母体词和母体词组，营销传播获得"母体"本身所蕴含的强大原力，并不断地呼应着文化母体。

　　对于词语而言，词语是能动的，不仅说事，而且做事，词语本身的营销传播效能可以从成本、召唤、投资的角度展开思考；

　　对于词组而言，居于词和句之间的母体词组作为语言表达的固定组合和标准组合，也可以视为人类文化的预制件。

一、说事与做事：词语的营销传播效能

　　我们先来看一个案例。第一次世界大战期间的英国，在最为艰苦的一段时期曾出现了一个社会公共议题。当时的战时后遣医院（evaculation hospital）由于粗暴地治疗伤员而招致大量批评，社会公众认为一家医院应该给病人提供持续且认真的服务。在战时人力与物力都颇为紧缺的情况下，如果你是负责人，你会如何面对社会公众的批评呢？

　　被誉为"公共关系之父"的爱德华·伯内斯勇敢地承担了这一任务。他做的事情很简单，就是将"后遣医院"（evaculation hospital）的名称改为"后遣中转治疗站"（evaculation posts），紧接着，批评消失了。公众认为一家中转治疗站能提供妥当的应急处理就足够了，没人期待更多。类似的例子有很多，比如"利益集团"这一词语的应用。正如伯内斯所言，如果你想要让百万人一起反对某位政治候选人，需要做的就是给他贴上"利益集团"的标签，因为有关"利益集团"的任何事情看起来都必然是邪恶的。

　　这些例子充分展示了伯内斯对于词语的理解，伯内斯对"医院"与"中转站"等词语的运用，充分借助了词语背后的立场、逻辑、倾向性。语言敞亮了一个世界，也势必会遮蔽其他可能的世界。正如在十字路口，我们选择了其中一条路，势必无法再选择其他道路。伯内斯通过发现、制造和重构象征符号来召唤、彰显和解放人类与生俱来的本能、欲望和意志。人是符号的动物，符号及其象征意义连接了人类的生理本能和精神意志。**伯内斯注重选择那些表征普遍情感、公共道德和终极价值的符号，对应于人类原始、朴素的情感和意义联想。改变"命名"往往可以改变人心。**

（一）成本、召唤、投资：命名的三个标准

超级符号的方法，其目的在于降低营销传播成本，帮助企业建立并高效积累品牌资产。企业对词语的选择，其目的在于提高沟通效率，在快速沟通中传达价值。尤其是在命名方面，词语往往比话语更权威，因为词语是不变的，话语是常变的。从上述对词语权能的理解出发，我们将词语的营销传播效能概括为三个方面——成本、召唤与投资，**超级符号词语技术的目的是实现低成本、强召唤性与指令性，以及对品牌的长期投资，这也成为判断品牌命名、产品命名是否恰当的关键标准。**

1. 低成本

命名的第一原则是低成本，**包括传达成本低、理解成本低、记忆成本低、使用成本低、营销成本低等多个方面。**回到营销传播的具体情境，潜在消费者在电光石火之间如何注意到货架上的商品，这是最重要的议题之一。让沟通得以发生可以理解为第一眼被看见，被看见的同时被理解。心理学的研究表明，消费者容易看到的是他感兴趣的词语。比如对一个感冒的人来说，流鼻涕、打喷嚏、发热等词语更能够引起消费者的兴趣。再比如从语言传播的角度来说，苹果是更低成本的词语，戴尔不是；娃哈哈是更低成本的词语，乐百氏不是；"阿里巴巴"是一个低成本的命名，它的叠音、韵律、节奏，有更强的表现力和传播效率，并且嫁接了人类文化的巨大财富，"一千零一夜""阿里巴巴""芝麻开门"，传达了企业的价值——让天下没有难做的生意，打开财富之门。

听觉在命名成本中占据着关键位置。传播是口语现象，也是听觉行为。我们往往更多关注视觉传达成本，反而忽视了听觉传达成本。名字是用来叫的，不是用来看的。"名"本身就是为听觉而生。《说文解字》解释说，"名，自命也，从口、夕。夕者，冥也，冥不相见，故

以后自名"。意思是说，在早期的社会交往中，人们白天相见，可能通过形体、面貌、声音相互识别，一旦到了晚上，相互看不清楚，就只能通过自报名字来区分你我了。举个例子，当你和朋友解释你住的地方的时候，西郊庄园、兰乔圣菲，这两个名字，你觉得哪个更容易说清楚？哪个信息量更大，哪个更像是一个住宅区，而不是咖啡厅或服装品牌呢？

2. 强召唤性

词语本身自带权力，表达了词语发出者对世界的认识，能让词语接收者按照词语所携带的意义去进行思考。词语是对事物的召唤，词语到达不了，事物就没有办法出场。我们所生存的世界在词语的排序中出场、执行。海德格尔认为，"命名并不是分贴标签，运用词语，而是召唤词语。命名在召唤，这种召唤把它所召唤的东西带到近旁，召唤当然有所唤来"。这里所谓的"召唤"，意思是用某种方式或方法把人们唤来，通常口头呼唤某人。

在人类学和艺术学研究中，"召唤"是一个非常重要的概念。古代人会想象死者有灵魂，记忆一旦离开实在的"身体"就会无影无踪，为了使得亡魂不至于全然消失，古代的人们不断地召唤它归来，想出各种方法使它重新与人类世界发生接触。比如中国古代的祖先崇拜，其核心是对家族祖先不间断的祭祀。祭祀中一系列象征性的符号、词语与规范化的、结构性的仪式，使得生者不断重温自己对先民的记忆，同时又可以把亡魂召唤回宗庙，享受陈设在那里的贡品。通过这一系列的象征性地交流，历史的知识被传递，道德的准则被重申，人的社会关系被反复确认，"召唤"得以完成。

词语的权能大于话语的权能，体现在营销传播中，一个好的名字往往胜过 100 个创意。品牌与产品命名追求的即是指向性很强的召唤，命名就是下达明确的指令，释放词语的能动性，一方面，可以将品牌的价值召唤出来；另一方面，能把顾客召唤来。

比如益佰制药在进军喉糖市场时，喉糖市场已经是一个绝对的红海市场，其中不乏知名品牌。在调研中发现，消费者需要一款持续时间更长的喉糖，益佰制药基于消费者的痛点，将润喉时间确定为30分钟持续冰爽，进而将产品名称确定为"冰喉30分钟"喉糖（见下图）。这一命名的权威不容置疑，它既是对消费者的一个重大承诺，也是在召唤那些需要长时间润喉体验的消费者群体。

另一个例子则是丰田汽车公司对其在中国的品牌和产品的全线更名，"凌志"改为"雷克萨斯"，"陆地巡洋舰"改为"兰德酷路泽"，"霸道"改为"普拉多"，"佳美"改为"凯美瑞"。从召唤性角度而言，丰田将召唤性超强且成本超低的好名字，全部改为了无任何召唤性、成本超高的名字。召唤，是词语的能动性，它能将品牌的价值和顾客召唤来，如"陆地巡洋舰"能将其价值和顾客召唤来，"兰德酷路泽"就不能。

3. 长期投资

成本与投资是企业经营的两个重要思维角度。成本是研究如何少花钱，投资是研究花掉的钱能不能不是费用，而是投资，成为资产，在未来可以持续收到"利息"。命名是一种长期主义的思考。一旦确定了名字，就是一个长期的投资。可口可乐曾说，哪怕一夜之间烧掉它全世界的工厂，第二天还可以原地复活，并且依然是一个伟大的品牌。因为它的名称还在，"可口可乐"四个字更有价值、更重要、更有生命力。可口可乐一百多年来所有的良好产品体验，最终受益的就是包装上的名字。如果可口可乐的产品质量不好，真正受到损害的是包装上的名字。

超级符号的语词技术所选用的词语，本身已经具有很强的文化资产，它们往往已经被重复了几百上千年，成为一个文化词语和公共词语。词语的长期投资思维，一方面，是占有人类文化既有的财富和资产，把人类数千年文明的古老文化符号化，附着到商品上去传播和销售，商业目的嫁接人类的宏大叙事；另一方面，不断地在日常经营活动中对这一词语持续投资，做"时间的朋友"。可以说，重复就是投资。将这一理念植入企业的每一个行动中，让每一个行动都积累品牌资产。这是一种长期主义的投资思考，直接回应企业在营销传播中所面临的流量焦虑与成本困惑。

品牌命名和企业命名需要回到上述的三个标准，这三个标准在使用时往往同时加以考量。名字的本质是代言符号，其目的是为了降低描述和传播的成本，并能传达价值。所以，营销传播应该尽量使用有意义的、具象的、有画面感的词语，尽量让名字本身成为一个完整的广告。以一个房地产项目为案例，我们进一步理解上述的三个标准。

一个针对北京市场的京郊低密度居住小镇，需要确定它的项目名称。在备选的100多个名字中，包括天下艺墅、纳都谷郡、安费罗帝山庄、御墅林风、安达露西亚小镇、田园史诗等，如果你是项目负责人，你会从上述的名字中选择哪一个？选择或者不选择的判断标准又是什么呢？

项目最终决定命名为"孔雀城"，品牌使用了具象的名字——孔雀,有画面感,一目了然,一见如故。在最开始规划的四个项目中,以"孔雀城"的统一品牌战略来展开(见下图),"一个北京城,四个孔雀城",项目之间的地段等差异性则用地点"前缀"来区隔四个项目的命名体系,将项目命名为消费者所熟悉的地标符号和自然资源名称——永定河、大运河、潮白河、八达岭,对以地段为第一标准的房地产项目而言,这一命名方式使得名字本身成为购买理由,也将广告传播费用统一起来,避免各自为战可能带来的浪费。此外,命名就是投资,所有的广告投资从一开始就积累在孔雀城这个品牌上,未来会不断产生投资的利息,企业可以获得投资回报,每一个业主也都能分享回报。

(二)在词和句之间:母体词组的固定程式

"词组"也称为"短语",从语法层级上看介于词和句,是指两个或多个词构成一定的组合关系,也包括在不同的句子里一起使用着的固定语句片段。一般来说,在超级符号的"母体词组"讨论中,更多的是固定词组,不包含自由词组。"词组"具体包括以下三类内容:

成语:往往是书面语化的词组,这类词组经过了人们长期沿用,凝结性最强;

惯用语：往往是口语化的词组，这类词组的使用场景大多在口头传播中；

专有名词：包括国名、地名、单位名称、组织名、书报名等固定表达。

"母体词组"是人类文化的预制件、固定称呼、标准组合。超级符号的创意来源于文化母体，即通过找到具有文化契约的语词，使用固定的预制件来进行编织，绝不原创，只对最真实日常的预制件、标准件来进行改造。对母体词组的思考，需要把握其结构上的固定性，我们可以将其称为"固定程式"。"固定程式"在人们交往中是约定俗成的，它凝结了人们长期的实践经验，具有了"规范"和"契约"的效能，正如《荀子·正名》所言，"程者，物之准也"，"母体词组"的固定程式表达可以理解为一种标准、程规、法式。

它具有以下四个方面的特点：

格律性：很多固定词组往往存在对称、和谐、多样化统一等形式的要素；

规范性：相对稳定，可以广泛用于大众化的人群；

浓缩性：母体词组往往会抽取最有典型性的因素加以凝练，观众会在第一时间意会其含义；

行动性：母体词组往往会引发不自觉的母体行为。

我们先来看以下几个日常中出现的广告语，通过上述的内容来理解母体词组固定程式表达所具有的传播效能。

爱干净，住汉庭！

新东方，老师好！

专业老人鞋，认准足力健！

六颗星牌长效肥，轰它一炮管半年！

很老很老的老偏方，小病一扫光！

上述的广告语都借助了母体词组固定程式表达。比如，在"爱干净，住汉庭"这一案例中，"爱干净"是母体词组，我们从小就被教育要"爱干净"，经过几十年的训练，当我们再看到这一极为熟悉的词语时，潜意识会促使我们更容易被说动和传动，我们一看到"爱干净"这一母体词组，就会引发一系列的母体行为。但是，如果把"爱干净"，变成"更干净""净下来""干净专家"等词组，它们都不是母体词组，也自然不会有相应的母体行为产生。

以这种思考方式来继续理解"新东方，老师好！"。如果换成"好老师在新东方"，传达的效果会全然不同。"好老师"并不是母体词组，但是"老师好"是母体词组，这是我们从小到大上课前必须要经历的一个言语刺激与行为反射，经过无数次的训练之后，"老师好"成为母体词组，并进入了我们的潜意识中，当有一天我们再次遇到时，潜意识会引发我们一系列的心理和行为反应。从根本上来说，正如我们之前所提到的"俗语不设防"，固定程式表达的"熟语"亦是"不设防"，超级符号语言技术的底层运作逻辑是绕过消费者的心理防线。一旦没有了心理防线，就更能被人接受和信赖。

二、从品类价值到品种价值：母体词语的应用路径

超级符号语言技术所要做的第一件事情，就是确定"母体词语"。母体词语即是充分地释放词语的成本、召唤、投资的效能，展示母体词组固定程式表达所具有的传播效能，在电光石火之间唤醒母体，表达品类价值，给出品种价值。换句话说，"母体词语"是能让消费者心理咯噔一响的词语，消费者将基本需求转化为具体的品种选择。

所以，营销传播需要讲清楚两个问题：

　　第一，**品类价值**，即"我是干什么的"品类价值让消费者直接会将他的需求与你建立关联，比如冬天到了，我想买羽绒服，"羽绒服"就是一个品类词语，这一词语已经是消费者头脑中的既有认知；

　　第二，**品种价值**，即"我好在哪里"这个问题是要让消费者进一步思考，为什么买这个品牌的羽绒服？为什么买这一款羽绒服？对消费者而言，他真正需要的是各种各样的购买理由，促使他、打动他去选择，去购买。

（一）品类价值：品类的"调节词"

　　词语技术要服务品类特性词。商品背后是品类，竞争是品类词根的竞争。不同的品类特性词有着不同的生存空间与瓶颈。先列举一个生活中的现象。寒潮来袭，又到了一年一度"秋衣秋裤"出场的时候。但是，我们却看到越来越多的新"词语"出现，有一类词语围绕着"内衣"这个品类展开，"保暖内衣""加厚加绒保暖内衣""自发热内衣"等；还有一类词语则是制造"品类"，来划分自己与其他竞品的区别，体现在词语的创造上，包括"肌底衣""粉底衣"，甚至还有企业将它们的产品命名为"热皮"，打出"这不是秋衣，这是热皮"的概念。

1. 调节词的约定关系

　　我们回到语言学中来思考上述的词语使用现象。在面对多样且复杂的现实时，语言的"不适当""任意性"会给我们设置陷阱，对体现在日常语言中的微妙区分的澄清，有助于阐明世界中的区分。语言学家奥斯汀的"调节词"理论为我们提供了一个解释和思考的框架。所谓"调节词"，是使我们有限的语词更能适应世界中出现的、无数不可预见的情境的一种手段，也是调整我们的语词以使之符合新的事项类型的方法，它们所调整的是语言与世界之间的约定关系。

具体而言，有两种约定关系：

第一，垂直约定关系。它的功能是使词语直接与世界中的某物相连接，形成一种约定关系。比如，在色彩中所说的三原色，指的是色彩中不能再分解的三种基本颜色，即"红""绿""蓝"，在观察世界时，我们会选用一个新的词语，与这三种颜色等同，所以我们选择一个新的词语，"紫"，来与世界中某种颜色直接关联。

第二，水平约定关系。它的功能不是使词语与世界中的某物相连接，而是使两个类词的含义以各种方式相关联。比如，我发现了一种与"红色"极为相似的颜色，我不想把它与"红色"等同，而把它叫作"深红色"。这个词语就把深红色看作红色的一种，归属在"红色"这一类别之中。

当消费者遇到一件商品时，首先需要将它归入预先的词语类别，或者对它的类别进行解释。当人类历史上第一辆汽车刚刚生产出来的时候，我们应该称呼它为什么？难道不应该称作汽车吗？这是多么显而易见的事实。直觉上的确是这样，但那时候人们知道什么是汽车吗？于是，销售人员称它为"不用马拉的马车"，人们瞬间理解这个全身钢铁的怪物到底是什么了。

所以，从语言哲学的角度来看，品类创新的前提是对词语概念的命名，开发产品就是创意购买理由。以我们熟悉的服装领域为例，按照年龄不同可以分为婴童装、小童装、中童装、大童装和成人装，在这些当中，还可以找到品类的创新，如"少年装"或者"老年装"等；如果按照场景，或者人群细分等因素加以划分，还可以有更多的品类创新概念，如"孕妇装""亲子装"等，每一个品类本身对消费者有极强的召唤性，代表了对服装整体的命名和标签，而命名和标签就是词语和符号。

2."调节词"运用的经典案例

如果要让消费者感知到事物的品种价值，需要找到一个"母体词语"，来表达它、唤醒它。对营销传播而言，应该不只是关注品类价值，更要表达出品种价值。广告文案创作的历史中有诸多经典的词语应用案例。

大卫·奥格威在讨论"怎样创作高水平的广告"时，认为广告人最重要的工作是决定你怎么样来说明你的产品，你承诺些什么好处。奥格威在寻找最有分量的承诺时，有一种方法是让消费者看印有不同承诺的卡片，让消费者来选择出最可能促使他们购买某种产品的承诺，当最多的消费者选择了"洁净力可深入毛孔"这一承诺时，奥格威将最受欢迎的承诺变成产品的名字，把赫莲娜·鲁宾斯坦公司的新款洁面霜，取名为**"深层洁面霜"**，这也成为公司最成功的面霜。

被大卫·奥格威视作导师的克劳德·霍普金斯也提出，通过名字传递想法，这有很大的优势。霍普金斯在服务固特异轮胎时，将名叫"直边轮胎"的新型产品进行了名称的修改，引发了巨大的变化。"直边轮胎"是工艺上的创新，它比之前的楔形轮胎在钢圈和空气压力上有诸多改进。企业视角的命名更多地强调制作方法和制作流程，往往会忽视消费者的需求与痛点。霍普金斯将其重新命名为"永固轮胎"，并打出标题"永固轮胎，10% 增容"，很快这款轮胎销售量突飞猛进。而后，霍普金斯又进一步修改了名字，叫作**"全天候防滑轮胎"**。对此，霍普金斯谈道，"什么样的承诺最重要，就取直接蕴含这层意思的名字。……名字体现我们的想法，名字就是广告"。

如果你能把价值做进名字里，就不要把它放在口号上，有价值的名字，哪怕再长，也比没价值的名字更有价值，尽量让名字本身成为一个完整的广告。比如以大家熟悉的小葵花妈妈课堂（见下页图）为例，"葵花牌小儿肺热咳喘口服液，清肺热，治疗反复咳嗽"。如果名字短一些，叫作小儿咳喘口服液，就变成了"葵花牌小儿咳喘口服液，清肺热,治疗反复咳嗽",首先,消费者反而记不住你的名字;其次,消费者对该不该清肺热、你能不能清肺热,反而不那么肯定。词语的权能大于话语的权能,词语是不变的,话语是常变的。

词语与产品的关系也可以发生逆转。无,名天地之始;有,名万物之母。到底是先有物,还是先有名?从词语权能角度来说,先有名,后有物,先有词语,后有产品,**所谓产品开发,就是提出一个词语,然后用产品去把它物化实现**。以"爱干净,住汉庭"为例,"爱干净"这一词组成为企业战略、口碑和行动。当企业向社会说出"爱干净"时,企业必须建立一套干净战略的行动计划,用行动来实现干净。企业将人力、物力、财力等所有资源匹配集中,投入在"干净"上,"爱干净"也因此成为消费者之间传播的话题,树立口碑。

(二)品种价值:数字的事实与名称的情感

广告是促使人行动的语言艺术,但具体的行动路径却有很多。在广告的百年历史中,关于"科学"与"艺术"的讨论一直存在。这两种思路也成为我们思考品种价值的两个路径，从理性和感性两个维度来引发消费者心理上的打动机制，实现让消费者心里咯噔一响的效果。

所谓"科学"，更多的指代强调产品利益，典型的如著名广告人罗瑟·瑞夫斯所言，"每个广告，都必须提出一个鲜明的、独一无二的产品卖点，才能吸引消费者使用你的产品"，广告直接展现产品提出的承诺，可以说是品种价值（利益）具体化的路径。

所谓"艺术"，更多是以塑造情感差异为切入角度，强调品牌形象带给消费者的独特的心理或情感感受，包括词语在内的诸多因素，最终可以带来一个鲜明的品牌个性，唤起情感的共鸣，让消费者意识到你的不同之处，可以说是品种价值感性化、生动化的路径。

当然，很多时候二者并不是对立的，它们会共同作用，相辅相成。比如"晒足180天，厨邦酱油美味鲜"，这句文案之所以成功，在于它能够直接实现消费者对厨邦酱油美味的想象。对于消费者而言，他们喜欢的不是勾兑出来的酱油，而是传统工艺酿造的酱油、晒出来的酱油，这个"晒"字，一下子就把人们带回到想象中。当一个主妇看到酱油是晒出来的，不自觉地就激活了很多想象，想到小时候吃的传统工艺酿造的酱油的鲜美，就能被触动从而购买。而"晒足180天"，更是将季节轮换、时间更迭的事实呈现出来，其中的"180天"又将产品事实数据以先入为主的优势深深根植在消费者的心里。

1. 讲事实：数字的魔力

文案的本质就是罗列证据，而且是快速罗列证据，快速罗列购买理由的证据。在所有讲事实的理性说服路径中，数字尤其突出。数字具有强大的魔力，在日常生活中，类似的例子比比皆是，可以说，今天的我们生活在一个数字化管理的时代。时间被数字化，每个人的身体被数字化管理，工作被数字化考核，整个国家的经济发展也需要一系列的数字指标，甚至今天的互联网让数字更是无孔不入，成为一种实时动态的存在并作用于我们的生活。

消费者在从品类价值走向更具体的品种价值时，数字背后的事实可以以先入为主的优势，深植在消费者的心里。在消费者的潜意识中，"数字可以激发复杂的情感涟漪"。"数字"代表着具体的产品利益点，也隐含着与众不同、权威等感受。正如大卫·奥格威所言，"消费者不是低能儿。若是你以为一句简单的口号和几个枯燥的形容词，就能够诱使他们买你的东西，那你就太低估他们的智商了。他们需要你给他们提供全部信息"。

下面来看我们日常生活中的营销传播数字的例子：

元气森林：0糖0脂0卡

iPod：把1000首歌装进口袋里

三朵玫瑰一块饼，嘉华鲜花饼

乐百氏，27层净化

充电五分钟，通话两小时

每晚只需一度电

火星人集成灶，炒一百个辣椒都不怕

宋城，给我一天，还你千年

酒厂越近越新鲜，30公里硬指标

免费小说100年，七猫免费小说

经常用脑，多喝六个核桃

数字不仅代表一些具体的数值，同时也用来表征宇宙中存在的力量。数字本身的超自然含义，以及数字中蕴含的力量，被古希腊哲学家柏拉图称作"最高等级的学问"。除此之外，一些品牌还将数字作为企业发展的一个历史标记，成为与消费者沟通的一个重要证据，在无意中有着强大的说服力。比如常见的老字号，喜欢将创立时间标注在自己的品牌后面，如毛源昌始于 1862 年，同仁堂创立于 1669 年，张小泉成立于 1628 年，越来越多行业的品牌愿意将自己的发展时间专门露出。此外，我们还可以在生活中听到很多数字的例子，数字成为企业和品牌不断投资的资产之一。某某奶酪全国累计销量 20 亿支；为了寒风中的你，波司登已经努力了 45 年；椰树牌椰汁 33 年坚持鲜榨；香飘飘更是喊出"一年卖出 3 亿多杯，可绕地球一圈"的品牌口号。

我们在广告史上也可以看到诸多经典的案例。大卫·奥格威特别擅长借用数字的魔力。他在劳斯莱斯的广告里没有用任何形容词，只是在报纸上用了这样一张图片——一个穿戴得体的男人坐在劳斯莱斯新款轿车里等待红绿灯，旁边配上这样的文字：在时速 60 英里时，这辆新款劳斯莱斯汽车上的最大噪声来自它的电子钟，很简单地就把汽车的隔音降噪效果强调了出来。

在大卫·奥格威为美国旅行社做的广告中，他洞察到欧洲人过分夸大访问美国的花费，所以在后续的广告中没有用"你可以花比你预想的要少的钱游览美国"那样文质彬彬、不痛不痒的写法，而是提出了一个具体的数字：每周 35 英镑。当这个广告出现在欧洲报纸上的时候，阅读广告的人打破了纪录，引起的咨询数量多得使美国旅行社在欧洲的各个办事处不得不加班加点工作到深夜。

2. 名称的情感

我们先来看几个例子：

有一个品牌将自家招牌的"拖鞋"取名"小软糖"，是不是立刻能从"小软糖"这名字里直观感受到拖鞋的弹力、柔软和舒适了？

某个家纺品牌曾和某个雪糕品牌联名推出"雪糕被"，据官方介绍这款被子采用了特殊技术，让人一接触被子就能感受到凉意，很适合夏季。从"凉被"到"雪糕被"，是不是增加了品种价值的辨识度，也放大了被子"凉快"的特点？

2022 年北京冬奥会和冬残奥会吉祥物的名称叫作"冰墩墩"（Bing Dwen Dwen）和"雪容融"（Shuey Rhon Rhon），尤其是"冰墩墩"的命名让人感觉可爱可亲，自北京冬奥会开幕以来，作为吉祥物的"冰墩墩"就成了当仁不让的奥运会"顶流"。

某个儿童用品设计品牌，将自己的儿童床命名为"小岛床"，在形状上也用自然材料、曲线设计来突出"小岛"的样子，并且打出口号："落入小岛，睡个好觉"，"小岛床"是不是更生动、通俗又好记，更能深入人心？

在功能性饮料中，常见的就包括红牛、魔爪、东鹏、战马、乐虎等，他们为什么这么取名？其背后的深意有哪些？

"词语"本身具有强大的力量。词语背后既有现实世界，还隐含着社会阶层。上述的诸多例子，我们可以看到词语的成本、召唤、投资等属性，更具体地说，词语让产品的品种价值特点拥有了更形象的表达，母体词语往往会尽量使用有意义的、具象的、有画面感的词语，降低记忆成本、传播成本等，更好言传、更好搜索，也增加了商品的曝光率。当你现在去超市买水果时，就会发现水果名称的词语创新组合越来越多，如新贵族南瓜、贝贝南瓜、高山粉茄、车厘茄、维纳斯金苹果、羊脂秋香梨、玫瑰葡萄等，我们对水果的感知首先从其名字开始。

除了品牌自己命名外，市场上还存在一些消费者自行取名的情况。消费者根据产品的功效、外形来对其进行重新阐释，比如，啤酒里的"夺命大乌苏"，再比如 SK Ⅱ"神仙水"、资生堂"红腰子"等，这些重新阐释的词语往往在消费者群体中间通用。品牌在某种程度上也有意将自己的产品形象化、符号化，对消费者的认知加以引导，激发消费者对内容的二次创作，形成消费者组成的品牌社群。

（三）互联网的"返祖"：虚拟与现实的连接

当下的互联网世界形成了一道独特的词语景观。在互联网世界里，时间的概念更加碎片快速，当一个移动互联网使用 0.1 秒或者是 1 秒之内来作决策的时候，品牌就已经变成了"瞬间联想"，消费者没有时间听你的信息；同时，人们有很多愿景需求，也有很多情感需求。互联网需要与文化体系、现实世界建立连接，就像微信红包一样，也需要用"红包"的名字和符号让人们从现实的红包世界无缝切换到互联网的红包概念。

从整体来看，互联网世界中的词语应用呈现出一种"返祖"的态势。在互联网世界，商业动机不是被掩饰，而是被放大，从而与人类的宏大叙事相结合，一些最基本但是也最具象征意义的文化词语、公共词语被征用。此外，我们可以看到一些互联网企业的名称足够简单、直白，它们更像是回到了我们童年时候的语言习惯，简单常用且具备口语传播的诸多特性，往往更具有熟悉感、亲切感。我们整理了几个类别的互联网企业命名的方式。

叠音词，即重复同一个音节所构造的词，叠音词的使用能够传神地描写出人和物的音、形、情、态等。如阿里巴巴、当当、钉钉、陌陌、探探、哔哩哔哩、滴滴等。

功能特性的直接表达，比如饿了么、去哪儿、得到、淘宝、大众点评、美团、安居客等。互联网企业往往将消费者内在的需求或者购买理由，直接凝聚为一个词语。

拟人化与拟物化，尤其是动物。如天猫、雅虎、斑马、搜狗、虾米音乐、蚂蚁金服、猿辅导、花小猪打车、快狗货运、闲鱼等。单就家庭服务类别，就有啄木鸟家庭维修、勤鸽家庭服务、天鹅到家家政服务等。

以其中的动物为例，我们深入讨论下词语的效能。无论是文字描述还是象征体系，动植物的存在，从根本上影响着人类看待世界的方式。在很早以前，我们的祖先大多相信一点：动物拥有灵巧的身体和敏锐的感官，这些特质总是与神话故事中的各种超自然力量联系在一起。互联网行业问世后，喜欢用动物名字命名，既显示了对动物的宠爱，又使没有生命的网络应用鲜活起来，富有了生命力，也具备了品牌灵魂。动物名称的亲和力，有助于拉近用户和网络产品之间的距离；动物名称的易记性，有助于品牌的传播；动物特性与网络产品特点之间的相似联系，有助于宣传网络产品的显著特征和亮点。

第三节
品牌谚语：超级符号对口语套话的应用

超级符号把基于口语套话的品牌口号创作，称为"品牌谚语"。品牌谚语，即用谚语传播的特性来创作品牌口号，以获得谚语在共时性层面的传播扩散，以及历时性层面的文化传承的效能。

谚语是古老的经验和长者的忠告，具有权威性，超级符号对于品牌话语的创作标准是要让品牌话语具有"谚语"的效果。只有让品牌话语成为品牌谚语，才能让它成为知识的传承者和人们行动的指南，成为人们口口相传的人类文化，才能活在人们的口耳之间，成为最强有力的集体主义形式。

此外，谚语形式的话语的传播成本最低，它对受众的参与度要求很低，但卷入程度却很高，它可以用很低的参与度，把受众的心理和行动深度卷入，让人们自发地帮助我们传播。作为口头文化的产物，谚语要传播得更广泛的需求决定了它具有押韵、简短、句式整齐等语言特点，反过来，它的这些语言特点又使得它得到更广泛的传播，在人类历史文化长河中发挥了更大的作用。谚语可以跨越时空，并且不花一分钱地

"传"，《荷马史诗》将其称为"有翼飞翔的话语"。

品牌谚语的思考要点具体概括为以下三个方面：

在作用价值维度，口语套话是品牌谚语的传播本质。品牌谚语选择口语、套话、俗话、顺口溜，不要书面语，因为口语套话距离人类的心智模式最近。

在句式结构维度，品牌谚语最常选用陈述句和祈使句。超级符号话语表达的目是直接陈述事实，要求行动，不要空洞无物，或者推敲矫情。

在购买理由维度，品牌谚语形成了要素填空和不思而得的创作思路。品牌谚语将购买理由、购买指令融入母体词语、固定句式、口语套话中。

一、口语套话：品牌谚语的传播本质

超级符号的话语创作追求两个要点：第一，行动性，一句说动消费者购买的话；第二，传播性，设计一句话让消费者传给他的亲朋好友。好的文案不仅让人听到这句话之后会行动，还应该调动他的心理，能够让他说出来，不仅他自己爱说，还要爱和别人说。这样才能流行传播起来，使得企业的营销传播效能得到几何级的增长。

所谓"品牌谚语"，是品牌营销传播借助谚语这一口语文化的传播形态背后的传播技巧和修辞特点，以期获得谚语背后的语词能量，最终成为人们日常生活中的"谚语"。谚语表达的出发点是想要有效地保存和再现说出来的思想，继而以"易记忆、易传播"为原则，讲究押韵、简短整齐、辞格生动，有助于记忆、回忆和传播；在传播功能上，传承文化，增强人们的地域认同和社会化。沃尔特·翁的观点简要概括了谚语的核心价值。"在一种口语文化里，已经获得的知识必须经常重述，否则就会被人遗忘：固化的、套语式的思维模式是智慧和有效管理之必需"。

值得一提的是，我们今天创作文案的很多思路，不自觉地附着了大众传播的时代阴影。比如当我们讨论"口语传播"时，往往会将其理解为对文字的口头表达，我们在演讲之前，会将写好的稿件进行背诵，再将其口头表达出来，这与"口语传播"的本质已然不同，从人类传播历史上的五次革命来看，语言传播、书写传播、印刷传播、电子传播、互动传播依次发生。但同样是"口语"，在书写之前的口语文化中，与经历了书写与印刷传播革命之后的"口语"全然不同。超级符号对口语套话的应用，即在于回归到书写文化之前的口语文化中加以思考，发掘口语套话在人类生理、心理等方面的巨大传播效能。

（一）营销传播话语表达的目的与重点

营销传播的一端是企业和品牌，另外一端是规模化的大众群体。营销传播作为一种特殊的传播形式，它在传播受众、传播目的等方面有多种特点，词语和话语的运用也应基于营销传播的特点展开。营销传播话语表达的目的是说动，而不需要经过说清，也不需要说服。营销传播话语表达的重点是语音、语感、语速，而不是语义、语法，更不是逻辑论证。

"最古老的传播技术是修辞学，是通过话语来征服受众心理的"。营销传播回归古老的口语文化，回归修辞学的理论智慧，营销传播是"说话的语言学"，不是书面的文字游戏，是修辞学，不是逻辑学。

1. 要说动，不需要经过说清，也不需要说服

营销传播和宣传有诸多的类似之处，宣传就是为了影响人的看法和

行为，营销传播通过对语言和符号的编码来影响人的看法和行为。在既有的营销传播效果研究中，主流的认知是将消费者的思维处理分为一系列渐进的等级，首先要达成认知（想法、识别、回忆），然后形成感受（温暖、喜欢、态度），最后再产生意向（信服、购买意图、购买行动）等，简单地说，经过说清、说服、说动的效果阶梯。

但是，营销传播是不是一定要说清和说服，才能说动消费者？消费者往往都有着诸多自己的见解和判断，他们对营销传播信息也存在着心理防御机制，想要说服他们是一个非常巨大的挑战。我们首先要厘清说清、说服与说动三者之间的关系。

"说清"是说清自己，"说动"是说动消费者，这两个问题其实并不在一个层面，说清是手段层面，说动是目的层面，说清的目的是为了说动，说动恰恰是营销传播的最终目的之一。此外，说清和说动还有着另外一个重要区别。说清是主观的、不确定的，说动是客观的、确定的，说清是相对的，说动是绝对的。说服是一个非常艰难的目标，你越想说服，可能越难说服。

对于营销传播而言，既然其目的是说动，那么不妨直接聚焦于"说动消费者"这个目的，寻找让消费者行动的方法。消费者往往会对他们所认为的"宣传形式"形成心理防线。对于营销传播而言，其关键在于如何绕开消费者的心理防线，语言哲学、修辞学提供了诸多营销传播能否致效的思想来源。

2. 语感与语速，比语义更重要

在之前已经讨论过，语音居于语言的首要位置。营销传播是说话和口语，不是书面文章，营销传播的词语技术更应该注意的是语音、语感、语速，而不是语义、语法，更不是逻辑论证。语音的效力会体现在语感和语速上。语言的感染力、冲击力、行动力也集中体现在语感、语速上。营销传播绝不只是写出正确意义的词语，而是要一段说话，是听觉化、趣味化、口语化的，这也是将品牌谚语的传播本质建构在口语套话上的根本原因。

所谓"语感"，指的是语言文字所引发的心理上的反应，语言文字都有它的含义，人人对语言都有一种感觉，好的语感让人愉悦。

所谓"语速"，指的是读者阅读的速度，关乎品牌的信息传播速度。对于有着固定程式表达的句子，我们只需阅读其中的关键词，就能获得完整的意义和情绪。

对于"语感"和"语速"的进一步思考，我们需要回到语言和人性的关系。口语是人性本身。口语的历史和人性本身一样悠久，是构成人性的基本因素之一。而书面语等形式，则是隔着一层面纱和人们沟通。品牌话语的创作需要将语音为基础的"语感"和"语速"的效能发挥到极致。三千年前的《荷马史诗》之所以能流传至今，关键原因之一在于对于口语套话的语音、语感、语速等要素的把握，《荷马史诗》成为"有翼飞翔的话语"，超越时空，一直飞到今天。

3. 发动：群体心理研究的证据

群体心理研究为品牌谚语的思考提供了充足的证据。19世纪末20世纪初，群体心理和行为研究因为大众社会的到来而兴起，勒庞、塔尔德、特洛特等一批欧洲心理学者作出了令人震撼的论述。他们承认群体的力量，承认大众创造历史的可能性，但是他们却认为群体或者由"无名氏"个体所构成的大众，往往非理性、偏执、夸张。大众不需要理性、逻辑、复杂的理想和行动方案，他们只需要简单、有力、便于重复、感染与暗示的口号和信条。

其中，最为典型的勒庞及《乌合之众》，至今仍然是史学界重要的讨论、引述对象。勒庞曾对语言对群体的心理与行为进行了深度的表述，虽然有偏颇之处，但还是为研究群体提供了思想知识资鉴。"说理与论证战胜不了词语和套话。词语和套话几乎是超自然的力量，唤起宏伟壮丽的幻象。政治家最基本的任务，就是对流行用语和名称保持警觉。……逻辑论证是他们（大众群体）完全不能理解的，严密的论证不如几句口号来得有效。群体没有判断能力，只能接受强加给他们的判断"。面对朗朗上口的押韵语调，人们很容易忽视其中的逻辑，把前后的事物自然联系起来，当重复的次数多了，人们对话语更是会坚信不疑。

基于上述三个要点的思考，品牌谚语的创作要求可以概括为"一目了然，一见如故，不胫而走"，具体体现为三个维度：说动，让消费者听到后冲动和行动；传动，即"不胫而走"，消费者随时能想起，能运用，并愿意与别人分享谈论；自动，内部员工自动自觉地随时把这句话挂在嘴边。

（二）品牌谚语：品牌知识的记忆、储存与传播

语言首先是一种口语现象，先有语言，后有文字，先有口语，后有书面语，书面语言的传播方式只在于读和写，只有口语才能同时发动听、说、读、写四大传播方式。可以说，传播是一种口语现象、听觉现象，营销传播是"说话的语言学"。品牌谚语需要回到"口语"和"套话"的思考范式上，才能最大限度地提高营销传播的效能。

1. 口语套话：传播最深刻的本质

口语套话离人类的心智模式最近，这是传播最深刻的本质。因为声音不能被时间记录下来，于是耗费心力思考的结果一旦出口就荡然无存，消失得无影无踪。因此，如何借助语音构建知识、保存知识、传播知识就成了一个核心问题。当我们走到语言的历史深处，《荷马史诗》的研究为我们提供了理解语言最深层的原力。研究《荷马史诗》的人有

一个困惑：没有文字记录，那么行吟诗人如何能创作并背诵数十万行的诗歌？难道古人的记忆力比现代人要强那么多？

　　长期从事《荷马史诗》研究的米尔曼·帕里和他的学生艾伯特·洛德经过长期的田野研究、采访和考察，发现《荷马史诗》中有一些固定的、反复使用的套语，长篇的史诗不用死记硬背，行吟诗人其实不是在写诗，而是在"编织诗歌"。数万行《荷马史诗》的编织依靠全套的预制件去拼装、组装而成。而这些预制件包括套语、名号、程式、主题、场景等。数十万行的《荷马史诗》之所以可以传世，离不开对于口语套话的应用，在口语文化中，已经获得的知识必须要经常重复，否则就会被人遗忘，因为没有文字可以记录。依托语音的口语套话是人类重要的记忆方式、学习方式、知识储存方式，固化的、套语式的思维模式也是智慧传承和有效管理之必需。

　　营销传播尤其需要对"套话"进行理解和应用。所谓的"套话"，是相同韵律条件下表达一个既定概念的一组词语，其使用规律是有章可循的。口语的套话式思维和表达审慎的锚泊在意识和无意识之中。套话有助于增强话语的节奏感，同时有助于记忆，套话是固定词组，容易口耳相传。传播学家沃尔特·翁对口语套话作了准确的评价和热情的赞扬：套话有助于增强语言的节奏感，有助于记忆，套话是固定词组，容易口耳相传，套话在口语文化里不是偶然发生的现象，套话纷至沓来，不断涌现构成了思想的本质。从这一点来说，口语套话是人类最古老、最原始、最本能、最强大的知识记忆、储存、传播和传承方式。在某种程度上，口语套话类似于一个信息的压缩包，是一种最有效率的承载信息的"容器"。

2. 品牌谚语：对谚语特性的运用

　　通俗易记、朗朗上口的谚语和谣歌为品牌谚语提供了进一步思考的路径。依赖谚语和谣歌这种载体，文化知识得以传布开来，传授下去。所谓"谣歌"，与"遥"同部，《古谣谚·序》中记载，"凡发于近地者，即可行于远方"，谣歌可以传得遥远；所谓"谚语"，也可以称为俗语、熟语、老话、习语、俗话、俚语、俚谚等，是群众口头上广泛流传的一种现成而固定的句子。我们来看一些身边口口相传的谚语：

朝霞不出门，晚霞行千里。

种瓜得瓜，种豆得豆。

饭后百步走，活到九十九。

庄稼一枝花，全靠粪当家。

人心齐，泰山移。

瑞雪兆丰年。

春雨贵如油。

当家才知柴米贵，养儿方知父母恩。

不怕一万，就怕万一。

山中无老虎，猴子称大王。

众人一条心，黄土变成金。

谣歌与谚语，也被合称为谣谚，可以理解为"风谣俗谚"，谣谚是人民群众的集体创作，具有强大的生命力，即便是某个人作了某首谣谚，也是受了"集体无意识"的潜在影响，自觉不自觉地运用了群众的手法和句式。谣谚具有通俗性、流行性、定型性、普遍性、情绪性、规范性等特点，这些特点为品牌谚语创作提供了强大的语言能量。

谚语的传播特性为品牌谚语创作提供了以下三个方面的启示：

第一，谚语的权威经验与行动指向，有定型性、规范性的特点。谚语的内容来源于人们的生产、生活并与之关系密切，是劳动人民智慧的结晶，劳动者敏锐的观察力、丰富的想象力和极强的艺术创造力凝结在其中。在传统民间社会，读书识字、学习书本知识是少数人的事情，普通百姓的生活常识、经验教训等往往通过谚语代代相传，谚语的内容涉及为人处世、社会风俗、健康养生、气象变化、作物声场、种植规律等诸多方面，可以说，谚语是一部口头百科全书。至今流行的谚语在人们的生活中发挥着生产生活指导、道德约束等作用。

比如关于天气的和关于农业的，"日晕三更雨，月晕午时风""立夏到小满，种啥也不晚"，再比如有关为人处世的"先下手为强，后下手遭殃""别人夸，一朵花，自己夸，人笑话"等，谚语将知识高度浓缩地储存起来，传承下去，按照谚语行事成为人们下意识的反应，比如"先有一亩泉，后有保定府""敢标真年份，内行喝谭酒""每天都吃三品王，每次都把汤喝光"。

谚语提供了一种强大的权威经验与行动指向，人们对口语套话的谚语往往有一种天然的信任，谚语能绕开人的心理防线，直接进入人的心智。比如，当我们听到"饭后百步走，活到九十九"时，从来不会怀疑它的真假。当品牌话语不断流传，成为品牌谚语，也自然会附着古老智慧和长者忠告，具有非同一般的营销传播效力。

第二，谚语语音上押韵，具备流行性和通俗性。押韵是指某些句子末尾音节的韵母相同或相近，是口语音乐成分的体现方式之一。"你的语言必然有很强的节奏感和平衡的模式，必然有重复和对仗的形式，必然有头韵和准押韵的特征"，这样才能引起别人的注意，便于记忆，便于传播。押韵使声音在一定时间长度上有规律地重复，前后相关联、相呼应，不但产生节奏感和回环的美感，而且形成语言组织的"框架"，这是谚语最有效的传播手段。诸如平仄、谐音、叠音、拟声、双声、叠韵、字调、语调、重音、停顿、音节、节奏和儿化韵等，都可以使得语言节奏明快，给人以音律美。很多修辞格，如双关、对偶、顶真、反复、歇后等，也是利用语音条件体现修辞效果的。

品牌谚语的押韵相对宽松，不同声调可以相押，同字也可以相押。运用押韵，品牌谚语不但容易引起听者的注意，而且在传播过程中也可以根据已有词语的语音线索，产生或回忆起与之读音相同或相似的语音，便于品牌谚语的记忆和传播。我们来看一些品牌谚语押韵的例子。

> 一品黄山，天高云淡。
> 要想皮肤好，早晚用大宝。
> 维维豆奶，欢乐开怀。
> 认准八匹马，好茶喝八马。
> 米饭要讲究，就吃老娘舅。
> 掌握好食材，原味福建菜。
> 一个北京城，四个孔雀城。

第三，修辞格的生动形象创造了良好的情绪性。 "没有感知就没有回忆"。修辞是提高语言表达效果的规律，是运用语音、词汇、语法来提高语言表达效果的手段。修辞格是逐步固定下来的、具有动人的表达效果的语词优化模式，具有三个动人的表达效果、特定的结构模式和相对的稳固性。修辞格的运用使得生活中复杂、抽象、深奥的事理简单、具体、浅显化，谚语的表达更加生动活泼，富有表现力、感染力、冲击力，使得传播者更容易感知、接受、理解、传播。比喻、拟人、借代、夸张等修辞格在谚语中表现活跃。

> 比喻：雁城衡阳，展翅飞翔（衡阳城市广告）；飞一般的感觉（特步）；
> 拟人：小葵花妈妈课堂开课啦！（葵花儿童药）；你是我的优乐美（优乐美奶茶）；
> 顶真：车到山前必有路，有路必有丰田车（丰田汽车）；我爱傣妹，傣妹爱我（傣妹火锅）；
> 夸张：一天吃三枣，好想你不老（好想你枣业）；今年取暖用先锋，全屋热透分分钟（先锋电器）；今年二十，明年十八（白丽美容香皂）。

　　修辞格的运用当然不止上面的几类，有学者将修辞格的类别分为以下几类：描绘类，包括比喻、比拟、借代、夸张、通感、换算、摹绘等；比较类，包括对比、映衬、仿词等；词语类，包括反语、双关、婉曲、拈连等；句式类，包括对偶、排比、层递、反复、回环、顶真等。修辞格在实际运用中往往会综合以上的辞格方式，连用、套用、兼用。回归古老的修辞艺术是超级符号语言技术的重要思想源泉。

二、陈述事实与行动指令：品牌谚语的句式应用

　　为了便于记忆和传播，品牌谚语不但在声音上追求押韵，在修辞上注重各种辞格的运用，而且还在句法上有相应的特点。句子是大于词语的语言单位，也是最基本的言语交际单位。苏联文学家法捷耶夫曾说，"艺术家应当经常做一种特别的'体操'：练习构造各式各样句子的艺术"。品牌谚语需要对句式结构、复句关联词等要点进行深入思考。

（一）简短整齐，言简意赅：品牌谚语的句法特点

1. 句式的简短整齐

　　思考品牌谚语的句法，我们需要回到口语文化的传播特性上。在口语传播中，人们捕捉语音、理解语音以及记忆语音的能力是有限的，句式的简短整齐成为适应口语传播的优势特征。对于品牌谚语而言，不论单句还是复句，都具有此特征，品牌谚语的单句比较常见，它的音节数量一般也不会超过七言，如果单句较长，往往运用停顿分为前后两

个部分，两部分的音节数量、停顿位置往往一致，形成很强的节奏感。
例如：

> 心有多大，舞台就有多大！
>
> 网易，网聚人的力量！
>
> 拍照大声喊田七！
>
> 有家就有联合利华。
>
> 农夫山泉有点甜。
>
> 累了，困了，喝东鹏特饮！
>
> 怕上火，喝王老吉！

复句谚语中各个分句的音节数量大多一致，而且一般不超过七言，简短整齐的特点很突出。品牌谚语复合句会广泛运用包括对偶、押韵等修辞手法，前后结构相同，音节数量相等，对称性很强。比如：

> 有汰渍，没污渍；神州行，我看行；要旅游，找途牛；上天猫，就购了；爱生活，爱拉芳；黑头发，中国货；好空调，格力造；万家乐，乐万家；一起嗨，海底捞；送长辈，黄金酒。（三，三）
>
> 家有宝贝，就吃西贝；携程在手，说走就走；维维豆奶，欢乐开怀；你关心的，才是头条；孔府家酒，叫人想家；没有最好，只有更好；家有三洋，冬暖夏凉；更多欢乐，更多选择。（四，四）
>
> 去屑实力派，当然海飞丝；中国西北游，出发在兰州；人头马一开，好事自然来；闭着眼睛点，道道都好吃；没有好蛋黄，轩妈不开工；喝汇源果汁，走健康之路。（五，五）
>
> 人类失去联想，世界将会怎样；三百年老字号，九代人吃槐茂；认准读客熊猫，本本都很畅销；只要姿势到位，折扣低到落泪；只有坐车之趣，没有驾车之累。（六，六）

新飞广告做得好，不如新飞冰箱好；今年过节不收礼，收礼只收脑白金；鲜丰水果鲜又甜，不鲜不甜不要钱；厨邦酱油美味鲜，晒足一百八十天；爱我你就啃我呀，啃我啃我久久丫；云南白药创可贴，有药好得更快些。(七，七)

句式上的整齐匀称，加上韵脚语音上的前后呼应，形成品牌谚语对立又统一的节奏感，使之以清晰动听、便于捕捉和记忆的方式呈现出来，基于口语，又高于一般的口语，提升了品牌谚语的语音形象，增强了它的传播力。

2. 句子的言简意赅

相对而言，汉语的文字结构没有形态变化的条件，没有英语中大量使用的关系代词、关系副词、连接代词和连接副词，介词数量也很少，这样汉语就只能靠意义的内在衔接来组词造句，词语与句子的底层都有一种隐约的意义脉络，这种意脉是汉语组织句子的灵魂。这就是古人说的"文以意为主"，汉语更加注重语言结构中意义和意义之间的内在关系。

品牌谚语经常使用意合法的复句谚语。品牌谚语在保留语句基本意义的前提下，尽量做到音节数量的简短，实现言简意赅，而且在传播过程中能够适应多种语言环境，增加了传播的可能性。所谓"意合法"，是指词与词、句子和句子之间的组合往往在外部形态上没有明显的标志，而主要依靠意义上的关联来黏合。汉语意合法的常用手段包括连接和贯通语义的语序，以及反复、排比、对照、对偶等句式修辞方式，紧缩句、四字格等。类似的例子有很多，比如"人（若）不犯我，我（则）不犯人""（当）种瓜（就）得瓜，种豆得豆""（如果）他不来，（那）我不去""（如果）有饭大家吃"等。

意合法体现在广告文案创作中，比如"只溶在口，不溶在手""药材好，药才好""怕上火，喝王老吉"等。再比如本章开头的案例所谈到的"你爱我，我爱你，蜜雪冰城甜蜜蜜"，这条品牌谚语的前后句之间没有关联词。分句之间可以是因果关系，也可以是假设关系、条件关系，因此，它可以运用于反映因果、假设、条件等多种不同关系的广阔语境之中。

（二）陈述与行动：品牌谚语的两种表达

品牌谚语的目的是陈述事实和引发行动，它要表达一个完整意思，比如告诉消费者一个理由，或者让消费者直接行动。句子由词、词组（短语）构成，为了把意思表达清楚，常用的句子包括两部分内容：一部分是句子里说的"谁"或"什么"，即我们常说的主语部分；另一部分是句子里说的"是什么""怎么样"或"做什么"，即我们常说的谓语部分，除此之外，句子还有其他成分，如宾语、定语、状语、补语等，现代汉语将主谓宾、定状补统称为六大句子成分。宾语回答"谁做，做什么"的问题，定语回答"多少、哪一种和什么样的"问题，状语回答"何时、何地、怎么做"等问题，补语回答"做得怎么、做多少次、做多久"等问题。

1. 陈述句与祈使句的使用

品牌谚语从营销传播效能的终极命题出发，在使用中常常根据句子的语气语调成分，选择陈述句与祈使句的句式。

陈述句，指代的是叙说或者说明事实的、具有陈述语调的句子。陈述句是使用最广泛的句子，是思维最一般的表现形式；陈述句往往带有略有区别的陈述语气。比如"他忘记了很多事情，却从未忘记爱你""世界上最重要的一部车是爸爸的肩膀""冬虫夏草，现在开始含着吃""雅迪，更高端的电动车""自律给我自由"等。此外，陈述句也会用到一些否定、双重否定的表达方式来加重肯定的意思，比如"高档装修，不用大理石，就用简一大理石瓷砖""不是所有牛奶都叫特仑苏"等。

祈使句更加聚焦命令、请求、敦促等行动，指代要求对方做或不做某事的句子。祈使句往往带有强制性，口气强硬、坚决。这种句子经常不用主语，结构简单，语调急降而且很短促，不大用语气词，句末一般用感叹号，语气缓和的祈使句也用句号。品牌谚语往往会突出消费者未被满足的某种需求导致的状态，或者生活中存在的某些"痛点"，例如"怕上火，喝王老吉""累了，困了，喝东鹏特饮""保护嗓子，用金嗓子喉宝""经常用脑，常喝六个核桃""肚子胀、不消化，用江中牌健胃消食片"等。祈使句将品类、品种、品牌价值融合，回归消费者的需求，将产品背后的品类属性与特定利益充分呈现，将品牌名词动词化，以达到引发行动的目的，如"滴滴一下，马上出发""斗米一下，马上入职""百度一下，你就知道"等。

2. 对品牌谚语中"就"的分析

我们以"就"字为例，来进一步理解句式中所蕴含的"魔力"。在日常生活中，包含"就"的广告文案很多，"有问题就会有答案""奶酪，就选妙可蓝多""装得下，世界就是你的""百度一下，你就知道""心有多大，舞台就有多大""飘柔，就是这么自信"等，我们在文学作品中也可以看到很多关于"就"的话语，"读书无嗜好，就能尽其多（鲁迅）""没有思想自由，就不可能有学术创新（周海中）""我读书越多，书籍就使我和世界越接近（高尔基）"。

以一个典型案例来具体说明。"买保险，就是买平安"，这句话内含着两层意思：买保险就是买了平安的感觉和状态，买保险就要买平安的保险。但其实买了保险并不表示不会发生风险，也不会降低风险发生概率。买保险，目的是为了获得风险财务能力，遇到风险，尽可能有足够的费用解决问题。

"就"字在其中施展了词语本身的力量，给句子的意义表达带来了变化。具体而言，可以概括为以下三个方面：

暗含了很短的时间以内：如果你产生了买保险的想法，那就去买平安保险，或者你想要平安的生活，那就去买保险；

表示在某种条件或情况下自然怎么样，"就"字含有只要、要是、既然等含义：如果你需要买保险，就去买平安，让人形成一种不自觉的思考反应；

表示加强肯定，能力强：类似的例子有很多，孩子哭闹着说"我就要吃糖"，或者说"他一个人就把书搬走了"。

三、要素填空与不思而得：品牌谚语的创作方法

品牌谚语的创作需要考虑多个方面的因素，既要有"品牌"的购买理由、购买指令等利益价值，也要有"谚语"的传布与传承特性。品牌谚语的创作是文化母体、语感语速、价值利益三者的博弈与调和。

文化母体的根本价值在于母体本身所携带的能量和流量，可以让人瞬间熟悉。

语感语速是语言符号自身的特性，好的语感使人愉悦，好的语速让人快速理解。

价值利益在于让人明确品类、品种价值，激发购买。

在品牌谚语的创作实践中，我们找到了两个重要的方法，要素填空法和不思而得法，分别聚焦理性的创作程序以及感性的潜意识创作两个方面。

（一）要素填空：品牌谚语的创作程序

1. 创意还是效果：两个金句的比较

在广告运动中，创意的地位极其崇高，创意常常被视为广告的灵魂。广告业也往往被视为一种创意的神秘产业，创意甚至成为广告的专业意识形态。在很多人心中，广告文案写作依靠天才和灵感。但是在广告的现实世界中，真正说了算的一直都不是创意如何，而是效果如何。我们可以先通过两个广告文案作品，来理解创意与效果之间的差异。

在中国香港地区的广告历史上，有两个非常著名的广告金句。一句是"人头马一开，好事自然来"，另外一句是，"不在乎天长地久，只在乎曾经拥有"。请问各位，你觉得哪一句广告语更优秀？

在超级符号的理解中，前一句是非常优秀的。短短十个字的广告文案中包含了品牌名——"人头马"，包含了行为反射——"人头马一开"，还包含了可能的利益点，当你打开一瓶人头马，享受到的体验就是"好事自然来"。后一句可以被视为一个反面教材。它更像是一个人生信条，类似的创作方式比比皆是，它缺乏对消费者行为反射的信号刺激，更关键的是，在不断流传的过程中，我们都不知道是哪个品牌做的广告。对于品牌而言，广告语流传了，但品牌名却没有流传下来，广告文案就难以产生持续的营销传播效果。

2. "爱干净，住汉庭"的"要素填空"

所谓"要素填空"，就是在列出关键词的基础上，找到一些母体词组和常用句式，再进行要素组合，既包含购买理由和购买指令，又可以实现记得住、读得顺的目标。

以"爱干净，住汉庭"的诞生历程为例，来尝试梳理下"要素填空"的创作程序。

要素一：营销传播的主体是品牌，所有传播动作都要服务于品牌，在广告语中也要尽量有品牌名称。"汉庭"成为广告文案中确定的要素和关键词。

要素二： 酒店的价值诉求是什么呢？在调研中消费者对"干净"和"安静"的需求最为强烈，作为经济型酒店的汉庭更能满足的是"干净"的需求，所以，"干净"成为确定的关键词。

要素三： 超级符号的作用原理之一来自信号刺激——行为反射，如何找到一个词，来引发消费者的行为呢？在"选""来""住"等词语之间，住酒店是我们常用的词语，"住"成为关键词。

要素四： "干净"如何与汉庭建立联系？在"很干净""更干净""要干净""爱干净"等词组中，最终选择了"爱干净"，一方面，抓住了"爱"这个本身蕴含着巨大能量的词语；另一方面，人们从小就被教育做一个"爱干净"的孩子，这一词组已经进入我们的大脑深处。

3. 品牌谚语的创作标准

品牌谚语的创作需要把握以下四个方面的标准，但在应用中也不是教条或刻板地应用，但我们需要建立一个文案创作的正确思考框架：

记得住，不仅要记住文案，更要记住品牌： 记住品牌的最直接的办法就是把品牌名放入文案中。

记得住的前提往往是要读得顺： 亚里士多德曾在语言修辞的论述中提到四个要点：普通的道理；简单的字词；有节奏的句式或者押韵；使人愉悦。对于我们今天的品牌谚语创作依然有巨大的启示作用。

需要包含购买理由： 所谓的购买理由就是产品的核心价值，在上述汉庭的品牌谚语中，"爱干净"就是购买理由。汉庭产品的核心价值就是干净，干净就是对喜欢干净的消费者群体说的购买理由。

需要包含购买指令： 购买指令就是给消费者一条行动命令的语词，比如"住汉庭"就是购买指令，如果你爱干净，又要住宾馆，那么住哪里呢？购买指令就是"住汉庭"。

（二）不思而得：品牌谚语的思考过程

品牌谚语的思考过程可以概括为"不思而得，脱口而出"。我们借用诗论家和审美心理学的思想来进一步解释。明末清初的大思想家、诗论家王夫之用"只咏得现量分明"来作为好诗的标准。所谓"现量"，指的是在诗人直接生活体验的基础上的瞬间感悟，不需要精心安排、刻意雕琢，不经过抽象思维、逻辑推理，达到感性和理性、现象与本质的统一，即"心目相取""即景会心""因景生情"，简单地说，就是目之所见，身之所历，创作没有人工雕琢的痕迹，诗人的主观感受与客观景物合二为一，不需要进行逻辑推理过程而瞬间迸发。

在西方现代的审美心理学领域也有类似的观点。柏格森认为，"艺术家……他凭直觉的努力，打破了空间设置在他和创作对象之间的界限，……使我们抓住智力所不能提供的东西……所谓直觉是指那种理智的体验，它使我们置身于对象的内部，以便与对象中那个独一无二、不可言传的东西相契合"。格式塔心理学中也有"异质同构"的说法用来解释审美经验的形成。"人的知觉组织活动（主要在大脑皮层中进行）以及内在情感之间存在着根本的统一。它们都是力的作用模式，而一旦这个领域的力的作用模式达到结构上的一致时，就有可能激起审美经验"。

在艺术领域也有相关的成果。当我们用理性的观察分析来接触一个事物时，心物之间没有融解。但是人在直接直观中的恍惚状态下，心物是融解的。物本身对你来说是打开状态，物与心灵之间是打开状态。庄子称其为"形开"，即"物"向人"形开"，是一种相互融解、相互打开的"心物感通"的状态，心灵与物之间在一种神秘的、原始的、感性状态的相互敞开。

比如王夫之最推崇的诗句之一是谢灵运的"池塘生春草"，我在春天看见池塘边生长出了青草，把它说出来，没有任何人工修饰，但这句话也很难再有什么修改，类似的例子还包括"长河落日圆""蝴蝶飞南园""隔水问樵夫"等诗句。相反，另外一句很有名的诗句"僧敲月下门"，却是王夫之的批评对象。原因在于"僧敲月下门"只是妄想揣摩，如说他人梦，反而忘记了自己的主观感受，如果置身当时的景与情之中，自然就有答案，创作者反而事后关起门来独自妄想，这就失去了诗的本意，其更多的是关心自己写"推"还是"敲"。

王夫之所说的"现量"包含了三层意义，"现量，现有现在义，有现成义，有显现真实义。现在，不缘过去作影；现成，一触即觉，不假思量计较；显现真实，乃彼之体性本自如此，显现无疑，不参虚妄"。"现量"的思考具体包含以下三个方面：

现在义：强调使人在创作的时候应当"因情因景""即景会心"，不能脱离眼前实在的景物，不依赖过去的印象，写眼前的直接感知。

现成义：强调刹那间的获得，不需要比较、推理、归纳、演绎等抽象思维活动的介入而进行的创作活动。

显现真实义：强调诗人创作不仅是对事物表面的观察，而且也是对事物内在性的把握，诗人在创作时要忠于自己对审美对象的真切完整的审美体验，不以自己的主观意志为转移。

广告创作的历史长河中也有类似的思考。大卫·奥格威之所以被认为是广告创意革命的代表人物，源自其对创意的思考与实践，奥格威曾对"创作性"做了论述，"创作过程要求的不只是理性。大多数独创的构思甚至无法用文字来表达，是不可言传的。它是'一种意念，受制于直觉，受潜意识启发，经过不断地探索和试验产生'……我几乎无逻辑思考的能力，但我和潜意识的联系却畅通，以从不同的领域中获得灵感，创出新的意念"。

品牌谚语所追求的最高创作原则即是不思而得，脱口而出。当你可以不思而得、脱口而出，听到的人也才能入耳不忘、脱口而出地传给他人，这也正是品牌谚语的基本原则之一，广告语不是你说一句话给人听，而是你设计一句话让他能说给别人听。如果有具体内容，你就讲事实，不要脱离你介绍的产品和服务；如果你想要消费者买什么，你就说什么，不要什么要求也没提；如果你要表达，你要抓住内心深切的真切体验，不要加入自己的主观意志。

第 四 章

品牌图形：超级符号的图像方法

本章索引

引言：
广告设计的"正道"与"病症"

当营销传播效能遇到图像符号系统会碰撞出什么火花？这是本章要讨论的核心命题。

人类的图像意识，几乎与人类的历史一样悠久。可以说，人类文明史就是一部图像史，图像早已成为人类重要的认知方式和表意工具。"人类在世界各处都以图案的形式在岩石上留下了其想象力的痕迹，这些痕迹从远古的古石器时代一直到近现代"。在人类尚未创造语言、文字之前，就能运用图像进行记录事件、传播信息与储存记忆了。图像是一种超越语言的、世界通用的交流方式。

图像当然也是广告最常使用的符号类型，并深得受众的喜爱和广告人的垂青。作为 20 世纪初最为成功的广告人之一，克劳德·霍普金斯很早就领悟了图像的"正道"：

"人们使用图片的原因不仅仅是因为图片本身有意思，或者是为了吸引别人的注意力，以及装饰广告的需要"。

"创作广告的目的既不是为了让别人感兴趣，也不是为了取悦或者娱乐大众"。

"广告中的图片只能吸引那些能够让你盈利的人，图只有在比占据同样大小版面的文字更有说服力的情况下才会被使用"。

"广告应当避免使用内容古怪的图片。""一幅古怪的图片有可能会给你带来巨大的损失"。

尽管霍普金斯一直被奉为广告人心目中的大师，但他有关图像的这些箴言却并未成为广告设计的基本常识。时至今日，广告业界和学界始终充斥着各种"奇谈怪论"，让广告设计沾染了各种"病症"。其中危害最大的莫过于两种：一是"唯新病"，二是"唯美病"。

所谓"唯新病"，是指那种一味地强调图像创新、求异的观点。只要谈及广告设计（design），就绕不开广告创意（creative）。广告设计是广告创意的表达，同时广告创意则是广告设计的"灵魂"。不过，创意设计一旦成为目的本身，而不是服务于销售的目的，就容易患上这种"唯新病"：把"创意"等于"创新"，进而等于"求异"；不管有没有用，拼了命也要折腾出各种"新"的东西；"新"成了唯我独尊的最高标准，让广告创意蒙上了一层神秘的面纱，变得不可名状、难以捉摸，并使其坠为一门"玄学"。而被饰以创意"金身"的广告设计，往往被认为诞生于灵光乍现之间，并被归因为设计师的天赋和技巧，进而被塑造成一种天马行空的"神话"，甚至成为一种"职业主义意识形态"。

所谓"唯美病"，则是那种将审美当作图像最高标准，甚至是唯一标准的观点。这种毛病的奇特之处在于，他们常常将品牌营销传播的使命置之脑后，而将广告设计当作纯艺术，力图在广告设计中寄托自己所谓的"艺术情怀"，甚至以此来实现自己所谓的"艺术梦想"；或者自以为高人一等，将普罗大众作为审美教育的对象，力图通过自己的设计来提升社会的审美水平。对此，大卫·奥格威曾旗帜鲜明地表达了自己的观点："我的调查结果却说明，这些抽象的美学原则并不能促销，我也决不隐瞒我对那些郑重其事地鼓吹这种说教的守旧的美术专科学校的敌对态度。我再不把我们公司的广告编排稿送去参加美术指导组织举办的竞赛了，害怕其中某一幅会因获得某种奖励而被亵渎。"

其实，这些"病症"的背后是广告设计事实性的"独立"状态。诚然，一切学科的发展和成熟，必然需要专门化的支撑，同时必然不断走向专门化。但是，专门化绝对不是独立化。作为整体的组成部分，不能无视整体的目标及标准，更不能脱离整体而独立存在。广告设计当然亦是如此。图像作为品牌营销传播的重要手段，如果不以品牌营销传播的目标为目标，不以品牌营销传播的标准为标准，那必然会患上一身的"臭毛病"。

当然，言及此一定会有人站出来，义正词严地表示：广告设计当然要服务于品牌营销传播，但它遵循的是艺术设计自身的法则，因而必然会发展出"设计师的目标和标准"。在我们看来，这是一种典型"例外论"和"黑箱论"。在这些人看来，品牌营销传播所有环节都必须遵循品牌营销传播的整体目标和标准，但唯独广告设计可以"例外"；同时，从广告操作流程来说，一旦进入广告设计环节就仿佛进入了一个"黑箱"阶段：它成为设计师的"自由王国"；究竟如何设计、用什么标准来设计……一切都由设计师自己说了算。而这些由艺术学科培养出来的设计师们，经常把自己当作"艺术家"，怀抱着纯艺术的梦想，因而经常以纯艺术的"名义"在品牌营销传播中夹带自己的"私货"。这大概就是奥格威对"美术专科学校"抱有敌意的根本原因吧！

而超级符号的图像方法，则直指广告设计中存在的各种"病症"，尤其是要根治那些"唯新病"和"唯美病"，并打破广告设计的"例外论"和"黑箱论"，主张广告设计不是为了满足自己的艺术创作，而是服务于经营问题的商业设计，强调图像必须服务于品牌营销传播，并回应营销传播效能这个终极命题。

通俗地说，超级符号的"图像观"涵盖但不限于以下问题：

你能不能找到一个图像，使消费者在眼花缭乱的信息海洋中一眼看到你？

你能不能在图像中就表达价值，让消费者产生进一步了解你的兴趣？

你能不能在被消费者看到后，天然地就让他产生亲切感、熟悉感？

你能不能让所有人在看一眼后，马上就记住你，并且所有人都记住的是同一个图像？

你能不能让消费者向他人描述的时候，可以很轻松地就说清楚你长什么样子？

事实上，英文"design"一词可以追溯到拉丁语的"designare"。这个拉丁语词是由前缀"de"和词根"signare"组合而成：前缀"de"表示"出"（out）的意思；而词根"signare"来自"signum"，即"sign"的拉丁语词源，表示"标记、图腾、指示物、象征符号、证据，军队标准、军旗，信号、征兆，天象、星座"等意[1]。也就是说，从词源学的意义上说，"design"其实就是"de"与"sign"的组合，其原义为"用标出或编出"（mark out, sign out）。如此说来，从词源的意义上说，"design"大体上就是用符号进行"编码"（code）的意思。

在我们看来，广告设计的本质其实就是图像"编码"（image-coding），广告设计师工作的本质就是图像"编码者"（image-coder）。图像与信息传递紧密联系，广告设计的根本目的，是更好地传播广告信息。当然，这样来表述广告行业中最具"创意"的工作，不免令人沮丧，多少让人难以接受。不过，我们认为，只有直面这种"残酷的真相"，才能让我们找到根除"唯新病""唯美病"的"良方"。广告设计不是为了满足人们的审美需求，而是服务于商业和市场的需要。

---

1 "Identifying mark, token, indication, symbol; proof; military standard, ensign; a signal, an omen; sign in the heavens, constellation." —. sign[EB/OL]. https://www.etymonline.com/search?q=sign, 2021-09-27.

第一节
超级符号的图像原理

　　我们仍从内容角色、核心命题与具体问题三个维度，展开对超级符号图像原理的思考，具体如下所示：

　　第一，在内容角色上，超级符号可以视为超级符号原理与方法在图像符号系统中应用实践观念，它同样承接我们之前所提到的超级符号的总论与文化母体，与超级符号的语词观组成了超级符号在符号表达方面的两大分支。

　　第二，在核心命题上，超级符号图像原理要回应的是，在图像这一符号系统内，超级符号如何完成图像编码，即如何在母体当中寻找有文化原力的、易识别的、可言说的品牌标识、色彩、包装等具有该品牌特点的图像集成体，通过对其进行改造，加以私有化以实现占有的目的。

　　第三，在具体问题上，超级符号图像原理借助符号学、图像学等理论智慧，回应以下问题：符号学视角的营销传播有哪些要点？图像背后的"母体"包括哪些？图像传播中的"最小碎片"指代的是什么？为什么图像编码要追求"熟悉感"？

一、"土 Low" 与 "醒目":
"老娘舅" 品牌标识的图像动力

华东知名快餐连锁品牌"老娘舅",在 2019 年全新发布的门头招牌(见下图),在广告圈引起了一场不小的争议。一些设计师疯狂吐槽,并给新标识贴上了"土 + Low"的标签。还有一些"大师"更是没有闲着,主动地免费为"老娘舅"奉上了自己创作的设计作品。

让我们用超级符号的图像方法,并以品牌营销传播效能为中心,来简单地考察一下"老娘舅"的这个"舅碗"标识。"老娘舅"创立于 2000 年,是长三角地区知名的中式快餐品牌,2019 年门店数量超过 300 家。作为一家快 20 年的企业,老娘舅急切地寻求发展的突破之路,"寻医问药"好几年,几乎一年换一个"药方",频繁更换品牌标识及门店的门头。因为换标太过频繁,以至于一些门店来不及更换,导致了一度出现五代门头同时存在的"奇观"(见下页上方图)。毫无疑问,这不仅加大了"老娘舅"投入的成本、降低了企业利润,而且也干扰了消费者对于"老娘舅"的认知,妨碍了品牌资产的积累。

| 2000–2008 | 2009–2012 | 2012–2013 | 2013–2015 | 2016–2017 | 2018 |

　　因此，"老娘舅"要统一标识，但又不能走上老路，丢掉过去的资产，另外弄一套新图像。基于此，华与华的项目组深入"老娘舅"开展"企业寻宝"活动，最终在它近 20 年来使用的诸多标识中，找到了一个极为重要的元素："舅"。它既是品牌名称的关键语词，也是品牌标识的重要元素。对此，华杉曾表示："'老娘舅'的'舅'字标不是华与华原创的，而是华与华'捡'回来的，在老娘舅的一堆注册文件里'寻宝'出来的。"也就是说，"舅"字和"碗"形其实都是"老娘舅"自身携带的戏剧性；"舅碗"图形的设计（见下图），不过是"文章本天成，妙手偶得之"罢了！

　　"老娘舅"品牌标识中的"舅"就是我们要讨论的第一个图像动力来源。

　　"舅舅"作为一个亲人的称呼，是非常稀缺的超级流量词语。民间俗语说，"娘亲舅大"。在中国传统的家庭结构中，"舅舅"拥有无可替代的地位。中国人叫"舅舅"就是一个超级文化母体,而"舅"字超级符号就是寄生在这一个母体上,汲取了这一个母体的全部能量。

大卫·奥格威说过:"文盲已经消失,人们已经可以读印就的名字来识别品牌了。"因此,"舅"字从"老娘舅"品牌名中提取出来,以图像的形式呈现,成为更小的传播单元、最小的记忆碎片,就像麦当劳的"M"一样,成为一个最简单的文字兼图像[1]符号。

围绕餐饮的行业属性,找到"碗"的轮廓,作可言说的设计。

要把"舅"字私有化,改造成"老娘舅"的品牌标识,最适合的还是在原有商标的"碗"上作设计。一个"舅"字,在一个碗里,"舅"字端正正派,碗最典型熟悉,结合在一起就很独特,两个旧元素相组合,"旧旧得新",就"编织"出一种熟悉的陌生感。

这样设计的根本目的,在于传递"老娘舅"餐饮行业的属性,让人一眼就知道这是一家餐厅,想吃饭就直接进去。就好比银行都会用"铜钱"符号、制药都喜欢用"胶囊""苯环"图像符号一样。

正因为"老娘舅"的"舅碗"品牌标识是大家熟悉的,是有沟通力的、有餐饮行业属性的、全国性的,所以这个符号能够让消费者一眼就看到,马上就了解,即刻产生熟悉感,并且愿意走进这家门店尝试一下。

至于为什么这样的设计会被称为"土和Low"?其实美学已经给我们提供了一种可能性的解释。叔本华在论美时曾说,"被我们这样称为美的东西却很明显引起了我们的愉悦,而这又与我们的个人目的,亦即与我们的意欲没有任何的关系"。也就是说,在叔本华看来,没用的就是美的,言下之意,有用的往往与美无涉。美学家李泽厚也有类似的表述,"所谓美就是没用的东西"。如果一个东西有功能,而且是有功

---

1 本书编写组认为,文字其实是符义和符形的集合体。作为符义,本质上是文字表意的物质载体,是语音转换之后固化的结果;而作为符形,本质上可以作为图像来理解,与一般意义的图形没有本质的区别。对于这个问题,我们在下文中还会进一步阐述。

利，它就不会给人美的感受。

　　不过，对于品牌而言，要的东西恰恰就是功利的，要的都是利益。就如同"舅碗"品牌标识，以它为主体的门店的招牌设计，就是要让"老娘舅"以"醒目"的方式，在街道上的各种门店中脱颖而出，让消费者一眼就可以看见、认出、理解、喜爱，从而获得品牌营销传播的视觉优势。这不正是广告设计的目的吗？不正是图像的目的吗？"有用的就是美的"，这才是品牌营销传播的题中之意。

　　接下来，让我们潜入图像学的深处，来汲取其底层的理论资源。鉴于图像学所涉及的学科极为庞大，我们只能跨学科地梳理出三个方面的主要内容，即图像作为认知方式、图像作为符号、图像作为资源，为超级符号理论搭建起图像原理的基本框架。

二、图像作为认知方式

　　对于图像的定义，一般存在着两种理解：狭义上说，图像特指一切视觉物以及图形化的呈现，被认为是"各种图形和影像的总称"，并被界定为"客观对象的一种相似性、生动性的描述或写真"；广义上看，"图像，是以人类视觉经验为原型，以相似性为基本特征的意义和知觉形式（包括视觉的比喻、引申形式）"。

　　视觉是图像的最原初基础，只不过"在人类的进化过程中，'视觉'已经发展成'视觉性'，其不再限定于原初神经官能或生理学意义上的视觉"。"在长期的人类文化进化中，图像已经演化为一种具有自身特质的感知、理解方式"。

（一）图像的生理机制

既然狭义的图像定义和广义的图像定义都认为，"视觉作为图像的最原初基础"，那么我们对图像的阐述当然要从视觉开始。视觉是人类感知世界最主要的途径之一。人类的视觉经过复杂的生理过程和心理过程，最终实现对外在世界的把握；而视觉生理显然是视觉的开始，是人通过视觉来认知世界的起点。

光、眼睛和大脑是视觉产生的物质基础，视觉生理过程正是这三者发生关系的过程。虽然视觉经历了漫长的演化过程，让不同生物拥有了不尽相同的眼睛，但作为视觉生理的核心装置，眼睛具有基本相似的运作机制。人们现在普遍接受把眼睛看作摄像装置的观点，如英国心理学家康拉德·米勒所说，"尽管不同动物间这种用来'看'的装置有很大差别，但它们的视觉在基础方面总是相同的；光在前行时与物体接触或穿过物体，得到了关于这些物体的信息，视觉过程从携带信息的光进入眼睛时开始。这些光的图案通过眼睛的各个部分，直到把像投在眼球的后壁即视网膜上（像照相机把一幅画面投射到底片上一样）为止"。

视觉生理过程往往会伴随着一些相应的生理反应。以色彩为例，生理学家发现，肌肉机能和血液循环在不同色光的照射下会发生变化，因而不同颜色会带来不同的生理反应，诸如（1）胀缩感：即不同波长的色光会使人产生对象膨胀、收缩的感觉；（2）进退感：即晶体状对色彩成像的调节作用，使眼睛对不同的颜色产生前进或后退的感觉；（3）轻重感：人对不同色彩的联想作用而产生的轻重感；（4）奋静感：人对不同的颜色产生兴奋感或平静感并引起相应的情绪。

本质上说，视觉的生理过程就是光进入眼睛之后发生的一系列复杂的物理化学变化，特别是眼睛部分发生的物理光学变化和大脑中进行化学能和电能的转化。这是图像最为底层的生理机制，是我们认识图像的基本前提。

（二）图像的心理机制

当然，视觉生理与视觉心理往往是难以分割的。视觉作为人获得信息的主渠道，人的不同视觉现象构筑了人的完整视觉感受，并伴随着相应的心理感受。

1. 视觉的感觉与知觉

视觉的感觉就是指视觉的生理感受部分，而视知觉是大脑在感觉基础上进行的高级处理过程，从而组织得到的视觉信息，辨认周围世界，并赋予它们意义。

当视网膜上的视觉信息传输进入大脑，形成对一个客体的内部表征以及外部刺激的知觉。其过程包括三个阶段：（1）感觉阶段，即视觉信号被接受并转换为神经信号与感觉经验；（2）组织阶段，即视觉信号被组织成一致的图像，并产生客体和模式的知觉；（3）辨认和识别阶段，即大脑将形成的知觉信号与记忆中的表征相比较，识别客体并赋予意义。

视知觉与人的经验密切相关。人从一出生就开始积累视觉经验，这些经验对于人的生存与发展具有极其重要的意义。

2. 视觉的认知心理

视觉每时每刻都在接收纷繁复杂的外在信息，而人之所以可以正确地做出反应，包括选择、判断、识别、辨认、记忆等，都是因为人的视觉认知能力。

视觉注意是指眼睛把视线投向特定的目标，其功能在于选择感觉输入的一部分做进一步加工。视觉注意存在着被动和主动两种：前者是刺激驱动捕获（stimulus-driven capture），即人因外在的刺激而被动地注意；后者则是目的指向选择，即人在意识作用下的主动选择。研究表明，刺激驱动捕获往往胜过目的指向选择。这是人类生存在复杂环境中的必备保护机制。

当人面对复杂情境时，心理活动的高级过程对知觉起主导作用。人的视觉活动能在瞬间将看到的映像整合、组织，形成稳定、清晰的映像。这一过程，就是视觉理解。认知心理学认为，知觉不只是客观世界的映像，还包括对事物的假设、推理和理解。

而视觉记忆包括感觉记忆和长时间记忆。前者也称映像记忆，指大量信息在很短时间内被存储，它们往往只能保持几秒钟；后者被称为照片式记忆，指体验异常清晰表象的人们能够回忆一幅画的细节，持续时间比较长，如同在看这张照片一样。当然，人们的视觉回忆总是习惯性提取某些信息，而忽略某些信息，诸如把近乎圆形的椭圆形作为圆形记忆（整齐化），或者对有缺口的图形在记忆中夸大缺口（明显化）等。

3. 视觉愉悦

视觉刺激所带来的，除了认知之外，还会对人的情绪产生影响。一些视觉刺激可以让人产生愉悦的心情，即产生快感。当然，这种心理变化是有条件的，即人必须意识到自己所接收的视觉信息并对其进行感知，当这种感知与人的心理需求相一致时，快感才能产生。

对于视觉愉悦的产生条件，不同的理论给出了不同的解释。以格式塔心理学为例，它强调人的知觉组织原则，认为当图像违背知觉原则，让人产生困惑、无法判断时，人会感到紧张焦虑；当人看到符合心理需要的图像时，则会消除紧张感，产生愉悦感。这也就是装饰性的纹样往往具有对称、连续等特征的原因，人在看到完整、清晰、合理的图像时，内心会产生愉悦感。

4. 视觉的联觉和转换

人类的感觉器官虽然分工不同、相对独立，但它们在接收并处理外在信息的方式上却有很大的相似性。而且，听觉、嗅觉、味觉以及触觉，都与视觉有不同程度的相互影响。

以听觉和视觉为例，它们在生理机制上具有高度的相似性，因而两种感受可以相互转换。现代抽象绘画创始人康定斯基指出，人可以从音乐中"听见"颜色，也可以从色彩中"看到"声音："蓝色是典型的天堂色彩。在音乐里，淡蓝色是长笛，深蓝色是大提琴，更深的蓝色是雷鸣般的双管巴斯，最深的蓝色是管风琴。绿色保持着它特有的镇定和平静，纯粹的绿色是小提琴以平静而偏中的调子来表现的。白色具有沉寂的和谐，就像音乐里的许多停顿、暂时、中止曲调一样，它不是死一般的沉寂。黑色是死一般沉寂的内在和谐，它是由那些深奥的、最后的延长号表现的，在其后出现的乐曲好像另一个世界的黎明。淡暖红色是喇叭的声音，响亮、刺耳、清脆。朱红听起来就像大喇叭的声音，或雷鸣般的鼓声。紫色在音乐里是英国号式木制乐器深沉的调子"。

此外，味觉、嗅觉、触觉也都与视觉存在着微妙的联系，一些视觉信号会刺激人产生相应的味觉或嗅觉联想；触觉在视觉无法工作的情况下，还会代替视觉来帮助人认知世界。

视觉心理是以视觉生理为底层机制，并与人的社会经验相融合，从而形成了注意、理解、情感、记忆、联觉等复杂的心理活动和心理效应。正是这个原因，超级符号一直强调图像本质上是一种"心理契约"。

（三）图像的思维机制

虽然古希腊的亚里士多德早就在其《灵魂论》中说过："离开心理图像去思考是不可能的。"但长期以来，人们固执地认为，知觉是具体的、个别的和直接的，而思维是抽象的、一般的和间接的；知觉总是低于思维，知觉终止之时才是思维开始之时。事实上，视觉过程并不是对事物的被动接受，而是包含着理性思维和判断推理的成分，包含着人类高级认知活动。

1. 视觉思维

鲁道夫·阿恩海姆明确地提出了视觉思维理论，将"视觉思维"作为平行于言语或文字的思维方式。"所谓视知觉也就是视觉思维"，"视知觉不是对刺激物的被动复制，而是一种积极的理性活动"。"视觉的一个很大的优点，不仅在于它是一种高度清晰的媒介，而且还在于这一媒介会指出关于外部世界的各种物体和事物的无穷无尽的丰富信息。由此看来，视觉乃是思维的一种最基本的工具"。

在他看来，"式样""媒介""空间""光线""色彩"等视知觉，都是"形式"的范畴；而作品的"意义"是"形式"所固有的；"形式"就是视觉语言，具有承载与传达、传播特定思维信息的媒介功能。而且，"形式"具有类似于语言系统中的一系列词汇、语法、语义等层次与关系，即由"视觉元素"（语汇）、"构成法"（语法）、"图式表现"（修辞）等部分有机构成的系统，其"语义"就是由这些部分的含义编织后获得的。

艺术家丁宁曾如此概括视觉思维的特质：（1）视觉思维与非视觉性的抽象思维相比，前者是一种具体而现实的表象，后者的基本材料则是一些概念。视觉思维过程中，图像本身始终是具体的和直接的，未必有抽象概念的参与。（2）非视觉性的抽象思维是以词语作为主要媒介物，而视觉思维既可以与词语相联系，也可以与词语相割裂。（3）视觉思维具有很强的稳定性，而非视觉性的抽象思维则具有不稳定性。改变概念上的错误往往比改变视觉印象的错误要容易得多。人们一旦形成对事物的完整印象，往往不再受间接经验或偏见的干扰。（4）视觉思维中的资源、信息、形式比非视觉的抽象思维更具体、更丰富。如果概念的生成所丢失的是事物具体情节或细部内容，那么它们在视觉思维中取得了生动的体现。

2. 心理意象

心理动力学认为，无论是看到的、听到的、闻到的，还是触摸到的，一切可感知的信息都会以"视觉类似物"的形式存储在记忆之中，同时在特定的刺激之下又会以"视觉类似物"的形式被唤醒。这个"视觉类似物"就是"心象"（imagery）。

"心象"，亦可称为"心理意象"（mental image），指"大脑对当前没有直接作用于感觉器官但以前曾感知过的事物形象的反映"，其"生理基础是留在大脑两半球皮层上的曾经有过的兴奋的痕迹，通过刺激使大脑皮层上旧的神经联系恢复起来而产生的映像"。

"按照感觉的不同，心象可以分为视觉心象、听觉心象、味觉心象、嗅觉心象、触觉心象和运动心象六种"。正是由于"心象"的存在，图像概念从狭义的"视觉"拓展为广义的"视觉性"。这也在思维层面上再次确认，人类感觉之间存在着"联觉"机制，即所有的感觉都可以通过"心象"这种图像方式达成相互转换。

3. 图式思维

"图式"是"知识经验与对象交割的中介"，通过人类总体经验范畴，来达成对不同对象的理解。所谓图式（schema）一词来自希腊词汇，表示大体的形状或方案。这个概念可以追溯至柏拉图和亚里士多德，但康德第一个将其描述为人类把握世界的"范式"，即将某一纯粹先验概念（a pure, non-empirical concept）与对某个事物的大脑印象相结合的过程。

现代心理学认为，图式本质是一种心理认知结构。我们所处的现实环境往往携带着庞杂的刺激（或信息），人类无法逐一识别、感知和分析，因"大脑处理信息的底层逻辑是诉诸图式，即借助一套'假设的心理结构'，完成信息的组织和加工"。图像处理就是遵循这样的底层逻辑，即"刺激物的大体轮廓，在大脑里唤起一种属于感觉范畴的特定图式"，从而形成对刺激物的轮廓识别。

这个特定图式，也被阿恩海姆称为"标准意象"或"原型意象"。它是"在一种意象获得了某种稳定的形式或结构，并且成为一种具有普遍认同基础和认知能力的领悟模式时"形成的，如同模板一样预存在人们的内心之中，套用在外部世界的具体视觉材料上，从而实现对外在事物形象的区分和识别。因此，意象图式"不仅是一种纯粹的视觉形式，更是一种具有认知能力的心理加工装置"。

总之，"在长期的人类文化进化中，图像已经演化为一种具有自身特质的感知、理解方式"。

三、图像作为符号

图像作为符号而出现，源于"人类知识上最古老的动作：'猎人在淤泥中仔细观察猎物的足迹'"。可见，人类很早就将图像作为符号来使用。

按符号学的观点，那些与对象之间"客观对应、物理透明"的图像，并不是符号学所讨论的范畴；同时，在日常生活中图像又被当作符号，与语言文字相对。也正是因为"超级符号"常被简单地等同于品牌标识等图形，这恰恰是本书要予以校正的观点。

基于此，有必要清理图像与语言（特指口头语言）、图像与文字的关系，并进一步勾勒作为符号的图像所具有的基本特征。

（一）图像与语言的分置与协同

根据符号学者赵毅衡的定义，"符号是被认为携带意义的感知"。基于此，从人类感知通道而言，符号（载体）包括听觉符号、视觉符号、嗅觉符号、味觉符号、触觉符号等类型。其中，"视觉与听觉是远距离感觉"[1]，因此，听觉符号和视觉符号是最为重要的两类符号。

1. 图语分置：结构性与线条性

图像诉诸视觉[2]，是典型的视觉符号；而语言成于听觉，是最为系统的听觉符号。基于不同的感知经验，图像与语言存在着明显的差异。

索绪尔将"线条特征"作为语言的"第二个原则"（仅次于"任意性原则"，下文将论及）。所谓线条特征，是指语言"能指属听觉性质，只在时间上展开，而且具有借自时间的特征：（1）它体现一个长度，（2）这长度只能在一个向度上测定：它是一条线"。语言"跟视觉的能指相反：视觉的能指可以在几个向度上同时并发，而听觉的能指却只有时间一条线；它的要素相继出现，构成一个链条"。

可以说，语言是线性的、历时性的；图像是结构性的、共时性的。"视觉媒介的最大优点就在于它用于再现的形状大都是二度的（平面的）和三度的（立体的），这要比一度的语言媒介（线性的）优越得多"。进一步说，"视觉的一个很大优点，不仅在于它是一种高度清晰的媒介，而且还在于这一媒介会提供关于外部世界中的各种物体和事件的无穷无尽的丰富信息"。

---

1 嗅觉也属于远距离感觉，但人类的嗅觉没有充分发展，且未成为主导性的感知类型。

2 尽管胡易容曾指出，"仅仅从视觉性来界定图像并不可靠"，但同时依然认为图像"是以人的视觉经验为原型"的。

2. 图语分殊：任意性与像似性

"任意性"（arbitrariness）被索绪尔当作语言的"第一个原则"。任意性，也可译为任意武断性，是指符号与其意义的结合方式不可能也无须论证。它包含逻辑上的"无逻辑联系"和社会心理上的"无须理据"两层意思。如"牛"这个所指的能指在国界的一边是 b-ö-f（法语），另一边却是 o-k-s（德语）。

在任意性原则下，"符号的能指与所指的关系既是社会习俗所规定的（武断的），又无须理据的（任意的）"。当然，"（任意性）不是取决于个体的'自由抉择'这一意义上的任意性。相对概念来说，它是任意的，因为它本来与这概念毫无特定的关联。整个社会都不能改变符号，因为演化的现象强制它继承过去"。

索绪尔宣称，任意性原则普适于"全体符号系统"。但这个原则未必适用于图像符号：从字面义来看，"图"是对象物，"像"本义为相似，引申为比照人物制成的图画或雕塑的法式。随着文化的发展与字义内涵的丰富，"图"逐渐由绘制图像演化为有心理活动含义，但"像"作为一种对象与原物之间的关系特质一直没有改变。可以说，"像似性（iconicity）[1]是图像最为稳定的突出特征"。

尽管从逻辑上说，任意性的对立面不是"像似性"，而是"理据性"（motivation），不过"像似性是一种符号理据"。可见，从符号与意义锁合机制的角度来说，语言遵循的是任意性原则，即约定俗成；而图像符号因为"像似性"的特征，因此它的能指与所指之间，始终具有一定的"理据性"。

---

[1] 本书编写组采取胡易容的译法：像似性。还有其他译法为相似性、象似性，具体差异及解析请参照胡易容的研究。

3. 图语协同：联觉和互通

对于语言的起源，主流的观点是"有声语言说"[1]。但也有一些不同的观点，其中影响最大的当属"手势论"。德国心理学家冯特认为，在最古老的时候，人们用"手势语"表达思想，声音只是表达感情。也就是说，"手势语"是第一性的；到了后来人们才用声音来表达思想。无论语言是不是起源于"手势"，"手势语"作为图像符号系统，时至今日依然伴随着人类的语言表达。

虽然图像与语言基于不同的感知经验，但却在本质上彼此关联、协同互通、共同成就。"我们应该承认，语言依然是思想的交际转化中的一种特权工具，并且语言的可理解性、口头上能进行交际的表达方式与某种完善相符合。至于图像，我们同样可以承认它调动了整个大脑，从最古老的部分到最发达的部分，这便表示它部分地逃离了口语语言，无论是对儿童来说，还是对成年人来说"。这构成了超级符号对于图像与语言关系的基本理解。

（二）图像与文字的分化与互动

相比较于图像符号和有声分节语言，文字是一位年轻的"晚辈"。不过，文字经常被当作"口语的符号"，与语言（声音）发生关系；它与图像的关联经常被忽略甚至否定。正是这个原因，"超级符号"常被狭义地等同于"图形"，不仅与语言（口语）无关，而且似乎与文字也无关。这显然并不符合我们对于"超级符号"的理解。因此，有必要进一步探究图像与文字的关系。

---

1 本章引用过的赫尔德，就是这种观点的代表。见：J. G. 赫尔德 . 论语言的起源 [M]. 北京：商务印书馆，1998：5.

1. 图文同源：文字乃心之画符

汉语作为唯一沿用至今的自源文字，让中国人很早就领悟到文字的图像本质。我国汉代辞赋家、思想家扬雄早在 2000 年前就作出了判断。他在《法言·问神卷》中曾说："言，心声也；书，心画也。"用今天的话来说，"口语是心之声音，文字是心之画符"。

汉字造字法的研究直接支持了上述观点。"象形"是汉字造字法的基础，是汉字的最为突出特点。正如许慎所云，"象形者，画成其物，随体诘诎，日月是也"。"画"是汉字最为基本的造字方法。

无独有偶，世界上公认的古老文字，如苏美尔楔形文字、埃及圣书字等，都与我国汉字一样同属于"象形文字"，并都不约而同地采取了这种"图画"方法。埃及学家 M.A. 科罗斯托夫指出，"埃及文字的图画的、造型的性质，以及对其他民族象形文字体系的研究，表明了图画文字是象形文字的出发点"。

文字的图像起源至今在人类的认知中留下痕迹：对那些不识字的孩子，文字与"画"没有什么区别，因此他们学习写字时往往是从"画"字开始的。

2. 图文分化：从"画"向"非画"的演进

文字虽然始于图像，但从它诞生之时就启动了从"画"向"非画"的演进。文字表意目的的需要，必然要求趋向字形简单、书写便捷，从而推动了文字从"画"向"非画"的演变。

尽管汉语一直被认定为"象形文字"，但这种说法只有从发生学意义的角度来说才成立。从汉字发展演变的角度来看，"象形字阶段……时间下限当在商代甲骨文以前"，"从甲骨文开始到秦朝统一"已经是"假借字阶段"，至于"从秦汉到现在"则是"形声字阶段"了。也就是说，在甲骨文出现之后，汉字已经启动了从"画"到"非画"的转变。"语言符号的系统化的分节演化力量使得象形逐渐抽象化"。

对于表音文字而言，"字母化"是其告别象形文字的重要节点，也是其抽象化的关键环节。"除了朝鲜的谚文这个唯一的例外"，"今天的所有字母都有一个共同的起源"，并经历了"埃及象形文字腓尼基字母→希腊字母→拉丁字母"的演进，最终在欧洲乃至全世界开枝散叶。其中，腓尼基字母（见下图）是从"画"走向"非画"的关键环节，也是整个以拉丁字母（即罗马字母）为基础的语言系统抽象化的重要节点。

↡	' aleph	[']	⌇	lamedh	[l]
⅁	beth	[b]	⌇	mem	[m]
⋏	glmmel	[g]	⅂	nun	[n]
◁	daleth	[d]	⪥	samekh	[s]
⋺	he	[h]	○	' ayln	[']
Ⴤ	waw	[w]	⊃	pe	[p]
⊥	zayln	[z]	⅄	tsade	[ş]
⊟	heth	[ḥ]	φ	qoph	[q]
⊗	teth	[t]	⑁	reš	[r]
Ⴤ	yodh	[y]	W	šin	[š]
⋏	kaph	[k]	✕	taw	[t]

事实上，图像本身也存在着抽象化程度的问题，不同抽象程度的图像具有不同的表意特点。"一幅画是对某种视觉特征的'描绘'，这种描绘可以通过抽象水平各不相同的意象完成"。意象的抽象化呈现出序列等级特征，一极是"写实性的意象"，另一极是"高度形式化的纯几何形状"。

阿恩海姆发现，"写实性意象"作为符号使用时，往往被当作"兼职符号"，虽然可以"为某种概念的结构骨架予血肉之躯，以一种逼真的形象把意义传达出来"，并且被"观看者很快地识别"，但"意象越具体，它展示的特征也就越多，观看者也就越不容易明确究竟它的哪一种特征是主要的"[1]；而"纯几何形状"作为符号使用时，则往往被看作"专职符号"，"能帮助我们把某种特殊的性质准确地抽取出来"，但"假如它与自己所标示的东西之间很少或根本没有相似之处，其符号作用就非常有限，而且要附加某些解释性的前后联系或背景，才能使人明白"[2]。

以此观之，文字从"画"向"非画"的演进，其形态是从"写实性意象"向"纯几何形状"发展，本质上是从"兼职符号"向"专职符号"转变[3]。只不过，字母文字接近"纯几何形状"，而汉字则接近"写实性意象"。正因为如此，汉字更多地保留了图像的特性，催生了令人叹为观止的书法艺术，并衍生出"书画同源"的理念，演绎出千年来"书"（书法）与"画"（绘画）的不解之缘。

3. 图文互动：文字与图像之间的张力

文字和图像之间的关系是一个非常古老的话题。米切尔曾将文字和图像喻作"操着不同语言的两个国家"，认为"它们在漫长的历史中进行着相互交融、文化交流等各种形式的交往"。这种交往源于哲学上的

---

1 阿恩海姆特意举例来说明这个问题：有一天，底特律基督教堂的 R. 珍钮瑞（Reverend January）带着他的 4 岁儿子斯坦雷去观看一幅壁画，这幅画位于刚落成的一个地方学校的礼堂中。斯坦雷看完这幅画说："我看到的是一列火车。"珍钮瑞向他解释说，这不是一列真正的火车，"车轨代表着'未来'即将来临（或就在前面），列车则代表着国家的联合和统一，它离我们很远，但正在向我们逼近。""不，"斯坦雷坚持说，"它不是别的，它就是一列火车。"之所以父子会产生分歧，阿恩海姆认为，关键的原因在于"火车"并不是一个"专职"的符号，它本身只是铁路交通的一个组成部分，而"作为一个符号去表达一种意义，则只是它的'业余'或'兼职'工作，而不是它的'正式'工作"。鲁道夫·阿恩海姆. 视觉思维 [M]. 成都：四川人民出版社，2019.

2 阿恩海姆同样举了例子来说明：一个十字架，只有附加特定的前后联系，人们才知道它代表什么：是一种宗教标志，还是一种数字符号？抑或某种更深刻的符号象征？或者，它根本就不具有任何语义功能而只具装饰作用，就像窗格上的十字徽饰一样。鲁道夫·阿恩海姆. 视觉思维 [M]. 成都：四川人民出版社，2019：180-182.

3 理论上说，任何一套纯几何图形，都可以被"发明"成为文字。如日本著名漫画《超时空要塞》中创造了一种名为"Zentlardy"的外星文字，该文字系统均由几何图形组成，只不过它们与英文和阿拉伯数字一一对应。胡易容. 图像符号学：传媒景观世界的图式把握 [M]. 成都：四川大学出版社，2014：73.

思考，并形成了两种基本观点：

其一，**支配论**。即文字居于思想表达的中心地位，图像只是文字的附庸，文图之间是一种支配与被支配的关系。这种观点的源头可以追溯到古希腊哲学家苏格拉底和柏拉图。语言意义上的心灵思辨被认为是更高级的认知活动，而一切人为制造的图像只是对现实的某种低级的临摹。

其二，**对话论**。即文与图相对独立、相互转换，彼此相通、平等对话。自尼采开创理性主义批判传统以来，对所谓理性保持极高的警惕，"感觉经验"从低级的、从属的、边缘的、非本质的位置中被"解救"出来，而视觉和图像由此在哲学意义上获得了新生。利奥塔用字母和线条比拟语言和图像，认为两者分别对应于文本性空间和图形性空间，这两种空间是两种意义领域，它们相互分离，又彼此相通。

诚然，从符号学的角度来看，图像符号基于像似性理据，其意指方式是联想性的，即借助联想思维完成能指和所指之间的连接，因此图像的意义往往是多义的（polysemous）、不确定的、浮动的，并且其释义过程高度依赖语境；而文字符号褪去了像似性理据，通过约定俗成而来确立文字的指涉结构，其意义往往是确定的、稳定的。因此，文字与图像理应是一种互补关系。

在人类发展的长河中，文字与图像结下了不解之缘。文字源于图像，并经历了从"画"向"非画"的演变；文字与图像一直保持着复杂多样的互动关系。

（三）图像以像似性为共同特征

文图关系的奇妙之处，还在于文字的符形[1]本身就是一种图像。如此一来，我们要继续深入图像的基本特征，来洞察图像符号的特质。

1. 像似性作为图像的共性

正如前文所论，"像似性"（iconicity）是图像最稳定的基本特征。图像学者韩从耀认为，图像"在能指和参照物之间应用了一种质的相似性，它模仿甚至是重复了事物的某些特征，比如形状、比例、颜色、肌理、背景等"。

当然，图像符号的能指与所指之间的相似性，是需要被人所感知的。这种感知基于人的生理神经机能，并依赖于符号解释者的生活经验。用皮尔斯符号三要素来说，"像似性"是指符号的"再现体"与"对象"之间的类似关系，必须通过生物感知和文化理解同时成为"解释项"。

2. 图像之意义的透明性

对于符号意义从何而来，哲学史上辩论已久。柏拉图《对话录》中的"克拉底鲁篇"（*Cratylus*），以虚构的方式记录了三人的辩论：苏格拉底站在克拉底鲁一边，认为词语是"自然的"；后来赞同赫莫根涅斯，认为词语是"自然没有给事物一个名称，名称只是约定，是使用者的习惯"；最后他却出人意料地对自己的立场有所保留："语言与对象之间应当有相似（likeliness），不然不够完美。"

从此，两种不同的观点贯穿西方哲学两千五百年的辩论：一种观点是"克拉提鲁斯论"（Cratylism），即"透明性"（transparency），

---

[1] 文字是音、形、义的复合体。从"形"的角度来说，文字其实也是通过视觉来被人感知和理解，因此本质上其实是图像。

主张再现体与对象之间具有天然关系，即从词符可以直接看到意义，这种关系后来被称为"理据性"；另一种观点被称为"赫莫根涅斯论"（Hermogenism），即索绪尔所说的"任意武断性"，符号学称为"无理据性"（immotivation），认为符号本身看不到与对象的连接。

　　索绪尔提出了"任意武断性是语言的第一性原则"；不过，对于图像而言，基于"像似性"的理据显然是第一性原则。其实，但凡是图像，就在一定程度上具有"透明性"，即在一定程度上可以直接看到意义。作为象形文字的汉字，虽然经历了数千年的演变，依然保留着一定的"透明性"，即是明证。

3. 图像符用理据的三种偏向

　　像似性作为图像共有的特征，其实是从"生成理据"意义上说的。"生成理据"，也可以称为"初度理据"，是指符号本身的理据在符号发生时已经存在；相对应，在"符号使用中因社会文化、习规逐渐累积而成"的则是"符用理据"。

图像符用理据的三种偏向

符用理据偏向	符号与意义的关系	符号与对象的关系	举例[1]
图像作为像似符	进一步强化"像似性"理据，即保持较高的"透明性"	符号"再现"对象，让人可以直接"看到"意义	

---

1 为了说明图像的三种偏向，本书举的都是交通标志的例子。一般来说，交通标志都被划归为"指示符号"（index）。但我们认为，从"符用理据"的角度来说，不同的交通标志存在不同的偏向。具体来说，"注意行人"标志，是人与斑马线的图形组合，与其表达的意义之间具有很高的"透明性"，因此其符用理据偏向于"像似符"；"右转"标志，是一个右转的箭头，是比较典型的"指示符"；而"注意安全"标志，则是用感叹号"！"来标识，它显然受到了标点符号规则的制约，具有"二度修辞"的意义，因此属于"规约符"。

（续表）

符用理据偏向	符号与意义的关系	符号与对象的关系	举例
图像作为指示符	"透明性"降低甚至消失，凸显出"痕迹性"特征（标记或记号），即具有指示功能	符号"标记"对象，指向对象的方式侧重于逻辑的因果关系或时空的接近关系	
图像作为规约符	自然理据让位于社会文化理据，其意义往往是符号使用惯性积累的结果，或者受到宏观文化习规的制约	符号"表征"对象，其本身具有二度修辞的意义，只有在特定的文化场域之中才能为人理解	

　　皮尔斯根据符号引向对象的方式，将符号分为三类，即像似符（icon）、指示符（index）、规约符（symbol）。基于此，图像符号在使用过程中累积而成的"符用理据"也呈现出三种偏向（见上图）：（1）图像作为像似符：图像将进一步强化"像似性"理据，符号与意义之间维系着较高的"透明性"，从而确保从图像直接看到意义；（2）图像作为指示符：图像将凸显出"痕迹性"特征，它指向对象的方式侧重于逻辑上的因果关系或时空上的接近关系。这时，图像的"透明性"降低甚至可以消失，图像更多地具有指示（标记或记号）功能；（3）图像作为规约符：图像倾向于作为"表征"对象，图像的自然理据让位于社会文化理据，图像的意义只有在特定的文化场域中才能为人理解。

　　当然，图像符号始终保持着一定程度的"透明性"，同时图像倾向于作为皮尔斯三类符号时，往往并不是纯粹的某一类型，而是具有其他两类偏向的特点。但无论如何，像似性始终是图像最为稳定的突出特征。

四、图像作为资源

　　人类文明史就是一部图像史。一方面，图像是人类认知世界的重要方式，也是表达意义的重要符号类型。图像源于人类的社会实践，以及由此创造和正在创造的人类文化。另一方面，经过数百万年的发展，人类生产出了不可计数的、庞大的图像系统。图像不仅仅是个人记忆的重要内容，而且也是人类共同或族群的"文化记忆"，其本身也构成了人类文化的重要组成部分。

　　超级符号理论认为，文化是一个巨大的"母体"：它蕴藏着丰富的图像资源，为品牌营销传播提供了可资利用、取之不竭的图像资源；更为重要的是，这些图像资源携带着巨大的文化原力，即其特有的生理、心理、文化机制，可以有效地降低营销传播成本，提高营销传播效率，从而可以有效地回应营销传播效能这个终极关键议题。

（一）类比编码：基于生活经验的图像记忆

　　如前文所述，图像是人类认识世界的重要方式。人几乎是从一出生就开始了积累图像知识，并通过图像来认知世界；图像构成了人最为基本的日常生活经验，并只需要生活常识即可被识别、理解并记忆。

　　心理学家、诺贝尔奖得主罗杰·斯佩里对人脑认识功能双轨系统作用的发现，从根本上改变了对人类思维方式的认识，整体关照的、视知觉的脑模式与序列分析的、语义表述的脑模式在人类思维中共同起作用这一学说，逐渐被人们所接受。

　　认知心理学家艾伦·派维奥（Allan Paivio）也提出了"双重编码理论"。根据这一理论，人类同时使用图像和语词两种编码来表征信息，这两种编码将信息组织成知识，以便在后续的使用中对其进行操作，并以某种方式存储在人的记忆之中，进而在以后使用时进行重新提取。派维奥之所以强调"双重编码"，是因为图像和语词的编码方式存在本质的差异：

词语作为一种规约性（symbolic）[1]的知识表征（knowledge representation）遵循的是"规则编码"原则。也就是说，字词与它所表征的东西之间的关系是任意的（即索绪尔所说的"任意性"作为语言的第一性原则），因此对它的使用需要运用一定的规则。比如字词构成中，语言或字母都必须根据规则排序。用符号学的话语来说，这些规则是典型的"文化理据"，是在人类文化实践中不断被赋予的；因此，对于这些规则的掌握，也需要在一定的文化语境下，通过文化习得的方式来获得。

图像则与词语不同，它始终以像似性作为本质特征，因此是一种维持了被表征的主要知觉特征的知识表征，并采取针对在环境中所观察到的物理刺激的"类别（analogue）编码"原则。也就是说，图像展示的具体属性（如形状和相对大小）与它所表征的现实世界中的物体相对类似。即使遮住了图像的一部分轮廓，剩下的仍然与物体的局部相类似；即使对图像作一些变形的处理，只要保留了最为基本的类似性，就可以辨认出它所表征的事物。正因为如此，图像只需要足够的日常生活经验，即可以被认识、理解并记忆（见下页图：常见的幼儿识图卡）。

---

1 皮尔斯依据符号符形与对象之间的关系，亦即它们的表征方式，将符号（sign）划分为图像符号（icon）、指索符号（index）和规约符号（symbol）三个类别。基于此，斯滕伯格原文中的"symbolic representation"，不应译为"符号表征"，而应译为"规约性表征"。见：罗伯特·斯滕伯格. 认知心理学（第三版）[M]. 北京：中国轻工业出版社，2006：167.

　　总之，图像是人最基本的生活经验，是日常记忆的重要内容，并且以生活日常的形式运行。也就是说，人们通过图像，在不知不觉中，自动化地完成了生理、心理、文化等一系列过程以及高级思维活动。这就是品牌营销传播无法离开图像的基本原因。

（二）意象活动：不思而得的心理能量

　　图像作为人的知识表征，之所以可以自动化启动，其心理机制可以用前文提到的"心理意象"来加以解释。

　　正如前文所说，"心理意象"（mental image），就是"心象"，是指"大脑对当前没有直接作用于感觉器官但以前曾感知过的事物形象的反映"，其"生理基础是留在大脑两半球皮层上的曾经有过的兴奋的痕迹，通过刺激使大脑皮层上旧的神经联系恢复起来而产生的映像"。

　　人基于"心理意象"而形成的"意象活动"，是人类心理活动的重要形式。多年以来，"意象活动"都被认为是原始的，并被逻辑系统当作偏见和错误的来源，是心智不成熟的标志，但"意象活动"不仅独特，还潜藏着巨大的心理能量：

"意象活动"不直接受意志的控制。 逻辑是人类晚近发展起来的思维类型，是可以通过意志来控制的。有趣的是，我们可以随意地开始计算、推理等智力操作，也可以随意停止这些活动，但我们却无法直接控制"意象活动"，如"望梅止渴""杯弓蛇影"等，它们以本能的方式被唤醒。

"意象活动"能够精准表达内心感受。 逻辑思维的功能是客观地观察，而"意象活动"则是主观或者说体验性地观察。当然，观察的对象，包括了外在世界和内心世界。由于意象往往把相似性的事物视作同一，因此在反映外在世界时往往不如逻辑思维那么精确；但在反映内心世界时，意象却具有极强的精准性，能够非常精密而清晰地表达内心感受。

"意象活动"具有强烈的情绪色彩。 逻辑是人类理性的体现，因此往往与情绪无关；而"意象活动"作为一种原始的认知功能，没有与情绪分离开来，因而具有巨大的心理能量，并体现为强烈的情绪。人对事物的想象，永远伴随着情绪体验，从而即刻带来相应行动的趋向。

"意象活动"采取预存信息策略。 与逻辑系统相比，"意象活动"更多地使用大量预存信息的策略，以快速完成对事物的理解。

可见，"意象活动"是一种原始的但重要的认知方式，具有区别于逻辑思维"意志性"的特点和机制，具有自动化运行的特点，并具有强烈的情感色彩，在影响我们对于世界的认知的同时，也具有推动我们行动的强大的心理能量。

超级符号之所以不限于图像符号，并主张品牌资产是可言说的品牌知识，很大原因在于基于生理的联觉机制，以及基于图像的意象活动机制，图像与语词之间具有相互转换的可能。

（三）预存图像：文化母体的图像"词汇表"

如果意象活动还是一种原始的认知方式，那么"图式"则是一种高级的认知方式，可以让人通过事物的表面，洞察其本质和规律。

对于"图式"思维过程，阿恩海姆引用了威廉·詹姆斯曾使用的概念，即"预知觉"（prepeception）。对于事物的理解是知觉与记忆相互作用的结果。当一个对象呈现在眼前时，"内心中会出现一种竭力想要从记忆中寻求一种与外部对象相当的意象的冲动，在这种冲动的压力下，这种意象的各个不同方面（或特征）会迅速地、一个接一个地出现，直到呈现出一个与之相符的完整意象为止"。

预知觉之所以成为可能，是因为在人的记忆中预存了大量的"意象图式"，即"预存图像"，它们如同一个庞大的"词汇表"。贡布里希认为，图式作为深藏于人类心灵深处的东西，是长久以来由经验和学习而留在人们记忆深处的观念模式。作为人类发展中不断积淀下来的文明印记，它们悄无声息地被储存在代代相传、生生不息、繁衍着人类的深层意识里，从而形成了这种独特的"词汇表"，在控制着人们感知的同时，也不断地丰富着人们的意识空间。

预存图像主要有两大来源：一类来源是先天预存的，类似于荣格的"原型"，是人类通过漫长的进化过程获得的，并通过遗传方式代代相传的意象图式。这种意象图式类似于康德所称的"先天性的概念形式"，也就是"纯粹知性概念"，对应于一种先天存在的思维形式，即那些附着在概念之上的直观和经验悬置之后而唯一存留下来的先天形式。

以"圆"为例来加以说明：荣格曾说过，"圆（或球状体）乃是'自身'的象征。它从各个方面表示了心灵的完整性，并且包括人类和整个自然界的关系。不论圆象征出现在原始人的太阳崇拜还是现代宗教里，在神话或梦里，在西藏僧侣绘制的'曼陀罗'或城市平面图里，以及在早期天文学家的天体概念里，等等，它总是指出生命最重要的方面——根本的统一"。可以说，"圆"是人类最为重要的原型之一。正所谓"圆满"，无论是中西方，"圆"都天然具有和谐、完满之意。

另一类预存图像则是后天习得的。贡布里希认为，图式是预先留存在人们内心深处的，但并不带有先验的神秘意味，而是由经验、学习而来，在大脑皮层上留下的、长时间记忆痕迹的观念模式，人们通过借用它们来完成对外界事物的理解。人的生活实践须臾也离不开视觉，从而积累大量有关事物的意象，并沉淀稳定的形式或结构，即意象图式。

以电话为例，传统的电话听筒，已经沉淀为我们对电话的意象图式；加上"红停绿行"的色彩指令，通过后天的学习和不断的操练，镶嵌进我们的潜意识之中。因此，今天的智能手机尽管不再沿用传统的听筒设计，只要在界面上模拟出红色听筒和绿色听筒，即使是牙牙学语的儿童，也可以理解它们所表达的意思（见下图）。这就是后天习得的预存图像使然。

超级符号理论认为，应该从人类生产的图像"词汇库"中，挑选那些现成的"预存图像"，将它们作为图像"预制件"，以最低的成本和

最大的效能，实现品牌营销传播"传达"和"沟通"的目标。这才是根本性解决"营销传播效能"问题的"正道"。

（四）图像编织：图像资源的征用和占有

事实上，图像资源的征用和占有，本身就是文化生产最为常见的形式。对于这种生产机制，德国人类学家扬·阿斯曼曾提出过"文化记忆"概念来加以阐释。根据阿斯曼的论述，"文化记忆"区别于一般意义的生活经验，其所要回答的是"我们是谁""我们从哪里来、要到哪里去"的文化认同性问题。这种文化认同，构成了图像最底层的"文化原力"。

想要探究图像所具有的"文化原力"，不妨回到人类最早期的图像起源。正如列维·布留尔所发现的，"图像与被画的和它相像的、被它代替了的存在物一样，也是有生命的，也能赐福或降祸"。早期人类之所以有如此大的热情，运用几乎是当时最先进的艺术手段，如绘画、雕刻、雕塑等来创造图像。其根本原因在于他们相信这些图像具有特殊的巫术功能，即"沟通天地的媒介和传递人神之间信息的使者"。

正因为如此，在这种观念的指引下，日、月、山、水、云，动物、植物、人物等，都可以成为图像表现的对象，也都被认为具有通天的"神力"。这些出自先民之后的图像，"无一是以审美为目的"的再现，"无一不包孕着浓厚的宗教观念，无一不是应原始巫术的需要而产生的"。这些图像虽然经历了数千年的岁月，其巫术和宗教色彩都已经褪去，但它们依然携带着强大的文化认同和心理能量，并深深地镶嵌在人类的文化记忆之中。

当然，阿斯曼注意到，文化记忆形成不可或缺的一个关键环节，那就是"经典化"（Kanonisierung）过程，即普通的文本和仪式经过有权威的机构或人士的整理之后，被确定为典范的过程。事实上，"经典化"过程具体表现为对图像资源的征用和占有，运用已有的"预存图像"进行图像编织的过程。以中国"龙"为例，"自距今 7000 余年的新石器时代直至今天，龙，几乎贯穿了这一漫长而复杂的文化发展历程，并在宗教、政治、文学、艺术等各个领域充当着重要角色"（见下图：汉代青龙瓦当）。在此过程中，"龙"的图像经历商代对鱼纹、鳄纹、鲵纹、猪纹、虎纹以及蛇纹的综合；进入封建社会之后，统治者通过权力的手段来力图垄断对"龙"的使用。

对此，历史学者刘志雄、杨静荣尖锐地指出，"商人的这种做法貌似宽宏，但其本质却是垄断与独占"。这种垄断在服饰中体现得最为突出：从东汉开始，九卿以下的官员在祀典中已无使用龙纹的资格；及至唐代，则出现了祀典中使用龙纹的权力应由皇帝垄断的言论；元代开始，曾铭文规定市街商店不得织造或贩卖日月龙凤纹的缎匹，后又改而规定五爪龙由皇家专用；明代创造性地制定了一套以不同动物纹饰表示管制的规定，同时对龙纹做出了复杂的规定；清代对蟒袍的使用较为宽

松，但对五爪龙纹依然规定严苛。"历代皇帝对龙纹的厚爱"，"无非是借通天神兽来表示自己的非凡能力，以维持其统治地位而已"。"到了封建社会末期，龙也就成了帝王的标志。仅就明、清两代皇帝而言，其衣、食、住、行，莫不大量使用龙纹"。

不断地征用和占有，其实就是图像编织和再编织过程，从而累积性地"生产"出了数不胜数的经典图像。这些图像虽然褪去了宗教和政治色彩，但其符号意义已经生成，并深植于文化记忆的最底层，并携带着巨大的文化原力。仍以"龙"为例，或取之祥瑞之意，或具权威之感，它作为人们"记得、熟悉、喜爱的符号"，至今活跃在生产生活之中，显现出强大的生命力。

当然，在进入现代社会之后，图像"经典化"过程的"主角"，已经由宗教、政治权力，让位于经济、市场权力。而广告，正是一种制度化的市场权力，在不断地征用和占有"经典化"图像的同时，也在加速这些图像的"经典化"过程。

（五）"用即为美"：超级符号的审美标准

图像与词语的不同，还在于它的"符形"往往具有审美价值。事实上，图像"经典化"的过程，虽然被权力驱动和牵引，但从来离不开对象的审美接受。尤其是对于目标明确的营销传播而言，"用即是美"作为基本的审美标准，本是品牌营销传播的题中之意。但面对如今甚嚣尘上的各种"奇谈怪论"，我们不得已要稍微作一些回应：

"从美学的角度上说文化是一种表意实践，通过符号及其意义的传递构成社会的意识形态和价值观念"。古希腊哲学家苏格拉底在公元前5世纪就说过这样一句话："任何一件东西如果它能很好地实现它在功能方面的目的，它同时是善的又是美的。"也就是说，从功能角度来说，有用的就是善的，也就是美的。

在庞大的设计门类中，我们通常用"视觉传达"（visual communication）来表述通过视觉符号设计来达成传达信息目的的工作。毫无疑问，广告设计、品牌设计等，均属于"视觉传达"的范畴。"视觉传达"，顾名思义，其基本且重要的功能就是"交换、传递信息，相互沟通信息"。也就是说，在品牌营销传播的框架下，"视觉传达"就是要"传递信息"，达成品牌营销传播的目标，最大限度地解决营销传播效能这个关键问题。

信息论美学创始人、法国学者莫尔斯（Abraham Moles）曾在其 1978 年发表的《信息处理》一文中说明："所有的艺术作品——广而言之，艺术表现的任何形式，都可以被视为一种信息。它由发送者（transmitter）——一个有创造力的个人或团体即艺术家，发送给来自一个特定社会文化团体的个别接收者（receiver）。"一切传播都是符号的编码和解码，并都是服务于传播的根本目标；视觉传达当然也不例外，必须服务于品牌营销传播的根本目标。

美是打动人心，并触发行动；打动了，就是美了。就如康德所认为的，美在物为刺激、在心则为感受，心灵借着美的事物升华到一种审美感的价值判断。对于品牌营销传播而言，美是消费者在品牌接触、互动、使用等过程中的感知和感受：一个图像设计，"丢"在大街上，消费者可能只是下意识地注意到了，并往往不需要经过有意识的分析和思考，生理、心理、文化机制瞬间启动，高级思维活动也自发运行，最终形成了行动反射，进店消费或掏钱购买。

这个时候，如果刻意地去问消费者这些图像设计美不美？得到的结论往往是千奇百怪、众说纷纭。这种极易触发逻辑思维的问题，往往会经过精心的"算计"和"权衡"，各种复杂的、难以言说的原因，将推动消费者给出一些可以公开宣称的说法。由于自我伪装和保护机制等原因，人们往往会贬低那些他们在日常生活中习以为常并普遍接受的审美标准。

维特根斯坦说："我们从小受的教育，就是我们不应该欣赏我们能理解的东西。"这是人的思维误区，对所有一目了然的东西都要划清界限，以显示自己超凡脱俗的品位；对看不明白的东西，比如皇帝的新衣，就担心别人是不是看明白了，就赶紧表态赞美，唯恐自己被别人看穿。人们发表看法，只是为了制造别人对自己的看法。他们确信的一点就是一切自己能理解的东西，都是不应该被欣赏的，因为"太直接了"。

丰子恺在《无用之美》中曾提出"没用的东西才是美"。这本来是艺术观点，却常常影响了肩负着商业使命的视觉传达，让部分设计师将商业目的置于脑后，而一味地追求所谓的"无用之美"。诚然，纯艺术虽然也是一种传播，但它并不强调"传达"，不在乎接收者是否可以正确"解码"；但视觉传达作为品牌营销传播的重要工具，其所追求的恰恰是"传"又"达"。因此，超级符号追求"美"与"用"的统一；有用的，才是美的；无用的，再美也不是美的。

最后，我们用"符用学"来解释我们的美学观。符号学家里奇认为，凡是涉及以下四条中的任何一条，就进入了符用学的范围：

是否考虑发送者与接收者？

是否考虑发送者的意图与接收者的解释？

是否考虑符号的语境？

是否考虑使用符号而施行行为？

从符用学角度理解，所谓"高雅"，其实是一种理解门槛，是给"解码"增加的障碍，是所有品牌营销传播要避免的。品牌营销传播所使用的，必须是全社会的文化记忆和文化契约，必须是贩夫走卒也熟识的符号。这些符号是人类文化记忆和文化契约中最成熟的"果实"。我们只要摘取它们，拼装成品牌的果盘，推送给消费者。

如果说，品牌词语的语言技术，可以概括为常见的字词、普通的道理、押韵、使人愉悦；那么，广告设计的图像方法，对应而言就是常见的图形、明确的含义、协调的样式、使人愉悦。构建在这些基本要素上的设计，才是美的设计，才会提高营销传播效能，降低营销传播成本。

第二节
品牌图形的超级符号原则

　　鉴于图像所涉及的图像设计部分过于庞大，加上超级符号理论强调品牌资产的沉淀和累积，因此本节将聚焦于品牌图形部分，当然有关品牌图形的原则与方法均适用于广告设计的全部领域，从根本上回应品牌营销传播效能这个根本问题。

　　在我们看来，品牌图形（Brand Figure），是品牌专用图形的总称，指那些原生于文化母体、携带着巨大的文化原力，通过征用、占有而被品牌"私有化"的广义图像。对于品牌图形这个概念，还有三个方面需要加以说明：

其一，品牌图形包含但不限于品牌标志[1]（logo[2]）。之所以使用"品牌图形"这个概念，并不是非要"另立新说"，而是因为"品牌标志"这个词不能准确表达我们的观点。从内容来说，"品牌图形"不仅可以包括品牌标志，还可以包括品牌纹样（pattern）、吉祥物（mascot）以及符号化的产品、包装[3]、仪式、动作等；从功能来看，品牌标志侧重于"区别"[4]这类痕迹学意义，"品牌图形"强调"文化契约""符号能量"等符号学价值。换句话说，品牌图形除了具有"区别"功能之外，还应该作为一种"文化契约"，贮存着源于文化母体、携带着特定的"意义、情感和指令"，而且还应该作为一种"激活装置"，唤醒人们的集体潜意识和个人潜意识，推动消费者的意义理解、情感反应以及相应行动。

其二，品牌图形包含但不限于视觉图形（graphic）。"图形（figure）"这个术语来自图形背景理论（Figure-Background Theory）。图形与背景是图像学中最基本也是最原始的一对范畴。"图形背景理论"认为，知觉过程的本质就是图形从背景中的分离；图形与背景之间

---

1 "品牌标志"也经常被写作"品牌标识"。从词语的意义上说，"标志"与"标识"的意义基本相近，表示"表明特征、识别的记号"；从实际的使用来说，两者经常被交替使用。根据笔者对知网的检索，标题中出现"品牌标志"或"品牌标识"的文献数量基本相同。

2 根据本书编写组的检索，"logo"作为前缀来自古希腊，意为"文字"或"说话"；至于 logo 作为独立的字词，其历史并不悠久，被认为在 1937 年之后才出现，"也许是 logogram"的缩写，表示"代替某物的简单符号或图形"（simple symbol or graphic meant to represent something）。而"logogram"，源于古希腊语，是"logo"和"gram"的组合，最初表示"代替一个字的字符或符号"（word-sign, sign or character representing a word），后来才被泛化表示"任何图形上代表一个产品、观点等的符号"（any symbol representing graphically a product, idea,etc.）。

3 在超级符号理论看来，产品、包装等都可以被"符号化"，而成为"品牌图形"的重要组成部分。在这方面，绝对伏特加可以说是经典的案例，其瓶形的图像价值已远远超越它的品牌标志。

4 根据我国《商标法》的规定："任何能够将自然人、法人或者其他组织的商品与他人的商品区别开的标志，包括文字、图形、字母、数字、三维标志、颜色组合和声音等，以及上述要素的组合，均可以作为商标申请注册。"

相互依存，并在一定条件下可以相互转化。该理论被丹麦心理学家鲁宾（Rubin）在约一百年前提出时，图形和背景分别对应移动的物体和参照的静态物体。而今，图形和背景已经淡化了具体物体的外衣，从具体到抽象，其所代表的对象范围逐渐扩大。因此，品牌图形不只是神经官能或生理学意义上的视觉图形，而是可以诉诸视觉、听觉、嗅觉、味觉、触觉甚至运动觉等单一或多种感觉渠道。我国于 2013 年 8 月修订了《商标法》，允许声音作为商标进行注册[1]。连注册商标都从"文字、图形、字母、数字、三维标志、颜色组合"拓展到了"声音"，品牌图形当然不应该再局限于视觉图形。当然，由于本书的篇幅所限，我们暂时仍以视觉图形为主，有待以后以专论形式再做深入讨论。

其三，品牌图形作为广义图像范畴。品牌图形之所以不等于视觉图形，根本原因在于它是一种广义图像。"视觉作为图像的最原初基础是不可否认的，但在人类的进化过程中，'视觉'已经发展成'视觉性'，其不再限定于原初神经官能或生物学意义上的视觉"，其原因在于"在长期的人类文化进化中，图像已经演化为一种具有自身特质的感知、理解方式"，"我们对于这些不可见的对象可以用一种'如其所见'的方式加以感知、理解"。也就是说，品牌图形无论对应哪种感觉通道，都可以通过心理意象实现不同感觉之间的转换，达成通感、联觉等多感官互动和整合。

在超级符号理论看来，品牌图形必须服务于品牌营销传播，它携带着文化母体的心理能量，走进人类的集体潜意识，以最低的成本和最高的效能来激活消费者的心理认知，并触发消费者的消费行为。在此，

---

1 我国于 2013 年 8 月 30 日修订《商标法》，允许声音作为商标申请注册，规定："任何能够将自然人、法人或者其他组织的商品与他人的商品区别开的标志，包括文字、图形、字母、数字、三维标志、颜色组合和声音等，以及上述要素的组合，均可以作为商标申请注册。"从 2014 年 5 月 1 日起，国家工商行政管理总局商标局开始正式受理和审查声音商标。2016 年 2 月 13 日，我国首例声音商标"中国国际广播电台广播节目开始曲"经审查符合《商标法》相关规定，予以初步审定公告，成为我国首个通过实质审查的声音商标。

我们将超级符号的"品牌图形原则"归纳为"四项基本原则"，即原生性、易识别性、自明性和可言说性。

一、品牌图形的原生性

从现代社会和泛科学的概念来看，图像通常被认为是"各种图形和影像的总称"。图像源于人类的社会实践，以及由此创造和正在创造的人类文化，同时图像作为人类文化生产的关键要素，必然成为重要的文化资源（cultural resource）[1]。因此，超级符号理论提出品牌图形的原生性（native）主张，并将其作为品牌图形的第一性原则，强调图像作为品牌营销传播的文化资源，即品牌图形本质上内生于文化母体，是"人们本来就记得、熟悉、喜欢的符号"，以此来构想和设计品牌图形，从而提高营销传播效能，实现营销传播目标。

---

1 学者们认为，文化资源指的是人类生存发展需要的、以一切文化产品和精神现象为指向的精神要素。｛吴圣刚．文化资源及其特征 [J].河南师范大学学报（哲学社会科学版），2002（04）：11-12.｝通常来说，文化资源可以分为三类：其一是物质实证性文化资源，即可以通过现存的各种实物获得的文化资源。如，历史建筑、历史文物、近现代造型艺术等；其二是文字或影像记载性文化资源，即可以通过各种书籍和图片、影片获得的文化资源。如，文学经典、历史要籍、摄影资料、影视资料等；其三是行为传承性文化资源，即可以通过现实中人们的各种社会活动来获取的文化资源。如，道德观念、法制观念、哲学观念、宗教观念等。｛李树榕．文化资源的特性与重要性 [N].内蒙古日报（汉），2014-10-08（011）.｝可见，图像是一种重要的文化资源。

（一）文化符号学的"N 级编码理论"

为了阐述品牌图形的原生性原则，我们要引入文化符号学者叶舒宪的"N 级编码理论"（见下图）。叶舒宪将文化视为"一个不断编码和再编码的历史过程"，并将"一万年以来的文化文本和当代作家的文学文本之关系"归纳成"N 级编码"关系，即"无文字时代的文物和图像，有着文化意义的原型编码作用，可称为一级编码"；"其次是汉字的形成，可称为二级编码"；而"三级编码指早先用汉字书写下来的古代经典"；"今日的作家写作，无疑是处在这一历史编码程序的顶端，我们统称为 N 级编码"。在他看来，当今作家的创作，不过就是在"不断编码和再编码"的文化中，"寻找到某些重要的符码规则"，并运用这些符码规则进行"再编码"。

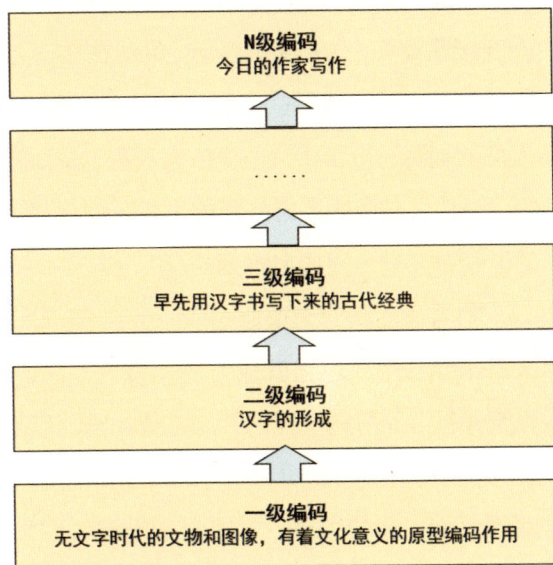

N级编码 今日的作家写作
………
三级编码 早先用汉字书写下来的古代经典
二级编码 汉字的形成
一级编码 无文字时代的文物和图像，有着文化意义的原型编码作用

当然，"N 级编码理论"是一个非常宏阔的理论，其力图解释的是人类上万年来生产的文化与当今作家创作之间的关系。当引用来解释品牌图形的原生性时，恐怕有必要对它作一点"修订"：在我们看来，人

类文化史其实就是一部"N 级编码"的图像史。一方面，图像作为早期人类最为重要的文化形式，确立了文化最底层的"符码规则"；另一方面，人类经过"不断的编码和再编码"，层累性地生产出浩如烟海的文化资源，其中当然包括了丰富的图像资源。可以说，文化母体已经准备了取之不竭、用之不尽的图像资源，我们所要做的不过是征用和占有它们，为品牌营销传播所用。这就是品牌图形"原生性"的基本内涵。

（二）对万宝路牌香烟广告的重新解读

在此，我们以万宝路牌香烟广告为例，来进一步展开论述。万宝路的传奇故事说起来并不复杂：这个诞生于 20 世纪初的香烟品牌，最初瞄准了当时正在觉醒的女性群体。不过，在起初的 40 年里，它一直经营惨淡，一度濒临停产。1954 年李奥·贝纳在接下万宝路这个项目后，决定对它实施"变性手术"。于是，"万宝路男人"（Marlboro Man）走进了人们的视野：广告中，一个目光深邃、皮肤黝黑、浑身散发着粗犷、原始、野性、豪迈的英雄气概的牛仔，袖管高高卷起，露出多毛的手臂，手指间总夹着一直冉冉冒烟的"万宝路"香烟，跨着一匹雄壮的高头大马，驰骋在辽阔的大草原上。"万宝路男人"给万宝路牌香烟带来了巨大的成功：第二年它就成为全美第十大香烟品牌，1972年更是摘得世界第一香烟品牌的"桂冠"。时至今日，万宝路依然是香烟品牌的"霸主"，拥有全球卷烟市场十分之一的份额[1]。

对于万宝路牌香烟广告的成功，有人含混地将其归功于"定位"

---

1 根据中商产业研究院整理的数据，2019 年菲利普·莫里斯公司（国际）拥有全球销量前 15 位的卷烟品牌中的 6 个，这些品牌及市场占有率分别为"万宝路"（10%）、"蓝星"（3.5%）、"切斯特菲尔德"（2.2%）、"菲莫"（1.9%）、"百乐门"（1.5%）、"邦德街"（1.1%）。

加"牛仔形象"。这种结论看起来正确，但却经不起推敲：对于"定位"的评价，必须要回到当时的历史语境。20世纪初，伴随着女权主义的兴起，女性成为潜力巨大的香烟消费群体。照此而论，万宝路早期定位于女性，似乎是切中市场脉搏的、符合时代潮流的[1]；至于"牛仔形象"，有学者将"万宝路牛仔形象的成功"归结为"深深扎根于美国人心中的西部情结"。但问题的关键是，这种"西部情结"从何而来？它与万宝路广告究竟是什么关系？

对于这些问题，我们可以借助"N级编码"理论获得一个新的解答（见下页图）。根据学者们的研究，真实的牛仔不过是"马背劳工"，长期受到牧场主的剥削，工作极其艰辛和危险。牛仔时代的全盛时期从1865年算起到1890年，不过短短的25年。参加过长途赶运的牛仔人数大概35 000人。可以说，他们不过是"夜空瞬间即逝的一颗流星"。但是，牛仔却成为"美国无人能够替代的英雄人物"以及美国精神的"代名词"，根本的原因在于各种形式的"文化书写"，即文化"不断地编码和再编码"。

---

1 20世纪初，伴随着女性主义运动的发展，吸烟成为美国"新女性运动"的"象征"。香烟被她们当作"自由的火把"，与强加在她们身上的"愚蠢的偏见"作斗争。女权主义者鲁斯·海尔向女性同胞们发出邀请："女人们，燃起另一束自由的火把，点亮另一个禁忌！"到了四五十年代，指尖握有香烟几乎成为好莱坞女星的"标配"，象征着女性的神秘、优雅和魅力。可以说，在当时男性只不过是香烟的传统市场，而女性才是具有极大市场潜力的目标对象。正如美国烟草公司总裁George Washington Hill所说，未被突破的女性市场就是开在前院的一座金矿。在他的指导下，"好彩牌"香烟开始转向女性群体，推出了专门针对女性的广告"Reach for a Lucky Instead of a Sweet"。该品牌的销量当年就增长了300%，成为美国排名第一的卷烟品牌。如果说19世纪末的妇女解放运动是女性主义第一次浪潮，那么女性主义的第二次浪潮出现在20世纪60~70年代，并一直持续到了80年代。也就是说，万宝路牌香烟在实施"变性"手术之时，正好迎来女性市场的"黄金时期"。用现在的话来说，女性市场才是当时香烟行业的"风口"。爱范儿.香烟曾被包装为女性的"自由之火"，事实上它是"自由的枷锁"[EB/OL].https://baijiahao.baidu.com/s?id=1632047667199242726&wfr=spider&for=pc, 2021-09-02.

（三）美国牛仔形象的"N级编码"

在此，我们借助于周钢所著的《美国西部牛仔研究》，对"牛仔文化"的文化编码作一个简单的梳理（见下图）。虽然我们的这种梳理可能比较粗略，甚至可能存在错误，但我们力图用品牌图形的原生性来解释万宝路牌香烟广告成功的原因，即万宝路不过是对原生于"牛仔文化"的图像资源的征用和占有。

一级编码：新闻报道。从 1866 年第一批长角牛被赶到牛镇阿比林起，牛仔就成为许多报纸杂志竞相报道的对象，逐渐成为广为人知的人物。

二级编码：廉价小说。19 世纪 60 年代，廉价小说的作者们开始把牛仔写进自己的作品，并让牛仔成为书中的男主人公。这些虚构杜撰的廉价小说将牛仔描绘成着装华丽、能骑善射和勇敢无比的英雄骑士。到 19 世纪 80 年代，廉价小说已经把牛仔神化和偶像化。

三级编码：西部荒野剧。19 世纪 80 年代兴起的西部荒野剧表演，对牛仔的神化和偶像化起了推波助澜的作用。以水牛比尔著称的比尔·科迪和他的明星"牛仔之王"巴克·泰勒，把浪漫的"枪战骑手"带到美国和欧洲，把牛仔演义成了美国的民族英雄。

四级编码：严肃小说。欧文·威斯特 1902 年出版的长篇小说《弗吉尼亚人》，讲述了一个牛仔浪漫传奇的爱情故事。该小说一出版就引起轰动，当年售出 20 万册，成为美国头号畅销书；不久后被改编为戏剧在"百老汇"公演，创造了那几年最高的上座率；此后，被四次拍成电影和电视连续剧。到 1938 年该书销售超过 150 万册。与此同时，这部小说还引发了无数作家的崇拜和效仿，迎来了千万个"弗吉尼亚人"的诞生。

五级编码：美国西部影片。西部片作为好莱坞特有的类型电影，最能体现美国民族性格和精神。其历史可以追溯到 1903 年的《火车大劫案》。20 世纪 20 年代西部片大量出现，30 年代后在艺术上渐趋成熟。牛仔的英雄气概与爱情故事，夹杂着精心设计的枪战情节和动作，成为西部片的经典模式。牛仔的形象更加深入人心，成为集男子汉气概和浪漫气质于一身的"偶像"。

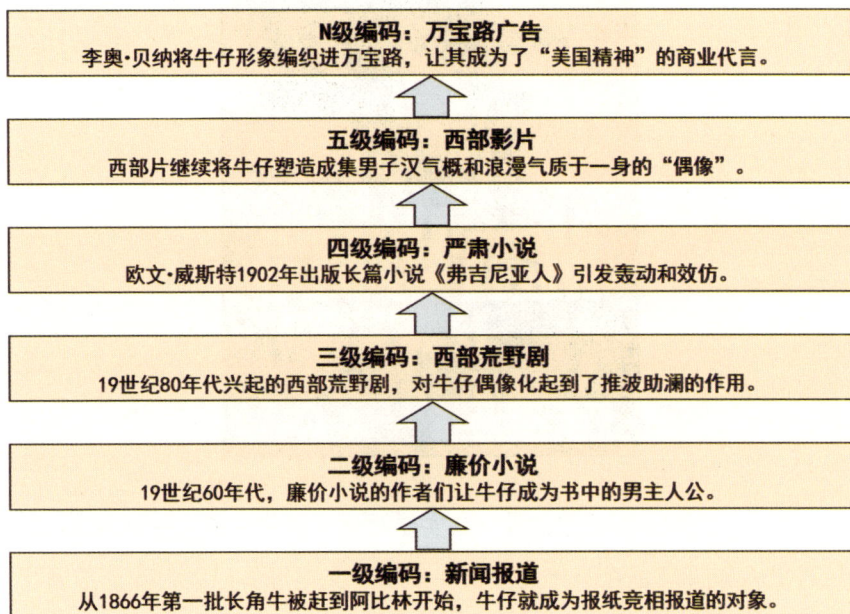

N级编码：万宝路广告
李奥·贝纳将牛仔形象编织进万宝路，让其成为了"美国精神"的商业代言。

五级编码：西部影片
西部片继续将牛仔塑造成集男子汉气概和浪漫气质于一身的"偶像"。

四级编码：严肃小说
欧文·威斯特1902年出版长篇小说《弗吉尼亚人》引发轰动和效仿。

三级编码：西部荒野剧
19世纪80年代兴起的西部荒野剧，对牛仔偶像化起到了推波助澜的作用。

二级编码：廉价小说
19世纪60年代，廉价小说的作者们让牛仔成为书中的男主人公。

一级编码：新闻报道
从1866年第一批长角牛被赶到阿比林开始，牛仔就成为报纸竞相报道的对象。

经过近一百年文化"不断编码和再编码"，牛仔形象根植于美国人心中，成为人们"本来就记得、熟悉、喜欢的符号"。正如美国历史学家威廉·W.萨维奇所说，"人们很难想象，假如没有牛仔这个形象，会成什么样子。要找其他形象来取代它，简直太难了。什么猿人、太空人、枪手，还有超人，都名噪一时，可哪一个也不曾把牛仔的形象给压下去"。

至于万宝路牌香烟广告，充其量只能算是"N级编码"。经过了近百年的"文化编码"，"牛仔"的符号意义已经生成，已经成为"人们本来就记得、熟悉、喜欢的符号"。而李奥·贝纳只不过将牛仔这个形象"编织"进了万宝路品牌，从而让万宝路牌香烟"如有神助"，成为

"美国精神"的商业代言。在我们看来，这才是万宝路牌香烟广告成功的真正"秘诀"[1]（见下图）。

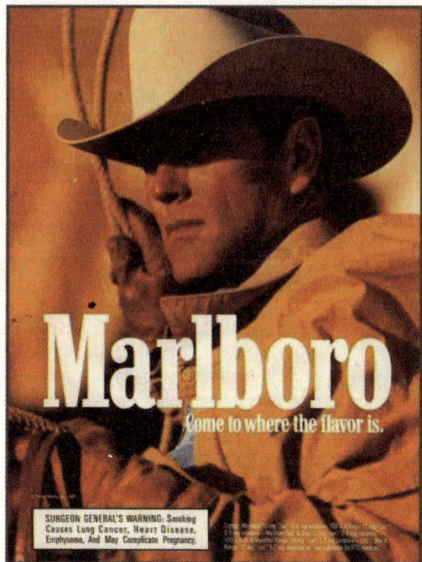

可见，品牌图形的原生性，其实是品牌营销传播的"吸星大法"。经过上万年甚至是百万年的发展和积累，文化母体已经为我们准备了取之不竭、用之不尽的图像资源。陆游诗云，"文章本天成，妙手而得之"。对于品牌图形的设计来说，与其总想着去"创新"什么，还不如找到文化母体，去发现那些图像资源，征用和占有那些"人们本来就记得、熟悉、喜欢的符号"，以最小的营销传播成本，获取最大的营销传播效能。

---

1 有学者早就发现，尽管万宝路牌香烟广告的成功让李奥·贝纳获得了极大的行业声誉，但实际上，这个案例与其秉持的创意理论——"与生俱来的戏剧性"并不相符。"与生俱来的戏剧性""强调挖掘产品本身包含的创意信息"，而万宝路牌香烟广告"实质是广告已经脱离了寻找产品独特特征"。{见：刘悦坦.再谈"与生俱来的戏剧性"——重新解读李奥·贝纳与"万宝路神话"[J].广告大观（理论版），2005（2）：143-145.}有趣的是，不少教科书在引用万宝路牌香烟广告案例时，往往是用来解释奥格威的"品牌形象理论"。另外，有人误把万宝路牌香烟广告当作奥格威的作品。（如：李如意.从万宝路牛仔看大卫奥格威的品牌形象理论[J].经济师，2005（9）：253.}

二、品牌图形的易识别性

其实，品牌图形的"原生性"这个第一性原则，必然推导出品牌图形的"易识别性"（recognizable）这个第二性原则。之所以强调要找到文化母体，征用和占有"大家都记得、熟悉、喜爱的符号"，是因为在真实的生活场景中，这些符号更容易被消费者的知觉加工进而形成理解。要解释这种现象，我们必须要引用认知心理学，尤其是格式塔心理学的相关理论资源。

（一）视觉组织的基本原则

在相当长的时期内，心理学都将知觉看作刺激在神经系统或脑中留下的烙印，将知觉当作一种"被动的"、只具有直接性质的心理现象；第二次世界大战后，随着认知心理学的兴起，知觉的主动性和选择性的特点被逐渐认识到，人贮存的知识经验对感觉信息的组织和知觉解释产生了重大影响。

当面对大量刺激时，视觉系统的第一个主要任务，就是组织这些刺激，将它们变成一个整齐有序的整体。对此，格式塔心理学家提出了一些视觉组织原则（见下页图）：其一，**邻近性**（Proximity）原则，将某些距离较短或互相接近的部分看作整体的倾向（下页图 A）；其二，**连续**（Good Continuation）原则，即认为线条是朝着一个方向自然延续的心理倾向（下页图 B）；其三，**相似性**（Similarity）原则，即将相似的物体看作一个整体的倾向（下页图 C）；其四，**封闭**（Closure）原则，即将那些不完整的、几乎相连但并没有相连的形状视为完整图形的心理倾向（下页图 D）。

A

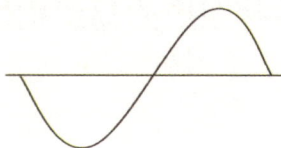

B

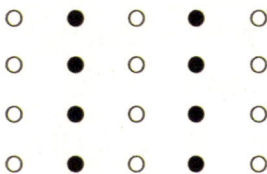

C

D

（二）品牌纹样的易识别性

那种四方连续的简单图形，非常容易形成视觉经验，具有强大的认知驱力。即使当该图形并不完整时，也可以被完整地知觉到。极端的情况下，有些图形即使被撕成了碎片，也可以被轻易地认出来。这就是我们所说的"易识别性"。以2010年温哥华冬奥会为例，男子自由滑雪空中技巧比赛中，当运动员从夜空中翻腾而过，哪个队的队服能一眼被认出？答案是美国队。取自美国国旗的蓝底白星图案，让美国队的队服"即使撕成碎片，任意捡起一片，也有品牌符号，能识别"（见下图）。

对于这一类四方连续的简单图形，超级符号理论将它们称为"品牌纹样"（Brand Pattern）。毫无疑问，在各种品牌图形中，品牌纹样具有最高程度的"易识别性"。事实上，一些知名品牌也对品牌纹样钟爱有加。以博柏利（Burberry）为例，早在20世纪20年代开始，在防渗雨服饰的内衬上使用苏格兰情调的格纹布；1967年在为英国大使Patrick Reilly爵士筹备一场时尚宣讲会的过程中，无意中将大衣的格纹内衬拆下，用来包裹行李箱和制成伞套，从此这种格纹被大量使用于它的服饰之中，并很快成为博柏利经典的品牌图形（见下图）。

华杉和华楠曾说："视觉符号的关键，是解决品牌'惊鸿一瞥'的问题。什么叫惊鸿一瞥？就是鸟从草丛中惊飞起来，一闪而过，你眼角余光扫到一眼，也能被这惊心动魄的美所震撼！当消费者用他眼角的余光瞟一眼，看到一个局部、一个影子也能吸引他！也能让他知道我们是谁，有什么价值，和他有什么关系。"其实，我们之所以弃用"辅助图形"这个概念，并选择使用"品牌纹样"，很重要的原因在于其因为极易识别而具有的战略价值。

当然，品牌纹样的价值，不仅限于品牌图形本身的"易识别性"，更为重要的是可以让品牌在"货架"上获得视觉优势。所谓"货架"，以前可能被认为是超市里面的架子；后来电商出来了，货架还包括电商的页面；至于实体店，它们的货架则在街道。也就是说，这里所说的"货架"，泛指商品或品牌的信息与消费者发生沟通的地方。在超级符号理论看来，这个世界就是一个充斥着货架的世界。以厨邦为例，它特有的绿色格子，很容易让厨邦作为一个整体完成知觉，从而有利于其作为"图形"从杂乱无章的"背景"中分离出来（见下图）。

（三）"假设考验说"及"典型理论"

除了四方连续的图形具有视觉"强制力"之外，这些我们熟悉的图形也常常可以推动我们的知觉过程。只要再次回到第232页的格式塔知觉组织原则图，就不难发现，我们过去贮存的关于猫头鹰的知识和经验，会驱动我们将一些本来并不连续的线条和圆点连接起来，并"闭合"成为一个完整的猫头鹰的形象。

认知心理学认为，过去的知识经验通常以假设、期望或图式的形式在知觉中起作用。具体来说，知觉接受感觉输入时，会在已有经验的基础上，形成关于当前的刺激是什么的假设，或者激活一定的知识单元而形成对某种客体的期望。知觉正是在这些假设、期望等的引导和规划下进行的。

基于此，有学者提出了"假设考验说"[1]（见下图）。该模型认为人通过接收信息、形成和考验假设，再接收和搜寻信息，再考验假设，直至验证某个假设，从而对感觉刺激作出正确的解释。在此过程中，感觉刺激的物理特征、刺激的上下文和有关的概念都可激活长时记忆中的有关知识，从而形成各种假设，因此知觉成为由假设考验引导的对感觉信息的构造过程。

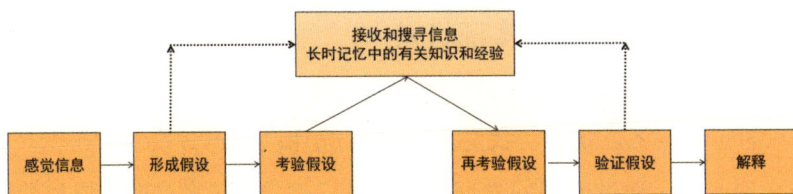

---

1 让我们回忆一下前述万宝路牌香烟广告的案例，之所以我们坚持品牌图形"原生性"作为第一性原则，根本原因就在于这个"牛仔形象"通过近百年的"不断地编码和再编码"，作为典型的男子汉形象和美国精神的象征，储存在美国人的长时记忆之中，并累积而成具有广泛认同的"牛仔文化"。因此，当"万宝路男人"展示在人们面前时，极容易唤醒脑海中储存的有关"牛仔文化"的记忆，从而形成男子汉 / 美国精神的假设；而这个假设，又可以很快通过万宝路牌香烟广告来加以验证，从而形成对万宝路"牛仔形象"（品牌图形）的识别和理解。可见，有关"牛仔文化"的记忆对于消费者对万宝路"牛仔形象"的知觉产生了决定性的影响。

　　沿着"假设考验说"指出的方向，Eleanor Rosch 提出了"典型理论"（Prototype Theory）。该理论认为，人类的长时记忆是在典型（prototype）[1] 基础上，对信息按类别进行组织。这里所说的典型，是指一个类别最好、最典型的例子，即某个类别的理想表征。根据这一理论，人们是通过某个特定项目与类别典型之间的比较结果来决定这个项目是否属于一个类别，如果这个项目与典型相似，人们就会将它包括在这个类别中。当然，一个类别的成员之间在典型化（prototypicality）程度上存在差异，或者说在对类别的代表程度上是不同的。

　　为了避免过于抽象，我们以"水果"为例来加以说明。按照典型理论的观点，人们有关水果的记忆是建立在水果典型基础上，对水果信息按照类别进行组织；不同的水果与水果典型之间的差异不尽相同。比如，你可能比较容易推断出苹果是水果，而对于西红柿可能心存疑虑。这是因为苹果接近水果的理想典型，而西红柿则介于水果和蔬菜之间，因此你在将西红柿归类为水果时可能会出现麻烦。

（四）关于鲜丰水果的实证研究

　　为了证实上述推论，我们参照 Rosch 和 Mervis 在 1975 年开展的一项实验，通过网络问卷调查的方式，对 20 种水果做"典型化评分"。在一天之内，共有 104 名学生填写并提交了问卷，结果显示在所列的 20 种水果中，苹果的"典型化评分"最高，7.61 分；紧跟其后的是西瓜，7.54 分；西红柿的评分为倒数第二，2.06 分；橄榄得分最低，仅为 1.31 分（见下页表）。可见，苹果、西瓜最接近水果的理想

---

1 荣格的"原型"（Archetype）是多义性的，可以指比较抽象的意象，也可以指相对具体的意象。而这里所说的"原型"（prototype）就是后者，类似于某类事物的"典型"。

典型，因而是水果的最佳代表；而西红柿、橄榄与水果的理想典型距离较远，其作为水果的代表性明显不足。

排序	项目	评分（满分10分）	NPS 值[1]
1	苹果	7.61	12.50%
2	西瓜	7.54	8.65%
3	橘子	6	− 29.81%
4	葡萄	5.95	− 43.27%
5	草莓	5.81	− 43.27%
6	梨子	4.7	− 66.35%
7	香蕉	4.59	− 66.35%
8	荔枝	4.4	− 77.88%
9	菠萝	4.38	− 78.85%
10	石榴	3.77	− 89.42%
11	柠檬	3.73	− 75.96%
12	西柚	3.56	− 87.50%
13	蓝莓	3.52	− 86.54%
14	樱桃	3.44	− 89.43%
15	椰子	2.93	− 90.39%
16	枣	2.39	− 94.23%
17	李子	2.17	− 94.23%
18	杏	2.13	− 95.19%
19	西红柿	2.06	− 96.15%
20	橄榄	1.31	− 100%

如此说来，对于水果而言，苹果比西红柿具有更高的认知和传播价值。虽然它们都可以算是大家"记得、熟悉、喜爱的符号"，也都可以

---

1 净推荐值（NPS）＝（推荐者数／总样本数）×100%－（贬损者数／总样本数）×100%。其中，推荐者是指评分为9~10分的，而贬损者则是指评分在0~6分的。

在一定程度上激活消费者关于水果的记忆，但苹果比西红柿更接近水果的理想典型，因此当消费者一旦受到水果概念的引导时，苹果就比西红柿更容易被认知加工并完成理解。

鲜丰水果（见下图）使用了"苹果"作为品牌图形的基本意象，不仅仅是占领了大家"记得、熟悉、喜爱"的符号，而且由于苹果非常接近水果的理想典型，因此可以更加符合人们对于水果的假设、期望等，从而让鲜丰水果的品牌图形具有极强的"易识别性"特征。

（五）品牌图形的消费者期望

如此看来，品牌图形的"创意"，并不是一味地追求新颖，追求与众不同，而是要"善与人同"，即符合人们的假设和期望，从而让品牌图形具有更强的易识别性。正如华杉、华楠指出，品牌图形"要让人一目了然知道你是做什么的，食品就要像食品，药品就要像药品，银行就要像银行，航空公司就要像航空公司"。这些可以直接"看到"行业特性的图像，极大地节约人们知觉的成本，让人在瞬间完成搜寻、理解、记忆的过程。

让我们结合制药企业来进一步说明：毫无疑问，当谈到制药企业，自然会快速联想到"药"。虽然药的外观形态非常多，诸如片剂、冲剂、颗粒剂、散剂、胶囊剂（胶丸）、糖浆剂和水溶液、栓剂、软膏及乳膏、注射剂和粉针剂，但当我们想到"药"时，最容易形成的"心理意象"往往是胶囊式的小药丸。有趣的是，就在笔者在键盘上敲下"yao"时，搜狗拼音输入法直接把这个图形显示在"药"字之后。套用前面所说的"典型理论"，这种胶囊式的小药丸图形非常接近"药"的理想典型。因此，它当然可以在一刹那之间让人从这个图形中"看到"药的意义。

正是因此，益佰制药借用了胶囊这个基本图形，只不过前者用阿拉伯数字 100 组成胶囊形状（见上图）。对此，很多人会认为制药企业都用胶囊，会不会太没创意了？华杉和华楠的回答直指问题的要害："我不觉得没创意。因为创意的目的是解决问题，不是得到一个'创意'。""很多人在做设计的时候，总是想跳出行业属性来设计，因为他觉得跟同行太像太没创意。那为什么不把公司名字里的制药公司、航空公司、银行这样的字删掉呢？那不是跟同行更不一样、更过瘾吗？"

尽管我们看到的未必是我们想看到的，但对于我们想看到的，我们更加容易看到。也就是说，符合我们假设和预期的图形，更容易被我们的知觉加工。作为品牌营销传播的重要工具，品牌图形应该尊重消费者的知识经验，并顺应消费者的假设和期待，才能有效地降低营销传播的成本，提高营销传播的效能。

三、品牌图形的自明性

当然，品牌图形的功能不仅仅是"识别"，更重要的是表意。事实上，符号就是用来表意的：没有无意义的符号，也没有无符号的意义；符号与意义之间存在着一种锁合关系。关键是，图像作为符号，它与意义是如何锁合的呢？

（一）基于像似性而具有的透明性

要回答这个问题，必须先回到图像最为稳定的突出特征——像似性。符号学者胡易容认为，图像是"以人类视觉经验为原型，以像似性为基本特征的意义知觉形式"。从图像的字面义来说，"图"是对象物，"像"本义为相似，引申为比照人物制成的图画或雕塑的法式；随着文化的发展与字义内涵的丰富，"图"逐渐由绘制图像演化为有心理活动含义，但"像"作为一种对象与原物之间的关系特质一直没有改变。

正是因为它暗含着对象与原物之间的关系特质，让图像符号具有自然理据性。这种自然理据性，又常被称为透明性（transparency），即从符号载体可以直接"看到"意义。可以说，但凡是图像，就具有一定程度的"透明性"。这种图像符号的"透明性"在一定程度上就构成了我们这里所说的"自明性"。这是图像符号区别于语言文字[1]的根本特

---

1 索绪尔认为，"任意武断性"（arbitrariness）是语言符号的"第一性原则"。{费迪南·德·索绪尔. 普通语言学教程 [M]. 北京：商务印书馆，1980：104-105。}所谓"任意武断性"，是指逻辑上的"无逻辑联系"和社会心理上的"无需理据"。{赵毅衡. 符号学原理与推演（修订本）[M]. 南京：南京大学出版社，2016：64。}

点，也是图像符号具有的特殊价值（见下图）。

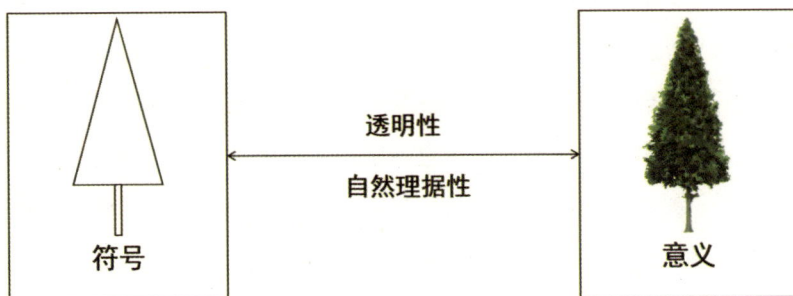

不过，在实际的使用过程中，图像符号的"理据性"会发生一定的变化。我们在上一节已经提到了两种不同的理据：一是"初度理据"，即符号本身的理据在符号发生时就已存在；二是"符用理据"，即形成于符号使用中，因社会文化、习规逐渐累积而成。套用皮尔斯对于符号类型的三分法，图像符号在实际使用场景中，可能倾向于作为指示符（index）、像似符（icon）、规约符（symbol）之一，而使其"符用理据"呈现出不同的偏向。

正是这个原因，超级符号理论比较偏爱使用那些图像"像似符"作为品牌图形，根本原因在于这类图像能较好地"再现"对象，具有极高的"透明性"和"自明性"；至于图像"指示符"，因为更多地作为"记号"功能，如果作为品牌图形，往往需要进行较大的、规模的投资，才能建立它与品牌之间的联系；至于图像"规约符"如果作为品牌图形，因为暗含的象征往往需要特定的文化经验，因此可能会造成图像的解释的困难，而带来对于图像理解的分歧。

（二）"三种意义"的分离与耦合

为了说明这种可能存在的分歧，我们要引入符号学理论中符号过程中的三种"意义"（见下图）："意图意义"（发送者）、"文本意义"（符号信息）、"解释意义"（接收者）。对于品牌图形来说，"意图意义"是指设计师力图通过图像符号的"编码"来编织进品牌图形的主观意图；而"文本意义"是指已经完成编码后的品牌图形本身呈现出来的意义；至于消费者在看到品牌图形之后形成的理解，则是品牌图形的"解释意义"。最理想的状态当然是"意图意义""文本意义""解释意义"三者之间的"耦合"，即"解释意义"等于（或接近）"文本意义"，同时等于（或接近）"意图意义"。

符号过程

| 意图意义
（发送者） | → | 文本意义
（符号信息） | → | 解释意义
（接收者） |

不过，著名的符号学者赵毅衡说过，在人类"正常"的符号活动中，符号过程中的三种意义经常是不一致的，且"三者不一致是常态"，因此"欲使它们之间保持一致，需要特殊的文化安排"。而超级符号理论正是这样一种"文化安排"，力图通过品牌图形的自明性来实现（或接近实现）三种意义的"耦合"。那么，超级符号理论究竟是如何实现这种"文化安排"的呢？在我们看来，主要包括两个方面：图像符号的"像似性"特征和图像设计的"逆向编码"。

如前所述，"像似性"是图像最为稳定的基本特征。图像的能指与所指之间保持着一定程度上的"像似性"关系。对于符号的"像似性"，符号学将其表述为"自然理据性"，也就是"透明性"（transparency）。换句话说，符号可以通过能指直接呈现所指，仿佛这个符号是"透明"的一样。当然，"透明性"是一个相对的概念，是一个由绝对透明与绝对不透明作为两个端点，而形成的连续渐变的状态。因此，不同的图像，其"透明性"程度并不相同：一般来说，如果图像比较具象，其透明性相对较高，对其意义的理解相对更加直接；如果图像比较抽象，其透明性相对较低，对其意义的理解相对困难。因此，超级符号理论偏爱那些相对具象的品牌图形，根本原因就在于其"透明性"相对较高，从而让符号过程中三种意义的"耦合"具备了更大的可能性。

至于品牌图形的"逆向编码"，则是指在品牌图形设计过程中，不以设计师的"意图意义"来主导或统摄，而是充分利用品牌图形的原生性特征，选用那些内生于文化底层的图像资源，即那些消费者记得、熟悉、喜爱的图形，同时充分尊重消费者对于图形的"解释意义"，运用消费者对于品牌图形的"解码规则"，来"逆向"对品牌图形进行"编码"，以实现品牌图形的"文本意义"与"解释意义"和"意图意义"三者的等同或接近等同。可见，所谓品牌图形的"逆向编码"，就是要求尽量克制设计自身的主观意图，用"解释意义"来主导"意图意义"，并统摄"文本意义"，从而推动三种意义的"耦合"。

（三）品牌图形设计的"逆向编码"

在此，我们以湖南电视台台标为例，来"反向"论证上述观点。这个由香港设计师邓昭莹创作的作品，简约、直观、生动，让人过目不忘、印象深刻。从创意设计的角度来说，无论是构图，还是色彩，抑或是寓意，都堪称出色。之所以称它"出色"，除了品牌图形设计本身的原因之外，还因为它与其他电视台台标相比而形成的显著差异。在当时，包括中央电视台在内的各大电视台，大都是以字母（包括英文字母和拼音字母）为基点，来发想和设计自己的台标。如中央电视台的CCTV 台标就是比较典型的案例。而邓昭莹打破了这种基于字母造型的设计模式，开创了我国电视台台标设计的新路径。公允地说，这个台标有力地支撑了"电视湘军"的崛起，并伴随着湖南广电事业的发展，成为享誉海内外的品牌图形。

根据网络公开资料，湖南电视台台标整体上是一个简约圆润的椭圆形造型，寓意着一只大眼睛。椭圆形的下方有一个小缺角，中间则镂空出一个纺锤形。这个纺锤形表示"米粒"，同时与左下方缺角一起呈现出的"鱼"轮廓，从而共同表达有"鱼米之乡"美誉的湖南；此外，整个图形为椭圆形缺角，象征着湖南三面环山、一面向水（洞庭湖）的地形特点；其环形部分的黄色与金色的色彩过渡，如初升之旭日，象征着湖南电视人求实、开拓、创新、向上的精神风貌。

显然，上述对于湖南电视台台标的阐释，可以理解为前文所说的品牌图形的"意图意义"，即设计师力图通过图像符号的"编码"来编织进品牌图形的主观意图，当然也希望该意义是品牌图形本身呈现出来的"文本意义"，并最终为广大观众所接受而成为该台标的"解释意义"。为了更好地说明问题，让我们进一步做一个简要的概括："鱼米之乡"作为该台标的"意图意义"，力图通过图形设计表达为该图形的"文本意义"，并力图传递给消费者而成为"解释意义"。

不过有趣的是，在启用该图标之后，"广大的观众和粉丝更觉得这是一个金灿灿的大芒果"，甚至反过来将湖南电视台称为"芒果台"。用完形心理学理论来解释，那就是"鱼米"的白色轮廓图形并没有从金色椭圆形图形里分离出来，因此人们更多看到的还是金色椭圆形图形，从而更倾向于形成"芒果"的理解。也就是说，湖南电视台台标并没有按照设计的最初意图，由"意图意义"（即"鱼米之乡"）来统摄"文本意义"和"解释意义"；而是在使用过程中，"解释意义否定了文本意义的存在"，并进一步"否定了意图意义的存在"，由"芒果"之义取代了"鱼米之乡"，即由"解释意义"主导了"文本意义"（见下页图）。

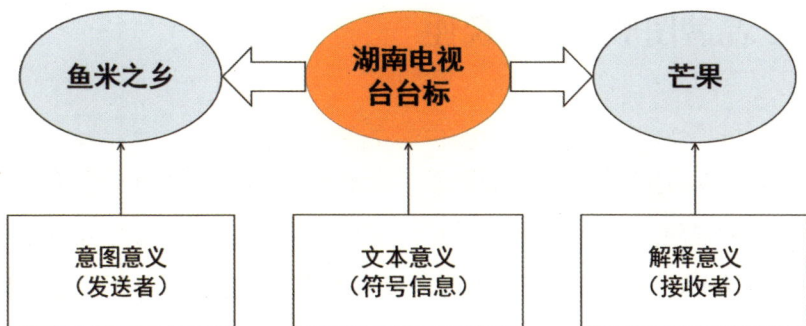

其实，品牌图形一旦生成，其意义的解释权并不在品牌方，更不是由设计师说了算。这正是不少所谓的"标志意义阐释"看起来有点"自说自话"的原因。要想根治这种"毛病"，唯一的办法就是在设计品牌图形时，要克制设计师的"意图意义"，充分顺应消费者的"解释意义"，用消费者的"解码规则"来"逆向编码"品牌图形的"文本意义"。唯有如此，才可能达成品牌图形三种意义之间的"耦合"。

当然，由于湖南电视台"顺应民意"，它的台标又成为极为成功的案例。估计是因为湖南电视台高层认识到一方面无法单方面改变广大观众对于该台标的"解释意义"；另一方面"芒果"作为"热带水果之王"，自身携带青春活力的意象，与湖南广电的形象与气质比较吻合。因此，湖南广电欣然接受了"芒果"这一"解释意义"，并先后成立了芒果传媒有限公司、芒果TV互联网视频平台等，让自己成为名副其实的"芒果台"。

从此，湖南电视台台标更是被广大观众不证自明地理解为"芒果"。时至今日，大多数人并不知道该台标"鱼米之乡"的原义，并深信自己明明看到的就是一颗"大芒果"。因此，我们认为，湖南电视台的台标事实上契合了超级符号理念的品牌图形"自明性"原则。当然它的这种"自明性"多少还有点偶然性，而超级符号理论主张对品牌图形"自明性"原则的自觉运用，让品牌图形的成功从"偶然"走向"必然"。

四、品牌图形的可言说性

如果以为品牌图形让人看到了、看懂了，品牌图形的任务就结束了的话，那显然还没真正领悟超级符号理论的精髓。在超级符号理论看来，品牌图形除了本身一定要具有强大的信号能量外，必须还要具有强大的传播势能，要能让消费者可以"看图说话"，从而推动品牌播传的发生，进一步放大信号能量。从这个意义上说，品牌图形还必须具备"可言说性"（ekphrastic）。

（一）不同符号之间的转换——ekphrasis

要理解品牌图形的"可言说性"，要先说清楚这里所说的"可言说性"对应的英文概念 ekphrasis。据学者们考证，ekphrasis 一词源于希腊语，是由前缀 ek 与词根 phrasis 组合而成。前缀 ek 表示"出来"（out），词根 phrasis 表示"说明、告知"（speaking），两者合在一起就是"说出或描述"的意思；其动词是 ekphrazein，形容词是ekphrastic，最初都是指借助语言进行的惟妙惟肖的描摹。

ekphrasis 一词最早出现于公元 3 世纪阿弗索尼斯（Aphthonius）编写的修辞学教科书《修辞初阶》（Progymnasmata）。该书是专门针对学生进行演讲的修辞训练，ekphrasis 特指演讲中对人、事、物进行的详尽而具体的描述。也就是说，早期的 ekphrasis 可以译为"语辞赋象"，特指一种口语修辞技巧，强调对视觉事物的口语再现能力，追求将"听者"转换为"观者"，以达成"图像化"再现的效果。

随着口语文明向书面文明的发展，修辞学从注重口语辩论技巧转而针对书面语言的修饰。荷马在《伊利亚特》中对阿喀琉斯之盾

（Achilles' shield）的长篇描述，被视作文学中"语辞赋象"的滥觞。人们通过阅读这些细致入微的文字描写，就可以在脑海中形成生动的画面，激发欣赏者的激情与想象，达到读文如见画的艺术效果。近两千年来，"语辞赋象"逐渐以体制化的形式固定下来，成为一种特定的文学样式。

伴随着"读图时代"的到来，语言文字不再占据绝对统治地位，ekphrasis 必须突破文学修辞的框架，而以"异符类象"来解释"图像世界"中跨媒介表意活动中的广义修辞现象。所谓"异符"即符号的异质性，包括跨越不同感官渠道的异质符号，以及同感官渠道的跨媒介形态的异质符号；而"类象"则是指异质符号通过感知机制对共同"心象"的唤起，从而形成超越符号物理形态的文化"共相"。

可以说，ekphrasis 是一个古老而又历久弥新的词语，从狭义修辞技巧到广义修辞学术语，其意涵随着时代的变迁而呈现出历时性演变。不过，从它的内核来说，有一点始终未变，即意义可以通过不同符号之间"转换"来实现沟通的可能。胡易容在研究 ekphrasis 时，就敏锐地注意到："相较于巴别塔寓言中的语言隔膜，异质的符号似乎是更难以逾越的障碍。"但"人类从未停止修建一座符号的巴别塔来跨越这种屏障——ekphrasis 就是这样一种不懈的努力"。

（二）品牌图形作为符号的"巴别塔"

其实，品牌图形何尝不是一种符号的"巴别塔"呢？品牌图形正是让企业、品牌与消费者可以跨越"语言"的屏障实现沟通的符号。正因为如此，前文我们已经讨论了品牌图形的三种意义，并主张以消费者的"解释意义"来引导"意图意义"和"文本意义"，从而实现这三者之间的"耦合"。换句话说，品牌图形的价值就在于"转换器"，将品牌的特点、理念、价值观等抽象概念"转换"为直观的图形图像；而设计师的任务就是"转换者"，运用其娴熟的图形"语言"能力，来力图将品牌的核心概念"转换"为具有自明性的图形图像。

但是长期以来，品牌图形的"巴别塔"局限于品牌与消费者之间，强调品牌的核心概念通过视觉化方式呈现给消费者，却未能将消费者与消费者"口碑传播"纳入品牌图形设计的视野。其实对于消费者来说，品牌图形即使很好理解，但如果"不可言说""无法描述"或"说不清楚"，就很难形成自发的"口碑传播"。而这样的品牌图形只完成了一半"转换"，即只完成了"视觉化"或称"图形化"，但却没有完成另外一半，即让消费者"说话"（见下图）。

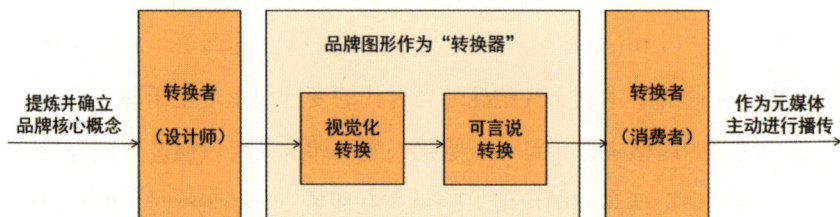

也就是说，超级符号理论认为，品牌图形不仅要让消费者直观并正确地理解，还要让消费者"看图说话"。这里的"说话"，就是指超级符号理论所倡导的"播传"。其实，消费者被超级符号理论视为重要的"元媒体"，具有强大而持续的传播影响力。可见，品牌图形的"可言说性"，就是要将消费者的角色"转换"为传播者，向周围的消费者主动传播，唯有此才能放大品牌图形的信号能量。

因此，超级符号理论主张，品牌图形在设计构思时，应该充分考虑消费者"看图说话"，主动地将这种"可言说性"当作品牌图形的重要原则。凡是不能让消费者"看图说话"的品牌图形，都是不合格的；只有那些能够让消费者可以脱口而出地描述的品牌图形，才具有强大的播传势能（见下页图）。

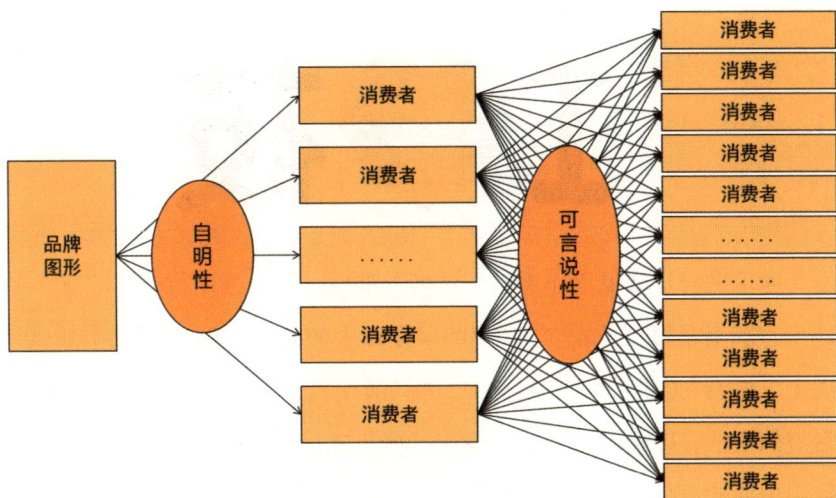

（三）西贝给品牌标识加注拼音

让我们结合西贝莜面村的案例，来进一步说明品牌图形的"可言说性"。莜面的学名为"燕麦"，是联合国推荐的十大健康食品之一，在中国也被列为第三主食。作为中国知名的餐饮品牌，西北莜面村矢志于推广"莜面文化"，让所有中国人乃至全世界的人都认识"莜面"、喜爱"莜面"。但是，一个严肃的问题摆在西贝莜面村的面前，很多中国人虽然知道燕麦，但大多并不认识"莜"字，不知道它念 yóu，不少人习惯性地把它读作 xiǎo。如此说来，"莜"字将成为西贝莜面村开展品牌营销传播的巨大障碍。

怎么办？没有别的办法，唯有突破"莜"的屏障，让大家认识了"莜"这个字，才有可能让大家接受并喜爱"莜面"。于是，西贝莜面村找到几乎所有人都可以脱口而出的一句话："I love you！"把它嫁接过来，即"I love 莜"。再用全球流行的图形——"我爱纽约——I ♥ NY"的心形标志，形成了"I ♥ 莜"的品牌图形（见下页图）。

　　为了进一步降低消费者的"转换"难度，西贝莜面村还在"莜"字的上方加上了拼音"yóu"。单纯从设计学的角度来说，在品牌图形上加上"拼音"（注音），堪称为一种"前无古人"的做法。但这种突破常规的做法，以极低的成本普及了"莜"字，破解了"莜"字读音这个营销传播的屏障。当然，它不仅让大家能够看懂，而且让大家可以"看图说话"，随口一句——"I love 莜（yóu）"，普及了"莜"字的读音，也推广了中国的"莜面文化"，进而让西贝莜面村成为家喻户晓的餐饮品牌。

　　面对广告行业中充斥的各种"陈词滥调"，诸如审美至上、追求新奇、神化创意等，超级符号理论旗帜鲜明地为设计和创意"祛魅"，还原设计"图像编织"的本质，并强调品牌图形必须服务于"提高营销传播效能"这个目标，建立起品牌图形的原生性、易识别性、自明性和可言说性"四项基本原则"，让品牌营销传播走进人类的集体潜意识，以最低的成本和最高的效能，唤醒图像与生俱来的文化原力。

第三节
品牌图形的超级符号方法

　　究竟我们应该如何设计品牌图形？超级符号理论是不是也可以提供一套可资借鉴的品牌图像设计方法？尤其是对于设计师来说，这个问题显得特别迫切且特别重大。

　　接下来，我们从流程的意义来说，将品牌图形的设计细分为三个阶段，即品牌图形的原型性挖掘、品牌图形的私有化改造和品牌图形的仪式化呈现。当然，这三个阶段并不是彼此分离的，而是相互衔接、不断循环的。并且在最后提供一套最为原理级的设计方法，即"拼接"。这些都是超级符号理论延展出来的设计"心法"。

一、品牌图形的原型性挖掘

　　"原型"（Archetype）是荣格分析心理学的重要概念。荣格将集体潜意识与个人潜意识区分开来，认为集体潜意识完全通过遗传而存在，具有强大的心理能量，能够改变我们的生活，并创造历史。而原型作为集体潜意识的主要内容，具有先验的规范作用，是决定人们一切活动的最根本因素。

当然，荣格的"原型"概念其实具有多义性，既可以指那些"抽象的原型"，又可以指"某些具体的典型（Prototype）"，因而形成了原型性的不同层级。据此，超级符号理论将所说的这些"原型性挖掘"划分为三个层次，分别为追根溯"原"、按型索"图"、借之于"公"。

（一）追根溯"原"

所谓追根溯"原"，就是指挖掘抽象原型。这里所说的抽象原型，就是人类心理结构中最古老的"印记"，反映了人类普遍的、共同的认知规律，具有图式思维的特征，因而具有超越时空、跨文化传播的巨大能量。

在荣格看来，善于运用原型是一切伟大艺术成功的秘密，也是伟大作品产生持久影响的秘密。"一个原型的影响力，不论是采取直接体验的形式还是通过叙述语言表达出来，之所以激励我们是因为它发出了比我们自己的声音强烈得多的声音。谁讲到了原始意象谁就道出了一千个人的声音，可以使人心醉神迷，为之倾倒。与此同时，他把他正在寻求表达的思想从偶然和短暂提升到永恒的王国之中。他把个人的命运纳入人类的命运，并在我们身上唤起那些时时激励着人类摆脱危险、熬过漫漫长夜的亲切的力量"。

在此，我们不妨借用"母亲原型"来展开论述。在荣格看来，母亲就是最常见的原型之一，母亲原型源于人类寻求滋养和保护的集体潜意识，而这点决定了该原型呈现的方向性。母亲原型的具体意象十分丰富，可以是个人的母亲、祖母、岳母，也可以是女神、圣母马利亚；可以是乐园、天堂、圣耶路撒冷；还可以是教堂、城市或乡村、大地、树林、海洋；还可以是象征丰饶的羊角、花园、犁过的田野，或者岩石、洞穴、树木、泉水、深井、洗礼用的各种圣水盘，甚至玫瑰和莲花之类的容器状的花，曼陀罗图案或魔圈，当然还有子宫及子宫状的物品，最后还有奶牛、野兔等动物。总之，所有这些意象虽然看起来各异，但我们可以从中发现一个共同的指向，即这些意象都暗含或象征着赎救、献身、肥沃、丰饶、保护、帮助这类意义，而这些都是所有人类心中存在的集体潜意识。

其实，一些品牌就有意或无意地暗合了"母亲原型"。大家熟悉的"老干妈"，就携带着这种原型的"心理印记"。1989 年，42 岁的陶华碧迫于生计，做起了凉粉和冷面的小生意。尽管自己的生活异常窘迫，但她一直格外照顾那些"穷学生"。于是，这些学生心怀感恩，总是亲切地称她"老干妈"。原本作为辅料赠送的豆豉辣酱，出乎意料地受到了顾客的欢迎，于是陶华碧将原来的"实惠饭店"更名为"贵阳南明陶氏风味食品店"，主营辣椒酱系列产品。之后，她制作的辣椒酱供不应求，连街道和工商局都来游说她办厂，但她放心不下那些穷学生，一直拒绝放弃餐馆经营。直到受她照顾的学生都参与到游说的队伍，陶华碧才决定开办辣酱厂，并沿用了大家对她的称呼——"老干妈"。

如今的老干妈年销售额超过 54 亿元，成为国内最大的辣椒制品生产企业。但"老干妈"依然"踏实苦干、本本分分"，"坚持品质至上，对每一颗辣椒、每一粒黄豆等原料都精挑细选"，"酿造出消费者最满意、最熟悉、最认可的味道"。这种"味道"不是单纯的味蕾感受，而是"妈妈的味道"。在我们看来，老干妈契合了"母亲原型"，平凡、真实、坚韧、伟大。这个原型镶嵌在人类集体潜意识之中，携带着巨大的心理能量，具有跨越文化实现沟通的能力。也许正因为如此，"老干妈"（Lao Gan Ma）这么一个绕口的品牌名称，似乎并没有阻碍它在海外市场的"走红",还被亲切地译为"Godmother"。难怪有人曾如此评价:老干妈从不打广告,没有银行贷款,靠着一瓶小小的辣椒酱,年销售几十亿,甚至成为拯救中国留学生的"圣母马利亚"。

　　可见,如果不从"母亲原型"去理解老干妈,那么就很难对它作出正确的评价。一些所谓的"专业人士"说起老干妈时,经常会有各种"吐槽",认为它的品牌图形太"土气","黑色的字体,配上陶华碧的围裙照,一用就是 20 多年,从未更换过"(见上图)。甚至有好事者,还义务对它进行优化:将具象的人物改成了抽象的线条,并对发型和五官做了美化,突出了唇形、睫毛,"凸显出了老干妈的时代气质"。其实只要用"母亲原型"来看,就知道这种"优化"或"美化"是多么荒谬!在每个人的心中,母亲总是那么朴实无华,一如陶华碧其人,也一如老干妈的品质。这就是"原型"的力量。

　　经过数百万年的发展,人类已经沉淀下来无数的原型,从而为品牌营销传播准备了取之不竭的原型资源。正因如此,近年来在商业—市场营销方面,出现了一种研究神话原型的热潮,并由此催生了实用性很

强的、运用文学原型的品牌创意理论，给传媒广告业、形象设计和市场
开发方面的从业者带来不小的震动。其中，美国女学者玛格丽特·马克
（Margaret Mark）和卡罗·皮尔森（Carol S. Pearson）通过对世界各
大知名品牌的研究，以四种动机为依据，总结出了 12 种品牌原型，为
品牌营销传播提供了一套追根溯"原"的具体方法（见下表）。

动机	原型	座右铭	范例
独立与实现	天真者	自在做自己	可口可乐
	探险者	不要把我困住	星巴克
	智者	真理将使你解脱	邦诺书店
冒险与征服	英雄	有志者事竟成	耐克
	亡命之徒	规划就是立来破的	哈雷
	魔法师	梦想成真	万事达卡
归属与享受	凡夫俗子	人生而平等	钍星（Saturn）
	情人	我心只有你	香奈儿
	弄臣	如果不能跳舞，我就不要和你一起革命	百事可乐
稳定与控制	照顾者	爱邻如己	康宝浓汤
	创造者	想象得到的，都能创造出来	芝麻街
	统治者	权力不是一切，而是唯一	IBM；凯迪拉克

在他们看来,"原型是集体意识和个人意识中的强大力量"。"这些原型可以被视为这些人的'预设模式',就好像某个电子邮件软件或文字处理软件是你电脑的预设程式似的";"一个人一旦接触到了包括文学、艺术、电影、电视或广告等外在环境中的原型意象,一阵子之后,便常常会有某个原型从沉睡的状态进入作用的状态。广告中的原型意象能唤醒某个原型故事,就像你在电脑荧幕上按下某个图示便会开启某个程式一样"。

当然,上述 12 种品牌原型是基于西方文化而作出的总结。如果要应用于中国的市场实践,恐怕还需要进行修订或改造。不过在我们看来,这种回到文化母体、挖掘原型的思路,与超级符号理论的核心主张基本一致,因此对品牌图形的设计极具启发意义。

(二) 按型索"图"

对于设计师而言,原型理论多少显得有些抽象。即使是 12 种品牌原型,也似乎更适合于品牌战略决策;对于品牌图形的设计方法却似乎没有给出什么具体的指导。

在我们看来,抽象原型总需要用具体的图形或图像来表现;在不同的文化场域中,同一原型的具体表现形式往往不同。因此不妨根据"原型"来寻找特定的图形,即挖掘已有的图像资源,以实现与特定文化族群的沟通。这就是按型索"图"。

由于图像源于人的具体社会实践以及由此创造和正在创造的人类文化,因此在特定的文化语境下,往往需要借用特定文化族群熟悉的图形,以更加容易形成识别、获得认同。当然,越是古老的图形,越能反映该文化群体的原初认知,因而越容易被识别,也越容易被认同。在中国,中华民族的传统文化提供了取之不竭的"意象"资源;而对西方而言,希腊神话则往往成为品牌图形"原型"资源的重要源头。

　　以星巴克为例，它的美人鱼"原型"取自希腊神话中的海妖塞壬（Siren）。塞壬最初被描绘成半人半鸟，后来才演变为双尾美人鱼（见上图）。对于熟悉希腊神话的人而言，海妖塞壬是一个有魅力的文化符号。在荷马史诗《奥德赛》里，女神喀尔告诫奥德修斯，当他们通过欲望之海时，海妖塞壬就会发出婉转曼妙的歌声引诱路过的航海者，致使航船触礁沉没。因此，奥德修斯决定用蜂蜡堵住同伴的耳朵，并将自己绑在桅杆上，以此克制欲望、抵御诱惑，最终成功地渡过了危险海域。可见，海妖塞壬在西方文化中一直是性、爱、欲、诱的象征。

Twin-tailed siren (15th century).

　　海妖塞壬所携带的这种文化意义，契合了星巴克最初对于咖啡文化的定义——一种引诱人们放纵的愉悦之物，某种意义上也有诱惑的成分在其中。因此，星巴克在 1971 年第一次启动品牌图形时，西雅图的年轻设计师泰瑞·赫克勒（Terry Heckler）就颇得"按型索图"的要领，直接借用了一幅 15 世纪斯堪的纳维亚的双尾美人鱼木雕图案，将星巴克海妖设计成美人鱼形象。她头戴皇冠，赤裸着乳房，双尾清晰可见（见上页图）。

　　我们一再强调，所谓设计本质上就是图像的编辑；所谓创意，本质上是对已有图像资源的征用和占有。人类文化经过了不断的"编码和再编码"，已经为我们准备了取之不竭的原型意象和图像资源。作为品牌营销传播的重要环节，品牌图形的设计，与其要去创造什么、创新什么，还不如回到文化母体，寻找原型，并"按型索图"，才能以最小的成本，实现最大传播效能。这本应该是营销传播的基本常识，也更应该是品牌图形设计的基本方法。

　　让我们再回到星巴克，对于不熟悉西方文化的人来说，海妖塞壬的图像实在很难说得上性感或诱惑。也许正因为如此，1987 年星巴克对其品牌图形做了调整，隐藏了原来赤裸的乳房，淡化了分叉的双尾，简化了头上的皇冠；1992 年塞壬的形象被隐去了下半身，脸部被特写，凸显出精致的五官，双尾虽然被保留下来，但更多是装饰性功能；到了2011 年，环绕周围的英文名称也被去掉了，图形变得更加简洁了，美人鱼头像则更加突显出来（见下图）。

之所以有这样的调整，其原因并不难解释：伴随着星巴克在全球市场的拓展，海妖塞壬这个来自希腊神话的形象未必能够被不同文化族群

所认同，因此星巴克开始弱化塞壬这个原型，而强化全球共享的"美人鱼"的意象，以获得更强大的跨文化传播能力。如今，大家熟悉的星巴克品牌图形只是一条长发飘飘的美人鱼，几近完美的五官和轮廓，衬在绿色的底纹中，分外妖娆。

（三）借之于"公"

这里所说的借之于"公"，是指挖掘公共图形的图像资源。所谓公共图形，是指那些经过较为广泛的社会实践而约定俗成的图形。这类图形无须专业培训或训练即可理解，具有极强的通用性和普适性。

虽然说这些公共图形具有通用性和普适性，但它们最初却并没有"标准"的样式，而往往基于人类共同的视觉经验，甚至部分通过遗传而获得。这些图形接近于荣格所说的抽象"原型"。在此，我们不妨再次以"圆"为例来加以说明。正如前文所述，"圆"是人类最为重要的原型之一，"它从各个方面表示了心灵的完整性，并且包括人类和整个自然界的关系"，"总是指出生命最为重要的方面——根本的统一"，无论是中西方，都天然具有和谐、完满之义。

因此，许多品牌都喜欢借用"圆形"，作为品牌图形的基本造型。如奥迪的品牌图形就是由四个圆环组成（见下页图）。据称，这四个圆环代表 1932 年合并为汽车联盟股份公司（Auto Union AG）的四家公司，即奥迪公司（Audi）、漫游者公司（Wanderer）、霍希公司（Horch）以及小奇迹公司（DKW）。每个圆环象征着其中一家公司，四个圆环连接则象征着四家公司的团结。这是不是正合了中国的一句话——"兄弟同心，其利断金"。可见，"圆"作为最基本的公共图形，虽然看起来只不过是简单的几何形状，其实暗含的"团圆""和谐"是具有通用性和普适性的象征意义 [1]。

有趣的是，大量的产品也被有意无意地设计成"圆形"，如药片、糖果、饼干、杯子、闹钟等。当然，之所以设计成"圆形"，有些是因为产品生产工艺、包装等的需要，有些则似乎是沿袭"惯例"，仿佛是产品与生俱来的"规则"一样。值得一提的是，一些品牌还将这种"圆形"的产品造型，上升到品牌策略的高度，使之成为特有的品牌图形。宝路糖就是经典的案例（见下页图），它一直将它的薄荷糖做成"救生圈"[2]的模样，并始终强调自己是"有个圈的薄荷糖（The Mint With The Hole）"。随着长期的积累，这个"圈"被宝路糖"符号化"，成为自己专属的品牌图形。

---

1 圆形是人类最喜爱的简单形状。只要观察汽车品牌就会发现，它们的品牌图形大多偏爱圆形。如：奔驰、宝马、沃尔沃、欧宝、大众、别克、菲亚特、斯柯达、萨博等，都使用了圆形作为基本轮廓。

2 第一个做出带"圈"的薄荷糖厂，是一个叫作Life Savers（救生员）的薄荷糖品牌。当时为了解决糖果在夏季容易融化的问题，人们想到了将硬糖与薄荷结合，这样不仅耐热，而且能为人们在夏季带来清凉的口感，这种新型糖果就叫"Life Savers（救生员）"。其实，这种薄荷糖起初是不带圈的，但中间没有洞的薄荷糖因为容易卡在小孩的喉咙里，造成了一些"薄荷糖事故"的发生，因此 Life Savers（救生员）开始将薄荷糖做成"救生圈"的形状。—.宝路薄荷糖中间为什么有个圈？[EB/OL]. https://www.sohu.com/a/235505871_100005808, 2018-06-12.

到了当代，许多通用性、普适性的图形，开始被纳入标准化的公共图形体系之中。最早进行这种标准化尝试的是奥地利社会学家奥图·纽拉特夫妇发布的国际印刷图形教育体系 ISOTYPE（International System of Typographic Picture Education）。以此为起点，经过近百年的发展，形成了包括国际公约[1]、国际标准、国家标准[2]等在内的庞大的公共图形符号体系。这些公共图形符号被广泛地应用于公共场所、建筑物、服务设施、方向指示牌、平面布置图、信息板、车站站牌、时刻表、出版物等领域，"用图形传递信息"，成为一种无须翻译和解释的

---

1 如《国际道路交通公约（日内瓦）》就是于 1949 年 9 月 19 日在瑞士的日内瓦召开的联合国道路与机动车运输会议上签订的国际间关于道路交通管理的多边条约，规定了各签约国在道路上设置的标志和信号需一致，并要限制交通标志的设置数量和种类，禁止在交通标志上附加通知与广告。

2 如我国于 1983 年制定了第一个公共信息图形符号国家标准 GB3818-1983《公共信息图形符号》；1988 年制定了第一个 GB10001 的国家标准 GB10001-1988《公共信息标志用图形符号》；1994 年 GB10001 首次修订，将上述两个国家标准整合为 GB10001-1994；2000 年对 GB10001 进行了第二次修订，并将标准名称改为《标志用公共信息图形符号》，并确定将 GB/T10001 分为多个部分，按系列发布的指导思想；2006 年完成了 GB/T10001.1-2006《标志用公共信息图形符号 第 1 部分：通用符号》和 GB/T10001.2-2006《标志用公共信息图形符号 第 2 部分：旅游休闲符号》两项国家标准的修订工作，并制定了两项新的国家标准 GB/T10001.5-2006《标志用公共信息图形符号 第 5 部分：购物符号》和 GB/T10001.6-2006《标志用公共信息图形符号 第 6 部分：医疗保健符号》。

全球性视觉符号。

在这些公共图形符号体系中，大量使用了镶嵌在视知觉底层的简单图形。如三角形、圆形、方形等，并用来表达不同的意义。国际性公共图形的广泛应用，反过来进一步强化了这些简单图形的"原型"作用。因此，超级符号理论非常重视对于这一类公共图形的挖掘，并认为它们具有极强的视觉冲击力和广泛认同的象征意义。

"鲜啤30公里"是占有公共图形的经典案例。"鲜啤30公里"的故事要从乐惠国际讲起：乐惠国际是一家从酿造到罐装，并提供全套设备安装，提供"整厂交钥匙"服务的工程装备公司，2017年在上交所挂牌上市。

40多年来，中国啤酒经历了三个发展阶段：20世纪80年代是普及期，啤酒实现国产化之后，需求量迅速增长，各地开始兴建啤酒厂，燕京啤酒成为销量冠军；到2002年，中国成为世界上最大啤酒消费市场，进入扩张期，形成华润、雪花、青啤、百威英博、嘉士伯的争霸局面，用低价策略抢占渠道，部分地方啤酒厂退出舞台，在这样的竞争环境下为了降低成本，厂家开始替换酿造原料；为了满足全国范围销售，通过高温杀菌的方式拉长保质期，导致啤酒酒味越来越淡，2014年起产量连续4年下滑；与此同时，中国酒吧开始出现"自酿"啤酒，2008年第一家专业啤酒工坊在南京创立，"精酿"越来越火，精酿啤酒品牌扎堆。这意味着中国啤酒的"水啤"时代结束，亟待一场啤酒"革命"。

基于此，乐惠国际CEO黄粤宁提出"让中国人喝上真正新鲜的好啤酒，让每一座城市都有一座新鲜啤酒厂"的战略。经过30年的发展，乐惠国际已经成为国内第一、世界第二的啤酒酿造设备龙头企业，其所积累下来的最大禀赋，就是国内首屈一指的建厂能力，能够实现相对同行较低成本的设备供应。目前已经在长三角地区建成上海佘山、宁波大目湾两家酒厂，目前计划产能13 000吨/年，杭州余杭酒厂、南京酒厂、上海浦东酒厂正在规划建设中；公司目前在广州、长沙、成都、昆明等城市积极推进城市酒厂的落地，目标在每一座城市建厂，把酒厂酿造的啤酒最近距离地送到消费者桌上，让国民能够喝到新鲜的精酿啤酒。

因此，乐惠国际给自己的精酿啤酒取了一个新名字——"鲜啤30公里"。显然，"30公里"指车程距离，而车程距离在大众认知中，记忆最深的就是公路牌；而且在全世界不同国家，都有这种标志，都是同一种含义。于是，"鲜啤30公里"的品牌图形提取了公路牌的基本元素，结合品牌名和啤酒杯的造型，体现出它的产品类别属性；同时，为了突出啤酒的"新鲜"，品牌图形还增加了交通标线，让消费者在意识阈限之下产生"速度感"，从而有效地传递"时效性"的特点（见下图）。

如此说来，品牌图形的原型性挖掘，就是一种回到母体、寻找设计方案的基本方法。超级符号理论坚决反对片面追求新奇、美而作的"唯

新病"，"设计"的目的是服务于品牌营销传播；而品牌营销传播始终离不开降低营销传播成本，提高传播效能，因此品牌图形的设计当然应该回到文化母体，在各种层级的原型中寻找已有的图像资源，"征用"那些"人们本来就记得、熟悉、喜欢的符号"。说到底，广告设计本质上就是基于文化原型的"组合编织"。

二、品牌图形的私有化改造

我们前面着重讨论了品牌图形对于原型的挖掘，即回到文化母体，寻找镶嵌在人类文化记忆之中的图像资源，去征用"人们本来就记得、熟悉、喜欢的符号"；接下来，我们还要进一步讨论如何对这些图像进行"私有化改造"，以最终达到"占有"的目标，使之成为专属于品牌的品牌图形。

法国哲学家让－保罗·萨特曾经说过，"人永远是讲故事者：人的生活包围在他自己的故事和别人的故事中，他通过故事看待周围发生的一切，他自己过日子像是在讲故事"。可以说，讲故事是人生在世的本质特征，也是人类最基本的生存方式。基于此，超级符号理论主张品牌图形的"私有化改造"，一方面是对品牌图形进行设计学的"改造"，并从法律意义上获得排他性的占有、使用、处分权；另一方面是要为品牌图形创造叙述学意义的"特征"，给品牌图形赋予"讲故事"的能力，从而让其具有强大的符号势能和传播势能。

在超级符号理论看来，设计学意义的"改造"只是"私有化改造"的基本要求；赋予品牌图形"讲故事"的势能，才是"私有化改造"的关键所在。在此，我们从三类故事入手，为大家提供"私有化改造"的三条路径。

（一）改变比例：吸附前故事

所谓"前故事"（pre-stories），其实是指品牌图形的"原型"故事。品牌图形可以通过改变比例，放大某些"特征"，来激活受众的"完型心理"，从而吸附它从文化母体带来的原初故事。

套用赵毅衡对伴随文本（co-text）的分类，"前故事"相当于"前文本"（pre-text），即"一个文化中先前的文本对此文本生成产生的影响"。在赵毅衡看来，"前文本是文本生成时受到的全部文化语境的压力，是文本生成之前的所有文化文本组成的网络"。

不过，对于超级符号理论来说，"前故事"相对比较具体，它直接来源于文化母体中的"原型"；同时，它形成的不是"压力"，而是一种"动力"，是可以被品牌图形吸附的符号势能。当然，这些势能可以通过品牌图形放大的"特征"，被消费者敏锐地认知并激活。

以天猫为例。"天猫"原名淘宝商城，英文名 Tmall，是阿里巴巴集团旗下的综合购物网站，于 2012 年 1 月 11 日正式宣布更名为"天猫"，同时向全球发出"英雄帖"：以 60 万元的重奖，征集天猫 logo 及吉祥物设计。此后的 2 个多月，天猫共收到 1.2 万多件来自网友及专业设计团队的作品。最终，T 字形大眼睛黑猫形象脱颖而出。

只要稍加观察就可以发现，黑猫的比例严重失调，整个造型"头重脚轻"，头部特别大，尤其眼睛占了头部的 2/3，而身体则显得格外短小。也正是这个原因，这个图形在各种应用场景中经常被省略下面身体部分，只留下一双炯炯有神的大眼睛仿佛一只调皮的黑猫趴在窗口偷瞄一样。这种通过改变原型比例的方法，放大了头和眼睛这些局部的特征，反而可以激发人们的"完型心理"，去"脑补"各种与"猫"有关的知识和经验。

T 字形大眼睛黑猫形象的"原型"究竟是什么？天猫并没有给出系统的官方解释，但人们更愿意在只言片语之中寻找到一些蛛丝马迹：

其一，天猫当然可以吸附猫这种动物的"原型"特征。猫已经被人类驯化了三千多年，但却始终保留着"独立"而"神秘"的特质。阿里巴巴集团首席市场官（CMO）王帅在一份致全体员工的公开信中称"猫性感妖娆"，而"妖娆是一种说不出来的特别的性感时尚"；"猫有品位和性格"，"猫天生挑剔，挑剔品质，挑剔品牌，挑剔环境"。

其二，黑猫携带着"辟邪招财"的民俗意涵。在陕西岐山南北朝时期的窟龛群中，就发现过1600多年前的招财猫雕像。对于天猫和众多店家来说，"招财"那当然是好"彩头"，可谓"大吉大利"。王帅的原话也有此意："猫总是跟很多传说分不开。但是猫充满智慧和神秘色彩。猫有九命，我们也知道未来路上我们有九九八十一难才能走到102年。我们愿意跟这只可爱的精灵一起行走江湖。"

当然，更有网民"火眼金睛"，发现了它与100元人民币上的"跪拜猫"有惊人的相似之处："一只猫"张嘴直立着，眼睛大若铜钱，前肢舒展；旁边"两只猫"举起前爪，做跪拜状。对此，中国人民银行回复称，所谓"跪拜猫"图案实为湖北江陵县雨台山出土的战国时期漆器上的图案，"据专家称可能是几何纹云图案，但具体是什么，有待考古专家论证"。

这些"街谈巷议"似乎大多只是猜测，但无论真假或对错，被广大网民们津津乐道而成为天猫品牌的"前传"，给天猫平添了几分神秘色彩。超级符号理论坚持认为，从来不存在什么纯粹意义的"原创"，设计只不过是"组合编织"，其中最为直接的方法就是改变原型比例，放大某个或某些局部特征，让大家感到非常熟悉，即是"人们本来就记得、熟悉、喜欢的符号"，让品牌图形携带着巨大的符号势能；同时又让大家觉得有些陌生，驱动人们的"完型心理"，激活储存在人们记忆之中的知识和经验，使品牌图形具有巨大的传播势能。

（二）制造缺陷：注入副故事

所谓"副故事"，是品牌图形在生产和使用过程中，由品牌方通过给品牌图形制造的"缺陷"，来主动赋予品牌图形的故事。它是品牌个性战略规划的重要体现。"副故事"（para-stories）相当于是赵毅衡所说的"副文本"（para-text）。

赵毅衡认为，"副文本"是"文本的'框架因素'，如书籍的标题、题词、序言、插图、出版文本、美术的裱装、印鉴装置的容器，电影的片头片尾，唱片的装潢，商品的价格标签，等等。副文本往往落在文本边缘上"。有学者认为，"副文本"对于其他文本来说是显现在外的伴随文本，很难体现在广告标志文本之中。

但笔者认为，"副故事"是可以在文本表现层显露出来的，只不过往往作为品牌图形的"缺陷"而存在；这些"缺陷"看起来似乎不是品牌图形的主体，但却可以作为一种"触发装置"，让品牌方具有"讲故事"的可能。而这些故事，就是我们所说的"副故事"。

以读客的"书单狗"为例：书单狗的任务是有点单调乏味的，它负责每天为读者推荐"书单狗牌书单"。如果只是一本正经地推荐书单，书单狗是绝对无法让人"爱上"它的。于是，书单狗被设定成这样的"Bad Boy"：段子手，有点"小痞、小贱"，还"爱吐槽、爱撩妹"，"偶尔装文艺扮高冷"。唯有这样，这份"无聊的工作"才会有点趣味。那到底在外形上，应该创造一个什么"缺陷"，才能把这种"Bad Boy"的"人设"表现出来呢？

经过反复的沟通和尝试，最终确定了书单狗的"缺陷"就是"断耳朵"（见下页图）。很多人好奇，为什么书单狗要断耳朵。好奇就对了，断耳朵能引起别人的思考。如果大家发出这样的疑问，书单狗就会回答："因为老板在人群中多看了我一眼，熊猫君就记恨在心，借口我吃他的蛋糕，扑上来就在我的耳朵上咬了一口。"也就是说，"断耳"被设定为熊猫君咬掉的。

断耳朵被设定为熊猫君咬掉的，但怎么咬是个难题。每一个看似简单的问题，背后都会有无数个考虑："被咬掉"的狗耳朵要一目了然，那是咬一半还是咬一小口？是撕扯的锯齿伤口，还是比较抽象艺术的三角缺口，或者是小半圆弧的缺口？另外，被咬的耳朵要不要有血迹？有血迹和真实伤口，但会显得血淋淋，可能会引起观感不适；而如果没有血迹，又少了真实感，会不会不够惨？毕竟我们的特征就是要明显。

最终，创作团队想到了用"绷带"。当然，问题又来了，绷带是全包还是半包？要不要再带点飘起来的布条，表现飘逸感……就这样，一个问题接着又一个问题，一次尝试接着又一次尝试，经过不计其数的细节打磨，最终大家看到的书单狗就拥有一个飘着布条的绷带耳朵。

如今，这条"小痞小贱"的书单狗，每天都在为 500 万粉丝推荐书单，还不忘给大家讲点段子，吐槽一下自己的"秃头老板"；当然，那根飘逸的绷带一直系在它的右耳上，仿佛是它永远也解不开的"心结"，也成了它永远被大家调侃的"梗"（见下页图）。

可见，与"前故事"不同，"副故事"不仅可以贯穿于品牌推广的全过程，表现出极大的延展空间，而且让品牌方拥有了更大的意义自主权。可以说，品牌推广本身就可以是品牌图形"副故事"的言说过程。只不过，人们越来越明白，人生之不如意十有八九，哪里有什么完美可言。"缺陷"反而让品牌显得可亲可近，从而让品牌图形具有更为强大的传播势能。

（三）增减元素：引导后故事

"后故事"（meta-stories）是品牌图形生成之后，基于品牌图形对于原型图像的元素增减，由消费者附会给品牌图形的故事。再套用赵毅衡的伴随文本理论，"后故事"相当于"元文本"（meta-text），即"评论文本"。

所谓"评论文本"，就是"关于文本的评论"，是文本生成后、被接受前所出现的评论，"包括有关此作品及其作者的新闻、评论、八卦、传闻、指责、道德或政治标签等"。不过，有学者认为，"评论文本"可以出现在文本生成之后，也可以在文本生成之前；可以在文本被接受之前，也可以在文本被接受之后。

与"前故事"和"副故事"不同，它的主动权看起来是由消费者掌握的。一方面，品牌图形通过元素的增加和减少，有效地激活消费者的知识和经验，让他们发挥自己的想象力，来主动地给品牌"讲故事"；另一方面，品牌图形在增减元素时，顺应消费者的"解码"方式，并以此为规则进行图像编码，从而让品牌图形的"后故事"在品牌方的可控范围内。

以苹果为例。苹果公司的第一个标志是由罗纳德·韦恩在1976年用钢笔绘制的（见下图）。它的灵感来自牛顿在苹果树下进行思考而发现了万有引力定律的故事。显然，传说中砸中牛顿的那个苹果，正是苹果名称及其品牌图形的"原型"。苹果想要效仿牛顿，致力于科技创新。

但乔布斯很快发现，这种太过写实的图形，在实际的应用场景中，显得过于复杂。于是，次年他找到雷吉斯·麦肯纳公司（Regis McKenna），请该公司艺术总监罗布·贾诺夫（Rob Janoff）帮忙重新设计苹果的品牌图形。根据贾诺夫的回忆，他当时给乔布斯提供了两个版本的设计稿，"一个是被咬过一口的苹果，而一个是没有咬过的。最初，乔布斯还是觉得这个 logo 太卡通、太可爱了些。但幸运的是，他最后选择了一个比较个性化的咬过的 logo。而根据那个形状，我又给了乔布斯很多其他图案的版本，如纯色的、金属的"（见本页最下图）。最终，乔布斯力排众议，选择了彩虹版的苹果图形（见下图）。

被咬了一口的彩虹苹果让江湖上开始流传起许多"传说"：有人觉得，苹果图形的一侧被咬的一口（a bite），就是"一个字节"（a byte）的意思；还有人认为，它是亚当、夏娃偷吃禁果的那一口，因此苹果象征着"伊甸园的黎明""被咬了一口的智慧之果"。

1998　　　**2001**　　　**2007**　　　**Today**

对于这些"传说"，乔布斯本人公开做出过澄清。贾诺夫在接受专访时也表示，不是象征《圣经》中"伊甸园的黎明""被咬了一口的智慧之果"……关于被咬了一口的实际含义其实就是这么普通，不过还是很高兴能有如此之多有意思的"巧合"。

人类对很多事情的解读，其实都是对未知的情节按自我设想来进行"脑补"，体现的是自身的愿望和情怀，而常常与真理和真相无关。不过正因如此，品牌图形的"特征"引导了消费者开启"脑补"模式，激活了他们天马行空的想象力，让他们参与到品牌传播过程，从而将品牌图形的符号势能和传播势能，转换成为品牌实际的传播力和影响力。

当然，在超级符号理论的框架下，无论消费者如何演绎这些"后故事"，都不会离开品牌图形本身，即品牌图形的"解释意义"并没有远离它的"文本意义"，更没有脱离它的"意图意义"；同时，"后故事"经常与"前故事""副故事"相互缠绕、难以分割，共同形成了品牌图形的信号能量和传播能量。

总之，在超级符号理论看来，品牌图形的设计应该远离"唯新病"，免除那些花里胡哨的"创意"，回归文化母体，去寻找那些为人所熟悉、喜欢的图像元素，来进行"组合编织"；同时，应该不限于单纯意义的设计艺术学范畴，在叙事动力学的推动下，让品牌图形成为品牌营销传播的"动力"来源。

三、品牌图形的仪式化呈现

品牌图形的"私有化"改造，除了征用和占有图像资源之外，其实还要考虑后阶段在营销传播过程中品牌图形的呈现问题。看起来"图形呈现"只是一个品牌图形的应用问题，在一些设计师的眼里根本不是设

计的任务。但超级符号理论坚持认为，"图形呈现"必须纳入品牌图形
设计的范畴之内。

在本书编写组看来，对于品牌"故事"的言说，本质上说是一种
"仪式化"的传播。这种"仪式化"的传播并不强调"讯息的传递"，
不关注"表层的认知、情感和行为的变化"，而注重"参与和体验"，
力求推动"深层的文化理念、意识形态的变化"。基于此，超级符号理
论主张，品牌图形设计不能停留在传播的"传递观"层面，而应该"始
终服务于最终目的"，将品牌图形的"仪式化"呈现考虑其中。

加拿大仪式学家格兰姆斯（Grimes）认为，"仪式化"（ritualiza-
tion）是仪式之肇始[1]，指"某些类型化、重复的"、具有"表演性的"姿
势和姿态。他从发生学的角度，将"仪式化"归结为动物因条件反射而
自然流露出来的固定姿势或姿态；只不过，当人类将自己的某种姿势或
姿态赋予意义，将它变成了交流的手段或表演的形式，使它的实用功能
退居次要地位，这种姿势或姿态就被"仪式化"了。

我国学者薛艺兵曾打过一个比方：当原始狩猎部落的一群人杀死一
只野山羊，将整只羊放在燃烧的火堆上烧熟后分食时，我们只会认为这
种行为是他们为果腹而进行的一次日常活动，不会把它当作一个仪式。
然而，当有一天这群人同样杀死一只山羊，用羊血洒地，将羊肉焚烧，
与此同时还跪拜天地，口中念念有词……显然，他们这次并不是为果
腹而进行的日常行为，而是超出行为方式的一次不寻常的活动——仪
式。也就是说，"仪式"活动的"不寻常"之处，就在于非实用的"表
演性"。

正因为如此，格尔兹（Clifford Geertz）将仪式理解为一种"文化

---

1 格兰姆斯在其所著的《仪式研究的起点》（*Beginnings in Ritual Studies*）一书中，根据仪式
的实际用途，将仪式划分为六种类型，即仪式化、礼仪、典礼、巫术、礼拜和庆典。其中，
仪式化是仪式的简单形态。任何非实用性的，富有象征意义的姿态、行为都可以包括在
内。参见薛艺兵. 对仪式现象的人类学解释（上）[J]. 广西民族研究，2003（2）：26-33.

表演"（cultural performances），并从仪式的表演性质来解释仪式表现宗教和塑造信仰的实质。对于仪式参与者来说，仪式的宗教表演其实"是对宗教观点的展示、形象化和实现"。如今，"仪式"早已超越宗教意义，包括日常生活中的仪规、礼俗、程序等，泛指"一系列正式的、具有可重复模式、表达共同价值、意义和信念的活动"。"几乎所有的群体性公开仪式都毫无例外地伴随着一系列的表演项目。一个仪式的一系列行为组合，就是一系列的表演组合"。仪式通过表演，以期达成意义的一致，并形成共享的文化记忆。

既然仪式的突出特征就是表演，那么仪式必然离不开舞台、演员、表演等核心要素。因此，品牌图形的仪式化呈现，可以从三个方面展开讨论，即品牌图形的人物化、道具化和动作化。

（一）人物化：以品牌角色为中心

所谓品牌图形的人物化，简单来说，就是要充分考量品牌图形转化为仪式化"人物"的可能性，从而为品牌"仪式化"传播奠定良好的基础。在超级符号理论看来，这些人物化的品牌图形就是"品牌角色"。之所以超级符号理论格外强调那些具象性的图形，根本原因就在于这类品牌图形天然携带着"人物"的原型；这些原型比较容易转化成为可感可触、可亲可近的"人物"。

这里所说的"人物"可以有两种理解：一是指狭义的"人物"，诸如企业或品牌创始人、神话传说中的人物，或由品牌虚构的人物等；二是广义的"人物"，泛指"人格化"的"物"，包括各种真实或虚拟的动、植物或物体等在内。这些"人物"常被通俗地叫作"吉祥物"。虽然从中文词义来看，"吉祥物"似乎专指"物"，但是其所对应的英文"Mascot"，源于法国普罗旺斯语"Mascoto"，却是泛指能带来吉祥、好运的人、动物或东西。

　　"吉祥物"是人类向往和追求吉庆祥瑞观念的物化表现，是"人性向物质东西的投影"。世界上几乎所有的民族、所有的文化，都有着各自的象征体系以及民族吉祥物，它建立在原始思维的基础上，并遵循着象征类比的推理模式，寄托着人类非理性的依赖心理。如今，吉祥物作为人类图腾崇拜的当代遗存，广泛地存在于各国、各地的社会文化生活之中。因此，吉祥物理所当然地被商业传播所征用，担负起品牌"仪式化"传播的重要角色，因而成为"品牌角色"的重要来源。

　　葵花药业的"小葵花"就是非常成功的案例（见下图）。"小葵花形象就是一个原型形象，把孩子的笑脸放进一朵葵花里，这是全世界人民都熟悉都喜爱的形象"。阳光、健康、可爱、"能干"，是妈妈们对孩子的共同期盼。在仅有 15 秒、56 个字的电视广告中，从头到尾除了中间一个妈妈问怎么办的镜头外，全部都是小葵花形象和商品包装，以及两个表现肺热及清肺热的镜头。当然，除了电视广告之外，"小葵花形象"还同时出现在包装上、陈列上以及各种终端拦截上。不久，"小葵花形象"与"小葵花妈妈课堂"一起家喻户晓，"小葵花"成为一个可识别、可信任的品牌角色。

　　作为品牌角色的"小葵花形象"，具有了"仪式化"传播的能力：它既无须详细解释品牌或产品讯息，也不用关注表层的认知、情感和行为的变化，只要她一出现，叫上一声"小葵花妈妈课堂开课啦"，

就足以唤醒妈妈们对"儿童用药的风险"的关注以及对"小葵花"的信任感。这个时候，"妈妈们"通常无须经过理性的分辨或审视，而是遵循着典型的"神话思维"，采用象征类别的推理方法，即"爱屋及乌"地推论：哪里有"小葵花"，哪里就有可信任的儿童药。事实上对于绝大多数"妈妈们"来说，孩子用药是太过专业的事情，那些所谓的"理性的分辨或审视"常常是徒劳无功的。因此，她们对于"小葵花"的信任，更多地来自对于"小葵花"价值观的认同。也许正是这个原因，"小葵花"才可以迅速成长为拥有小儿肺热咳喘口服液、小儿柴桂退热颗粒、小葵花露等 60 多个专业儿童药产品、品牌价值高达 80.30 亿元的儿童药品牌。

品牌角色往往作为"仪式"中不可或缺的"演员"，让品牌传播获得了极大的延展性。其实，只要再看看肯德基上校（见下图），即可深刻理解品牌角色的魅力。这位大胡子老爷爷，既可以出席各种大型的庆典活动，也可以出现在街边的门店店招上，还可以店内店外与消费者进行各种现场互动；它既可以在产品包装、海报、电视广告等几乎所有的媒体上现身，也可以制成"玩偶"（或称玩具、公仔等）走进消费者的家庭生活……总之，哪里有肯德基上校，哪里就有肯德基的"仪式"。这些"仪式"无限延展了品牌传播的空间和时间，让品牌图形成为品牌传播的"永动机"。

　　品牌角色的价值不只是局限于二维图形上，还可以用三维动画、实物模型的方式来呈现，让品牌图形获得极为广阔的空间，强化与消费者之间的互动，从而累积超级符号的品牌资产。

　　令人遗憾的是，一些设计师常常忽视品牌图形的仪式化呈现，而简单地将它们归结为品牌图形的应用问题，甚至不纳入品牌图形设计的考量范畴。他们忘了，所有的设计都要"以终为始"，设计当然要"服务于最终目的"。超级符号理论主张，"人物化"不仅应该是品牌图形设计的重要内容，而且也应该是品牌图形设计的重要方法。

（二）道具化：以品牌纹样为杠杆

　　所谓品牌图形的"道具化"，简单来说，就是要充分关注品牌图形转化为仪式化"道具"的可能性，从而为品牌传播创设"仪式化"的情境。

　　众所周知，任何品牌传播都不能脱离真实的生活场景，"仪式化"的品牌传播同样也没有独立的、格式化的表演空间，而只能依靠表演性的"道具"来营造仪式情境。当然，这些"道具"可以直接借诸一些公共用具或器物，但只有经过"私有化改造"才可能使这些公共用具或器物成为品牌专用、专属的"道具"。

　　说到这里，肯定会有人嘀咕，品牌角色本身是不是也可以作为"道具"呢？尤其是品牌角色模型、品牌角色玩偶等，难道它们不是"道具"？是的，它们确实也可以笼统地称为"道具"。不过，我们在前面讨论过，品牌角色大多是"人格化"的"物"，而具有了"人物"的特点，因此，我们认为即使它们作为"道具"，也与一般的用具和器物存在着根本的区别。

　　也就是说，我们这里所说的"道具"，更多地是指具有"物性"的用具或器物。当然，仪式中的用具或器物，类型实在太多样了。不同的仪式需要不同类型的"道具";即使是同一类型的"道具",也有不同的具体款式、型号。想要创新每一样"道具"来将它们"私有化",显然是一项不可能的任务。那我们不禁要问:有没有一种战略性工具,来对这些纷繁复杂的"道具"进行"私有化改造",从而一次性"占有"这些"道具"呢?更为重要的是,是不是可以通过这种战略性工具,让这些"道具"营造出品牌特有的"仪式感"呢?

当然有。在超级符号理论看来,这个战略性工具就是"品牌纹样"。所谓品牌纹样,是指品牌图形符号系统中,那些具有战略性意义的纹样。之所以称其具有战略性意义,是因为它不仅具有强烈的视觉冲击力和强制力,而且可以通过重复的、同一性的、阵列式的视觉形式,一次性将所有公共用具和器物等转化为私有化的"道具",创造出一种盛大的仪式感,如同春节的红包一样,释放出巨大的心理和社会能量。

莆田餐厅的"水波纹"就是"品牌纹样"的代表性案例。莆田餐厅之前的品牌图形是黑色书法字"莆田",中间带水墨晕染而成的一朵白云,具有浓厚的中国风(见上图)。设计师对原有的图形"一增一减":"一减"就是减去那朵装饰性的"如意云","一增"就是增加品牌纹样"水波纹"(见下页图)。"水波纹"是一个全球都认识的图形,也是一种带有魔力的图案。这种锯齿状水波纹早在陶器时代就广泛地出现在世界各地的早期文明之中,成为人类共享的图形符号。至今,"水波纹"依然是人们钟爱的图案。一些世界著名品牌，如 LV 等，都使用过这类水纹花边的设计元素。这种"水波纹"作为莆田餐厅的"品牌纹样"，"一键式"地解决了莆田餐厅专属、专用的"道具"问题，从而为莆田餐厅的顾客营造了一种特有的用餐仪式感。

有人可能会有误解，以为"品牌纹样"不过是"辅助图形"的"翻版"而已。其实，我们之所以弃用"辅助图形"这个概念，不仅仅是因为它以"辅助"为名降低了自身的价值和地位，而且更为重要的是它欠缺"品牌纹样"所暗含的战略性意图：

其一，"品牌纹样"作为品牌图形，契合超级符号理论所主张的"四项基本原则"。品牌纹样本身就是品牌图形的重要组成部分，亦应具备原生性、易识别性、自明性、可言说性四个特点。莆田餐厅的"水波纹"，就完美地符合这四项基本原则——它不仅来自人类共享的图形符号（见下页图：春秋青釉水波纹三系鼎），而且具有极强的识别性；同时，大家一看就知道它与"海水"的关联，从而形成"海鲜""食材新鲜"等联想；另外，短短的六个字——"锯齿状水波纹"即可清晰描述，具有了可言说性的能力。

其二，"品牌纹样"适用于所有的"道具"，让"全面媒体化"成为可能。"品牌纹样"之所以明确地提出了"花边"的表述，就是因为它具有极强的适应性：无论是小"道具"（如产品包装、餐牌、餐盒、小礼品、小卡片、服务员的围裙等），还是大"道具"（如餐桌、餐厅装修、门头招牌、灯箱高炮、卡车等），"品牌纹样"都可以灵活地应用。而且，它又不会像 VI 那样要求所谓"标准化"，避免了 VI 存在的刻板和"教条主义"等问题。这些加注了"品牌纹样"的"道具"都可以作为品牌的"自媒体"，成为品牌开展"播传"、放大信号能量和符号能量的重要载体。

其三，"品牌纹样"的片段或碎片，都足以为品牌创设仪式化传播的"道场"。其实，在所有的品牌图形中，"品牌纹样"具有最高级别的"易识别性"。这不仅是因为它作为简单图形具有强烈的视觉冲击力和强制力，容易形成"仪式"所需的秩序感；而且，即使把它撕成碎片也具有极高的可识别性，足以让消费者在"惊鸿一瞥"之间将它们作为品牌专用和专属的"道具"，从而感知品牌"道场"的存在。所谓"道场"，原指"佛教、道教进行诵经弘法等宗教活动的场所"，这里泛指为品牌提供的仪式空间，相当于"广义的舞台"。之所以是"广义的舞台"，是品牌传播其实无法脱离真实的生活场景，通过"道具"将这些场景转换为品牌"仪式化"传播的专属空间。还是以莆田餐厅为例，锯齿状水波纹把莆田餐厅的内外都变成了自己的"道场"。顾客在还没进入餐厅之前，就开始了一场盛大的"美食仪式"。这种奇特的"仪式感"，显然是一般意义的"辅助图形"无法实现的（见下图）。

　　传统的广告设计往往局限于平面设计范畴，但品牌营销传播的实践需求，往往不会停留于平面之上。而"品牌纹样"作为品牌图形的记忆最小单位，撬动了广告设计从平面拓展到空间设计。

（三）动作化：以品牌标志性动作为起点

所谓品牌图形的可动作化，其实是指品牌图形具有转换成为"标志性动作"（Brand Gesture）的可能性，让品牌"仪式化"传播成为可能。尤其是在影像传播的语境下，"动作化"要比"人物化"和"道具化"更加重要。只不过，"动作"一直没有受到足够的重视，甚至没有进入大多数设计师的视野。

如前所论，"仪式化"本质上就是"某些类型化、重复的"动作；一旦这些动作被赋予了意义，其实用功能退居次要地位时，它们就已经被"仪式化"了。格兰姆斯（Grimes）曾从发生学的角度对"仪式"进行了考察，提出"仪式化"动作其实是人类的心理和生理反应的自然流露。比如，当人受到严重威胁而不得不表示屈从时，最常见的条件反射就是双手高举表示投降、双手合抱表示驯服或双膝跪地表示顺从；当人们赋予这些自然的条件反射动作以新的含意，用合掌、跪地来表示对神的敬畏和祈求时，它们就成为祭祀仪式的膜拜动作；表示对人的谦恭和崇敬时，它们就成为社会礼仪的交流动作。中国古人早就认识到，"言之不足故长言之，长言之不足故嗟叹之，嗟叹之不足，故不如手之舞之，足之蹈之也"。

反过来，一旦某些动作因为不断重复而"固化"下来，也就成为我们这里所说的"标志性动作"。这些"标志性动作"不仅可以表达特殊的意义，而且往往有强烈的表演性和仪式感，更为重要的是它会引发"模仿"，而成为一种具有"繁殖力"和"传染性"的传播活动。只要看看那些球星们的"招牌庆祝动作"，就可以知道这类"仪式化"动作的魅力了。有人将卡卡的"双手指天"、克林斯曼的"金色轰炸机"、吉拉迪诺的"拉小提琴"、贝贝托的"摇篮舞"、巴蒂斯图塔的"机关枪扫射"、托蒂的"咬奶嘴"、米拉的"角旗舞"、亨利的"亲吻草皮"、克洛泽的"后空翻"、巴乔的"侧耳倾听"，列为世界足坛十大招牌庆祝动作。虽然对于这种排序肯定会有不同的看法，但对于招牌庆祝动作的基本认识，却可以达成一致的认识：它们不仅是明星们的"标志性动作"，也成为足球运动的重要"仪式"，而被球迷们广泛模仿并津津乐道。

如此有传播力和仪式感的"标志性动作"，当然应该被品牌传播所"征用"和"占有"。只不过，我们不免要问：应该"征用"和"占有"哪些"标志性动作"呢？以及如何"征用"和"占有"这些"标志性动作"呢？对此，超级符号理论的回答很简单：回到品牌图形，让品牌图形具有"动作化"的可能性。也就是说，在品牌图形设计时，就预留其转换成"标志性动作"的可能性，让品牌图形不仅可见、可言说，而且可以体验、可以模仿。如，足力健老人鞋广告中，张凯丽作为足力健的品牌代言人，总会一边提醒"专业老人鞋，认准足力健"，一边用手比画一个"三角形"手势。注意到没有，这个"三角形"手势，其实就是足力健品牌图形的"动作化"（见下图）。

面团宝宝（Pillsbury Doughboy）因为"动作"而闻名。这个全身白色、矮胖、面团状的生物，拥有一双独特的蓝眼睛，头戴白色厨师

帽，帽子中间有一个小小的品食乐（Pillsbury）公司标志（见下图）。作为品食乐公司的品牌角色，面团宝宝拥有超高的人气：大多数人一见到它就可以认出这家公司，而可能从来没有见过或听过这家公司的名字。它之所以受人欢迎，很重要的原因是它拥有一个令人印象深刻的特点：当被戳到它丰满的腹部时，它总会"花枝乱颤"，并发出喔喔（Hoo Hoo!）的笑声（giggle）。这魔性的笑声，配上标志性的"扭腰"动作，让面团宝宝成为"20世纪最受欢迎的广告形象"之一。自1965年诞生以来，面团宝宝已经"出演"了600多则广告。在这些广告中，我们都能听到它魔性的笑声，同时见到招牌性的动作。

刚刚落下帷幕的2022年北京冬季奥运会也值得思考。要说这场冬奥会让谁一夜之间成为顶流，那非"冰墩墩"（Bing Dwen Dwen）莫属。一度无人问津的"冰墩墩"，人气突然飙升，以至于"求墩若渴""一墩难求"。其实早在2019年9月，冰墩墩就已经对外发布。它是一只大家熟悉的熊猫，穿透明冰晶外壳，头绕彩色光环，一副宇航员的模样。当时的"网评"并不乐观，其在虎扑、知乎等平台上获得的评价是"丑出天际"。网友吐槽其没脖子，胳膊长在腮帮子上，结构怪异，比例失调。很多人感觉其作为运动会吉祥物，动作表情憨里憨气，缺乏活力，不够灵动。更多人则表示无感，谈不上讨厌，也谈不上喜欢。

那么，究竟是什么让冰墩墩逆袭成功的呢？答案正是它标志性的"抖雪动作"。据悉，这个动作出自 2022 年央视春晚冬奥特别设计环节的交响乐演奏《冰雪闪亮中国年》，冰墩墩抖雪、冰墩墩击掌、冰墩墩比心都出自这里。不过，当时节目里的冰墩墩并没有引起太大关注。直到冬奥会开幕式前一天，冰墩墩抖雪的动图开始在微博刷屏。这张动图为静态的熊猫形象注入了灵魂，让原本看上去呆头呆脑的冰墩墩瞬间变得机灵可爱，人们就此被击中并逐渐沦陷，不少网友表示，"隔着屏幕都能被可爱到，谁能拒绝一个抖雪的冰墩墩呢，心都要被融化了"。品牌标志性动作让品牌图形由"静"到"动"，成为可以捕捉各种有趣场景并适应于多媒体传播、具有强大感染力的超级 IP。

品牌图形的"动作化"不仅显示出图形与动作之间的可转换性，而且展示出了视觉、听觉、触觉、味觉、嗅觉之间的联动性，同时也展现出设计、营销、传播三者之间相互融合的可能性和必要性。有人绞尽脑汁为品牌营销想出一些"新招"，却并没有深刻理解到，品牌图形设计本身就是营销活动的创意来源；同时，有人虽然念念不忘"体验营销"，但几乎没有注意到"标志性动作"的图形意象及其传播意义和资产价值。

四、品牌图形的原理级拼接

最后，我们要补充最为基本也是最为重要的设计方法——拼接。

超级符号理论主张：哲学级的洞察，原理级的解决方案。在我们看来，那些来自文化母体、被人熟悉的图形，携带着巨大的文化原力；图像设计其实只不过是找到这些"预制件"，用"拼接"这样最基本的方式来展开的"图像编织"工作。事实上，前述案例中不少已经涉及这种原理级方法的使用。在此，我们只重点讲原理级拼接的三种具体技法，即组装、叠加、嫁接；至于其他类似的技法，留给读者来领悟和总结吧。

（一）组装

所谓组装，就是将几个图像元素作为"配件"，组合、装配起来，形成一个新图形的过程。正如本章第一节所说，人类经过数百万年的进化和发展，形成了众多经典化的"图像"，它们沉淀在人类的文化记忆之中，成为品牌营销传播的图像资源。只要找到这些"图像"，并将它们作为"预制件"进行拼装，就可以让品牌图形在信息的海洋中脱颖而出，让消费者在不知不觉中瞬间完成认知和理解，并激发消费者潜意识中的熟悉感和亲切感。

蜜雪冰城的雪王图形（见下页图），就是"预制件"组装之后的成果。这三个"预制件"具体是指：预制件 1——雪人；预制件 2——权杖；预制件 3——皇冠。雪人是全世界人人认识、人人喜欢的形象。雪人的图形保留两个圆滚滚的雪球身体，一个胡萝卜做成的尖鼻子，一双大大的眼睛，配上弧线形的嘴；权杖和皇冠，则让雪人拥有了至高无上的"权力"，让它成为名副其实的"雪王"。另外，权杖还采用冰激凌的同构图形，让雪王图形具有了鲜明的"自明性"，明确地告知蜜雪冰城的产品类别；同时，雪王伸出舌头舔嘴唇的小细节，则在潜意识中传递蜜雪冰城的美味。

　　"雪人""权杖""皇冠"，都是人人熟悉的形象；把这三个熟悉的东西组装在一起，瞬间激发受众的集体潜意识，让雪王一出生就集万千宠爱于一身。

（二）叠加

叠加，是指将图像元素组合在一起，原有图像呈现出叠加的状态。事实上，叠加也是对图像"预制件"的组合，只不过叠加之后组合而成的图形，往往会在视觉上呈现出有趣的"图底转换"：当消费者注意到其中的某个图像元素时，这个图像元素就是视觉的中心"图"；当消费者注意到其他图像元素时，其他图像元素会从之前的"底"转为"图"，让品牌图形可以同时传递双重符号意义。

足力健老人鞋的品牌图形就是采用了叠加设计法（见上图）。显然，整体图形实际上是由上下两层图像元素叠加而成：

元素1——老人形象：一位头戴绅士帽、手持文明杖、大步流星向前走的老人轮廓，镶嵌在红色三角形之中。实际上，老人形象，又是三个常见的图像"预制件"组装而成："文明杖"暗示老人的年龄，"绅士帽"显示出老人的"讲究"和"精致生活"，大步流星的"老人"形象则展示了老人硬朗的身体。这三个"预制件"共同组装成一个健康的老人形象。

元素2——三角形：红色的"三角形"衬在老人形象的下方，构成了品牌图形的整体形状。三角形作为人们熟悉的图形，具有双重视觉特性：一方面，三角形具有"尖锐感"，给人形成强烈的视觉冲击。正是这个原因，交通标志中将它作为各类"警告标志"的基本形状（见下图）。三角形还使用了红色，进一步增加了视觉的冲击感。另一方面，三角形具有"稳定感"，将足力健老人鞋的利益点传递给了消费者。要知道，老人鞋的最大价值之一，就是可以防滑防摔，从而有效地保护老人。这也是足力健老人鞋的核心诉求。

从远处看，映入眼帘的往往是红色的三角形，可以让足力健老人鞋品牌在喧闹的街道中脱颖而出；从近处看，老人形象从红色三角形中"跳出来"，成为视觉的中心，品类信息、产品利益、情感关联瞬间传递出来。当然，图像信息的传递，往往是通过自动化机制，并在消费者的意识阈限之下发生的。也就是说，图像元素会自动激发一系列生理、心理和文化机制，从而让信息传递在潜意识中瞬间完成。

（三）嫁接

所谓嫁接，就是把不同的图像元素融合在一起，形成一个不可分割的整体。这种技法是受到了植物嫁接的启发：一株植物的枝或芽，嫁接到另一株植物的茎或根上，最终长成一个完整的植株。可见，与组装、叠加不同，品牌图形的嫁接实际上是把某个图像"预制件"融入另一个"预制件"中；当然，新的图形又依然保留着两个原来图形的特点，从而也可以同时表达它们各自的"意义"。

让我们再回到鲜丰水果的品牌图形案例：它将全球通用的网络表情符号，融入苹果形状之中，从而形成了新的图形（见下图）。苹果和网络表情符号，显然都是大家十分熟悉的图像"预制件"：

预制件 1——苹果。我们在上一节中，详细地论证了苹果图形作为水果"典型"的优势：苹果不仅仅是大家记得、熟悉、喜爱的图像符号，而且非常接近水果的理想典型，符合人们对水果的假设、期望。因此，当消费者在繁忙的街道上四处寻找水果店时，苹果图形让他们可以在电光石火之间下意识地作出准确地理解和判断。对于水果店而言，苹果图形具有唯一性、权威性。

预制件 2——网络表情符号。这是一个 60 亿人都认识和熟悉的、可以表达"新鲜""好吃"的图形符号 ——"眼冒爱心""流着口水"的 Emoji 表情。其实 Emoji 这个词源于日本语里的"绘"（e = 图片）、"文"（mo

＝写）、"字"（ji ＝字符），是一套起源于日本的 12×12 像素表情符号，在 20 世纪 90 年代由 NTT DOCOMO 公司的栗田穰崇创作。它最初在日本流行，之后在全球范围内传播，并以一定标准写入了 Unicode（一种在计算机上使用的字符编码），在邮件、网页、手机和电脑操作系统中逐渐得到广泛应用。如今，Emoji 表情在今天已经超越国别、超越文化，是全球互联网平台通用的视觉语言系统，也是全球人都认识的超级符号。全球约有 90% 的在线用户频繁使用 Emoji 表情，每天有 60 亿个 Emoji 表情符号被传送。我们每天都用 Emoji 进行交流，也都用这个"眼冒爱心""流着口水"的表情表达超级想吃的情绪（见下图）。

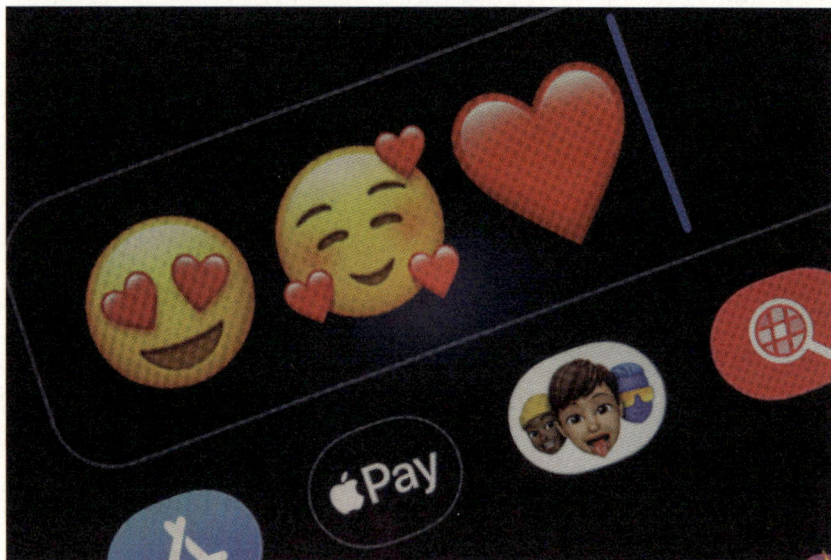

所以，当把这两个图形嫁接在一起，就创造出了一个具有强大信号能量的品牌图形：它既可以表达鲜丰水果的品类特征，又可以表示水果鲜又甜、好吃到要流口水的意思。将它放在鲜丰水果的门头上（见下页图），便可以释放出强大的信号，不仅能刺激顾客的视觉，更能刺激顾客的味蕾，卷入受众的浓烈情绪。让更多经过的路人关注、停留和走进来。

　　总之，图像为品牌策略服务、品牌营销传播服务，并以营销传播效能为根本标准，设计的本质就是基于图像"预制件"的"符号编织"。这本来是一个简单的道理。只是，太多的设计师游离在外，甚至缘木求鱼、南辕北辙，以所谓的"创意"为名，心存"唯新"的执念，沉浸于纯艺术的"幻觉"，因而忘记了品牌图形所根植的文化沃土，更迷失了设计的根本目的。最后，我们想套用一句大家熟悉的广告口号，来表达超级符号理论的图像主张，那就是："我们不生产图像，我们只是图像的编织者"。

第 五 章

品牌播传：超级符号的媒介逻辑

本章索引

引言：

大众传播的"到达率"陷阱

在现代广告运作中，大众传播媒介是广告的主要媒介形式，大众传播的受众往往等同于广告的受众。评价广告费用的效益，往往依据受众调查结果来推算要投入多少经费才能使目标受众了解到自己的商品信息，通常以千人成本（CPM）来表示，千人成本是指通过某个媒体，每到达 1000 个受众所需支付的费用，反映媒体的成本效益。

"到达率"是千人成本的评价指标，指的是在特定时间内看到、读到或者听到广告讯息的目标受众的总和，它告诉我们在给定时间内有多少目标受众暴露在广告讯息之下。以千人成本为中心，包括广告印象、毛评点、暴露频次等考量因素，共同建构了一整套关于"到达率"的评价体系。

但是，问题随之而来。"到达率"这一指标，是不是就是评判营销传播效能的唯一标准？"到达率"在所有的评价指标中占据的权重又有多少呢？在"到达率"之外，还有没有其他一些评价指标呢？

我们知道，"大众传播"产生的时间并不长。在印刷术发明之前，口头传播占统治地位。和别人建立关系，和别人交流信息，这是人的本能。在影响消费者消费商品的所有因素中，口传媒介既是最古老的，也是最有效的，大多数品牌都掩饰地希望目标消费者，乃至公众，把它们的广告内容到处传播，都希望公众成为传播媒介。

人与人之间传播的"传达率"，成为"到达率"之外的另一个重要指标，甚至可以认为是最重要的指标。传播的关键在于传，"传达率"使得营销传播效能得以成千上万倍地增长，实现一传十、十传百、百传千的效果。比如说，品牌花费 1 元，将某句广告语到达了消费者甲，现在的成本是人均 1 元。这是大众传播的"到达率"的逻辑。如果消费者甲把这句话告诉了消费乙，这一传达过程品牌并没有任何花费，是消费者甲告诉的，这时品牌的传播成本就变成了人均 0.5 元，如果消费者甲告诉了 10 个人，那品牌的传播成本就变成了人均 0.1 元，如果消费者和公众能够持续不断播传，就会产生营销传播效果几何级倍增的效应，这远非"到达率"的传播逻辑可以实现。

除此之外，媒介的"仪式性"特征也很容易被忽略。人们受到既往思维的桎梏，认为内容是传播最为重要的部分。但是，对于营销传播的效果而言，如何真正地说动消费者，媒介的"仪式性"也是关键要素。比如，"你愿意嫁给我吗"这样的强有力的话语，需要匹配相应的仪式才能真正释放影响力，所以当这句话出现在诸多亲友瞩目中，出现在约定俗成的仪式程序中时，才会达成一种既定的效果，但是换一种传播场景，比如，只是二人的聚餐，或者日常的言谈中，这句话的信号能量带来的行为反射效果就会大打折扣。

超级符号的媒介观，从传播的起源上重新思考了大众传播的媒介效果，构建了三个主要的指标："到达率""传达率"以及"仪式性"。"传达率"扩大了传播的到达面，传播的真谛在于传，品牌播传是超级符号媒介逻辑的核心要点；"仪式性"加强了信号能量带来的行为反射，不同的媒体或者在媒体上的不同呈现方式，其所蕴含的信号能量不同。

超级符号的媒介观主要聚焦以下三个方面问题：

如何重新理解媒体，将那些被企业所忽视的媒体资源再次利用起来，从而提升"到达率"？

　　如何思考和行动，才能激发消费者和公众的二级传播，乃至 N 级传播，从而提升"传达率"？

　　如何理解媒介的"仪式性"，放大信号能量，并尽可能地引发消费者的行为反射？

第一节
超级符号的媒介观

　　媒介是传播过程中用以扩大并延伸信息传送的工具，在营销传播中有着相当重要的位置。只有了解媒介所具有的不同属性，才能进行有效的媒体策划、选择和投放，才能有针对性地进行语词和图像的创作活动[1]。一方面，媒体刊播费用往往占据营销传播预算的绝大部分，一般是全部费用的 80%，甚至更高比例的预算要用于购买不同广告媒介的时间和空间；另一方面，媒体本身是传递营销传播讯息的中介，缺乏这一中介，讯息就无法正确传递到目标消费者的接收范围内。一个好的营销传播策略，其必要组成部分是有效的媒体策略与之相配合，不然其传播效果就会大打折扣，甚至会适得其反。

----

1 媒介和媒体范围是不同的，媒介包括媒体，媒体是媒介的一种。凡是能使人与人、人与事物或事物与事物之间产生联系或发生关系的物质，都是广义的媒介。所谓媒体则是指传播信息的媒介，是一个实在的东西，比如，电视台就是电视媒体，报纸就是报纸媒体。在营销传播中，媒介与媒体有时会混用。有人将"Media Planning"翻译为媒介策划，也有的将其翻译为媒体策划。在本书中，媒体指代具体的媒介应用类型，媒介指代延伸信息传送的中介。

这一部分，我们主要讨论超级符号的媒介观。从超级符号运作体系来看，文化母体提供了源源不断的母体能量，语词观和图像观分别从语言系统和符号系统注入了符号能量，媒介观则是进一步将母体能量与符号能量加以放大，从而实现超级符号的终极目标，即提升营销传播效能。

一、汉庭品牌的媒介应用案例

我们用汉庭品牌的案例来开启对超级符号媒介观的理解。经济型酒店诞生于 21 世纪初，经过十多年的快速发展，市场竞争激烈，品牌之间的差异化不够明显，以前的蓝海已然变成了红海。如何找到新的蓝海？汉庭品牌经过严密的消费者调研，发现了"干净"成为消费者最关注的"消费痛点"，所以，汉庭决定以"干净"作为新蓝海战略。那么问题来了，在营销传播中，"大家认为我是谁"往往比"我是谁"要更为重要。假若你是项目负责人，如何才能让消费者感知到汉庭品牌的"干净"主张呢？在具体的营销传播中，如何理解并创新性地应用媒介，使得营销传播效果最大化呢？

汉庭的第一个媒体创新，体现在把人视为传播的媒介。汉庭借助"爱干净，住汉庭"的品牌口号，将"干净"的消费痛点，变成"爱干净"这一从小到大被教育的话语，并且将"汉庭"品牌，以及"住"的行动主张变成一句话，在消费者之间乃至更广阔的民众之间传播。从内容创作来看，汉庭的品牌口号在超级符号的语词技术部分已有过详尽的解析，但是如果从人与人之间的口语传播来分析，"人"即是一种口传媒介。

"爱干净，住汉庭"这句话不仅在传播层面有效力，更重要的是体现在"播传"层面，当这句话一传十、十传百、百传千、千传万，它的营销传播效率呈几何级倍增。品牌口号不是我说一句话给你听，而是我说一句话让你传给别人听，品牌口号创作的最终目的之一在于引发人与人之间的播传，将人变成品牌传播的媒介。

汉庭的第二个媒体创新在于应用了"企业的自媒体"。此处的自媒体，和我们所理解的在社交媒体上开设的自媒体账号不同，而是企业自有的媒体资源。时至今日，很多品牌所认为的媒体往往是付费的传统大众媒体或者互联网媒体。汉庭将所有能与消费者、员工乃至广大公众产生连接的接触点，都视为媒介，并对这些接触点进行了媒体化的改造。

对于酒店行业而言，街道就是货架，酒店大楼就是最大的媒体位置。"爱干净，住汉庭"这六个蓝色大字出现在全国数十个城市 300 多家酒店的楼顶上，相当于 300 多块户外广告位，每天从早到晚都在给消费者发送信号。同样的内容，假若只是以小卡片的形式在酒店房间的床头柜上展示呈现，媒介层面的信号能量就截然不同，甚至原本的符号能量也会大打折扣。

汉庭每年有一亿人次的客流量，单就这一数字而言，相当于一个在 CCTV 上投放广告的到达规模。汉庭对酒店内部也进行了媒体化改造，小到房卡、防撞条、消毒柜、台卡等，每一个接触点都是可改造的媒体位，总而言之，从顾客选择入住酒店的旅程开始，就能通过各个接触点感受店内体验系统，甚至消费者从官网选订酒店时，干净达标的门店排名都会靠前，并有"净"字标展示，消费者选择酒店也有了新标准：认准"净"字标志（见上页图）。

汉庭更重要的改变在于将企业战略落实到了具体的产品与服务体验层面。产品的口碑是品牌传播最应珍视的资产。对一个品牌而言，想要赢得消费者的认可，最重要的是在实际行动中将口号落在实处，从这一维度来说，企业的一切行为，以及所提供的产品和服务本身即是媒介。营销传播会让好产品得到更快的扩散，也会让坏产品更迅速地淘汰出局。汉庭在干净战略上进行了大量人力、物力、财力的投入，投资上游洗涤行业，让加盟商也成为干净战略的拥护者和践行者，让"干净"成为汉庭的企业文化、员工行动和品牌战略。

具体来说，汉庭要求所有门店全面整改清洁卫生，由总部实行严苛的达标检查，对于整改不到标准的门店，随时进行清退；将每月的 24 日定为"清洁日"，致力于成为国内首个消灭清洁事故的酒店集团；打造"清洁师形象工程"，将清洁员统一改成清洁师，全面提升清洁阿姨们的工资水平、职业地位和事业空间；培育清洁工匠精神，邀请日本国宝级清洁匠人新津春子莅临汉庭指导，并设立行业首个"首席清洁官"。

汉庭品牌战略的重新调整，尤其是对媒介的创新应用取得了成功。一年之后，汉庭的收益增长速度领跑整个行业，汉庭母公司华住集团的股价在两年内大涨 500%，市值突破 100 亿美元。

二、重新理解媒介：来自媒介环境学的启示

"媒介环境学"（Media Ecology）研究为超级符号的媒介逻辑提供了丰富的思想智慧。该词由马歇尔·麦克卢汉创造，尼尔·波兹曼公开使用，所谓"环境"，包括感知环境、符号环境和社会环境。媒介环境学认为媒介并非中性，而是具有偏向性，不同的媒介（或媒介形式）会给人的传播提供不同的结构，就促使人以不同的方式相互作用。不同的媒介形式会产生不同的方式，以不同的方式影响人如何感知、认识、思考、理解和表征外在于人的世界。

超级符号媒介观汲取了媒介环境学的丰富智慧，吸收了诸如"媒介是人的延伸""媒介即讯息"等观点，重回媒介的本体视角来看待营销传播，来重新理解人、商品、媒介的关系。具体可以概括为麦克卢汉的一句名言，"媒介（或者说人的延伸）是一种'使事情所以然'的动因，而不是'使人知其然'的动因"。媒介不仅具有携带信息的中介性，还具有传送信息的渠道性，而且还可以改变信息符号形态的框架和尺度。

按照既有的营销传播的理解，商品信息通过媒体传递给人，形成"商品—媒体—人"的关系，关系的一端是商品，另一端是人，媒体居于中间位置，连接商品和人。**超级符号媒介观一一对照人、商品以及媒介三大主体，摈弃以往媒介评价体系中单一的"到达率"指标，构建"传达率""到达率"与"仪式性"的媒介思考框架。**具体概括为以下三个要点：

人的维度——从"传播"到"播传"，回应超级符号媒介逻辑的"传达率"议题。

商品维度——从"狭隘性"到"普遍性"，回应超级符号媒介逻辑的"到达率"议题。

媒介维度——从"消极存在"到"积极意义"，回应超级符号媒介逻辑的"仪式性"议题。

（一）人的维度——从"传播"到"播传"

这是对媒介"传达率"的思考。我们今天所使用的"传播"一词，并不是由古汉语演变而来的，而是来自西方，以至于 20 世纪 50 年代我国学者在翻译这个词时颇费周折。在希腊文中，communication源自两个词根：cum、munus，其中，cum 是指与别人建立一种关系，munus 意味着产品、作品、功能、服务、利益等；在拉丁文中，communication 的词源为 communis，意为"普遍"，有共同分享的意思，传播可以理解为一种信息共享的过程。

在进入大众媒介之后，"传播"一词所指代的意涵发生了巨大的变化。源自 19 世纪在英美等国家兴起的廉价报纸出现后，大众传播的研究在 19 世纪末开始产生。诞生于 20 世纪 30 年代的"大众传播"概念，以及其背后的传播思维，影响了"传播"概念的本来意涵。传播的思考往往拘泥于线性的传播模式，即传播者—信息—媒介—受众—效果，受众居于传播的末端，是单向传播的终点。

从传播模式上来看，只要是从一个中心开展单向的信息交流，那么就具有了大众传播的基本特征。大众社会理论认为，社会是原子化的，信息由大众媒体直接流向个体。"communication"逐渐狭义化，朝着"技术化、大众化、单向度"发展，甚至传播等同于大规模单向度的大众传播。

在中文中，"传播"一词也蕴含着强烈的单向播散意思，更注重于大众传播时代的"播"的概念，反而"传"被遮蔽了。关于这一点也曾有过诸多的争论。中国最早引介传播学的专家余也鲁先生曾反对将

communication 翻译为"传播学"，而赞成将其翻译成"传学"或者
"传意学"。

　　超级符号回归最古老的人类传播传统，重新理解"传播"的概念，
将传播理解为征服了时间和空间等复杂媒介技术支持下的人际传播。以
我们的日常生活经验为例，较之于大众媒介的宣传，我们更相信邻居或
朋友的话，同时，我们也在向他人传播有关商品的信息。人际传播是一
种最典型的社会传播活动。口传媒介是最古老，但也往往是最有效的媒
介形式。

　　超级符号媒介观将人视为口传媒介，在本质上可以理解为一种品牌
播传理论，传播的真谛不再只是"播"，其关键在于传，"播传"相较
之于"传播"提供了一种全新的视野，"传播"一词隐含了品牌与消费
者之间的一对多的单向关系，聚焦在"播"，而"播传"则是更多地聚
焦消费者与消费者之间的多向关系，侧重于"传"。

　　体现在营销传播中，播传思想是优化乃至提升营销传播效能的关
键。在最为理想的情况下，从"传播"思维出发，品牌发送 1，消费者
尽可能得到 1，但是从"播传"思维出发，品牌发送 1，借助消费者、
公众之间的不断传动，营销传播效能得到倍增，从而得到 10、100、
1000……基于播传理念的"传达率"扩大了传播的到达面，这是超级
符号媒介逻辑的关键所在。

（二）商品维度——从"狭隘性"到"普遍性"

　　这一思考回应媒介"到达率"的指标。和传播一样，媒介也是一个
古老的概念。人们在商品交易和其他商业活动中产生了将商品信息广而
告之的需求，广告物和广告媒介开始出现，从人类商业活动初期出现的
小众传播媒介，到 19 世纪开始发展起来的大众传播媒介，再到 21 世纪

兴盛的互联网媒介，媒介形态的种类越来越丰富。

在进入媒介产业化之后，媒介的概念和构成发生了一些变化。自现代广告诞生之后的很长一段时间里，人们往往把通过报纸、杂志、广播、电视等大众媒体传播作为广告的重要特征。我们会将媒介狭隘化为一种使传播得以实现的技术形式，比如收音机、电视机、报纸、书籍、照片、电影等，并以此划分了一个完整的媒介分类体系，从根本上来说，这是大众传播和大众媒介的逻辑。

此外，传播产业实践也衍生出了一套与之相匹配的媒体评估体系，将媒介划分为标准媒体和非标准媒体。因为标准媒体可以较为准确地进行测量，如电视、广播、报纸、杂志、网络、户外媒体等，而非标准媒体包括直邮、促销、优惠券、车票、购物小票、垃圾桶、特别活动等，它们的特点是不宜进行系统的跟踪，所以当我们在讨论媒体时，往往会忽视这些非标准媒体的存在。但是，相较于标准媒体对讯息传达的价值，非标准媒体对引发消费者的行动更有效。

我们依然回到媒体研究的历史深处来理解媒介。社会学家库利是少数给媒介下明确定义并对媒介发展史进行专门研究的学者。他把传播媒介界定为"包括表情、态度、姿态、声音的语调、词语、作品、印刷、铁路、电话和一切可以成功征服空间和时间的技术"。

而后，马歇尔·麦克卢汉承袭了这一宽泛的媒介观念，认为任何扩展我们的五种感官的东西都是媒介。人的五种感觉是嗅觉、触觉、味觉、听觉和视觉。所有能帮助人体延长、扩大或强化某种感觉或某些官能的，都可以看作是媒介。在《理解媒介》这本书当中，麦克卢汉一共讨论了 26 种媒介，包括了一般人不会想到的电光、货币、武器、道路、汽车、建筑等。这是一种广义的媒介观，媒介的范畴包括物质和意义的传输和交换。

在超级符号看来，"媒介"不仅仅指每天都能够接触到的大众媒体，如手机、电视、广播、报纸等，还可能是"任何你能够放置讯息的地方"。所有目标消费者能够接触到的东西，都可能成为媒介选择的对象，或者可以将其改造为媒介，不仅有我们所熟悉的媒介形式，如电视、广播、报纸、杂志、户外、网络等，而且还包括直邮、终端售点广告、优惠券、包装，甚至快递盒、购物袋等。媒介可以理解为使得商品与人发生关系的人或事物。商品本身即是一种媒介，商品即信息，包装即媒体，超级符号将企业进行全面媒体化的改造，并逐步建立基于自身的媒体矩阵与流量主权。

（三）媒介维度——从"消极存在"到"积极意义"

这是关于媒介"仪式性"的思考。在我们常规的认知中，媒介就是信息传播的中介物，广告媒介就是广告信息传播过程中的传播介质载体。主流的媒介研究往往从媒介内容入手，容易忽视媒介形式对传播产生的影响。对大多数人来说，"讯息"这个词指的是交流的内容。但对媒介环境学派来说，"讯息"的含义更像是"语境"，或者说"发言人"，同一个媒介内容经由不同的"语境"呈现，或者"发言人"讲述，信号能量会有非常大的差异，传播效果也会大相径庭。

麦克卢汉提出"媒介即讯息"，这一思考使人们注意到我们用来交流的媒介，从印刷术到广播再到电视，媒介的性质产生了极其深刻的社会影响，比媒介所承载的内容的影响更深刻。这一观点最大的启示意义在于媒介不是消极的存在，而是具有积极意义的讯息。媒介形态本身就具有强大的力量。在营销传播中，我们需要把媒介视为一种与其内容意义有紧密关联的语境要素。这种语境要素能改变符号的意义，能决定符号的传播数量、结构。

"媒介即……"成为媒介学术史上最著名的"箴言"之一。在"媒介即讯息"之后，麦克卢汉用"媒介即按摩"来再度阐释。所谓"按摩"，生动地比喻了媒介所隐含的一种力量，"悄悄偷走受众的心"，媒介所带来的改变是隐而不显、难以察觉的模式，是被习惯于感知内容的人们所常常忽略的。"广告是作为无意识的药丸设计的，其目的是造成催眠术的魔力"。可以这样理解，我们常常注意说话的内容，但同时却容易忽略"语境"本身。因此，媒介，尤其是新媒体所形成的新的语境，具有某种无意识的麻痹作用。

尼尔·波兹曼在《娱乐至死》中用"媒介即隐喻"和"媒介即认识论"作为全书头两章的标题。所谓"媒介即隐喻"，指的是媒介绝非运载信息的单纯工具，而"是一种隐喻，（它）用一种隐蔽但有力的暗示来定义现实世界。不管我们是通过言语还是印刷的文字来感受这个世界，我们就是按照这种媒介所隐喻的关系对这个世界进行分类、排序、构建、放大、缩小、着色……"。

超级符号对媒介的思考除了常规意义的统计数据和测量指标之外，更格外重视媒介的"仪式性"，包括受众接触媒介时的卷入度、媒介的声望、媒介的编辑环境、媒介的广告环境等。仪式性加强媒体的信号能量，仪式性强的媒体更能引起消费者的注意，提升信息的可信度，让信息变成具有说服力的"行动指令"，带来消费者的行为反射。依据仪式性的不同，超级符号将媒介进一步划分为强媒体与弱媒体，并应用于营销传播实践。

三、媒介观及其核心要点

基于上述对于媒介的"传达率""到达率"以及"仪式性"的思考，一言以蔽之，**超级符号的媒介观可以概括为超级符号编码带来元媒体的播传**。其中，播传是目的，超级符号编码是方法，元媒体是载体。

如何理解"超级符号编码带来元媒体的播传"呢？我们结合之前"爱干净住汉庭"案例，从以下三个方面展开思考。

（一）播传是目的

超级符号媒介观以"播传"为目的。"传播"的逻辑是以到达为终点，而"播传"则永无终点，从"传播"到"播传"的转变，重构了整个营销传播的思考体系，对于商品而言，媒介的价值在于充分释放信息文本所蕴含的能量，引发人际传播的产生，从而使得营销传播效能倍增。营销传播的根本目的应该是如何激发消费者进行二级传播，乃至 N 级传播，进而将营销传播效能从 1 到 1 的传播效率，变成从 1 到 10、100、1000，乃至更多。

"播传作为目的"源自超级符号对语言哲学的理解。超级符号追求"说动"与"传动"的效果，当内部员工、消费者乃至广大公众之间开始播传，品牌的营销传播效能就开始以几何级的裂变不断提升。汉庭的"爱干净，住汉庭"充分挖掘了语词背后的文化原力和传播势能，在"说动"的同时也引发"传动"，激发消费者和公众替品牌播传。

（二）超级符号编码是方法

"超级符号"之所以"超级"，其根本在于用解码来解决编码问题，超级符号使用传播效率最高的符号来进行编码，从而降低传播过程的损耗问题。但是，所有符号编码之后的传播，都需要经由媒介化载体呈现，媒介是传播过程得以实现的介质，对媒介的理解和应用是和文化母体、符号编码同等重要的议题。

超级符号的信号刺激与行为反射原理提出了信息能量的概念，营销传播不仅要有信息量，更要有足够的信号能量。媒介"仪式性"不同，其所具有的信号能量会有很大差异，甚至是不同大小、色彩和规格的展示，也会带来全然不同的信号能量与行为反射。

在汉庭案例中，当"爱干净，住汉庭"处于酒店楼顶时，它就比小卡片、海报媒介更具有信号能量。从品牌与人的关系来看，这一媒介充分展示了品牌的勇气，传达了企业的决心、志向和承诺，品牌将对消费者最为重要的承诺放在了最为明显的位置，它在时刻提醒着路过的行人。当品牌愿意用这种具有强大信号能量的媒体和消费者沟通，消费者才会更容易被打动、说动和传动。

（三）元媒体是载体

相对于延伸媒体的概念，超级符号提出了"元媒体"的概念。超级符号将"商品"和"人"视为元媒体的组成部分。"元"对应英文常用作前缀的"meta"，意思是"之后"或"之上"，"meta"这一前缀在希腊语中不仅有"之后"的意思，也有"超越、基础"的意思。元媒体的思考重新聚焦商品与人的关系，商品是媒介，人也是媒介，商品即信息，包装即媒体，商品需要全面媒体化，而人作为媒介使得品牌传播转化为品牌播传。

在之前的汉庭案例中，最大的媒介创新之一，即是用元媒体思想重新将企业全面媒体化，同时用超级符号编码引发了人这一媒介的主动播传。元媒体思想把商品和人本身作为传播媒体，它们不像"延伸媒体"那样，需要向外部额外支付费用才能获得。从消费者购买的过程来看，人的元媒体更具有人格背书等功用，商品的元媒体展示更接近于商品的购买环节，它们往往具有更大的营销传播效能，是所有品牌首先应该珍视的资源。

　　超级符号媒介观体现了对品牌和流量经营的"长期主义"思考。企业经营的目标在于不断地降低流量成本。其中的关键就是从延伸媒体回归元媒体，摆脱对互联网流量平台的依赖，逐步建立起自身的流量主权。从更深层的角度来说，超级符号媒介观体现了一种价值判断，不是去追逐一时的流量红利，而是通过回归品牌自身，借助商品的元媒体和人的元媒体，在降低营销传播成本的同时，不断积累品牌资产，从而实现基业长青。

第二节
元媒体：商品与人的双重维度

在营销传播的理解中，企业将商品信息通过媒体传递给人，一头是商品，一头是人，中间是媒体。基于这一思考范式，人们在营销传播时往往更加聚焦商品与人之间的媒体。但是，如果从更宽泛的媒体视角，或者跳出大众传播的时代限制，我们会发现这一思考范式所存在的问题，它们忽视了商品和人本身就是媒体，将商品与人排除在"媒介"之外。

这一部分我们提出了"元媒体"的概念，尝试跳出大众传播既有的思考框架，将营销传播重新嵌入商品、人、媒介的三种基本关系框架中进行思考，把商品和人视为媒体，它们是品牌天生就有的、免费的媒介，具有大众传播媒介所不具备的营销传播效能，具体体现在"到达率""传达率"乃至"仪式性"等多个维度上。

一、元媒体的概念及其要点

（一）元媒体的概念

"元媒体"的概念源自麦克卢汉"延伸媒体"的启发，麦克卢汉曾提出"媒介即人体的延伸"的观点。认为任何媒介都只不过是人体的延伸，传统三大媒介中的报纸是眼睛的延伸，广播是耳朵的延伸，电视是耳朵和眼睛的延伸。不仅如此，凡是一切延伸人体的东西都是媒介，轮椅是腿的延伸，衣服是皮肤的延伸，斧头是手的延伸，"万物皆媒介"，"一切技术都是肉体和神经系统增加力量和速度的延伸"。"刊登广告推销商品的客户长期以来所谋求的，正是人的意识的延伸"。

超级符号重新将商品和人的媒体属性纳入营销传播视野，提出商品和人本身即是媒体，并将其命名为"元媒体"（见下图）。商品作为元媒体，商品即信息，包装即媒体，品牌要通过创意设计，开发放大商品的媒体功能；人作为元媒体，关键是发动播传，实现"人传人"。

而商品和人之间的那些需要付费的媒体形式，概括为"延伸媒体"，主要包括大众传播媒体和需要付费购买流量的互联网媒体，如报纸的广告位、电梯媒体的广告展示、电视节目前后的广告时间、电影中的植入广告，以及社交媒体平台上的各种需要付费购买的流量等。

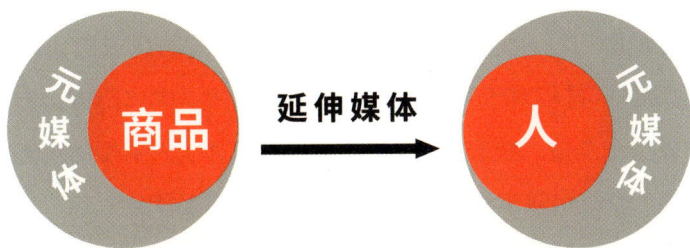

超级符号媒介观

元媒体的价值从其命名中可见一斑。古汉语中"元"本义是指"人头"，后引申为开始的、初始的、居首位之意。在希腊文中，"元"（meta）是作为前缀使用的，表示"在……后"，是一种次序，因而也就带有结束、归纳、总结的意思。安德罗尼库斯在编撰《亚里士多德文集》时，就把哲学卷放在自然科学卷之后，并用"metaphisics"为哲学命名，意思是"物理学以后的学说"，是对自然科学深层规律的思考，中文翻译成"形而上学"。"meta"一词因此也就有了"本原""规律""体系"的意思。

元媒体对于品牌营销传播具有重要价值，但是在过往的营销传播应用和研究中却往往被忽视。品牌往往只聚焦在如何购买延伸媒体资源上，而这些资源的价格不仅昂贵，而且用过即逝，"人们的记忆出奇地短暂。千百万美元的支出才买到的广告，说服公众的效果可能像晨雾一样悄然散去"。调研行业的著名人物阿瑟·尼尔森（Arthur Nielsen）曾感慨道，"我们花了毕生的精力试图灌满一只漏桶"。尤其是在信息泛滥和信息茧房的当下，互联网平台的公共流量购买转瞬即逝，品牌成为互联网平台流量的"打工人"，品牌的发展受到平台流量的制约，甚至已经演化为品牌的生死存亡问题。

（二）商品与人：元媒体的两种形式

"元媒体"与"自媒体"概念有着全然不同的思考起点和作用逻辑。"自媒体"是相对于之前传播革命特殊的传播主体而言，传播权力下沉到每一个个体。按照谢因·波曼在《自媒体》一书中的观点，自媒体是普通大众经由数字科技强化，与全球知识体系相连以后，一种开始理解普通大众如何提供与分享他们本身的事实和新闻的途径。[1]

---

1 中国互联网信息中心，《第 41 次中国互联网络发展状况统计报告》，2018 年 1 月。

对于品牌传播而言，媒介可以视为品牌相关信息成功地征服空间和时间的一切手段，从这一角度来说，营销传播效能也可以理解为如何更低成本、更高收益地征服时间和空间。元媒体在将商品全面媒体化的同时，也可以实现人与人之间的播传，实现营销传播效能的几何级增长。元媒体的表现形式可以分为两个层次：

商品作为元媒体。可以理解为商品即信息，包装即媒体，创意设计的目的之一在于开发并放大商品的媒体功能，放大品牌语词与品牌图形的能量。不同品类的商品元媒体有着不同的侧重点。对于消费品而言，包装的优先级最高；对于门店而言，店面就是产品媒体，具体包括店招、店面和店内一切与消费者相关的接触点体验。

人作为元媒体。关键是发动播传，实现"人传人"。作为元媒体的人，包括三个群体：一是企业家 IP 和所有员工，二是消费者，三是所有人。回到汉庭品牌的案例。"爱干净，住汉庭"不仅所有员工愿意说，而且消费者也能自然地说出口，甚至不是汉庭酒店的目标消费者，他们也会主动替汉庭传播这句品牌口号。

在这里需要特别指出，语言本身也是一种元媒体。按照符号学家皮尔斯的说法，人本身就是符号。"人所用的词或者符号是人的自身……每一种思想是一个外在的符号，证明人是一个外在的符号"。符号实际上是一个媒介。符号互动论的相关研究也认为，"人类的互动是由符号的使用、解释、探知另外一个人的行动的意义作为媒介，这个媒介相当于在人类行为中的刺激和反应之间插入一个解释的过程"。关于语言元媒介的议题关乎更为基础且多元的学科，我们在此不展开具体讨论。

商品与人双重维度互为支撑，相得益彰。商品的全面媒体化呈现在所有与人有关的接触点上，人作为媒体将人类使用符号，以及符号对人的影响尽可能地放大。二者的关系我们可以在 20 世纪初的美国社会学研究中找到答案。传播被理解为一种导致参与者间不同程度的共享意义和价值的符号行为，一方面，大规模的媒体信息有着广泛的覆盖面；另一方面，人际传播的街谈巷议更有行为层面的影响力，正如社会学家罗伯特·帕克（Robert Park）所言，传播不仅要依靠前者，更需要借助后者的力量，"应由民风、民德和公众舆论去控制"。

二、全面媒体化：商品作为元媒体

从消费者的产品购买决策路径来说，商品的到达率往往大于商品广告的到达率，消费者不一定看过品牌耗资巨大的广告或参与过品牌举办的声势浩大的营销活动，留给消费者第一印象的可能是产品本身。因此，品牌与消费者第一次沟通的场景往往是在消费场景，品牌通过发出强有力的信号刺激消费者关注到产品，品牌通过消费者阅读商品包装实现第一次沟通。

具体来说，商品元媒体基于商品即信息的思想，将商品视为企业最应该珍视的媒体形式之一，商品可以视为购买理由或者品牌理念的媒介载体，商品作为元媒体更关乎消费者的决策路径与购买场景，在一个产品结构中，要尽可能地做到让所有的产品互为媒体、互为广告。

时至今日，价值实现越发与传播分不开。企业不但要重视网络上的官方自媒体运营，还要把线上线下一切和消费者接触的媒介都重视起来。企业的一言一行都是在传播品牌形象，用媒介思维去设计和经营与消费者接触的所有环节，就是企业的全面媒体化。产品的货架就是企业的传播阵地，合理的产品设计和包装设计可以提供刺激信号，引发消费者的行为反射——关注和购买。

所以说，对于包装、门店等商品元媒体的重视与应用，恰恰是抓住了商品与消费者第一次接触的机会。品牌应该充分利用商品包装、货架和门店的媒介功能，与那些没有看过广告的消费者展开对话、宣传和劝服，促进其购买行为的转化，从而降低营销传播成本。可以说，商品元媒体关乎消费者购买决策的最后一个环节，它对消费者最终决策购买有着最为关键的影响力，更具说服与行动价值。如果说，终端为王是营销的关键之一，那么商品元媒体可以视为企业增长中最应该、最重要的媒体资源之一。

（一）商品即信息，包装即媒体

1. 商品即信息

产品、包装、货架和门店等是品牌的人格化精神的物理存在，是品牌与消费者直接交流的接触点，是商品元媒体的主要形式。基于生产、运输、存储和销售的需求，品牌必须支付产品、包装、货架和门店的费用，拥有了它们的所有权和使用权，如果让它们发挥元媒体的宣传作用，则无须额外再支付媒体资源费用。

凡是能够将品牌信息传递给目标消费者或潜在消费者的契机或媒介，消费者在接触点获得品牌信息、确认品牌形象、修正品牌认知，这些都有可能成为他实施购买行为的依据。具体来说，商品元媒体的形式包括包装、招牌、货架、服装、菜单、办公室系统、生产现场、企业礼品系统、销售道具等，可以说万物皆媒体，凡是可以承载信息的一切位置，都可以通过改善、开发、优化，成为商品元媒体。

品牌在消费场景中的媒介除了产品和货架，还有零售商和终端销售人员，这需要品牌营销者从产品开发阶段就考虑到商品在消费场景的陈列和促进销售，如果品牌能为零售商赚取更多价值，那么就会获得零售商的资源倾斜，帮助品牌获取更好的产品陈列、更有力的营销传播效果。零售人员和消费者之间的对话是品牌与消费者的第二个沟通环节，令人愉快的购物环节和售后服务能够为品牌积累极大声誉。

对于门店来说，商品元媒体是店面，包括店招、店面和店内。相对于快速消费品的元媒体应用，连锁企业对店铺这一元媒体应用还有很多不足。因为快速消费品往往依托他人的门店和货架，每一个位置都需要仔细考量以避免浪费。连锁企业往往对自己的门店关注较少。以蜜雪冰城为例，我们可以看到蜜雪冰城的变化（见下图），下图左边完全放弃了元媒体功能，下图右边把媒体功能运用到极致。

2. 包装即媒体

在所有的商品元媒体形式中，包装是商品最大的媒体形式，产品包装的费用是品牌管理者必须承担的，同时也是品牌信息传播的免费载体，品牌营销者如能对包装的品牌传播媒介功能予以充分利用，就能为品牌节省一大笔开支，还有可能收获到意想不到的效果。让产品自己会说话的奥秘就是用好包装上的色彩和文案，让色彩成为刺激消费者的信号，让文案成为产品说明，抓住品牌与消费者可能是第一次面对面沟通的机会。

随着经济社会的发展，产品包装从简单的标志、卫生、便于存储和运输等实用功能发展出多种营销层面的功能。产品包装能够带给消费者最直接的视觉体验，陈述产品信息和主要卖点帮助消费者建立品牌联想，产品包装在设计过程中考虑到商超陈列效果，能够方便零售商和销售人员摆放商品、介绍商品信息。引人注目的产品包装和精巧的包装设计能够让消费者在商品种类繁多、信息冗杂的消费环境里迅速锁定目标。每一个产品包装都是一个频道，在消费场景里大声发出自己的声音吸引消费者前来购买。

产品包装视觉要素包括商标、文字、图像和包装造型等，产品包装的总体风格要在一定时间和地域内保持一致，方便消费者识别和购买。产品包装要符合品牌形象，能够有效传达品牌价值、准确传递产品特点和信息，同时注重消费者体验，考虑到消费者购买动机和使用场景的差别，让包装文案成为消费者的购物指南。此外，品牌要在特定品类里形成完善的产品结构，通过产品矩阵获得货架上的陈列优势。在货架上突出产品，在产品包装上完善符号和产品信息的组合，用完善的产品结构占领更大的柜台，制造出品牌势能才能发出更大的刺激信号，创造出更多的销售机会。营销研究的相关数据显示，你的品牌在货架上占据的比例，和品牌实际在市场上所占据的比例大致相等。

3. 椰树牌椰汁的典型案例分析

椰树牌椰汁的包装（见下图），是业内最具争议的包装设计之一，甚至也饱受了设计界诸多的诟病。但它是把包装的元媒体功能发挥到极致的标杆案例。椰树牌椰汁的外包装配色鲜艳，字体加大加粗，十分醒目。依靠着包装，椰树牌椰汁将营销传播做出了相当的影响力，这在国内并不多见，有评论认为，"明星流量都不如椰树牌椰汁的包装好使"。

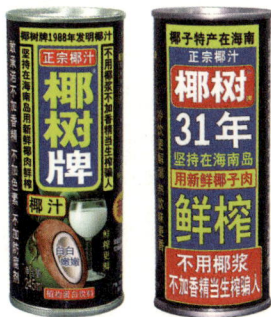

椰树牌椰汁的各类包装，包括纸盒装、易拉罐装，乃至整体的包装箱，都淋漓尽致地体现了"包装即媒体"思想。通过包装，消费者可以非常完整且清晰地理解到"椰树牌椰汁正宗鲜榨"这一购买理由，在包装这一媒体上还尽可能地罗列了诸多强烈证据：31 年，鲜榨，椰树牌发明椰汁，椰子特产在海南，坚持在海南岛用新鲜椰子肉鲜榨，不用椰浆不加香精当生榨骗人，敢承诺不加香精、不加色素、不加防腐剂，服务热线（手机号），配料表（国标允许使用的），香精、色素、防腐剂添加量 0。

值得一提的是，椰树牌椰汁的品牌设计风格，尤其是占据画面最大比例的文案表达，在多年的传播实践中并没有发生变化，只是一些消费者难以觉察的细节上的微调。日复一日，年复一年，消费者看到的椰树牌椰汁"坚持在海南岛用新鲜椰子肉鲜榨"，单凭包装这一媒体，就感知到了"正宗""国宴饮料""不加香精""海南特产""鲜榨"这些词语的朴实承诺。

（二）流量的反思：渠道与媒体的合一

多年以来，企业获得流量，或者说吸引顾客的方式有三种：第一，从渠道来；第二，从广告来；第三，从品牌来。从渠道来，比如大街上的商铺，本身是一个线下销售渠道，同时还是一个传播媒体，每天从商铺经过的人即是流量；从广告来，通过付费的媒体信息让受众知道你，前来购买你的产品；从品牌来，即消费者没有对信息进行处理，而是直接认准品牌，这时候的流量成本即是零，所以也有观点认为品牌是最稳定的流量池。

但是，在进入互联网时代之后，特别是出现了搜索引擎之后，消费者通过搜索关键词就可以找到店铺，甚至直接产生购买行为。互联网商业世界中逐渐形成了以"流量"为中心的商业模式，有些企业把握住了流量红利，快速崛起。那么，问题来了，上述互联网流量的操作方法的本质如何理解？对于品牌来说，又如何进行选择呢？

1. 互联网流量投入不是传播推广，而是渠道费用

我们首先回到流量的定义，所谓流量，指在一定时间内打开网站地址的人气访问量，从流量成为用户，再成为超级用户，对品牌而言是一个关系不断加深的过程。品牌从互联网平台购买流量，在本质上并不是传播，而是促销，互联网媒体的展示应归于渠道费用。互联网平台分发流量，品牌通过价格为主因进行展示，激发消费者采取购买行动，以此诞生了诸如流量漏斗的运营模型，以及一系列相关的数据分析指标。

在大数据、云计算等技术的加持下，购买流量的商业传播手法看似精准有效，但却是一个巨大的陷阱。所有的流量来源并不是通过广告，也没有品牌的零成本获客，而是全部来自付费购买到的平台的流量。我们知道，流量背后的定价机制是一种拍卖式的实时竞价系统，以搜索引擎广告为例，如果品牌赖以生存的若干引流的"关键词"的成本越来越贵，那将会是致命的问题。所谓的"流量红利"并不是长久之计，一旦失去，可能会成为扼杀品牌的"流量杀手"。

2. 渠道、媒体、仪式的三合一

我们在街上看到的店铺其实具备三重功能：第一，它是品牌与消费者交易的场所，具备渠道功能，这是我们通常认为的店铺的基本功能；第二，店铺本身其实也是重要的媒体，店招、店面、店门口的 POP 广告等，都是商品信息展示的具体媒介形式，所有经过店铺的人都是店铺受众，这是品牌所自有的媒体，它拥有唯一的流量主权；第三，线下的店铺本身具有一种在场交流的体验感，这种感觉是线上的匿名沟通所不能比拟的，我们可以用情境、仪式等很多内容来解释这种现象。

回想我们某次去快餐店就餐的整个过程，从你看到店铺到走进店铺点餐，坐到餐桌边就餐，这其中的销售主题、多点陈列、集中陈列、陈列道具、宣传海报等等，你既是在快餐店这一渠道中消费，其实渠道本身也在用各种媒体和你沟通，引导你完成决策。而你的这一次线下门店的消费体验，往往是后续线上持续复购的重要认知来源。

举个例子，一个婚纱店认为可以从网上购买流量来拓展生意，认为不需要线下的店铺渠道，所以为了节省这一笔开店费用，索性搬到背街的写字楼中去，但随着互联网流量成本越来越高，婚纱店的经营也遇到了很多问题。关闭了线下店铺，就相当于将线下渠道、店铺所在街道的流量、店铺本身的媒体功能、仪式感等主动放弃，品牌的生存与发展全部依靠互联网流量平台的购买与分发，在某种程度上来说，品牌主动抛弃了自己的"流量主权"。

3. 自身就是最大的媒体

在当下的数字化时代，当消费者在互联网平台上搜索时，他们往往选用的并不是品牌名称，而是各式各样的消费需求，或者直接是品类词语，如"婚纱摄影""防晒霜"等。基于这种消费者的行为轨迹，品牌通过对这些消费需求和品类词语的付费购买来获得流量，但是，往往忘记了自己就是最大的媒体，每个品牌自身都有流量，商品即信息，包装和店面就是媒体，对这些流量的挖掘与利用，才是打造品牌这一最稳定流量池的基本理念。

品牌如人，每个人最大的媒体是自己，每个品牌也应该充分挖掘自身的元媒体。《华与华方法》中提到"商品自从来到世间，它的每一个毛孔都留着流量的血液，从取名字到包装设计、招牌、店面、每一个物料，都是流量转换的战略工具，销售的全部原理就是流量转换漏斗。"对一个品牌来说，可以具体思考以下问题：有多少人看到店铺或者商品包装等元媒体展示？看到了之后会不会注意、停留？有没有进一步地询问、观察？有没有走进店铺？在进入店铺之后有没有买东西？上述的每一个环节都可以用流量转化来进行思考。

三、品牌播传：人作为元媒体

品牌播传是超级符号最重要的核心之一。在之前的品牌图形部分，我们就已经谈到所有涉及的东西都要"可言说"，一定要能用口语描述出来。比如，蜜雪冰城之前的品牌标识就不可言说（见下图），而之后的标识就可以言说："一个披着红斗篷的雪人，戴着王冠，手拿权杖，权杖头是一个冰激凌。"可以言说，才能被转述；能被转述，才能发挥出另一个元媒体——人的传播功能，才能形成播传。本部分我们就对人这一元媒体进行详细讨论。

华与华之前 旧Logo　　vs.　　华与华之后 新Logo

（一）消费者的四种角色：传播学视角的思考

消费者是一切营销传播活动的出发点，也是落脚点。消费者行为学认为，消费者行为包括消费者为索取、使用、处置消费物品所采取的各种行动以及先于且决定这些行动的决策过程，甚至是包括消费收入的取得等一系列复杂的过程。传播学和广告学研究往往将消费者视为三重角色，即社会人、消费者与媒介受众，三重角色都对人们如何接收广告讯息、如何受到广告影响产生重要的作用。

不管是消费者行为学，还是广告学，他们的思考更多聚焦如何将受众转化为消费者，研究与思考往往结束于消费者购买完商品后。但在今天，品牌如果想积累更多的资产，想要不断降低营销传播成本和流量成本，那么就需要与消费者进一步建立关系，只有消费者不断地持续购买，才有可能产生足够的商业利润。超级符号的媒介观，尤其是人作为元媒体的思考，主张充分地释放消费者的传播价值；在消费者购买后的使用过程，以及使用后的环节，都是可以进一步去思考的。正如汽车大王亨利·福特所言，"生意成交，并不意味着厂商与顾客就此分道扬镳，相反，他与顾客的关系至此才刚刚建立"。

从传播学视角出发，超级符号理论提出了消费者的四种角色概念，来进一步思考元媒体和品牌播传。根据消费者所处的时间和地点、信息和反应、目的和内容的不同，消费者处于购买前、购买中、使用中、使用后四个消费场景，消费者的角色据此可以划分为受众、购买者、体验者和传播者四个身份。根据消费场景中消费者角色的特点和需求，发出最强信号，才能刺激消费者的购买行为，并实现播传。

消费者的四种角色概念

消费场景	角色	状态描述	策略目标	策略重点
购买前	受众	茫然、遗忘	强大刺激从茫然中唤醒；重复对抗遗忘	超级符号系统；预制件；全面媒体化
购买中	购买者	购买环境中的信息搜寻者	提供信息服务；打动购买，促成销售	超级符号；货架思维
使用中	体验者	期待和验证心理	仪式感制造惊喜；社会认同促进反复购买和播传	符号化体验；仪式化体验

（续表）

消费场景	角色	状态描述	策略目标	策略重点
使用后	传播者	感性、无主动意识	设计一句话让消费者替我们传播	超级符号系统；预制件

1. 购买前——受众

受众是传播的客体，购买前消费者只是受众，受众通过各类媒介获取信息。在媒介数量众多、信息资讯海量的环境下，大脑出于自我保护机制，往往对绝大多数信息"视而不见"。这时受众的特点是茫然且容易遗忘，受众或许有消费需求，甚至有急需的商品，但由于深陷海量信息的包围中，商品广告不一定能为其购买决策提供帮助。

对品牌营销人员来说，如何引起受众的注意，让受众的目光为之停留成为一个重要议题。经济学中为此提出了"注意力经济"的概念，认为重要的资源既不是传统意义上的货币资本，也不是信息本身，而是大众的注意力。

应对受众茫然且遗忘的特质，品牌应该在信息维度讲述和消费者有关的利益，解决令消费者困扰的问题，"对症下药"才能唤起需求和关注，在媒体维度借助能量强大的媒介投放营销信息，放大刺激信号，才能唤起受众的反应；其次是要对品牌营销信息重复多次发布，目的是令受众记住品牌，绕过其心理防线，直达消费者心智，放大品牌的知名度，只有不断让更多的人听说过你的品牌，品牌背后的产品功能、身份象征、公益营销才能在受众之间形成"社会认同"，进而相互推荐成为"社交货币"。

2. 购买中——购买者

消费者的第二个身份是购买者，当消费者置身于消费场景中，海量的信息奔涌而来，购买者可能从中选择一个最优选项实施购买，也可能只是从货架上拿起一个商品大致浏览，抑或是目光轻轻掠过货架不作停留。这个消费场景可能是家门口的便利店，商场或超级市场，或网络购物平台，直播间带货场景，等等。消费者不一定有购物的需求，可能只是随便看看，或者是列好购物清单，非常清楚地知道自己要买什么，再或者有购物需求，但还处于商品信息搜索阶段。

此时产品的包装就是品牌最大的媒介，如前所述，包装可能是品牌第一次与受众产生交流的媒介。回到消费者购买环境，用好包装和货架等商品元媒体，把最重要的信息告诉消费者，购买行为往往才能随之而至。产品的到达率往往大大高于广告和营销活动的到达率，产品上的文案就是消费者的购物指南，品牌必须学会抓住第一次与消费者沟通的机会。回到消费者所处的购买环境，消费者的念头千头万绪转瞬即逝，旁边人聊天的内容、商场播放的音乐、手机的信息提示音等，身边任何一个"噪声"都可能中断购买行为，所以需要品牌认真进行包装设计，利用包装元媒体，用包装上的超级符号刺激消费者的本能反应，唤起他们对品牌的记忆，将刺激转化成行动。

这个记忆可能是在电视上看到过的一个广告片段，可能是朋友推荐时提到的一句广告语，也可能是某次回家途中看到路人手里拿着的品牌包装袋，消费者选择商品时不仅是品牌和商品本身获得关注，还是调动社会观念和品牌符号意义的一次考察，只有通过考察的商品才能入选消费者的购买清单。

3. 使用中——体验者

这一部分是把人作为元媒体加以理解的重要成果之一。购买并不是消费的终止，消费者购买商品后或自用或赠予，这期间消费者的特质是怀着期待和验证的心理，需要商品包装和商品使用过程提供仪式化体验和符号化体验，这需要从产品设计角度重视消费者的体验感。化妆品精致的外壳、名牌汽车的 logo 和外形、加酶洗衣粉里的绿色小颗粒、商品喜庆大气的节日礼盒等都是为了给消费者提供这种体验。

中式茶文化里饮茶的仪式感和天然蜂蜜不掺假的真实健康，有些饮料将茶粉或蜂蜜和纯净水分开包装，消费者饮用时需要自己混合摇匀，这会给人一种新鲜健康的感觉，让小小的一瓶饮料体现消费者的生活品质，也让旁观者察觉到该饮品的与众不同，在其进入消费场景时，消费者可能因为好奇而购买。把消费者看作商品或服务的体验者，目的是为消费者带来积极的情感体验，包括开心、感动、童心、自豪、激动等多种类型的、正面的柔和情绪和激烈情绪。消费者不只是有理性的生活需求，还有丰富的情感需求。

超级符号理论认为，要在消费前为顾客制造期待，在消费中创造惊喜，在消费后留下回忆。这样才能让消费体验成为顾客值得谈说的内容，进而向他的亲友传播并再次购买。品牌营销者要明白什么样的刺激能够带给消费者什么样的情绪，这需要消费者自然地融入其中并不会发生对"刺激"的误解，品牌稳定长久的宣传显得尤为重要，能够帮助消费者对特定品牌形成约定俗成的情感导向。

4. 使用后——传播者

品牌传播的目的首先是为了实现消费者的购买行为，其次要实现消费者的自发传播，即扩大品牌播传，消费者把他的购买经历、心得和体验用简单的话语告诉他的亲友，这是品牌播传原理的最重要一步。并非目标消费者的广大民众，也是品牌播传的主体。

传播的关键在于传，为了降低营销千人成本，首先要关注不花钱的传达率，因为消费者是最好的传播媒介，是元媒体，品牌营销信息的流动通过大众媒介到达消费者只是品牌播传的第一步，应该发动消费者自主传播，才能真正实现营销信息——购买的转化。品牌播传的目的是通过受众、购买者、体验者和传播者的身份转换，将聚集起来的消费者一步步引入流量漏斗，聚拢成为品牌源源不断的"自媒体"流量，防止消费者在不同身份转化过程中的流失。

（二）社会模仿：播传的社会学解释

在传播学研究中，关于人际传播对大众传播过程和效果的影响有诸多的理论概念，如"意见领袖""两级传播""创新扩散"等。以说服研究著名的美国传播学家卡尔·霍夫兰在第二次世界大战期间为美国军方牵头一个庞大的说服实验项目后，从心理学层面上为信息传播的效果研究提供了理论基础，并在战后耶鲁大学"传播与态度变化的耶鲁项目"中继续了这项研究，其中一个重要的发现是"有意图的传播……说服通常是通过人际传播渠道进行的"。这个论断支持了我们的观点，即希望通过合适的媒介将品牌营销信息传达给消费者之后，消费者能够传播给亲友，实现品牌播传。

社会学提供了更深入的思考，尤其是社会学家塔尔德的"社会模仿"理论。塔尔德认为社会过程说到底是一种人际交流，是一个互相学习的社会心理过程。"实际上，任何社会事实：一个词、一种宗教仪式、一个商务秘密、一个艺术构成、一项法律条款、一句道德格言，都不是由一个社会集体发送的和传播的，而是由一个人——父母、老师、邻居、同事传播的"。

塔尔德强调了传播尤其是人际传播的重要性，并把人际传播定义为"模仿"，认为人们所有的社会关系都是模仿的关系，或者通过模仿而形成的关系。"模仿隐含在一切社会关系之中，而且是一切社会关系的纽带……模仿是一个大脑在一定距离对另一个大脑产生的一种特殊作用，是给予或接受的一个心理印记，是通过一种特殊的接触传播的印记"。人之所以能够模仿是因为人具有同质性，因此彼此之间的精神可以相互拷贝，"现实不仅在同一个脑子里始终统一，而且从一个脑子传播到另一个脑子也保持不变。正是这一点而且也只有在这一点上，心理学可以被外化并转化成社会学"。

具体在媒介的思考上，塔尔德认为个人的交谈是舆论形成的重要工具，甚至比报纸还要重要。他通过一系列的陈述表达了这种观点："交谈是一个尚未探索的领域，是形成舆论的一种媒介……交谈是一个经久不衰无所不在的媒介。……在一切时代里，推动这个（舆论的）转化过程的动因是私下的谈话。"关于交谈的这一思考，对后来的媒介环境学有非常重要的影响，体现在伊尼斯、麦克卢汉、沃尔特·翁等学者对口头传统的高度赞扬。

在今天的新传播革命背景下，"交互性"成为新媒体的本质传播特征。数字技术的发展使得新媒体的信息采集、制作与传播越发便捷，每一个"受众"都能变成"传播者"。美国《连线》（Wired）杂志将"新媒体"直接定义为"所有人对所有人的传播"，《时代》周刊把 2006 年年度人物颁给"你（You）"，并对此解释道，社会正从机构向个人过渡，个人正在成为"新数字时代民主社会"的公民。以往传播方式的单向线性传播发展到双向甚至多向交流，营销传播领域也衍生出诸多新的概念，比如"社会化媒体传播""口碑传播""病毒营销传播""新意见领袖"等，"人际传播"以及"主体性在场"等重新回到思考视野，其内涵依然是从"传播"回归到"播传"，把人视为一种传播媒介，充分彰显"人"的主体性，并突出每一个人进行表达和传播的能力。

（三）人即媒介：重构流量循环模型

在超级符号理论与方法中，语言哲学居于所有智慧来源的最底层，其中一个关键点是"可言说"。对一个文案创作而言，口语第一，听觉第一，需要"可言说"；对一个设计作品而言，一定要能够用口语描述出来，如果通过描述就能让接收者的脑海里出现准确的画面，这是一个传播成本低的好设计，如果没法说，就证明设计的传播成本比较高；对于一个品牌而言，它的品牌资产大小也在于"可言说"，甚至品牌资产等于品牌言说，消费者可以谈说的词语、符号、话语、故事是最有可能给企业带来效益的。下一章会对品牌资产进行详细讨论。

传播的关键在于传，在营销传播实践中，传达率的影响因素往往比到达率更为广泛深远。语言既是内容创作的核心，也是人际传播最重要的媒体，其中，声音语言是播传，也是自我表达最基础的媒体。有学者改造德里达的名言"文本之外空无一物"，认为"媒介之外空无一物"，媒介不只存在于传播者和接收者之间，还包括他们本身，人们无时无刻不在使用媒介，与此同时，人也成为媒介的一部分。

可以这样认为，人本身即是一种媒体，人通过声音语言来完成播传，这一理解强调了人的主观能动性在媒介使用和实现传播效果的重要性，人不只是被媒介塑造的被动对象，也是借助一切媒介实现自己传播目的的主体。作为元媒体的人，关键在于发动播传，实现"人传人"。

作为元媒体的人具体包括三个群体，一是企业家 IP 和所有员工，二是消费者，三是所有人。

企业家 IP 和所有员工，指内部所有人员乃至企业相关的渠道商、服务商等都是媒体，不仅仅企业家 IP 是媒体，所有员工都是媒体。在之前的品牌语词的讨论中，我们检验广告文案创作的标准之一就是员工用不用，即他们是否会在工作中自动使用。

消费者，如果将消费者视为一种媒介，我们会看到消费者具备的四重角色，即受众、购买者、使用者、传播者，四重角色的内容是理解超级符号媒介观的重要概念，人作为元媒体，需要发挥消费者的传播功能。

所有人，指代的是品牌的目标消费者之外的所有社会公众。哪怕不是汉庭酒店的目标消费者，他们也会谈说"爱干净，住汉庭"，不是蜜雪冰城的目标消费者，他们也会哼唱"你爱我，我爱你，蜜雪冰城甜蜜蜜"。人的本质是社会性，商品也需要具备社会性，对所有人的传播是赋予商品和品牌社会性的基本认知。

　　"播传"概念的引入，重新改造了传统的流量运作模型，让其具有了"永动机"的属性（见下图）。流量模型不是一个单向流动的漏斗，而是一个不断循环放大的生态系统。营销传播在发送、注意、打动之后，产生两个层面的效果：购买，即"说动"；播传，即"传动"。被"说动"从而产生购买行为的消费者会加入"传动"，进行播传，甚至在这一模型中，不管受众是不是商品的购买者，都可以成为主动的传播者，从而把流量循环再传导到"注意"环节，从而不断循环壮大，形成一个自发转动、不断循环的流量生态，部分呈现出一种"永动机"的状态。

传统的流量循环模型　　**超级符号的流量循环模型**

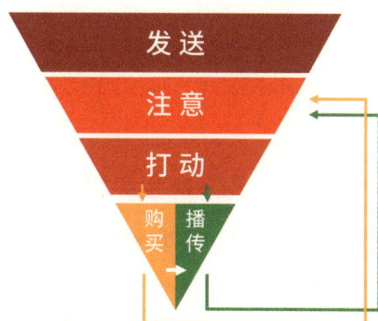

"永动机"型流量放大模型

第三节
媒体的仪式性：强媒体与弱媒体

　　"仪式性"是超级符号媒介观的重要内容，与"传达率""到达率"一起构成思考营销传播效能的三个关键评估指标，媒体的仪式性与媒体能量直接相关，仪式性越强，媒体能量也就越强。"仪式性"体现在所有媒体类别中，既包括商品与人的元媒体，也包括付费的各类"延伸媒体"。

　　超级符号理论基于"仪式性"，提出"强媒体"和"弱媒体"的概念。媒介天生携带能量，信号能量大、可信度高、传播效果好的媒介就是强媒体，信号能量小、可信度低、传播效果差的媒介是弱媒体。对于品牌来说，要根据自己的预算找到最强的媒介去传播品牌信息，才能最大限度地释放品牌能量，引起消费者的注意，促进消费行为的转化，不断累积品牌的知名度和美誉度，形成品牌资产。

一、媒体仪式性的理解

所谓媒体"仪式性"，可以回到我们的日常生活中加以理解。受众身处媒介塑造的特定感知环境和符号系统中，媒介传递的并不只是信息本身，还包括媒介的可信度、仪式感、影响力等等。不同媒介辐射的受众数量和地域范围不同，锁定的受众类型不同，媒介物质结构不同，使用的符号系统及符号的编码、传输、存储、检索、解码和流通方式也不同。

比如，当我们在观看中央电视台春节联欢晚会时，其中出现的广告更具仪式性。同一个内容，如果在互联网端以弹窗的形式出现，其仪式性就会大大降低，受众对二者的印象大不相同，印象差异的关键在于媒体的仪式性，仪式存在于日常生活的每一次信息交流中。超级符号认为，媒体的仪式性价值与媒体本身的信息传播价值同等重要，甚至在某些具体场景比传播内容更重要。

（一）媒介即讯息：来自媒介环境学的启示

超级符号对媒介的理解承袭了媒介环境学派的思想智慧。其中一个关键的要点来自媒介环境学派的代表人物马歇尔·麦克卢汉的"媒介即讯息"观点。从字面上来理解，媒介本身才是最有价值的讯息。回到传播学本身，这一思考无疑是颠覆性的。在以关注"内容"为主要取向的传播学界，往往认为如新闻、图片、视频等媒介内容才是影响认知、态度的主要因素，而非抽象的形式概念，而麦克卢汉通过大声疾呼，让人们开始重视媒介形式本身的影响力。

麦克卢汉由此进一步提出"冷热媒介"的观点，以判断媒介和信息接收者之间的互动关系。媒介能影响人的感知结构，媒介的冷和热是从使用者的感觉上来划分的，对于使用者而言，参与度较低的媒介就是热媒介，参与度较高的就是冷媒介。冷与热的划分并不绝对，是非常主观的感觉。而由参与度引申出来的另外一个标准是讯息的清晰程度。一般来说，热媒介讯息清晰度较高，不需要使用者投入太多思考，因此参与度较低；而冷媒介的讯息清晰度较低，需要使用者参与其中，通过自己的思考来补全缺失的讯息。但清晰与模糊都是相对而言，并没有绝对标准。

　　"冷热媒介"的理论是麦克卢汉最容易让人误解的理论之一。虽然有诸多争议之处，但是正如麦克卢汉所言，"我不解释，我只探索"。麦克卢汉的思考观点就像是一个手电筒一样，照亮了黑暗中很小的一个地方，它可以引导你到更远的地方。超级符号理论也从中汲取了丰富的营养，形成了有关媒介仪式性的"强弱媒体"观点，后来的学界也形成了更多的衍生讨论观点。如静态媒介与动态媒介、软媒介与硬媒介、时间媒介与空间媒介等理解方式。

　　在传播效果研究中，也有与"媒介即讯息"不谋而合的研究成果。传播学者马莱茨克认为"媒介形象"是影响营销传播效果的重要因素，因为人是环境的产物，传播是发生在特定的环境场里的复杂社会过程，受多重因素影响并以多种形式循环扩散，继而，在传统的传播基本要素上加入了媒介压力和接收者心目中的媒介形象，这个模式成立的重要前提是不同类型的媒介对受众的塑造方式不同。

（二）仪式性：传播效果的重要维度

　　上述媒介环境学的思考引导我们走向思考媒介的另一维度——仪式性的思考。传播学研究存在"仪式观"和"传递观"两种思考脉络。传播的"传递观"研究的是信息在空间的传递，是一种为了控制进行的信息传递，传播的"仪式观"把传播看作文化共享过程，它并非直接指信息在空间上的扩散，主要是指传播如何在时间上来维持一个社会。从"仪式观"的视角来看，传播实质上是"以团体或共同身份把人们吸引到一起的神圣典礼"，其目的是为了"建构并维系一个有秩序、有意义、能够用来支配和容纳人类行为的文化世界"。

媒体的"仪式观"思考为媒介研究和应用提供了一个新的视角。"仪式"可以理解为以特定信仰为基础，有别于日常生活的琐碎与具体，具有明显的高度集中与抽象，但又是日常生活现实与想象的符号化体现，由此而形成的一整套具有象征意义的活动。仪式的意义和程序的相对固定，是绝对变动的日常生活里能为个体带来安全感和认同感的存在，人们喜欢富有仪式感的事物，人们因仪式感而凝聚，仪式感承载了情感、文化和传统，赋予个体生命存在的意义。

"仪式"存在于我们与媒介接触的任何时候，可以说，"仪式即传播，传播即仪式"，只不过有些时候，某些媒体的仪式性更强。"任何形式的仪式都是一种传播，仪式通常以符号行为的方式呈现于社会情境之中，仪式以最基本的信念与价值为基础，编码了符号和意义系统的逻辑，仪式的这些特点使其成为最有效的传播形式"。仪式性传播不仅仅存在于庙堂之上，还存在于世俗社会的每一次信息交流中。传播是一个符号交换的过程，现实就是在这个过程中产生、维护、修补和转化，最终达成共识。

按照媒体本身所具有的仪式性的强弱，超级符号理论将媒体划分为"强媒体"和"弱媒体"。相对而言，强媒体更具传播的仪式性，在传播效果上附加了"仪式"的效果与功能，当我们与这种媒介接触时，多了一层象征意义，具有独特的传播特性，甚至是一种强有效的传播机制。同样的传播内容在这样的媒介上传播，会获得一种"仪式"维度的认同和秩序，甚至得到一种不一样的观念、信仰、情感或传统，蕴含个体与群体对符号与意义的理解。

对于营销传播而言，媒介的仪式功能和媒介的信息传播功能同等重要。媒介仪式感越强，信号能量越大，对消费者的刺激越大。包装和产品在商品使用环节是连接品牌和消费者最大的媒介，品牌营销者要力争让这个媒介的能量信号放到最大。比如，中央电视台春节联欢晚会在电视媒体时代成为除夕夜最具有仪式感的媒介，"春晚"上演唱过的歌曲、春晚节目中的热词、春晚前后播放的广告都被人们关注、讨论、传播乃至再创作。在这一天播放的广告也会迎合春晚喜庆祥和的主题，在传递品牌信息、传播品牌形象的同时向观众拜年，烘托喜庆气氛。

二、强媒体的定义及要点

"强媒体"之所以"强"，在于媒介本身所具备的能量差异。它并不包含在我们通常所说的媒介策划中。媒介策划指代的是在广告活动推出之前，针对媒体的选择、媒体的刊播时间以及广告量在各媒体上的分布等所作的通盘计划，更多的是需要对一个媒体的受众特征进行分析，并将其商品目标市场进行匹配，从而获得最大程度的成本效益。

媒介策划并没有涉及媒介的仪式性，也不会将媒介形式本身所具备的媒介能量加以考虑。超级符号引入"强媒体"的概念，力图优化营销传播效能，"强媒体"本身能够赋予品牌信息的传播仪式感，增强受众的情感体验，鼓励受众按照他们所熟悉的"仪式"的传播方式对符号进行解码。

（一）理解强媒体的四个要点

媒介仪式性可以塑造并强化受众对信息的解码方式。相同的内容，发布的媒介仪式感越强，媒介能量越大。媒介的仪式性所包含的内容较为广泛，媒介的规格、发行量、所处地域、覆盖人口数量、在媒介发布信息的传播者形象具有高可信度和专业性、媒介信息的真实性和客观性、媒介所有者的中立、媒介与受众的相关性等。

按照传播学家卡尔·霍夫兰的"传播与劝服"相关研究，媒介和传播者共同组成了信源，拥有共同的编码、解码方式，信息在传播过程中被噪声干扰的程度较小，信源的有效性和可信度影响着传播效果。媒介的仪式感能够固化特定事物在人们脑海中的印象，激发人们心中的情感驱力，放大事物的意义，抬高特定信息在受众心目中的重要性，延续人们相对固定的信息解码方法，强化信息中共性的部分。

为了更清晰地理解强媒体与弱媒体，本节以华与华公司对媒介的应用为例。华与华作为一家营销咨询公司，其目标受众是企业家和相关高层管理者，作为一家为企业提供战略咨询、品牌咨询、产品开发与广告创意等服务的公司，它们本身的媒介应用可以说是"强媒体"在具体实践中的应用典范。

2008 年 5 月，华与华开始投放中国三大航机杂志广告（见下图），即国航《中国之翼》、东航《东方航空》、南航《南方航空》，一直持续至今，从未间断，随后，又陆续在北京机场、上海虹桥机场、浦东机场和深圳机场投放公司广告，上述媒体的品牌口号从刊登开始，十多年来并没有改变，版式也几乎没有调整。我们在此尝试用四个维度加以分析。

信号能量： 营销传播的信息内容基于媒介载体的属性展开，杂志、室内灯箱和户外广告牌等各有各的具体表现形式，将符号编码尽可能准确、清晰、易懂地传达，同时考虑到媒介与人的关系，尽可能符合具体媒介场景下受众的阅读速度。以户外广告媒体为例，整体画面以品牌名（华与华）、品牌口号（超级符号就是超级创意）以及创始人形象（华杉、华楠二人的写真半身像）作为组合，充分考虑了媒体传播中的暴露值、注意值和驱动值，在最终传播符号编码内容时，体现在人身上的一切行为都是刺激反射行为，刺激信号的能量越强，则反射越大。

媒介影响范围： 从目标受众的维度来看，一家营销咨询公司的客户群体相对比较细分，企业家和高层管理者在所有媒介受众群体中的比例可能不超过 1%。华与华选择的广告媒体，基于线下商务群体的飞机出行展开，尽可能地做到针对性。此外，还展现了媒体的社会化印象，对一个企业而言，其媒介应用和广告传播的目的往往不仅是自己的目标消费者，品牌需要在更广阔的群体中树立形象和口碑。

媒介价格与社会地位： 依照调研结果，华与华的媒体选择中被提及最高的是北京首都机场的高速广告牌，这是中国户外广告最贵的地段，在所有的户外媒体中的社会地位也最高。媒介信息与媒介价格、媒介的社会地位等共同作用，讯息的说服力更强，讯息也更容易被接受。这充分体现了媒介环境学中"媒介即讯息"的思路，媒介往往不仅是信息的传输，媒介本身就是信息，甚至媒介本身比信息内容更具影响。

媒介的时间累积： "时间"在当今时代，尤其是商业传播领域，是一个很重要但往往被忽视的维度。华与华的广告投放数十年如一日，充分体现了传播的真谛，即通过刺激信号的不断重复来对抗时间长河中不可避免的遗忘，此外，时间还赋予媒体更多的"仪式感"，即习惯化、形式化和超验性，在不断地重复与循环中，华与华所展示的广告媒介在不断地累积能量，与 2008 年最初的投放相比，已经在"仪式"维度的传播效能上有了巨大的差别。

（二）信号能量：对信号刺激与行为反射的应用

信号能量是相对信息量而言的一个概念，它与超级符号的信号刺激－行为反射密切相关。在营销传播中，超级符号理论首先关注的是信息量。对于很多品牌而言，信息量不够是包装设计乃至各种与消费者沟通媒体中常见的问题。有一些商品为了显示所谓的高雅品位，忘记了商品本身所应具备的信息，这与传播中的信达雅的维度也是相背离的。以很多日常生活中的品牌标志设计而言，单独看标志，我们丝毫感知不到其背后的设计意义是什么，没有信息量而又需要传播，那就会极大地增加营销成本。

除了信息量，本节要重点讨论的是信息能量。本章开篇提到的汉庭酒店广告语"爱干净，住汉庭"是为了强化消费者在有住宿条件"干净"的需求时立刻想到汉庭酒店，简化消费者筛选酒店的过程。广告语竖立在酒店大楼楼顶，是为了占据信号能量较强的媒介，形成更强的信号，持续地提示过往行人，进而刺激消费者的行动。一般来说，刺激与反射呈正向相关，信号刺激越强，行为反射越大。品牌营销信息必须保持对消费者长期持续的刺激，加深特定符号体系在消费者心中的印象，形成条件反射，消费者才能在消费场景和社交环境下轻松想起品牌并付诸购买或播传。

符号编码在媒体呈现上必须能够准确、清晰地，最好还能比较通俗易懂地传达广告讯息，媒体的传播速度要能满足广告实践的要求。对于被刺激的主体而言，这样下意识的思维反应所需时间最少，所需精力最少。作为供消费者筛选商品、提供消费建议的广告最适宜的是第一种思维，即大多数人可以"无声地运用完全习惯化的言语"，减少"刺激——反应"的时间和难度。营销传播需要回到人们具体的媒介接触场景，激发人们下意识的反应，提高消费者的信息读取效率。

具体来说，传播特点包括媒体的内容、风格、暴露值、注意值和驱动值。我们可以将其概括为"暴露值""注意值"以及"驱动值"三个指标。

"暴露值"，是指一条广告讯息在这种媒体上能被多少人看见；

"注意值"，指受众注意一条广告讯息的程度；

"驱动值"，指广告讯息驱动受众付诸行动的能力。

关于信号能量的问题，其实在之前的品牌语词以及品牌图形部分有所涉及，超级符号原理会将所有的品牌语词、品牌图形等信息内容的创作，置于与消费者接触的"现场"中加以思考，这在本质上即是一种媒体维度的思考，已加入了信号能量这一维度，媒介不仅是传递信息的渠道，还营造了一种环境。

字体与音量可以带来信号能量的差异。众所周知，不同版面的报纸广告，价格差异很大。在各种因素不变的前提下，整版广告比半版广告的价格要更为昂贵，因为相对而言，整版所内含的广告信号能量更大。这一思考体现在媒体内容编辑中，也需要基于媒体的实际情况，突出文字，让更多人看见，让更多人注意，并通过信号刺激驱动更多受众付诸行动。类似的思考有很多，比如，我们在中小学课堂上，老师一进教室，大家就起立，大声说"老师好"，这本身即是在发出一个极其强烈的信号，让大家从下课的放松状态，进入上课的听课与学习状态。

色彩与反差是思考信号能量的另一维度。超级符号的设计表现尽量地使用对比色、纯色、专色。这依然体现了超级符号对"现场"的重视。色彩与图形创作的最终呈现，需要到现场加以考量。既有的营销传播往往会忘记对现场的信号能量的把握，而陷入一种随波逐流的状态。比如"高级灰"非常流行，色彩经过调和，通常纯度偏低给人的感觉和谐，品牌希望追求高级灰的柔和、平静、稳重、和谐、统一、不强烈、不刺眼、没有冲突，但是却忘记了营销传播的本质是为了"暴露""注意"和"驱动"。

集中陈列本身是一种重复，也可以增强信号能量。维特根斯坦认为，"重复创造一种事实感"。商品在货架上陈列，借助规模性的堆头等形式，尽可能地制造一种引人注目的场面，这一思想也可以用在广告媒体的信号能量经营上。以下图的 vivo 广告为例，品牌会选择在一栋楼上放置很多招牌，有时候甚至会把一幢楼上的一列广告都放上它的招牌。有人可能会认为这是一种浪费，但是从强媒体的仪式性维度来看，这恰恰是他们营销传播成功的原因之一，因为重复陈列放大增强了信号能量。

（三）广告与窄告：媒介的影响范围

广告媒介策略喜欢应用一句谚语："在有鱼的地方下饵。"受众目标是媒介策划之前的第一要务，并因此衍生出一系列的明确受众目标的操作原则与方法。所谓受众目标，指代的是商品的目标消费者，除了已经购买产品的消费者以及潜在的消费者以外，营销传播的受众目标还可能包括渠道人员、舆论领袖或者其他可能影响消费者购买决策的人。比如，一个化妆品品牌，它的受众目标是 25 岁以上、月收入 1 万左右的都市职业女性，那么会根据这一受众群体的媒介接触习惯去展开媒介策划行动。

在当下，这一思考更加"精准"化，"广告"的运作方式越来越多被"窄告"所替代。约翰·沃纳梅克的名言,"我知道我的广告费是被浪费了,但不知道是哪一半"成为媒介运作不断改进的动力。到了今天,基于大数据、云计算和人工智能技术的互联网端的媒介投放,已基本形成了"精准"的计算广告思考范式,营销预算所购买的是人而不是媒体,它拥有强大的受众识别和购买能力,通过数据管理平台的数据分析,将人群标签化,将广告投放到目标消费者眼前。

但是,所谓的"精准"就代表了媒介的一切吗?"精准"有没有不为人知的"暗面"?"精准"本身是不是互联网制造出来的一个"话语"?我们需要回到广告传播和媒介的本质上加以思考。

媒介涉及人的社会化进程,指引人们的生活方向,指导并设计了人与商品的社会化标签,"社会化标签"源自人的社会性本质。从这一角度来说,媒介的影响范围越大,一个媒介的受众规模越广泛,它本身所具有的媒介能量也就越大。商品借助媒介传播,影响的不仅是目标消费者和潜在消费者,还是更广阔的受众,因为只有获得非消费者的艳羡,才能获得消费者的尊崇。

麦克卢汉曾从更广阔的消费视角,用"工业人的民俗"来指代媒介主导的社会化价值标签的结果。"广告就是一种民俗。工业社会的民俗不是由教育和宗教决定的,而是由大众媒介决定的,其最具代表性的文本即是充斥媒体的广告。……这个时代的'民俗'多半来自实验室、演播室和广告公司"。民俗一旦成形,作为个体的人就没有反问的余地,并且由于受到各种压力,被迫向这种标签所指引的方向前进。

在本章开头的汉庭酒店案例中,也有类似的效应。当"爱干净,住汉庭"这六个大字出现在一幢又一幢高楼上,就会释放出比普通的床头柜上的承诺卡更加强大的信号能量,消费者更容易注意到,更容易把它讲给周围的人听,更容易成为犹豫不决时第一时间想起的酒店品牌名,这句话面向所有人在讲,大声发出信号,它像商标一样提醒着路过的行人,使一句口号变成了促进消费者的行动。

（四）媒介价格与社会地位：一种经济学的解释

经济学为媒介价格提供了一种恰当的解释。在曼昆的《经济学原理》中，讲到了 Kellogg 和 Post 两个麦片品牌的广告与消费者感知的案例。消费者尝试他们从广告上看到的新产品是完全理性的。消费者决定尝试 Kellogg 的新麦片，因为 Kellogg 做了广告。Kellogg 选择做广告，是因为它知道自己的麦片极棒，而 Post 选择不做广告，是因为它知道自己的麦片很平常。Kellogg 做付费广告的意愿向消费者传递了其麦片质量的信号。这些品牌之间的比较思考来自消费者对广告的认知。每一个消费者都会十分敏感地判断，"啊，如果 Kellogg 公司愿意花这么多钱为这种新麦片做广告，那么它肯定是真的不错"。

上述的案例最令我们惊讶的是，消费者尝试新麦片与广告的内容是无关的，这和我们的既有认知完全不同。Kellogg 的付费广告对消费者而言，本身即是一种传递了产品质量的信号，付费广告的制作成本、明星费用、播出媒体平台等越是昂贵，消费者对其越有信心。广告本身说了什么，并不如消费者知道广告很昂贵这一事实重要。与此相反，便宜的广告在向消费者传递质量信号方面的效果就会大打折扣，甚至失效。

经济学对广告的解释可以概括为两点：其一，广告是企业为了解决信息不对称而给顾客发的信号；其二，信号必须足够贵，如果信号不够贵，则信号无效。经济学的这一思考可以解释为什么企业选择代言费非常昂贵的明星来做广告，而从表面上看，这些广告似乎又根本没有提供什么具体信息。在这里，信息并不在于广告的内容，而仅仅在于做广告本身与其昂贵的价格。"你投了央视春晚，或者美国橄榄球的超级碗，那叫什么？四个字——耀武扬威。你把你的广告投到首都机场高速的大广告牌上去，那叫大闹天宫。人人都知道你厉害"。媒体的单位价格越高，媒体的社会地位越高，在公众中的信誉越好，它所传播的广告讯息就越容易被公众接受；相反，媒体的社会地位越低，在公众中越没有信誉，其广告的传播效果就越差。广告往往被视为一种有关商品质量的信号。

媒介的社会地位与媒介价格类似，只不过媒介价格更多的是在经济维度，而媒介的社会地位更多的是在媒介给受众所带来的社会认知上。2012年，中央电视台广告经营管理中心专门发布了一则"关于从未颁发'央视上榜品牌'等称号的声明"，声明指出，针对近年来部分企业在产品包装和广告营销活动中擅自使用所谓"央视上榜品牌""CCTV上榜品牌""CCTV上榜热播品牌""CCTV热播品牌"等名称，在消费者当中产生了一定的误导。探究这一事件背后的原因，在于消费者会认为一个品牌能够在中央电视台这样的国家级媒体上刊播广告，那么，这个品牌的产品也往往值得信任。所以，一些企业出巨资在中央电视台刊播广告，其目的在于将这一刊播行为本身告知消费者，并成为让消费者信任的购买理由，这远比刊播什么样的内容和创意更为重要。

（五）固定媒介与固定信息：媒介的时间累积

媒介的时间累积，这是当下快速求新求变的营销传播实践最需要关注的。在品牌开发面临的诸多挑战中，排在第一的是短期财务与长期品牌经营之间的问题。"企业的领导者们往往需要考虑企业的短期财务业绩，品牌却是企业的一个长期资产……一个追求短期利润但损害品牌长期健康的管理者通常会受到公司的奖励，而一个为投资品牌而暂时损失短期利润的管理者通常会受到公司的惩罚"。在广告传播中，最初的"创意爆炸力"在短期内释放后，很多品牌会放弃创意内容在长时间维度的累积，这是一种非常大的浪费。

按照人类学的观点，仪式具有习惯性、形式化、超验性等特征。但凡重复性的、拘泥于形式的，同时又带有一定强制性和神圣化的人类符号互动过程，都是仪式性传播行为。在传播维度中，仪式往往具有时间偏向，事关重复和循环、维持和保存、记忆和传统。一个媒体在经历时间的沉淀之后，就具有了更强的"仪式"维度的效能。

在传播学研究中，伊尼斯曾从媒介的物质特征和符号特征提出了媒介的偏向理论。如果一种媒介和上面的信息易于保存，那么它就具有时间上的偏向性，如石头、泥板和羊皮纸，在时间偏向媒介促成下的社会更倚重风俗和传统以维系社会秩序，社会中的精英阶级掌握知识的垄断权；如果一种媒介和上面的信息易于运输、不易保存，那么这种媒介具有空间性的偏向性，如印刷媒介，空间偏向的媒介让口语文化式微。时间偏向的媒介和媒介内容就是最早的"风俗"和"传统"，用以形成等级森严的社会结构。基于固定媒介，展示固定信息，经过时间的累积之后，媒介传播会产生传递信息之外的价值和影响，长期存在的媒介与内容信息，信息内容不轻易更改，让人们形成不可逾矩的意识。

我们不仅从伊尼斯的学说里借鉴了以媒介的物理存在看待媒介内容对品牌传播的影响，还看到了现代社会媒介资源的极端丰富下，电子媒介巨大的信息存储量和易逝性造成了人们对信息的茫然和健忘。当每一个品牌都在希望用创意、新奇、时尚打动消费者之时，海量的"创意、新奇和时尚"每一个看起来都差别不大，能被消费者看到的信息必须是重复多次出现的信息，这需要品牌营销信息出现在固定媒体的固定版面并重复多次，需要品牌信息简单易读、朗朗上口，还需要品牌固定一部分信息长期播放，方便消费者识别。

罗瑟·瑞夫斯曾在《实效的广告》一书中有过"千百万美元的错误"的观点。他认为，从广告说服公众的效果及广告吸引力指数给我们千百条教训当中仅仅选出很少的几条，难度相当大，但最大的一条教训是，"过于频繁的变化广告攻势会破坏广告说服公众的效果"。他把改变广告媒介和广告信息的行为称为"在小树苗还未长直、长壮和长高时，就被砍伐了"，继而瑞夫斯认为假如你每年推出一则优秀的广告，但每年都变化，那么你的竞争对手不更换广告内容便可凭稍逊于你的广告战胜你。

"强媒体"对于媒介时间累积的思考就在于清除广告业的杂草，保护瑞夫斯所提到的小树苗，用时间累积和持续投入来给它一个生长、呼吸的机会，从而才可能拥有一棵高耸根深的大树。尤其在今天的互联网环境下，媒介类型丰富多样，受众容易被海量信息淹没，各类媒介天生携带能量，能量大小决定了信息传播效果。对于品牌营销信息人员来说，相同的内容停留在固定媒介的固定位置时间越长，经历越多的循环往复，媒介的仪式性也就越强，媒介能量越大，媒介所承载的信息的传播力和说服力也就越高。

第 六 章

品牌资产：超级符号的价值实现

本章索引

引言：

品牌资产的"初心"与"病症"

虽然品牌的起源最早可以追溯到"中国史前、古希腊、古罗马等文明古国的陶器刻画符号"，但现代意义的品牌管理实践直到 20 世纪 30 年代才出现；[1] 而系统化、科学化的品牌管理理论，则始于 80 年代品牌资产（Brand Equity）概念的发现和提出 [2]。

当时，全球特别是发达国家中，大规模的企业兼并和收购浪潮涌现，品牌作为无形资产所具有的价值得到了初步的确认。如 1985 年，Reckitt & Colman Airwich 兼并 Industries，为继续使用品牌名多付出 1.25 亿英镑；1988 年雀巢花费了 26 亿英镑收购了账面价值只有 3 亿英镑的 Jacobs Suchard 公司（拥有 Milka、Lila Pause 和 Toblerone 品牌）。正是在这种背景下，品牌资产概念应运而生，并吸引了学者们

---

1 学者们一般认为，现代意义的品牌管理实践是以 1931 年宝洁公司尼尔·麦克罗伊（Neil McElroy）提出和建立的品牌经理制和品牌管理系统为起点的。品牌经理制的要点包括三个方面：1. 企业为其所辖的每一个子品牌都专门配备一名具有高度组织能力的品牌经理；2. 品牌经理对其所负责品牌的产品开发、产品销售以及产品的利润负全部责任；3. 品牌经理统一协调产品开发部门、生产部门及销售部门的工作，负责品牌管理影响产品的所有方面以及整个过程。参见李晓青，周勇. 中外企业品牌管理研究综述 [J]. 商业研究，2005（21）：77–80.

2 根据学者的梳理，在品牌资产理论提出之前，品牌理论有 20 世纪 50 年代的 USP 理论、60 年代的品牌形象策略、70 年代的品牌定位理论等。参见乔均，储俊松，傅培培. 品牌权益模型理论研究综述 [J]. 南京财经大学学报，2006（6）：54–58.

的关注。

著名的营销学者凯文·莱恩·凯勒（Kevin Lane Keller）早在1993 年就敏锐地发现，品牌资产研究从根本上说是被营销策略动机（strategy-based motivation）推动的。凯勒注意到，在市场成本不断推高、竞争日趋激烈、需求不断萎缩的背景下，企业开始寻找提高营销支出效能的"良方"。因此，品牌资产概念才进入营销者的视野，以更为深刻地理解消费者行为，从而优化目标市场和产品定位的战略决策，并改善特定营销组合的战术选择，从根本上提高营销效率（marketing productivity）。可以说，对于营销传播效能的关怀，并支持和协助营销传播决策，是品牌资产概念提出的起点，也是品牌资产研究的"初心"。

四十多年来，品牌资产作为学术概念，一直风靡于全球的广告和营销学界，成为炙手可热的重要课题。单从数量而言，品牌资产研究取得了丰硕的成果。以中文文献为例，根据笔者对中国知网的检索，截至2021 年 12 月 29 日，标题中出现"品牌资产"（包括品牌权益[1]、品牌价值[2]）的文献有 13 847 篇，在标题中出现"品牌"的有 302 211 篇，在总文献中，占比超过 10%。

令人遗憾的是，品牌资产研究却在某种程度上丢失了"初心"，且"病得不轻"。各种纷繁复杂的观点不仅没有廓清我们对"品牌资

---

1 关于"Brand Equity"的翻译，我国学者有过不同的观点：北京大学符国群主张将其翻译为"商标资产"（1999 年），南开大学范秀成则认为它应该译为"品牌权益"（2000 年），而中山大学卢泰宏权衡再三后将其表述为"品牌资产"。参见刘国华，苏勇. 多视角下的品牌资产概念述评 [J]. 华东经济管理，2007（3）：124–128.

2 对于"Brand Value"，大多数学者倾向于译为"品牌价值"{ 张曙临. 品牌价值的实质与来源 [J]. 湖南师范大学社会科学学报，2000（02）：38–42. }。不过，也有学者因为论述的需要，并不对"品牌资产"和"品牌价值"进行严格的区分 { 胡晓云. 品牌价值评估研究——理论模型及其开发应用 [M]. 杭州：浙江大学出版社，2013：4–7. }。因此，笔者在检索文献时，暂时将"品牌价值"文献一并统计，以更好地呈现品牌资产研究的总体情况。

产"概念的理解，反而让我们"雾里看花"，如同"瞎子摸象"[1]。就连凯文·凯勒也感叹："品牌资产是 20 世纪 80 年代出现的最流行和最有潜在价值的营销概念之一。然而，品牌资产概念的出现，对于营销人员来说可能既有利也有弊。有利的一面在于品牌资产提升了品牌在营销策略中的重要性，同时为管理和研究活动提供了重心；不利的一面在于品牌资产概念因为不同的目的而有各种不同的定义，从而导致混乱和概念上的混淆。到目前为止，还没有就如何对品牌资产进行概念化和评估形成一致的观点。"

　　不计其数的品牌资产定义和评估模型，在实践中还暴露出了"操作病"：要么用品牌价值来替代或遮蔽品牌资产概念，虽然提出了数量众多、操作性较强的评估模型，但却偏离了品牌资产概念本身，无法为品牌营销传播提供有效的策略指引[2]；要么迷恋于对品牌资产的抽象研究，搭建越来越复杂的评估体系，但这些体系常常包罗万象，导致其实际操

1　美国明尼苏达州大学威廉·威尔斯（William Wells）教授曾尖锐地指出：我们对品牌资产的研究"好像是瞎子摸象，不同的人出于不同的目的和受个人背景的限制，赋予品牌其不同的含义，给出了不同的评价方法"。刘红霞，杨杰，徐敏 . 英特公司的品牌评估模型 [J]. 中华商标，2005（3）：34.

2　这类模型大多是由商业化的品牌评估机构或公司提出。最为知名的是国际品牌集团（Interbrand）、《金融世界》杂志（Financial World）。这些机构从 20 世纪 90 年代初开始，持续数十年发布全球品牌价值年度评估报告，对全球的品牌建设产生了重大而深远的影响。诚然，品牌资产概念的提出受到了品牌价值评估需求的启发和推动，"对品牌资产的关注最早来自品牌价值"｛Krishnan.H. S. Charateristics of Memory Associations: A Consumer-based Brand Equity[J]. International Journal of Research in Marketing, 1994（13）：389–405.｝，不过，严格地说，"品牌资产与品牌价值是不同的。品牌资产是品牌价值的基础，品牌价值是品牌资产的货币表达形式"。｛黄合水 . 品牌资产（上）[C]. 马谋超 . 品牌科学化研究 [M]. 北京：中国市场出版社，2005：93.｝笔者认为，这类模型虽然具有较高的可操作性，但它们评估的并不是品牌资产，而是品牌价值。[关于品牌价值和品牌资产的关系，笔者将在下文中深入讨论。] 更为重要的是，这种模型往往倾向于结果（outcome）导向，并不能为品牌营销传播提供直接的策略指引。

作极为笨拙，背离了其支持和协助营销传播决策的初衷[1]。

针对上述品牌资产的"概念病"和"操作病"，我们主张回归品牌资产的"初心"，从营销传播决策的视角，以营销传播效能为核心关怀，来提出以下四个相关联的问题：

有没有一个简单明了的理解，让我们不被纷繁复杂的品牌资产的定义和评估模型所干扰甚至迷惑？

有没有一个简单方便的定义，在切中品牌资产的概念本质的同时，可以真正应用于品牌营销传播实践？

有没有一个简单易懂的模型，可以阐述超级符号的品牌资产运作机制，并回应营销传播效能这个核心关怀？

有没有一套简单易学的方法，让所有学习者都可以将超级符号的品

---

1 这类模型往往是学者们提出并以学术文献形式分享出来，而被学界和业界所广泛了解。其中，最有代表性的评估模型有两个：其一，大卫·艾克的"五星模型"：大卫·艾克认为，品牌资产由五个维度构成，即品牌知名度（Brand Awareness）、感知质量（Perceived Quality）、品牌联想（Brand Association）、品牌忠诚度（Brand Loyalty）和其他品牌专用资产（Other Proprietary Brand Assets）。但是，对于这五个维度的评估，大卫·艾克并没有提供具体的测算方法。因此，该模型只能算是一个抽象的概念模型。{李桂华.品牌价值：评估理论与方法研究 [M].北京：经济管理出版社，2020：93-94.}尽管五年后，大卫·艾克又进一步发展出了"十要素模型"（Brand Equity Ten）。该模型所归纳出的"十要素"涵盖 5 个一级指标和 10 个二级指标：1.忠诚度评估：①价差效应；②满意度 / 忠诚度。2.品牌认知 / 领导性评估：③品质认知；④领导性 / 受欢迎程度。3.联想性 / 区隔性评估：⑤价值认知；⑥品牌个性；⑦企业联想。4.知名度评价：⑧品牌知名度。5.市场状况评估：⑨市场占有率；⑩市场价格、通路覆盖率。但是，该模型"指标体系缺乏评估实施的有效措施"，致使其"实操难度加大"，背离了其"为改善经营提供必要的依据"的初衷。{胡晓云.品牌价值评估研究——理论模型及其开发应用 [M].杭州：浙江大学出版社，2013：16.}其二，凯文·凯勒的"金字塔模型"：凯文·凯勒在其提出的"基于顾客的品牌资产"（Customer- Based Brand Equity，CBBE）基础上，进一步发展出"金字塔模型"。该模型认为，品牌资产是由存在逻辑上和时间上先后的四个不同层面构成，即品牌识别（Brand Identity）、品牌内涵（Brand Meaning）、品牌反应（Brand Response）和品牌关系（Brand Relationships）；这四个层面分别对应于品牌资产的测量维度，包括品牌显著度（Brand Salience）、品牌性能（Brand Performance）、品牌形象（Brand Imagery）、品牌感受（Brand Feeling）、品牌评价（Brand Judgement）以及品牌共鸣（Brand Resonance）。虽然这是一个具有严密性、逻辑性和实践性的模型，但"其包容范围太广、内容繁多，实际操作起来比较复杂，应用起来显得比较笨拙"。{李桂华.品牌价值：评估理论与方法研究 [M].北京：经济管理出版社，2020：96-97.}

牌资产，应用于品牌营销传播实践之中？

　　传统的品牌资产研究，往往将品牌资产作为一个独立的学术议题，而脱离品牌营销传播实践的具体语境，忽视甚至无视品牌资产创建、评估和管理的现实需求，淡忘品牌资产根本上是为了服务于营销传播策略，提高营销传播效能这个核心目标，而让品牌资产研究成为逻辑自洽却高高在上的抽象理论。超级符号坚决摒弃这种"曲高和寡"的取向，在合理吸收已有的研究成果的基础上，让品牌资产成为一把响应品牌营销传播实践需求、提高营销传播效能的"金钥匙"。

第一节
品牌资产：带来品牌效益的消费者认知

当翻开品牌资产的书籍和论文时，我们常常会直接感受到扑面而来的重压。关于品牌资产的概念，四十年来可谓定义繁多，如支流众多的河流，令人顿生无从涉足之感。基于此，本节的主要任务是梳理品牌资产研究的理论成果，从学理上厘清品牌资产概念的本质。

为了阅读的便利，本书编写组不妨开宗明义，表达我们的观点：在超级符号看来，品牌资产就是可以带来品牌效益的消费者认知。对于这个观点，我们将分为两个层次来阐述：其一，消费者认知是品牌资产生成的支点，是企业开展品牌营销传播、提高营销传播效能的战略支点；其二，品牌资产是可以带来品牌效益的。这里所说的品牌效益包括为人所熟知的市场效益，还包括可能被大家忽略的传播效益。

一、消费者认知：品牌资产的生成支点

（一）基于消费者认知的概念模型

自品牌资产被提出后，学者们基于不同的目的，从不同的视角，给品牌资产概念作出了纷繁复杂的定义，并提出了不可计数的评估模型及评估维度。对此，我国著名的营销学者卢泰宏教授提出，用概念模型来对品牌资产定义进行系统的清理，让目前支离破碎的品牌资产概念更加系统化，并使得品牌资产概念得以正确理解和深化。

荷兰马斯特里赫特大学的奥利弗·罗（Oliver Loh）在其提交的学位论文中，通过用 x、y 两个轴来清理各种不同的品牌资产评估模型及维度之间的内在关联，对品牌资产概念及评估维度做出了极有见地的概括。（见下图[1]）

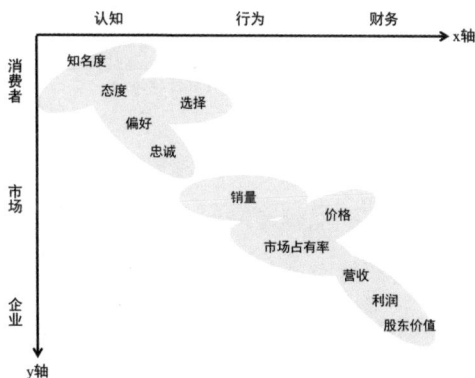

```
        认知        行为        财务
                                    → x轴
消  知名度
费   态度    选择
者   偏好
     忠诚
市           销量
场                价格
            市场占有率
                        营收
企                        利润
业                      股东价值

↓
y轴
```

y 轴是品牌资产概念所关注的对象。奥利弗·罗将品牌资产概念所关注的对象归纳为三类，即消费者、市场、企业。（1）企业作为对象，

---

1 该图引自：Loh, Oliver . Brand equity as customer equity driver : the differential effect of brands on the value of the customer base and the differences between industries[D]. Universiteit Maastricht, 2007: 3.

最早被观察到。如前文所述，品牌资产出现的时代背景，是品牌作为一种无形资产所具有的价值，在风起云涌的企业并购兼并中得到了初步的确认。可以说，品牌资产概念的发现，是品牌价值概念启发的结果。

（2）学者们逐渐认识到，品牌资产与品牌价值存在着本质区别，品牌价值更多关注企业的各项指标，而品牌资产强调品牌的市场表现。当然，品牌资产与品牌价值之间存在着因果关系，前者是因，后者为果。

（3）学者们很快又发现，品牌市场表现只是"因果链条"的中间环节。它虽然是品牌价值生成的直接原因，但它本身又是其他更深层次的原因所推动的。这个更深层次的原因，就是消费者认知。显然，品牌资产概念关注的对象，从企业到市场再到消费者，是品牌资产研究不断深入的结果（见下图）。

正因为此，1993年凯文·凯勒在《营销学报》第一期发表的《概念化、测量与管理基于顾客的品牌资产》一文中提出"基于顾客的品牌资产（CBBE）"后，随即就引发了巨大的反响，并产生了深远的影响。至今该文保持着年均被引超过40次的纪录，成为全球品牌资产领域最具影响力的文献[1]。之后，"基于顾客的品牌资产"概念模型被大量研究验证，得到学界和业界的广泛认可。

---

[1] 根据笔者用百度学术的检索，该文被引次数超过1.3万次，而且2013—2015年每年被引量都超过1000次。这在一定程度上可以证明，该文在品牌资产领域获得了极为广泛的认可。ResearchGate. Conceptualizing, Measuring, and Managing Customer-Based Brand Equity[EB/OL]. 2022-01-10. https://xueshu.baidu.com/ usercenter/paper/show?paperid=1fbb36dcc050b3611b73ada77a3 fb526, 2022-01-09.

奥利弗·罗所用的 x 轴，是品牌资产概念所测量的维度类型。他发现，各种品牌资产评估模型纷繁复杂，但它们的概念维度却可以被"认知—行为—财务连续体（the perception-behavior-finance continuum）"囊括。如知晓、偏好、态度，基本上属于认知维度；选择、销量、市场占有率，则与行为变量有关；价格、营收、利润、股东价值，显然是财务指标。

各种研究之所以让人眼花缭乱，很大程度上是因为一些概念维度被某些研究认定为是决定因素（determinants），但却在其他研究中被当作结果（outcomes）来加以测量。基于此，奥利弗·罗指出，"认知—行为—财务连续体"存在着连锁效应（a chain of effect），即"认知"带来"行为"，"行为"导致"财务"结果。那些靠近"认知"一端的维度，是那些靠近"财务"一端的各种维度的"前因变量"（antecedents）。可见，"认知"作为"行动"和"财务"的根本原因，是品牌资产的"源头"（见下图）。

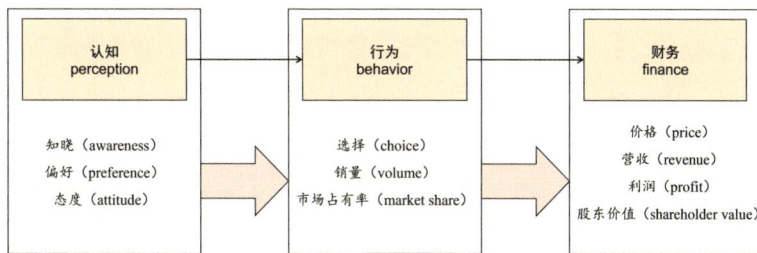

因此，我们认为，消费者认知是品牌资产的生成支点，也是企业营销传播的着力点。这种理解切中了品牌资产概念的本质。

（二）差异化反应作为品牌资产的指向

其实，凯文·凯勒在提出"基于顾客的品牌资产"概念模型的同时，对品牌资产作出过一个言简意赅的定义，即"品牌资产可以界定为消费者基于自身的品牌知识，而对品牌营销活动所作的差异化反应"[1]。换言之，从概念内核而言，基于消费者认知而产生的"差异化反应"，是品牌资产的根本性指向（见下图）。

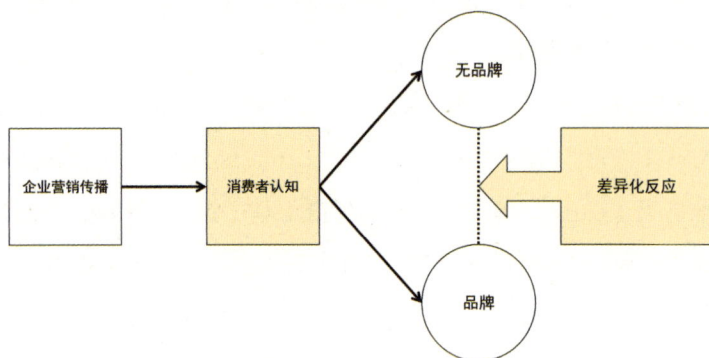

最容易观察到的"差异化反应"，当然是品牌产品在市场上的表现。与那些无品牌的产品相比，有品牌的产品不仅可以轻易地形成更大的销量，而且其价格可能有天壤之别。对于今天的人们来说，将品牌与产品区分开来，是最为基本的生活常识。但从历史的角度来说，营销界真正认识这两个概念的区别，却是相当近晚的事情。1995年加德纳（Gardner）和列维（Levy）在题为《产品和品牌》（*The Product And The Brand*）一文中，才第一次提出将产品与品牌区分开来。这篇发表在《哈佛商业评论》的论文，因此成为品牌理论研究的发端。

品牌与产品的区别被发现，看起来只是品牌研究的"一小步"，但却成就了品牌理论发展的"一大步"：在品牌价值概念的启发下，人们发现了品牌资产这个"秘密"。品牌资产作为基于消费者认知而产生的

---

1 "Customer-Based Brand Equity is defined as the differential effect of brand knowledge on consumer response to the marketing of the brand." Keller, K.L. Conceptualizing, Measuring, and Managing Customer-Based Brand Equity[J]. Journal of Marketing, 1993, 57(1): 1–22.

"差异化反应"，不仅可以直接对当下的品牌产品销售产生积极的影响，而且可以持续地影响品牌产品的未来表现，甚至是企业的长远发展。

品牌资产究竟是如何影响未来的营销传播的呢？本书编写组认为，这种影响主要通过三条途径实现，它们分别对应品牌资产的三大功能，即留存功能、降低功能、提高功能。当然，这三大功能都离不开消费者认知，其本质都是消费者"差异化反应"的具体表现（见下图）。

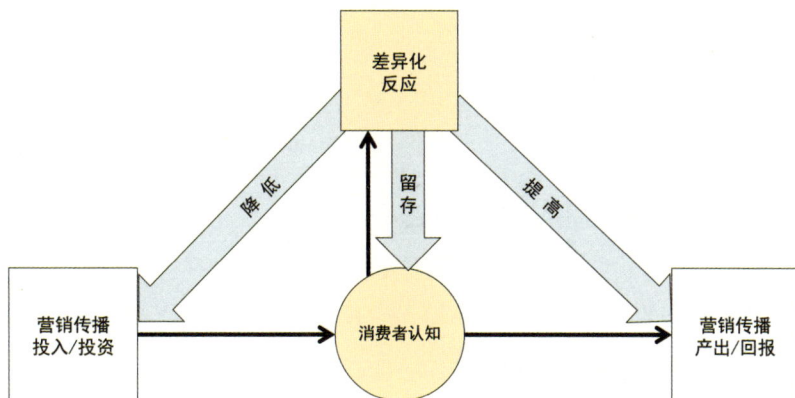

功能 1：留存反应。消费者认知不仅是"差异化反应"生成的支点，也是其留存的"容器"。"差异化反应"形成之后，可以储存于消费者认知之中，持续地影响企业未来的营销传播活动。正是这种功能的发现，让企业开始建立一种"长期主义"的品牌理念和方法。

功能 2：降低投入。既然"差异化反应"可以长久地留存于消费者认知之中，那么企业营销传播活动投入（input）不再只是"支出"（expenditure），而是面向消费者认知的"投资"（investment）。而这种"投资"可以沉淀、累积在消费者认知之中，从而降低企业未来营销传播的投入。正如著名的广告大师奥格威所说，每则广告都是对品牌的长程投资。

功能 3：提高产出。留存于消费者认知中的"差异化反应"，最终会兑现为消费者行为，并形成品牌市场表现和财务价值等"回报"

（return）。也就是说，企业营销传播作为"投资"，品牌资产在降低未来的投入成本的同时，可以进一步强化消费者的"差异化反应"，从而提高企业营销传播产出（output）。

这三大功能清晰地展现出品牌资产概念对于品牌营销传播策略的关怀。正如前文述，凯文·凯勒早就发现了品牌资产概念的背后潜藏着企业营销传播策略的动机（strategy-based motivation）。在他看来，品牌资产概念的真正目标，是优化目标市场和产品定位的战略决策，改善特定营销组合的战术选择，从根本上提高营销效率（marketing productivity）。

（三）品牌作为企业与消费者的心理契约

从符号学的角度来说，品牌资产就是企业与消费者之间通过持续的符号互动，基于消费者认知形成的一种心理契约。

查尔斯·桑德斯·皮尔斯（Charles Sanders Peirce）作为符号学的创始人，明确提出了"符号三元构成说"，并以此构建起其符号学理论体系。以此为框架，我们认为，品牌也具有符号的三元结构特征。也就是说，品牌作为符号，也是由再现体（representamen）、对象（object）与解释项（interpretant）构成的。（1）品牌的名称、标识及组合，就是符号的再现体（即符号载体），是"符号的可感知部分"；（2）品牌产品就是"符号所代替的"对象；（3）品牌意义则是解释项，即"符号引发的思想"，其本质就是消费者认知。

皮尔斯符号学理论的精妙之处，就在于把索绪尔的所指分成了对象和解释项两部分[1]，并强调任何一个符号都必须以"在解释者心中产生一个解释项"作为必要条件，否则它就不是一个符号。在他看来，符号表

---

1 皮尔斯所说的"再现体"，相当于索绪尔的"能指"。赵毅衡.符号学原理与推演（修订版）[M].南京：南京大学出版社，2016：95.

意的核心环节在于解释者自身对符号意义的理解与解释。可见，对于品牌而言，消费者认知作为品牌符号的"解释项"，当然也是品牌符号意义生成的核心环节，是品牌之所以成为品牌的重要条件。

早期人们对于品牌的理解，往往停留在符号载体（再现体）这个可感知的部分之上。之后，学者们逐渐认识到，消费者认知对于品牌具有决定性意义。品牌被置于宏阔的社会文化之中，品牌的"解释项"被看作企业与消费者之间基于符号互动而形成的文化契约（见下图）。

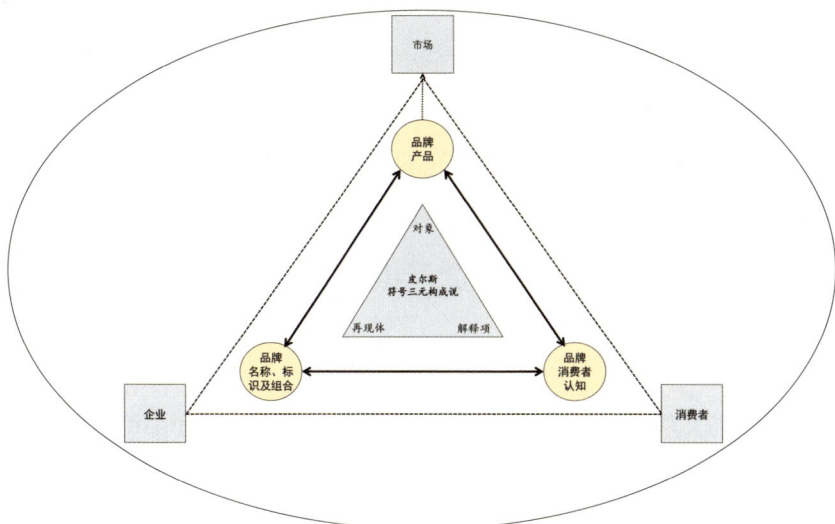

正如法国学者金·卡弗所说，"任何产品在品牌初建阶段都很一般，但过了一段时间，品牌就会有自己独立的内容了。开始就如同一个毫无意义的词附在一个新产品上，可是年复一年，却能形成一种含义，这种含义由记忆中的交流和产品组成，解释可及和不可及之处"。日本电通公司认为，品牌是以商品及符号体系为基础的集体共有的记忆符号组合。是达到认同、行动和相互关系的魅力源泉。品牌并不属于企业单方所有，而是和消费者等相关利益者共同拥有的公共物，是超越企业和消费者立场的共有物。让·若埃尔·卡普费雷尔在其所著的《战略品牌管理》一书中明确地提出了"品牌契约"。在他看来，"品牌只有持续不断地重复其价值主张才能赢得信赖"，从而形成双方确认的承诺，"这种承诺经过一段时间后成为准契约，虽然不成文但最有效。这个契约约束双方"。

持续不断的品牌营销传播其实是企业与消费者共同开展的"文化实践"；品牌资产正是通过这种实践并基于消费者心理所达成的"组织（企业）与消费者之间的契约"。

这里我们也可以引入组织行为学中"心理契约"的概念[1]，更为具体地将品牌理解为一种"心理契约"，即以品牌承诺和感知为基础，消费者期待和相信品牌会守约。如果品牌违约，则消费者会惩罚品牌——不再购买并说品牌坏话；如果品牌守约，则消费者也履约——继续购买并说品牌好话。

二、"买我产品"：品牌资产的市场效益

正如前文所述，品牌资产概念的发现和提出，受到了品牌价值概念的启发。企业在收购和兼并过程中，企业管理者们逐渐认识到了品牌所具有的价值，从而将其纳入无形资产来加以认可。在这样的背景下，品牌资产概念应运而生，并引导学者们从企业到市场再到消费者、从财务到行为再到认知，探寻品牌价值的生成机制。从这个意义上说，品牌资产概念生而就是对品牌"价值（value）功能"的确认，也就是企业对市场效益（market benefits）的追求。

---

1 波特·马金等人认为，谢恩（Schein, 1980）最早将契约的概念引入心理学领域，并将其定义为"在组织中，每个成员和不同管理者，以及其他人之间，在任何时候都存在的没有明文规定的一整套期望"。卢梭和她的同事（Robinson & Rousseau, 1994）则进一步提出，心理契约不仅具有期望的性质，也有"对义务的承诺与互惠"。波特·马金，凯瑞·库帕，查尔斯·考克斯.组织和心理契约：对工作人员的管理 [M]. 北京：北京大学出版社，2000: 3.

（一）品牌资产作为品牌撬动市场的杠杆

其实，人们对品牌与产品的区分，就是始于对品牌"价值功能"[1]的发现。加德纳和列维在20世纪50年代第一次提出将品牌与产品区分开之后，史蒂芬·金（Stephen King）对品牌进行了深刻的论述。他

---

[1] 在我们看来，品牌功能可以分为"识别功能"和"价值功能"，它们都是品牌所期待的"差异化反应"的体现。其中，品牌"价值功能"的出现在品牌发展史上具有划时代的意义。追溯起来，早期的品牌确实起源于对"差异化反应"的追求，但这种"差异化反应"长期停留于"识别功能"。学者们考证认为，英文brand（品牌）一词来源于古斯堪的纳维亚语"brandr"，意为"燃烧"，并衍生为"打上烙印"。{保罗·斯特伯特.品牌的力量[M].北京：中信出版社，2000：2.}也就是说，从词源学意义上说，"品牌"指的是生产者在其生产的产品身上，用"烧灼"的方法"打上烙印"，以形成具有区分意义的标志。可见，这种"标识性"的行为，开启了人类最早的品牌实践。正如凯文·凯勒所说，"品牌化的初衷是手工艺人和其他人用以标识他们的劳动果实，以便顾客能轻而易举地认出它们。品牌（或至少是商标）最早可以追溯到古代的陶器和石匠的标记。它们被标在手工商品上，以说明其来源。""在中国古代的瓷器，古希腊、古罗马出土的陶罐，以及公元前1300年的印度商品上，都发现了这种标记"。{凯文·莱恩·凯勒.战略品牌管理（第3版）[M].北京：中国人民大学出版社，2009：34.}我国学者胡晓云也认为，"在陶器上刻画符号、形成标志，也许并不一定是商业行为，但这些符号、标志能够使主人识别出自己生产的产品与他人之间的差异，获得'差异化'"。{胡晓云."品牌"定义新论[J].品牌研究，2016（2）：26–32，78.}可见，人类的品牌实践萌生于对"差异化反应"的自发追求；只不过，在相当长的时期内，品牌的作用基本是"识别"，即"轻而易举地认出产品"。时至今日，品牌依然保留着这种功能，以至于人们有时候会把品牌简单地等同于"牌子"，而将品牌符号系统简单地当作"识别系统"。这也就是为什么企业识别系统（CIS）曾一度受到追捧的原因。一种常见的观点认为，"一个强大的品牌可以形成品牌霸权、攫取高额品牌溢价，现代的营销战已经演变成消费者心智中的一场品牌之战。那么品牌究竟是如何发挥这样强大的作用呢？答案就是'识别'二字"。{赵晓明.品牌理论演变的本质区别及发展前沿猜想[J].合作经济与科技，2014（13）：92–93.}这种提问非常有价值，但这种回答却过于草率。诚然，"识别功能"当然是品牌的基本功能，但从产品到品牌显然不是一个"识别"过程，不是简单地贴上品牌标识就可以获得"霸权"和"溢价"，而必须让品牌生长出强大的"价值功能"。在我们看来，品牌附加值概念催生了品牌"价值功能"的发现，在其与品牌资产研究合流之后，共同推动了品牌理论的"质的飞跃"。以价值功能为中心，品牌实践从"自发"进入"自觉"阶段。基于此，大卫·艾克将品牌资产看作"一个正向或负向的乘数（multiplier）"，并将它理解为"与品牌名称、符号相联系的一系列品牌财产（assets）或债务（liabilities），增加或减少其产品或服务为公司或公司的顾客提供的价值"。{Aaker, D. Managing Brand Equity: Capitalizing on the value of a brand name[M]. New York: The Free Press, 1991: 4. 转引自: Loh, Oliver . Brand equity as customer equity driver : the differential effect of brands on the value of the customer base and the differences between industries[D]. Universiteit Maastricht, 2007: 3. } 。

在 1973 年出版的《开发新品牌》(*Develop New Brands*) 一书中，不仅强调了"使企业成功的不是产品，而是品牌"，而且还提出了一个重要概念——品牌附加值 (added value)，以阐述产品和品牌的根本区别。在他看来，"品牌商品对于消费者来说，具有比产品本身更大的价值"。基于此，Farquhar 直接把品牌资产定义为"品牌赋予产品的附加价值"。这种理解也得到了凯文·凯勒的响应："从实践意义来看，品牌资产是由于以往对品牌进行营销投资，而产生的附着于产品的附加价值。"

当然，品牌附加值显然并不等同于品牌资产。品牌附加值作为"品牌为消费者带来的价值"，是相对于消费者而言的效益；品牌资产则是从企业的角度出发，是品牌基于消费者认知的"差异化反应"而给企业带来的效益。不过，两者也确实存在着非常紧密的联系：一方面，"品牌附加值在很大程度上决定品牌资产的大小"；另一方面，"尽管二者之间的关系受到"一些"因素的干扰"，但可以"姑且将二者的关系看成正比关系"。

基于这种认识，里克·莱兹伯斯等人结构化地梳理了两者带来的效益（见下页图）。他们认为，品牌附加值主要由感受功效、社会心理含义和品牌名称认知度构成，给消费者带来的效益包括功能性效益和表意性效益，这些效益具体表现为易于信息处理、增强购买信心以及提高消费者满意度；品牌资产则由市场份额的规模、市场份额的稳定性、利润空间和品牌的所有权构成，给企业带来的效益则包括经济效益、战略效益和管理效益，这些效益具体表现为：销售高、利润高、保证未来收入；名誉垄断、威胁竞争对手、拉动商家、吸引劳动力；品牌延伸、品牌认可、国际化品牌。

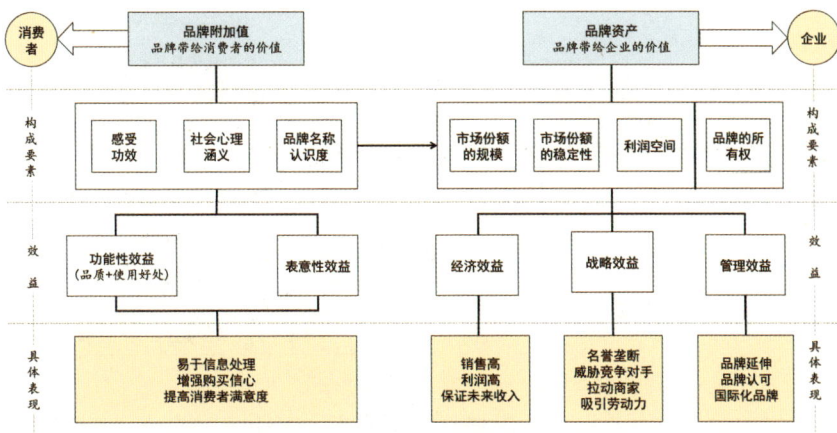

可见，品牌附加值和品牌资产其实是品牌"价值功能"的"一体两面"：从消费者的角度而言，品牌"价值功能"表现为品牌附加值，即品牌为消费者带来的效益；从企业的角度来说，品牌"价值功能"则可以用品牌资产来表达，即品牌资产作为品牌撬动市场的杠杆所带来的效益。

（二）"买我现有产品"和"买我将来产品"

对于品牌资产带来的市场效益，我们不妨用"买我产品"来概括。当然，从企业营销的角度而言，"买我产品"又可以细分为两类："买我现有产品"和"买我将来产品"（见下页图）。

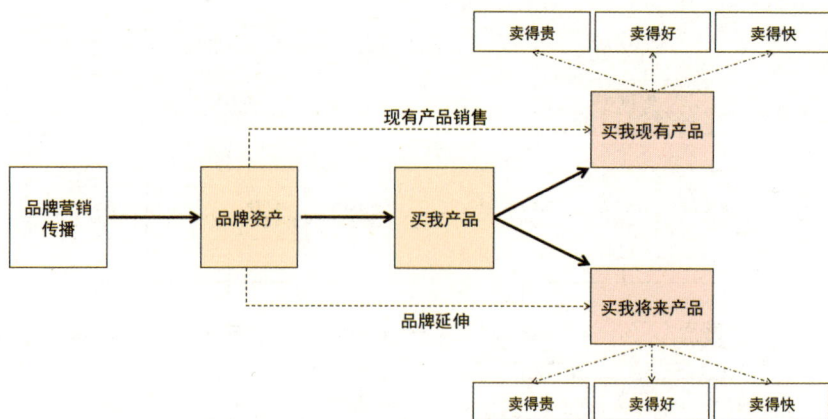

"买我现有产品"当然是指品牌资产直接驱动顾客购买。品牌资产的本质就是顾客基于消费者认知而对企业营销传播出"差异化反应"，这里的"差异化反应"当然就是指向现有产品的销售。这也是为什么企业会投资品牌建设的根本原因。这种投资可以让企业在未来很长时期内持续获得回报。极端的情况下，一些知名品牌即使停止广告的支持，也能在一定程度上维持产品的销售。联合利华的力士香皂（Unilever's Lux Beauty Bar）就是经典的案例：它已经有 15 年以上的时间没有做广告，但仍有 2500 万美元的销售额，其毛利高达 50%。显然，这个案例以特殊的方式证实了品牌资产可以带来巨大的"市场效益"。另外，品牌溢价（brand price premium）的存在，也是品牌资产直接驱动顾客购买的证据。

"买我将来产品"则是指品牌资产助力企业的品牌延伸，驱动顾客购买企业推出的新产品。面对日益激烈的市场竞争，企业要建立一个新的品牌不仅所费不赀，而且成功的可能性不大。因此，大部分企业在导入新产品时，都会采取品牌延伸这一策略。根据一项对在消费者市场处于领先地位的企业的调查，89% 的新产品导入是系列延伸（指品牌名字被用于该产品类别的一个新的细分市场），6% 是类别延伸（指品牌名字被用于一个完全不同的产品类别），只有 5% 是新品牌。其实，品牌延伸策略本质上就是充分利用企业已有的品牌资产，让消费者根据对品牌的认识来评估在其名下导入的产品，或者说，让消费者把品牌认知迁移给品牌延伸的产品。也就是说，品牌资产作为企业的投资，不仅可以在现有产品销售上获得"回报"，还可以在未来的新产品销售上获得"回报"。

我国名牌战略最早倡导者之一、名牌理论权威专家艾丰提出的"三卖"论，从企业的角度总结了品牌资产所带来的市场效益。在他看来，所谓名牌，就是"卖得贵""卖得多""卖得快"。具体而言，品牌资产可以让产品以较高的价格（溢价）销售，从而让企业获得更为丰厚的利润；品牌资产可以吸引更多的顾客购买、使用，从而使品牌保持较高的市场占有率；品牌资产可以让产品销售得更快，有利于企业的资金回收和周转，减少企业的流动资金和流动成本。

正是基于品牌资产可以带来的市场效益，凯文·凯勒才提出了具有划时代意义的战略品牌管理。在他看来，战略品牌管理就是"通过设计、执行营销方案和活动，创建、评估和管理品牌资产"，并解决三个重要问题，即"如何创建品牌资产？如何评估品牌资产？如何利用品牌资产拓展商业机会？"说到底，品牌之所以成为企业战略，根本在于品牌资产作为企业营销传播的战略支点，具有撬动市场的重要意义，为企业带来丰厚的市场效益。

（三）品牌价值对品牌市场效益的财务表达

品牌价值概念的提出，当然是对品牌"价值功能"的公开确认；而品牌资产的发现和提出，本身就是品牌价值概念启发的结果。只不过，品牌价值和品牌资产在很长的一段时期内被相互混用。"包括大卫·艾克（David Aaker）、西蒙（Simon）等在内的品牌研究学者早期一系列论述都没有对两者的概念和构成作出明确区分"，直到凯文·凯勒"提出并深入阐释 CBBE 理论后才开始有所改观"。

　　基于此，我国营销学者卢泰宏提出，用概念模型来对品牌资产概念进行系统的回顾，并将各种品牌资产定义清理为三种类型：一是财务会计概念模型。该模型认为品牌资产本质上是一种无形资产，是具有巨大价值的可交易资产。二是基于市场的概念模型。该模型将品牌资产理解为"品牌力"，即品牌在市场上的成长和扩张能力。三是基于消费者的概念模型（Customer-Based Brand Equity，即 CBBE）。该模型主张从消费者角度来定义品牌资产，品牌资产的本质被认为是"消费者基于自身的品牌知识，而对品牌营销活动所作的差异化反应"[1]。

　　凯勒等人（Keller and Lehmann, 2003）则进一步提出了"品牌价值链"（Brand Value Chain）理论，以价值创造和增值为主线，并具体用两类价值阶段来清理品牌资产的来源和结果，从而勾勒出上述三类品牌资产概念模型之间的逻辑关联（见下页图[2]）。其中，第一类价值阶段是创造价值阶段：品牌价值根本上是源于企业，即品牌价值创造过程始于企业投资某项营销活动；该活动影响顾客的认知，从而在市场上形成品牌业绩；品牌业绩被投资团体注意，而达成股东总体价值评估；第二类价值阶段是价值增值阶段，包括项目增值阶段、顾客增值阶段、市场增值阶段。

---

1 "Customer-Based Brand Equity is defined as the differential effect of brand knowledge on consumer response to the marketing of the brand." Keller, K.L. Conceptualizing, Measuring, and Managing Customer-Based Brand Equity[J]. Journal of Marketing, 1993, 57(1): 1–22.

2 本图以及本图中的文字表述，参考并综合了以下文献：（1）王海忠.不同品牌资产测量模式的关联性 [J]. 中山大学学报（社会科学版），2008（1）：162–168.（2）张峰.基于顾客的品牌资产构成研究述评与模型重构 [J]. 管理学报，2011（4）：552–558，576.（3）凯文·莱恩·凯勒.战略品牌管理（第 3 版）[M]. 北京：中国人民大学出版社，2009：287.（4）菲利普·科特勒，凯文·莱恩·凯勒.营销管理（第 15 版）[M]. 上海：格致出版社，上海人民出版社，2006：295.

创造价值阶段

营销活动的投入（营销传播投资）	→	顾客心智（消费者认知）	→	品牌绩效（产品市场）	→	股东价值（财务会计）
产品 传播 交易活动 员工 其他		品牌认知度 品牌联想 品牌态度 品牌忠诚 与品牌相关的活动		溢价 价格弹性 市场占有率 品牌延伸 成本结构 盈利能力		股价 价格/收益比例 市场资本总额

创造价值阶段

增值阶段

营销质量	市场条件	投资者特征
明确性 相关性 独特性 一致性	竞争者的反应 渠道成员的支持 顾客的规模与特性	市场动态 增长潜力 风险情况 品牌贡献

增值阶段

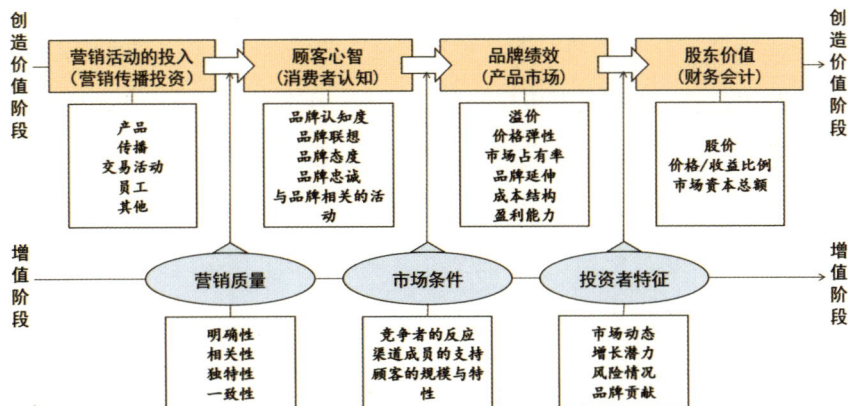

　　显然，品牌资产和品牌价值既相互区别，又相互联系。一方面，两者的目的有根本性的不同：品牌资产是为品牌营销传播提供直接的策略指引，而品牌价值概念则用来支持企业收购和兼并等经营活动，因此两个概念的内涵与外延也有了本质的不同；另一方面，两者同属于一条"品牌价值链"，品牌资产偏向于"因"的一端，而品牌价值偏向于"果"的一端。如果以品牌资产所带来的市场效益为中心，两者形成了投入（input）和产出（outcome）的关系：品牌资产作为品牌市场效益的直接原因，其本质是消费者认知所形成的"差异化反应"，而给企业带来的品牌市场业绩；品牌价值则是"从财务会计角度对'品牌资产'的一种衡量"，是"品牌资产的货币表达形式"，即对品牌市场效益的综合性评价。

　　在我们看来，品牌价值概念以及评估模型的提出，不仅启发了品牌资产的发现，而且以货币形式确认了品牌资产可以带来的市场效益。

三、"传我美名"：品牌资产的传播效益

　　其实，除了市场效益之外，品牌资产还可以带来传播效益。换句话

说，品牌资产在推动消费者"买我产品"的同时，还可以推动消费者"传我美名"。品牌具有传播功能本是一个基本常识，但是长期以来，品牌资产研究囿于营销学范畴内，未能充分吸收传播学的理论和观点。尤其是在进入大众传播时代之后，古老的口头传播风光不再，而成为品牌营销传播中的"配角"；即使到了互联网时代，口头传播日益受到重视，却始终未能进入品牌资产的视野。因此，我们要尝试从传播效益的角度来理解品牌资产，进一步阐述超级符号对于品牌资产的理解。

（一）品牌资产视阈下的消费者角色及其转换

要说清楚品牌资产的传播效益，必须回到消费者角色上来。在消费者行为学理论中，消费者是指在与营销者或某一实体进行交易时充当某种角色的个人或组织。也就是说，消费者其实是一个宽泛意义的统称，在具体的营销活动中往往涉及多种具体的角色。消费者角色的细分和研究，对于制定有效的营销策略具有重要的意义。不过，长期以来，消费者角色理论都局限于营销视角之内，未能将传播纳入消费者角色分析的视野之中。

因此，我们在本书的第五章中，基于传播学的理论框架，同时兼顾消费者行为的营销学特点，提出消费者的四个角色：受众角色、购买者角色、体验者角色、传播者角色。从品牌营销的传播过程来看，消费者在不同阶段扮演了不同的角色，因而呈现出了消费者四个角色的转换关系。在此，我们进一步以品牌资产为视角，来观察消费者的四个角色及其转换，以深入理解品牌资产及其效益。

传统上说，受众一般不作为消费者的角色来理解，而只是作为营销传播的媒体对象存在；而我们之所以将受众视为消费者角色，是因为受众心智（消费者认知）恰恰就是品牌资产的生成支点。凯勒在将品牌资产定义为"消费者基于自身的品牌知识，而对品牌营销活动所作的差异化反应"时，他所说的"消费者"其实就是指受众角色。可以说，受众角色是一切品牌资产生成的起点。因此，本书编写组认为，虽然品牌资产源于企业的品牌营销传播活动，但在一定程度上说，其实是消费者的受众角色生产了品牌资产。

至于购买者和体验者，它们作为营销学提出来的概念，是典型的消费者角色，并被绝大多数消费者行为学教材所肯定。如 Gersuny 和 Rosengren 在 1973 年提出了"顾客角色"理论时，就认为顾客可以扮演四种角色：资源者（Resource）、合作生产者（Co-producer）、购买者（Buyer）和使用者（User）；而谢斯（Sheth, J. N.）和米托（Mittal, B.）在他们所著的《消费者行为学》一书中，就以市场交易过程为中心，也将消费者角色划分为三种类型，即使用者、付款者和购买者。可见，大多数学者都认同，使用者和购买者是最为基本的消费者角色类型。

在我们看来，购买者和体验者角色其实就是品牌资产推动消费者"买我产品"的实现环节。也就是说，品牌资产其实是在受众角色中生成的，并通过购买者和体验者两个角色来实现，从而给企业带来市场效益。这正是大家对品牌资产概念的基本理解。

而传播者角色的再发现，将拓展大家对品牌资产的认识：一方面，传播者角色让购买者和体验者的角色发生了变化，从购买和使用变成了消费者再次认知或期望验证过程。也就是说，因为传播者角色的存在，购买和使用过程变成了品牌资产的"二次生成"过程；另一方面，传播者角色让消费者通过其自发性的品牌传播活动，进一步强化了受众对品牌营销活动的"差异化反应"。也就是说，因为传播者角色的存在，购买和使用过程变成了品牌资产"二次生产"过程。

如此循环往复，因而形成了一种特殊的流量循环，即品牌资产不仅可以推动消费者"买我产品"，还可以推动消费者"传我美名"；而且后者还会进一步推动消费者"买我产品",从而形成一种特殊的流量循环（见下图）。

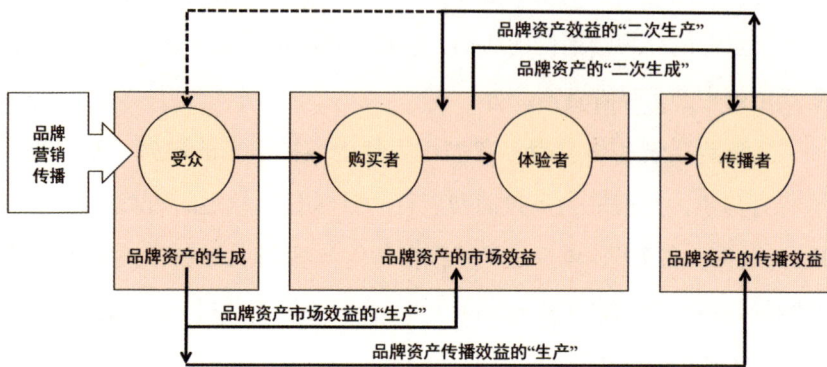

（二）顾客资产模型中的顾客口碑价值

正如前文强调的,品牌资产概念的提出,受到了品牌价值概念的启发,是对品牌"价值功能"的正式确认。虽然品牌资产不等于品牌价值,但品牌资产从其诞生开始就抱有价值关怀。

早在 20 世纪 80 年代,著名的管理学者德鲁克就提出,"营销的真正意义在于了解对顾客来说,什么是有价值的"。尤其是到了 20 世纪末,随着竞争的不断加剧,企业开始意识到传统的市场交易模式难以为继,以顾客为中心的关系营销观念应运而生,价值交换开始取代产品交易。

美国市场营销协会（American Marketing Association, AMA）于 2004 年对市场营销的定义进行修订,认为"市场营销既是一种组织职能,也是为了组织自身及利益相关者的利益而创造、传播、传递客户价值,管理客户关系的一系列过程"。科特勒和阿姆斯特朗也将市场营销定义为"企业为顾客创造价值并建立牢固的顾客关系,以从顾客那里获取价值的一个过程"。也就是说,市场营销的过程本质是价值交换的过程，即企业给顾客提供价值，并从顾客那里获得价值。

那么，价值究竟从何而来？以顾客为中心的营销观念，让营销者认识到"在企业经营的各种要素中，只有顾客能为企业持续创造价值"。因此，企业开始将顾客作为最为重要的资源，同时试图将其"内部化为重要性等同甚至超越传统有形或无形等内生性资产的竞争性战略资产"。

在这样的背景下，顾客资产（Customer Equity）概念被提出。根据顾客资产概念首创者 Robert Blattberg 和 John Deighton（1996年）的界定，顾客资产就是"企业所有顾客终身价值（Customer Lifetime Value，CLV）的净现值之和"。尽管学者们对于计算方法提出了修正，认为不同类型的顾客价值并不等质，但用顾客终身价值（CLV）来衡量顾客资产的思路，得到了大部分学者的赞同。

对于顾客终身价值（CLV）的构成，我国学者汪涛提出了顾客资产模型：顾客终身价值是由顾客购买价值（customer purchasing value）[1]、顾客口碑价值（public praise vale）[2]、顾客信息价值（customer information value）[3]、顾客知识价值（customer knowledge value）[4]以及顾客交易价值（customer transaction value）[5]五种价值的总和组成。

---

1 顾客由于直接购买为企业提供的贡献总和，它受顾客消费能力、顾客份额、单位边际利润影响。

2 顾客由于向他人宣传本企业产品品牌而导致企业销售增长、收益增加时所创造的价值，它与顾客自身的影响力、影响范围、影响人群有关。参见王涛，徐岚.顾客资产与竞争优势 [J]. 中国软科学，2002（1）：52-56.

3 顾客为企业提供的基本信息的价值，这些基本信息包括企业在建立客户档案时由顾客无偿提供的信息，以及由顾客以各种方式（抱怨、建议、要求等）向企业提供的各类信息。鉴于顾客可以向所有企业提供相同的信息，因此该价值基本上可以视为一个常量。参见王涛，徐岚.顾客资产与竞争优势 [J]. 中国软科学，2002（1）：52-56.

4 该价值可以说是顾客信息价值的特殊化。这是因为不是每一个顾客都具有顾客知识价值，而且不同顾客的知识价值也有高低。企业对顾客知识的处理是有选择的，它取决于顾客知识的可转化程度、转化成本、知识贡献率以及企业对顾客知识的发掘能力。参见王涛，徐岚.顾客资产与竞争优势 [J]. 中国软科学，2002（1）：52-56.

5 企业在获得顾客品牌信赖与忠诚的基础上，通过联合销售、提供市场准入、转卖等方式与其他市场合作获得的直接或间接收益。参见王涛，徐岚.顾客资产与竞争优势 [J]. 中国软科学，2002（1）：52-56.

让我们换一个视角，以品牌资产为中心视角，来考察上述顾客资产模型。不难发现，五种价值要素其实大体上分别对应消费者的四个角色：顾客信息价值和顾客知识价值，基本上对应消费者的受众角色，主要涉及了品牌资产的生成；顾客购买价值和顾客交易价值，与消费者直接购买有关，因而基本上对应消费者的购买者和体验者，体现出品牌资产的市场效益；而顾客口碑价值是"顾客向他人宣传本企业产品品牌而导致企业销售增长、收益增加时所创造的价值"，因此对应消费者的传播者角色（见下图）。

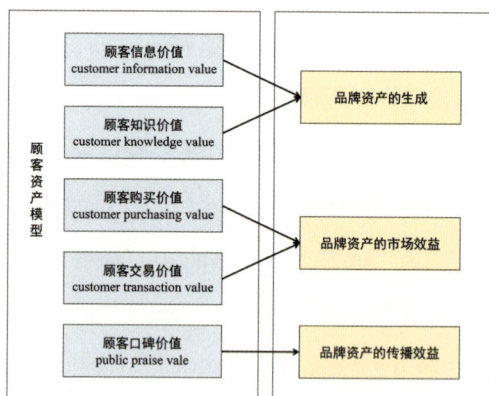

可见，所谓"顾客口碑价值"，其实就是品牌资产传播效益的具体体现。

（三）品牌播传作为品牌传播效益

当然，如果论述局限于消费者或顾客，那还是严重低估了品牌资产的传播效益。在此，必须要补充说明两点：其一，"传我美名"者不只有消费者，还有品牌的"利益相关者"，甚至全社会；其二，品牌不仅活在狭义的顾客口碑中，更是活在人们真实日常生活交往的"言说"之中。

事实上，当使用"消费者"这个概念时，可能没有注意其暗含的"交易视角"。科特勒曾建议"区分市场营销的社会定义和管理定义"，管理定义倾向于将市场营销看成"销售的艺术"，是狭义的"交易视角"；而"社会定义表达了市场营销在社会中扮演的角色"，则是广义的"社会视角"。以美国市场营销协会（AMA）公布的市场营销定义为例，人们对于市场营销概念的理解，逐渐从"交易视角"拓展到"社会视角"（见下图）。

1960 年版：市场营销是引导产品或劳务从生产者向消费者的企业营销活动。

2004 年版：市场营销既是一种组织职能，也是为了组织自身及利益相关者的利益而创造、传播、传递客户价值，管理客户关系的一系列过程。

2008 年版：市场营销是创造、传播、传递和交换对顾客、客户、合作者和整个社会有价值的市场供应物的一种活动、制度和过程。

审视这三版定义，我们很容易看出其中的变化：从 1960 年版的"消费者"，到 2004 年版的"利益相关者"，再到 2008 年版的"全社会"，市场营销从"交易视角"拓展到了"社会视角"。

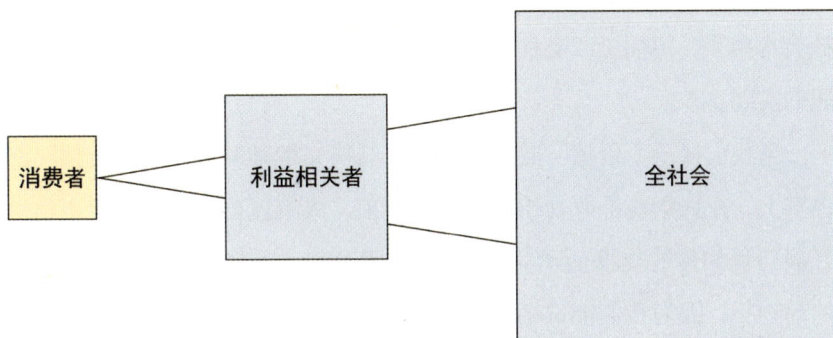

基于此，我们也必须拓展我们对消费者的认识。在我们看来，广义的消费者应该包括但不限于以下四类：第一类是狭义的消费者，也经常

被称为顾客。它既包括了品牌已有的消费者，也包括品牌的潜在消费者；既包括零售终端的访问者，也包括线上的咨询者；既包括产品的购买者，也包括产品的使用者和服务的体验者。第二类是企业的员工。这里说的员工当然包括门店的服务人员、生产车间的工人以及网络客服等。第三类是与企业经营发生关系的供应商、渠道商、合作伙伴、政府机构、协会、媒体、社区等。第四类是社会中与企业有直接或间接、长期或短期利益的个人、群体、组织或机构等。

也就是说，"传我美名"者，远远不止消费者，还可以是我的员工，可以是我的伙伴，可以是全社会。正是这个原因，超级符号深刻地认识到，"人"是品牌天生就有的、免费的媒介，具有大众传播媒介所不具有的营销传播效能。基于此，超级符号将广大的社会公众视作最基础的媒介，即"元媒体"[1]。

"人"之所以作为"元媒体"，其实根源是人的本质。人之为人，正在于他能传播。马克思把人与人的关系看成人之为人的条件，"人的本质不是单个人所固有的抽象物，在其现实性上，它是一切社会关系的总和"。马克思把人理解为是现实社会关系的总和，使人的本质的展开具有了一种客观的向度；而社会关系显然只有通过传播（或叫交往）才能建立。"人在积极实现自己本质的过程中创造、生产人的社会联系、社会本质"。传播（或交往）不仅是人真实的生活日常，而且是人的本质的实现。

当我们谈及"传播"时，总容易将其狭义地理解为"大众传播"。事实上，在大众传播媒介出现的数千年前，人类就已经开始使用语言，开展口耳相传的传播活动。"早在古希腊时代，人就被界定为'会说话的动物'，因为我们能说话，所以我们是人，因为我们是人，所以我们会'说话'、要'说话'，'说话'使我们成为人"。中国古人同样很早

---

1 "元媒体"概念的提出，是受到了麦克卢汉"延伸媒体"的启发。对于"元媒体"，本书第五章作了较为详细的论述，此处不再赘述。

认识到了这一点，《春秋谷梁传·僖公二十二年》里就说，"人之所以为人者，言也。人而不能言，何以为人？""言说"是我们的生存方式，人与"说"是本质性地联系在一起的。

即使是在语言出现前的数百万年之间，人类的传播活动也没有因为语言的缺席而缺席。苏联语言学家马尔（H. Mapp，1864—1934）认为，在有声语言出现之前的 100 万年到 150 万年，人类就已经运用"手的语言"来进行交谈了。人们最初劳动的时候要拿手去和事物接触，随着手和事物接触时所采取的不同姿势，这些手势就变成了不同事物的符号；最初劳动和交谈不分工，进行劳动的时候是以各种手势进行交谈，后来劳动和交谈分工了，手势就变成了独立的交谈工具。直到今天，手势、眼神、表情、肢体等动作依然在日常生活交流中发挥着重要的作用。这也在一定程度上证明了，古老的传播形式具有顽强的生命力。

随着大众传播媒介的兴起，"言说"这类古老的传播活动如同一位年迈的老者，失去了昔日的荣光，而将自己"霸主"的地位让于大众传播。百年来，现代营销传播活动快速进入机构化和规模化阶段，并发展出学科化、体制化的营销传播理论和实践，以至于今天的营销者经常忘记了"言说"的存在，甚至直接将品牌营销传播活动与大众传播画上了等号。

其实，站在真实的个体角度来看，传播者角色从来没有消失，古老的口头传播活动从来没有退场："言说"虽然被大众传播所遮蔽，但从来都没有消失，而是顽强地存留在人们的日常生活之中，并持续地对人们的认知和行为产生巨大的影响；尤其伴随着互联网的勃兴，特别是社交媒体的发展，"言说"以各种"在线"（online）形式勃兴，再次走进人类传播舞台的正中央。每个人都有自己的"喇叭"，每个人都向周边人产生影响。

在本书编写组看来，所有的品牌都存在于消费者的"言说"之中，而这种"言说"就是消费者最真实的生活日常。唯有理解这一点，才能理解为什么科特勒等人会将市场营销理解为"一个社会过程"。因此，本书编写组在这里强调品牌资产的传播效益，只不过是将"人"的传播者角色"打捞"回来，让它重新回到品牌营销传播的视野之中，并以这个角色所形成的"品牌播传"[1]来拓展我们对于品牌资产的理解，即品牌资产不仅可以带来市场效益，还可以带来传播效益；这种传播效益，用超级符号的话来说就是"品牌播传"。

---

1 有关品牌播传的阐释，本书第五章已经充分地展开了论述，此处不再赘述。

第二节
品牌言说：可以"谈说"的品牌资产

　　上一节从学理上厘清了品牌资产概念的本质，论述了品牌资产是可以带来效益的消费者认知，同时强调了品牌资产概念的"初心"，即生而具有的"策略动机"（strategy-based motivation），以及对营销传播效率（marketing productivity）的追求。因此，这一节必须深入品牌营销传播实践，从操作性的角度来理解品牌资产究竟是什么样的消费者认知。

　　当然，本书编写组并不是专题性地研究品牌资产，而是要借助于品牌资产这个重要概念，来整体解释超级符号的运行机制，从而完成本书各章之间的逻辑闭环。也就是说，本书编写组要正面回应读者的重大关切：超级符号为什么自称"超级"？超级符号真的"超级"吗？超级符号究竟哪里"超级"？……在本书编写组看来，品牌资产是回答这类问题的重要视角：从品牌资产的操作上，来解释超级符号为什么是"超级的"品牌营销传播符号系统。

一、品牌知识：品牌资产的操作性理解

其实，对于一线的营销者而言，如何从理论上对品牌资产进行定义，可能是一个无关紧要的问题。他们更关心的问题应该是品牌资产究竟是什么？应该如何建立品牌资产？进一步说，怎样以最小的成本达成品牌资产的最大化？

凯文·凯勒意识到了这个问题，表示要"支持那些对于策略视角的品牌资产感兴趣的经理们和研究者们"，因此在提出"基于顾客的品牌资产"（CBBE）概念模型的同时，第一次提出了"品牌知识"（Brand Knowledge）的概念[1]，并将品牌资产界定为"消费者基于自身的品牌知识，而对品牌营销活动所作的差异化反应"。

在凯勒看来，品牌知识对于企业的营销战略具有重要的意义——"企业在提高营销效率方面最有价值的资产，也许就是该企业之前营销活动的投资，在消费者心智中创建的品牌知识"[2]。因此他进而提出，"品牌知识是创造品牌资产的关键"，"营销者必须找到一种能使品牌知识留在顾客记忆中的方法"。

此后，品牌知识概念作为品牌资产的来源，并作为捕捉"品牌资产"的策略性概念，被用来"解释品牌现象和品牌资产形成的消费者心理机制"，成为"构建品牌资产理论的基础"。如此一来，一线营销者们所关心的问题实质上转换成这样的问题：品牌知识究竟是什么？应该

---

1 品牌知识其实是消费者品牌知识（consumer brand knowledge）或关于品牌的消费者知识（consumer knowledge of a brand）的简称。参见蒋廉雄. 从单向视角到整体视角：品牌知识研究回顾与展望 [J]. 外国经济与管理，2008（6）：42-50.

2 "Perhaps a firm's most valuable asset for improving marketing productivity is the knowledge that has been created about the brand in consumers' minds from the firm's investment in previous marketing programs." Keller, K.L. Conceptualizing, Measuring, and Managing Customer-Based Brand Equity[J]. Journal of Marketing, 1993, 57(1): 1–22.

如何创建品牌知识？进一步说，如何以最小的成本达成品牌知识的最大化？

　　这些实践价值极高的问题，迅速地吸引了学界的高度关注，形成了一大批学术成果。时至今日，品牌知识研究依然是全球营销学研究的热点之一。不过，麻烦的是，人们对于品牌知识的理解，或多或少存在误区。尤其是学界的研究，依然沿袭着品牌资产的基本进路，执着于从结果（outcome）评估的角度来展开研究，虽然搭建起了越来越复杂的评估体系，但却无法直接支持和服务品牌营销传播决策，与这个操作性概念的"初心"渐行渐远。

　　基于此，我们还是要花一些篇幅来梳理品牌知识研究的演化，探寻隐含其中的思考脉络，并回到认知心理学的学科母体中，寻找可以征用的观念资源，同时以语言学研究为支点，探索还原品牌知识概念的可能性，以真正解决品牌资产的操作性问题。

（一）从单向到整合：品牌知识研究的发展脉络

　　蒋廉雄曾从研究背景、概念界定、知识分类的原则和标准以及分析框架等方面的差异入手，将品牌知识研究归纳为四种研究取向：

　　其一，认知心理学视角。在 20 世纪 50 年代认知心理学诞生之后，便有学者开始研究品牌知识；只不过，当时的品牌知识被统称为"消费者产品知识"（consumer product knowledge）。最有代表性的定义是 Peter 和 Olson（2011）提出的，即消费者对品牌的心理表征（mental representation）或认知表征（cognitive representation）。该视角"直接应用认知心理学的理论，分析框架和方法，在产品类别层次上展开研究，而且多数研究是关于消费者知识内容的"，其基本维度包括客观知识和主观知识、熟悉程度、技能、一般产品知识和个别产品知识等。

其二，消费者行为视角。该视角的研究通过分析消费者行为，来重新探索和建构消费者知识的内容及结构。他们不作任何预设，而是采取开放式的研究方法，取得了一些具有代表性的成果：（1）复合型消费者知识的发现。Brucks 让被试者以自由回忆的方式陈述了 1230 种有关运动鞋的知识，并将结果归纳为术语、产品属性、一般属性、专门属性、一般产品使用、个别产品使用、品牌因素、购买及决策程序 8 种品牌知识类型。（2）"品牌—属性—技术"的发现。Park 等人发现，消费者的知识评估涉及多种内部记忆线索，但从更高层次上看主要有两种：一是基于经验的反应，体现在拥有、使用和搜寻产品等方面；二是基于知识的反应，涉及品牌、属性和技术三个方面。（3）"产品—品牌—次级知识"的发现。Mitchel 和 Dacin 发现，消费者知识包括具体的产品知识、联想的产品知识、产品使用知识和个人知识，其中每一方面都包含多次级维度，比如个人知识包括个人情感、个人对具体产品的评价、个人体验、个人思想、跨域知识和域内知识[1]。

其三，品牌特征视角。该视角主要关注品牌的无形属性，对品牌形象、品牌个性、品牌关系等方面展开了研究。与前两种视角不同的是，该视角的研究并不打算系统地研究品牌知识框架，而是聚焦于某种或某个方面的属性，诸如品牌名称、品牌熟悉性、品牌声誉、品牌体验、属性特征、企业形象、广告接触等，并分别讨论了这些品牌知识与消费者对品牌相关营销活动的反应之间的关系。该视角研究最为重大的变革是在品牌研究中引入"人"的隐喻，将品牌视为消费者的伙伴或将品牌特征类比于人格，并以此来探讨消费者对品牌的认识，以及消费者与品牌

---

1 跨域知识（interdomain knowledge）是指通过对属于不同类别的两个产品或它们的某些属性进行比较而获得的知识；域内知识（intradomain knowledge）是指通过对属于同一类别的两个产品或它们的某些属性进行比较而获得的知识。转引自蒋廉雄. 从单向视角到整体视角：品牌知识研究回顾与展望 [J]. 外国经济与管理，2008（6）:42-50.

之间的关系等问题。

其四，整体视角。该视角在 20 世纪 80 年代初现雏形，但最具代表性的研究成果则是凯勒发表的两篇论文：一是前文提过的凯勒于 1993 年发表的《概念化、测量与管理基于顾客的品牌资产》。该文基于认知心理学的联想网络理论，整合了以往品牌知识的相关研究，提出了品牌联想模型（见下图[1]）。

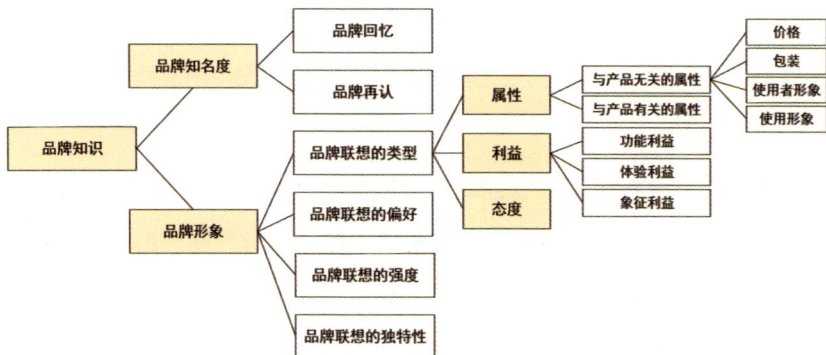

二是凯勒于 2003 年发表的《品牌整合：品牌知识的多重维度》。在该文中，凯勒提出了"品牌整合理论"（Brand synthesis），将品牌知识扩大为"消费者记忆中储存的关于某个品牌的特定意义"，即"消费者记忆中有关某个品牌的全部描述性和评价性信息"，并将之前的两个维度拓展为知晓（awareness）、属性（attributes）、利益（benefits）、形象（images）、思想（thoughts）、情感（feelings）、态度（attitudes）和体验（experiences）8 个维度（见下页图[2]）。

---

1 本图引自：Keller, K.L. Conceptualizing, Measuring, and Managing Customer-Based Brand Equity[J]. Journal of Marketing, 1993, 57(1): 1–22.

2 本图引自：Kevin Lane Keller. Brand synthesis: The multidimensionality of brand knowledge[J]. Journal of Consumer Research, 2003,29 (4): 34–45.

知晓 awareness	— 品牌提供的类别识别及需求满足
属性 attributes	— 品牌产品可以描述的特征，包括固有特征（如与产品功能有关）和非固有特征（如与品牌个性或品牌传统有关）
利益 benefits	— 消费者给品牌属性附加的价值和意义，如消费者通过购买或消费所获得的功能、象征或体验结果
形象 images	— 视觉信息，包括抽象的和具体的
思想 thoughts	— 个体对于品牌相关信息的认知反应
情感 feelings	— 个体对于品牌相关信息的情感反应
态度 attitudes	— 对于品牌相关信息的总结性判断和总结性评价
体验 experience	— 购买和消费者行为以及任何与品牌相关的经历

品牌知识

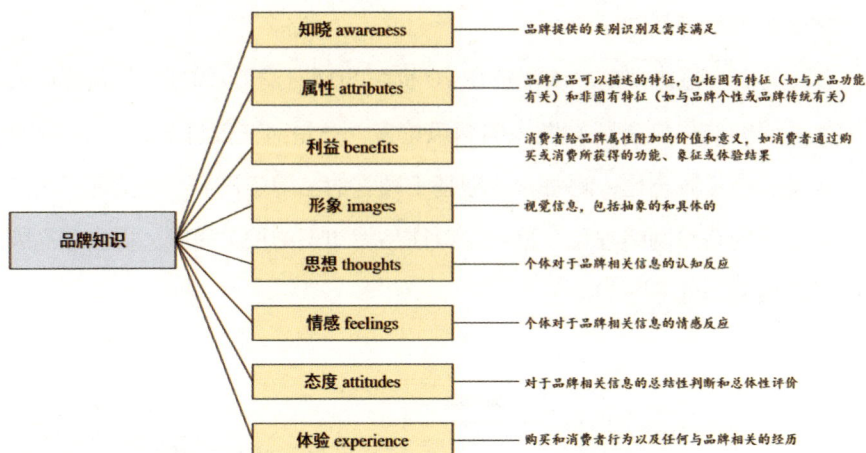

在梳理品牌知识研究的同时，蒋廉雄有一个重大发现："以往基于消费者的品牌研究基本上是单向视角的，自品牌资产理论出现后，整体视角的研究开始受到重视。"的确，20世纪90年代初是品牌知识研究与品牌资产研究的历史交汇点，凯勒正是这个交汇点上的关键人物：他不仅是基于顾客的品牌资产概念模型（CBBE）的首创者，也是品牌知识概念的提出者，还是品牌知识研究整体视角的倡导者。正是在他的倡导下，品牌知识研究倾向于"采用综合品牌多维性这一更为宽广和更具整体性的视角"，整合"成为发展品牌理论和实践的关键"。

（二）整体不等于总和：整合视角自身暗含的理论预设

整合是趋势，但关键在于怎样整合。有学者发现，在整合的名义之下是各种概念的堆积。胡晓云认为，"品牌整合论"有关定义，"可能范围过分宽泛，给人以大而无当的感觉。似乎品牌是个筐，什么都可以往里装"。蒋廉雄也认为，"就整体研究的现状来说，目前的一些尝试性研究没有从发展理论基础和概念着手，而是简单地将两种不同观点下的概念堆积在一个综合模型中"。事实上，在凯勒的论述中，也不难发现这种"堆积"：在前后两版不同的模型中，他都叠加了一些逻辑关联不强的概念：

（1）在 1993 年提出的品牌知识模型中，凯勒使用了一个没有实际意义的"品牌形象"[1] 概念。品牌形象是一个历史悠久却充满争议的概念。就连凯勒自己也感叹，"虽然品牌形象作为一个非常重要的营销概念很早就被提出，但对它恰当的定义少有达成一致"。奇怪的是，凯勒依然保留了"品牌形象"，即"创建基于顾客的品牌资产"就是要"在顾客记忆中建立品牌认知和建立积极的品牌形象"，同时又用"品牌联想"来解释，即"品牌形象是指消费者记忆中所保存的与品牌有关的联想系统"[2]，即建立积极的品牌形象就是要建立"强有力的、偏好的、独特的品牌联想"。只要稍加推敲，就可以作出判断：该模型本质上是"品牌联想模型"，与品牌形象没有什么关系。

（2）在 2003 年提出"品牌整合模型"时，凯勒不仅将品牌知识的内容拓展到认知、属性、利益、形象、思想、情感、态度和体验八个维度，而且还延伸性地探讨了包括人物（企业主、雇员、代言人等）、地点（来源国／地、渠道等）、事件（慈善事业、赞助等）、其他品牌（公司品牌、联合品牌等）在内的品牌知识载体（来源）所起的作用（见下页图[3]），试图"将消费者对品牌的认知和情感，以及消费者与品牌的关系等概念纳入品牌知识中"，以构筑品牌知识多维空间。不过，

---

1 荷兰学者莱兹伯斯等人指出，"美国人加德纳（Gardner）和列维（Levy）可能是最早把'形象'一词引入营销领域的人"；而"大卫·奥格威（David Ogilvy）是最早强调形象在广告中的重要性的人"，并认为"品牌形象就是消费者群体共同拥有的对某一品牌的主观、心理影像"。参见里克·莱兹伯斯，巴斯·齐斯特，格特·库茨特拉．品牌管理[M]．北京：机械工业出版社，2004：35.

2 Brand image refers to the set of associations linked to the brand that consumers hold in memory. Keller, K.L. Conceptualizing, Measuring, and Managing Customer-Based Brand Equity[J]. Journal of Marketing, 1993, 57(1): 1–22.

3 图片引自：Kevin Lane Keller. Brand synthesis: The multidimensionality of brand knowledge[J]. Journal of Consumer Research, 2003,29 (4):34–45.

"凯勒的品牌知识概念非常宽泛，涉及知觉、情感等不同的认知加工机制，从而使得联想网络模型的理论基础难以支撑其综合分析框架，而且与其宣称的理论基础也不一致"；同时，虽然整合了不同视角的各种维度，但不同知识维度的关系却并不明确。

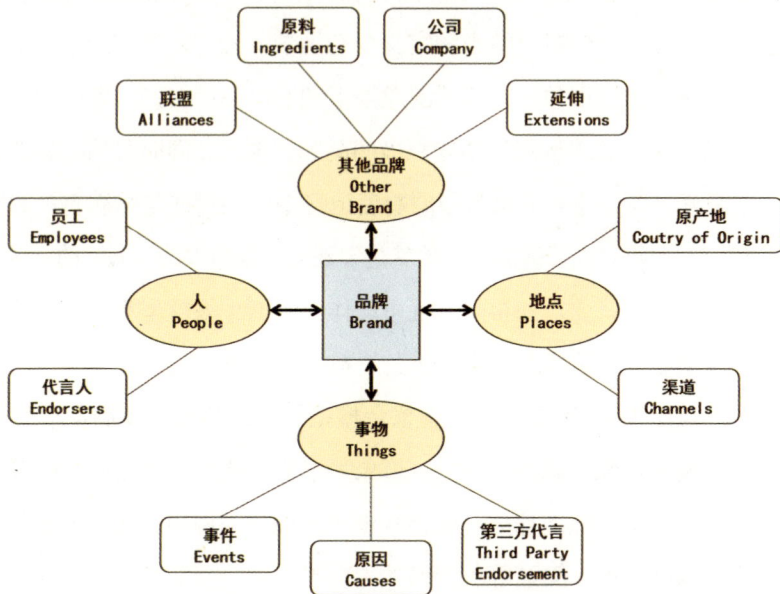

对于品牌知识的理解，整合是大势所趋，但整合并不是各种概念的堆积。正如蒋廉雄所说，"对于整体研究而言，有必要发展新的理论基础。首先，新的理论基础可以提供一致的理论假设，以整合不同视角的主要概念；其次，新的理论基础可以为构建消费者品牌知识模型提供一般化的理论框架"，"而不是将原有的概念简单地堆积在所谓的综合模型中"。

不过，在本书编写组看来，品牌知识研究的"整体视角"，并不需要再发展新的理论基础，其本身就暗含着"整体论"的理论预设。所谓整体论，简单来说就是主张"整体不能归结为其组成部分"的哲学思想。尽管"整体论（Holism）"概念[1]直到1926年才被正式提出，但整体论的思想可以说是古已有之。"整体论是中国古代自然哲学的基本"，其中"道家哲学就是突出的代表"；亚里士多德论正义"整体并不等于部分之和"，也蕴含着整体论的思想。在学术研究领域，整体论是以超越还原论为旨向的一种思想意识。"超越还原论、主张整体论，已成为科学发展的一个基本趋势"。

事实上，心理学也存在着整体论与机械论、还原论两种取向。前者将个体心理看作一个有机的整体，认为"整体性贯穿于心理发生—发展—衰亡过程的始终"；而后者则主张"个体心理乃不同心理成分迭加而成宇宙万物的一部分，这些心理成分遵循着相同或相似的机械运动规律"。诚然，研究者可以人为地将心理划分为知、情、意等心理过程以及需要、动机、能力、性格等个性心理，但心理并非这些成分的叠加，人类心理本质上将是一个不可分割的整体，不存在任何一种独立的心理成分，更不是所有的心理成分的迭加。

其实，几乎所有的心理学家都承认，无论心理学的研究对象是"直接经验""心理内容""心理生活"，还是"认知与行为""意识或潜意识"，它们都首先是作为一个整体而存在的。当然，本书编写组并不反对对品牌知识结构及其维度开展深入研究，事实上本书也依然会引用和参考主流心理学的相关研究，但是，品牌知识研究从单向视角走向整合视角，从根本上说是在召唤用整体论来弥补机械论、还原论的不足。

"对于人类心理而言，整体决不等于部分之和"。因此，本书编写组认为，与其徒劳无功地堆积、叠加各种维度概念，不如换一个新的研究进路，将品牌知识作为一个整体来捕捉，进而让品牌知识真正成为一

---

1 整体论（Holism）这一词语，最早是由英国在南非的统治者施穆滋（Jan Smuts，也有人译为"斯马茨"）于1926年，在其所著的《整体论与进化》一书中提出的。参见：（1）黄前程. 整体论概念的梳理与整合 [J]. 长沙理工大学学报（社会科学版），2013（5）：61-65.（2）金吾伦，蔡仑. 对整体论的新认识 [J]. 中国人民大学学报，2007（03）：2-9.

个操作性的概念。

（三）消费者的口语报道：捕捉整体品牌知识的可能性

那么究竟应该如何将品牌知识作为一个整体来捕捉呢？对此，本书编写组依然要回到已有的品牌知识研究中去获取线索。于伟在其博士学位论文中曾对消费者品牌知识的测量方法进行过较为系统的梳理。他发现，"目前尚无成熟的方法衡量消费者的整体品牌知识"，"研究者多将消费者品牌知识分解为品牌意识、品牌联想和品牌形象进行测量"，并由此发展出来一些较为经典的测量方法：

其一，**自由联想测试**。该方法认为，被调查者受到某项品牌刺激之后，会渐次激活与此品牌有关的所有内容，其中与品牌关系最密切的内容将被率先检索到。此方法要求被调查者受到品牌刺激后，自己报告能够想到的所有词语和观点。该方法力图通过对自由联想的内容、类型和次序的探讨，来揭示消费者认知结构工作的性质。不过，消费者对某些联想内容的回忆，会影响信息的加工处理过程，可能导致后续信息形成偏差。

其二，**隐喻引发法**。该方法认为，消费者的许多品牌知识处于"隐性"状态而无法用明晰的文字表达，因此需要用比喻的方法去挖掘"冰山下的部分"。它一般要求被试者选择图片，来表达自己对某一品牌的想法，同时要求被试者用隐喻的方式，说出对该品牌形象视觉以外的其他感觉。研究者在此基础上，形成被试者对品牌的内心图像，并用图片的方式表达消费者心中的品牌知识。其中，最有代表性的当属萨尔特曼、科尔顿（Zaltman & Coulter, 1995）推出的 ZMET 法[1]。当然，隐喻引发法过于依赖实验者的解读，而不同的解读得出的结论可能大相径庭。

　　其三，心智地图法。该方法就某一个品牌通过焦点组访谈等方式，选取若干个出现频率最高的联想词条，在更大的范围内让被试者从词条中做出选择绘制品牌的知识图像，并分别用线条的粗细、正负号等代表联想的强度和方向。研究者在此基础上进行取舍和集成，形成统一的消费者品牌知识图像。其中，品牌概念地图（BCM）是这一类方法的代表[2]。有学者认为，心智地图法依赖于被调查者自身的表达，很多"隐性"知识有可能被漏过。

　　在我们看来，这些不尽相同的测量都有一个共同的特点，即总体上依赖于被调查者的自我报告。有趣的是，心理学者们普遍对这种自我报告抱有一种矛盾心态：一方面自我报告[3]通过被调查者的日记、回忆、口语记录等形式来收集研究数据，是认知心理学研究的重要方法之一，而被许多品牌知识研究所采用；另一方面，研究者们对这种自我报告始终存在着疑虑，认为"认知加工受到多方面的影响而改变"，因此"进行报告的行为"本身会改变认知，同时"认知加工也会在有意识加工之外

---

1 ZMET，全称为 the Zaltman Metaphor Elicitation Technique，即"萨尔特曼隐喻引发法"。参见：Gerald Zaltman, Robin Higie Coulter. Seeing the Voice of the Customer: Metaphor-Based Advertising Research[J]. Journal of Advertising Research, 1995, 35(4): 35–51.

2 品牌概念地图，即 Brand Concept Map，简称为 BCM。该方法源于自然科学中的"概念图示法（Concept Map）"。概念图示法早在 20 世纪 80 年代就开始在物理科学中运用，来了解人们拥有的对科学概念的知识以及这些知识之间的相关关系。参见：Deborah Roedder John, Barbara Loken, Kyeongheui Kim, Alokparna Basu Moga. Brand Concept Maps: A Methodology for Identifying Brand Association Networks[J]. Journal of Marketing Research, 2006(4): 549–563.

3 斯滕伯格将认知心理学方法归纳为六种，"包括（1）实验室或其他对照实验，（2）生物心理学研究，（3）自我报告，（4）个案研究，（5）自然观察，以及（6）计算机模拟和人工智能"。斯滕伯格（Sternberg. R. J.）. 认知心理学（第三版）[M]. 北京：中国轻工业出版社，2006: 12.

发生"。

不过，斯滕伯格注意到了"口语报道"的不同之处："基于各种自我报告的数据信度取决于提供报告的人的坦诚度。即使被调查者完全真实地报告，根据回想做出的报告（例如，日记、回忆、问卷和调查）显然没有直接观察下所提供的认知加工报告可靠，因为被调查者有时会遗忘。对诸如解决问题和决策等复杂认知加工，研究者通常使用口语记录。在这种研究中心，被试大声叙述执行特定认知任务过程中自己的看法和观点"。

无论如何，"口语报道"也许可以为我们打开一扇新的窗户，让我们有机会进一步反思和确认对于品牌知识概念的操作性定义，同时让我们有机会探索一种捕捉消费者整体品牌知识的操作性方法。

二、品牌言说：用"谈说"捕捉品牌知识

其实所有研究者都清楚，消费者的自我报告是获取消费者的品牌知识的重要来源。只不过，究竟如何从中捕捉有效的品牌知识，是研究者们必须面对并小心处理的棘手问题。在我们看来，脱口而出的"口语报道"就是我们想要建立的品牌知识，同时也是我们捕捉消费者的整体品牌认知的重要方法。也就是说，超级符号理论主张品牌资产就是可以"谈说"的品牌知识。从品牌营销传播实践的角度来说，消费者脱口而出的"品牌言说"，既是建设消费者整体品牌知识的内容和目标，也是捕捉消费者整体品牌知识的手段和方法。

（一）品牌知识的爬取和建立：
不要联想（association），而要联结（connection）

品牌联想是一个为人所熟知的词语，同时也是一个歧义丛生的概念。实验心理学发展出来的联想实验，通常采取以自由联想为代表的实验方式来测量和评估消费者的品牌知识。"自由联想"作为具体的实验方法当然无可厚非；但将"自由联想"作为一个实体性的概念，直接用于品牌营销传播实践，放任消费者"自由联想"必然造成复杂多变的品牌联想，偏离甚至背离企业所设立的营销传播目标，造成品牌营销传播投资的低效甚至是无效。

事实上，联想概念的源头可以追溯到柏拉图的发现，即在时间上同时发生的时间倾向于在心灵上被联系起来而产生联想。亚里士多德根据对自己的回忆的研究，提出了三条联想律，即相似律、对比律和接近律。17 世纪英国哲学家约翰·洛克（John Locke）开创了英国经验主义哲学，并建立了一套联想主义理论，让"联想"成为心理学中最常见的术语之一。20 世纪初伊万·彼德罗维奇·巴甫洛夫创立了高级神经活动学说，提出心理学所称的"联想"就是生理学者所说的暂时联系，并用条件反射学说解释联想规律的生理机制。受此影响，行为主义和新行为主义都以刺激－反应代替联想。认知心理学则将联想界定为"人脑对事物间相互联系或关系的反映，是已建立的暂时神经活动的复活"。

从品牌营销传播的实践角度来说，品牌知识的建立本质上是某种"神经活动"的建立。在本书编写组看来，这种"神经活动"并不是"联想"，而是"联结"。事实上，关于品牌联想的研究，大多依托的理论框架就是联结主义（Connectionism）。"联结主义"是美国心理学家爱德华·李·桑代克（Edward Lee Thorndike）提出的一种学习理论。在桑代克看来，学习就是联结（connection），而心理是人的联结系统。桑代克坚持使用"联结"而不用"联想"，是因为他只关注情境与反应之间的联结，而不谈观念之间的联想；动物没有观念和观念的联想，而联结是人和动物所共有的。

研究者们普遍使用联结主义的人类联想记忆理论（Human Associative Memory，HAM）和适应性网络模型（Adaptive Network Models，ANM）等模型来理解品牌联想。按照这些理论，人类的记忆是由一些结点（nodes）和联结链（connecting link）组成的信息网络。结点代表存储的概念或信息，联结链代表信息或概念间的联系及其强度。当网络中某个结点的刺激强度达到一定阈限（threshold）时，则能引发另一个信息结点的激活。用学者的原话来说，"品牌知识实质上就是品牌名字这个结点与其他概念结点之间的联想"。显然，这里所说的"联想"本质上就是"联结"。

我们不妨举一个例子（见下图[1]），以 X 品牌为例，在消费者的记忆中，无数个结点可能与该品牌形成联结，从而形成品牌知识网络。不过，这些结点与品牌之间的联结存在着"强度"（strength）差异；只有那些达到了一定阈限（临界值）的结点，才可能被激活其作用。如此说来，在 A、B、C、D……结点中，只有 D、F、G、J 才可能被激活，而且 G 最容易也是最快被激活。

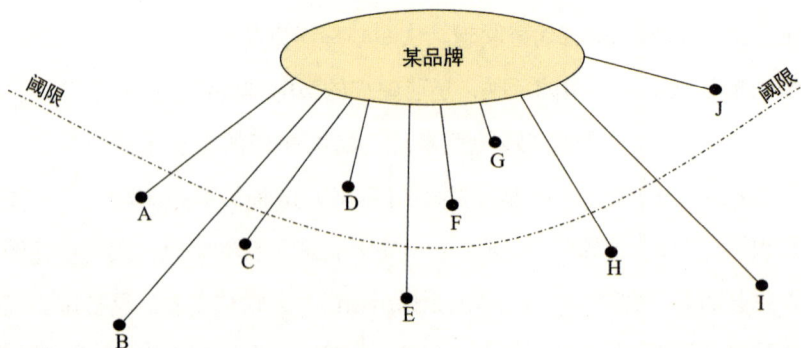

---

1 本图借用了马谋超等所绘的"品牌特质的网路结构"图。参见马谋超等. 品牌科学化研究 [M]. 北京：中国市场出版社，2005：34.

我们之所以主张"联结"，而弃用"联想"，其实是超级符号理论的基本观点使然。超级符号理论一直强调，必须从"文化母体"寻找"人们本来就记得、熟悉、喜欢的符号"，充分利用消费者已有的经验和知识，通过"联结"来建立品牌知识。在本书编写组看来，超级符号的导入本质上是对消费者已有记忆的"爬取"，通过利用消费者本已熟悉的符号，以最低的成本来建立与品牌之间的"联结"；至于企业持续开展的品牌营销传播，则不过是这样"联结"的强化和巩固（见下图）。

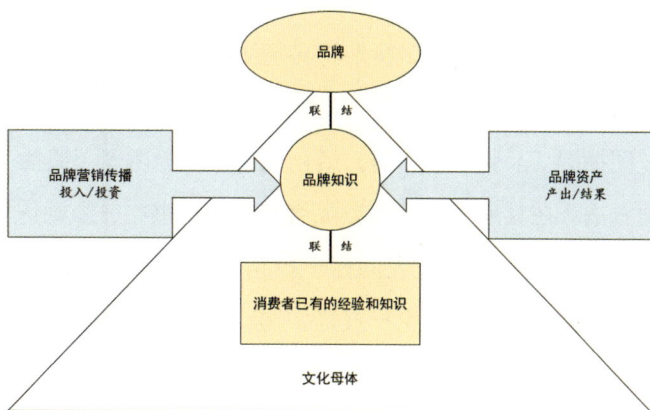

　　其一，品牌知识是与消费者已有知识的"联结"。品牌资产不可能由企业单方面创建的，而是必须有消费者的主动参与；既然如此，超级符号理论主张品牌知识必须建立在消费者记忆中已有的知识的基础上。

　　其二，超级符号的导入是品牌知识"联结"的建立。超级符号作为系统的品牌营销传播策略，主张企业寻找"文化母体"，获取"超级符号"的创意来源，让"超级符号"自动地爬取消费者头脑中的记忆，并建立与品牌之间的"强有力的联结"。

　　其三，品牌营销传播活动是品牌知识"联结"的强化。在超级符号的框架下，消费者的每次品牌接触，都是品牌知识"联结"的强化和巩固。这极大地降低了对企业营销传播资源和控制力的要求，同时又极大地提高了品牌营销传播的效率。

（二）品牌知识的激活与提取：
不要概括（generalizing），而要脱口而出（speaking）

其实，本书编写组之所以弃用"联想"概念，还有一个非常重要的原因，那就是品牌联想模式在应用之时，往往倾向于要被试者进行"概括"等深度加工，而远离了消费者头脑中储存的真实、具体、鲜活的"记忆"。因此，本书编写组主张对于品牌知识的捕捉，只要消费者脱口而出的回忆，不要消费者进行概括之类的加工。

再次回到凯勒的研究：尽管他将品牌知识定义为"消费者记忆中反映品牌认知的品牌联想，即消费者记忆中一组与品牌相连接的信息"，但他在试图捕捉"品牌联想"时，最初无意识地混用了"概括"和"回忆"两种方法。在其所著的《战略品牌管理》一书中，凯勒这样写道："以苹果电脑为例，如果有人问你一提到苹果电脑，你的脑海中会想到什么？你可能会联想到'用户友好''极具创意''桌面出版系统'和'很多学校使用'等信息。"稍加分析我们就可以发现，有些信息明显经过了"概括"而成的"联想"；还有些信息，则是消费者"回忆"的结果，诸如"麦金托什机"[1]"iPod MP3"等（见下页图[2]）。

---

1 麦金托什机是指苹果公司在1984年推出"Macintosh"个人电脑机型。该机型是苹果公司继Apple Lisa后第二款具备图形使用者接口的个人电脑产品，但由于它在销售上的成功，常常当作首款将图形用户界面（GUI）成功商品化的个人电脑。第一代麦金托什机采用操作系统System1.0，尽管只能显示黑白两色，但是已经具有了桌面、窗口、图标、光标、菜单和卷动栏等项目。"Macintosh"的名称是由计划发起人杰夫·拉斯金根据他最爱的苹果品种——旭苹果（McIntosh）命名的。为了避免与一家音响制造商"McIntosh"（McIntosh Laboratory）的公司名称重复，因此苹果公司将"McIntosh"的拼法改为"Macintosh"；后来"Macintosh"被简化为"Mac"，至今被苹果公司沿用作为个人电脑系列产品的名称。—.永恒的经典-Macintosh[EB/OL].http://appletalk.cn/%E9%9D%92%E8%8 B%B9%E6%9E%9C%E5%9B%AD/%E6%B0%B8%E6%81%92%E 7%9A%84%E7%BB%8F%E5%85%B8-macintosh, 2022-02-01.

2 图片引自：凯文·莱恩·凯勒.战略品牌管理（第3版）[M].北京：中国人民大学出版社，2009：52.

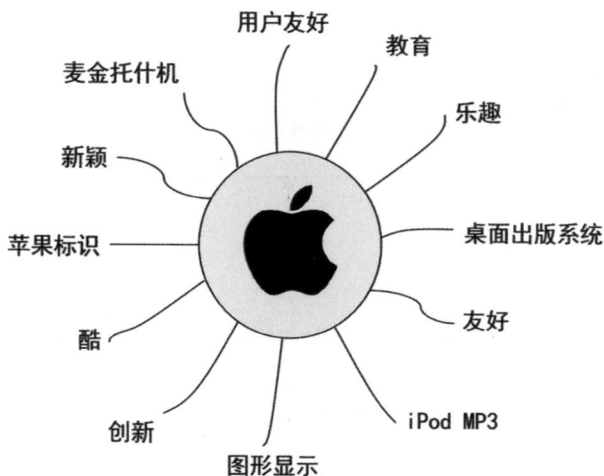

其后，凯勒开始有意识地使用"概括"的方法，来研究消费者的品牌知识。鉴于消费者自由联想而成的品牌联想实在太多，学界发展出了一个新的概念——核心联想（core brand association）[1]。凯勒明确地将"核心品牌联想"定义为"一套属性和利益的抽象联想，它概括了品牌5～10个最重要的方面或者品牌的维度"。凯勒提出，在识别核心品牌联想时，建议"将品牌联想分组"，"比如，谈起耐克品牌，消费者可能会提起勒布朗·詹姆斯、迈克尔·乔丹、泰格·伍兹、罗杰·费德勒，或者兰斯·阿姆斯特朗，这些联想可以归类为'顶级运动明星'"。

这种经过"概括"之后的"核心联想"本身存在着逻辑问题：照理，这五位不同的明星所从事的运动门类、个人特点、事业成就以及影响并不完全相同，因此对于耐克而言是不同强度的"结点"；但是，经过概括之后，他们都成了"顶级体育明星"，因此变成了完全等质的品牌联结"结点"（见下图）。这显然有悖于消费者记忆的常识，更有悖

---

1 根据凯勒等人的观点，品牌联想结点并不完全"等质"，而是存在着"强度"差异：有些结点与品牌的联系紧密，属于核心联想（core brand association）；有些节点联系疏远，属于边缘联想。在他看来，品牌资产并不依赖于所有的品牌联想，真正起作用的是那些对消费者来说印象深刻的品牌联想，即强度（strength）较高的品牌核心联想结点。

于品牌知识概念提出的初衷。

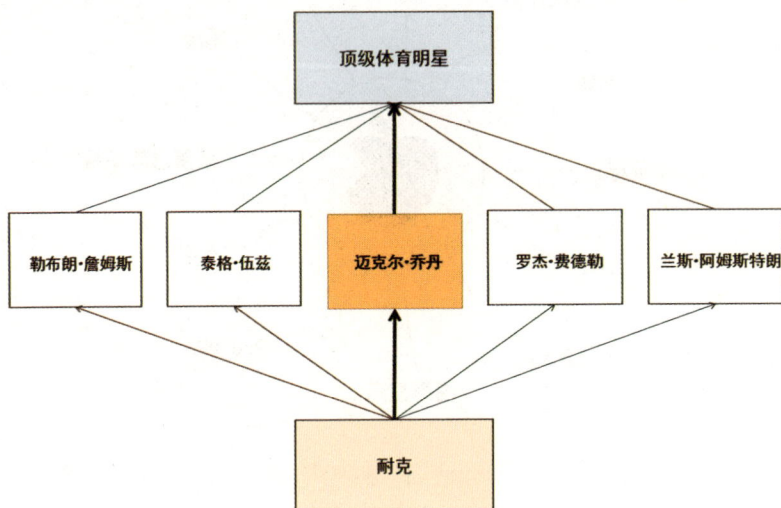

在此以乔丹为例来加以说明：公开资料显示，早在 1985 年耐克还是小厂家的体育用品生产商时，就以高薪合约签约了乔丹，并随即推出了第一款以乔丹命名的球鞋。如今，"Air Jordan"（后整合进 Jordan Brand）成为耐克旗下深受消费者欢迎的子品牌，占据了耐克总营业收入的近 1/10[1]；乔丹也因为"Air Jordan"成为美国职业篮球联赛中球鞋合同收入最高的球星，数倍于位列其后的勒布朗·詹姆斯[2]。在消费者的记忆中，乔丹与耐克品牌"联结"紧密程度远胜于其他四位明星。对耐克来说，至少乔丹不只是一般意义的"顶级体育明星"，而是一个清晰

---

1 该比例是根据以下新闻提供的数据推算而来：耐克公司公布的2019年Q2财报显示，耐克营销猛增12%，达到98亿美元，其中Jordan Brand有史以来第一次季度收入超过10亿美金。—.耐克发布2019年财报：大中华区营收同比增长24%，连续20个季度双位数增长[EB/OL]. https://baijiahao.baidu.com/s?id=1653396041000798186&wfr=spider&for=pc, 2019-21-20.

2 "NBA 球星球鞋合同收入排行榜"显示，迈克尔·乔丹（Michael Jordan）的球鞋合同收入达 1.3 亿美元，詹姆斯（LeBron James）紧跟其后，为 3200 万美元。季禹 .NBA 球鞋合同年收入：乔丹居首，第二名只有其零头 [EB/OL]. https://baijiahao.baidu.com/ s?id=1643179170983339146&wfr=spider&for=pc, 2019-08-29.

的、独特的、印象深刻的、活生生的品牌"记忆"[1]。

对于品牌知识的"概括"，几乎成为品牌知识测量的基本方法。之后，学者们虽然发展出了一系列定性和定量研究方法，如自由联想[2]和反应时技术[3]，但基本上都采纳了"概括"方法，导致了"回忆"被排除在品牌知识的研究之外，也让品牌知识逐渐远离了消费者记忆本身。

比如，雷莉等人（2004）曾综合运用自由联想和反应时技术，对耐克等 5 个品牌进行测查，发现耐克"自由联想"的前五位分别是知名品牌、质量较好、中高档、耐用、实用（9 点量表在 7.5 以上）；"语词反应时"的前 20 位依次为运动、前卫、名牌、年轻、精致、漂亮、动感、高档、优秀、耐用、舒适、创意、时尚、昂贵、品位、精美、休闲、信赖、潇洒、轻便（肯定反应率在 75% 以上）（见下页表[4]）。

---

1 要补充说明的是，这几位明星都不应该被"概括"成抽象的"顶级体育明星"。我们只是用乔丹为代表，来证明"概括"这种方法存在逻辑问题。

2 自由联想一般是先收集被试者对品牌名称的自由联想结果，经过编码整理之后，找出与该品牌相联系的品牌联想结点；然后通过对结点自有联想频率的统计，来确定结点是否属于品牌联想的核心结构。参见雷莉，樊春雷，王詠，马谋超. 反应时技术在品牌联想测查中的应用 [J]. 心理学报，2004（5）：608–613.

3 反应时技术是给被试者一个词语，要求其尽快回答是否适宜描述特定的品牌；被试者的回答及其反应时长被如实记录下来；反应时的长短可以反映品牌联想节结点的强度，从而区分出核心与边缘联想。参见雷莉，樊春雷，王詠，马谋超. 反应时技术在品牌联想测查中的应用 [J]. 心理学报，2004（5）：608–613.

4 表格引自马谋超，王詠，雷莉等. 品牌特质及其检测的心理学探讨——反应时技术的运用 [C]. 全国广告学术研讨会，2003.

"YES" 反应频率 75% 以上的品牌联想语词反应时（单位：毫秒）排序									
运动	前卫	名牌	年轻	精致	漂亮	动感	高档	优秀	耐用
718	729	730	733	739	746	769	778	786	791
舒适	创意	时尚	昂贵	品位	精美	休闲	信赖	潇洒	轻便
780	817	821	835	862	868	894	898	899	971

联想特质数量：20				
知名品牌	质量较好	中高档	耐用	实用
90.3%	85.4%	83.8%	73.5%	64.3%

优秀的运动品牌，高档昂贵，动感前卫，总体感觉消费者对耐克的好感度较高，大约在 9 点量表 7.5 的位置

考虑到由于短时记忆 7±2 的容量限制，消费者只能同时加工 5～9 个联想特性，因此，雷莉等人进一步认定与品牌名称联系最紧密的 5～9 个联想特性（即运动、名牌、前卫、精致、年轻、动感、漂亮）构成了品牌联想的核心结构；其余（包括耐用、精美、舒适、创意、休闲、轻便、信赖、潇洒、时尚、品位、昂贵）为边缘联想，并以此勾勒出耐克的品牌联想结构（见下页图[1]）。

---

1 图片引自马谋超，王詠，雷莉等. 品牌特质及其检测的心理学探讨——反应时技术的运用 [C]. 全国广告学术研讨会，2003.

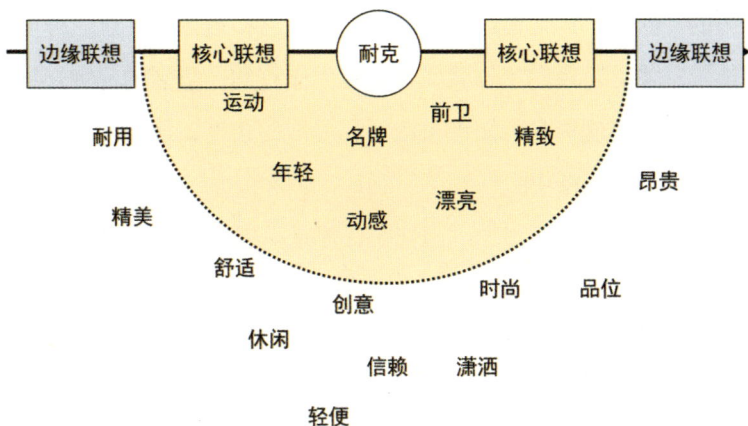

诚然，这种品牌联想结构图，作为一种典型的品牌概念图示法，对品牌诊断尤其是对竞争语境下的品牌诊断，具有极高的方法论意义和实用价值。不过，从品牌资产的角度来看，这种通过"概括"而形成的图示，让活生生的品牌没有了"血肉"。

因此，我们主张品牌知识不需要"概括"，而只要脱口而出的"回忆"。只有这样的"回忆"，才是真实、鲜活的品牌知识，才是可操作的品牌资产：

其一，"不要概括"指不要消费者概括，也不要研究者概括。 消费者的心理活动及消费行为，往往发生于电光石火之间，一般情况下不会也不需要"概括"；与此同时，研究者去"概括"消费者的口语报道，只会剥掉了那些鲜活、具体的内容，而只剩下了刻板、干瘪、抽象的骨架[1]。

其二，只有脱口而出的"回忆"，才是真实、鲜活的品牌知识。 脱

---

1 就连"品牌概念图示"，也强调"保留消费者使用的原词，而不是研究者或经理们通常使用的词语"。(In selecting the exact phrasing for salient brand association, it is important to retain wording that the consumers use rather than wording that researchers or managers more commonly use.)Deborah Roedder John, Barbara Loken, Kyeongheui Kim, Alokparna Basu Moga. Brand Concept Maps: A Methodology for Identifying Brand Association Networks[J]. Journal of Marketing Research, 2006(4): 549-563.

口而出的"回忆"其实是最高强度的记忆激活和提取。通过这种形式的"回忆",才能让我们了解消费者记忆中储存的、鲜活的品牌知识,也才能让我们把握这些品牌知识被激活和提取的条件,从而为品牌营销传播提供具体的策略指引。

其三,可以脱口而出的"回忆",才是可操作性的品牌资产。既然是资产,就必然涉及投资和回报,也就必然是具体的、可操作性的对象。对于投资者而言,可能会被某些抽象概念描绘的愿景吸引,但投资的对象始终应该是具体的、确定的。凡是需要"概括"的品牌知识,都不宜作为操作性的品牌资产来理解。

(三)品牌知识的分享与播传:
不要书面语(writing),而要俗话说(saying)

其实,我们之所以拒绝使用"概括",也是因为"概括"以后的语词大都是"书面语"。它们看起来准确、严谨,但往往脱离了真实的生活场景,远离了消费者口头的"谈说";而那些脱口而出的"回忆",往往是口语中的"俗话说",不思而得、随口说出,才是人们分享和传播的真实样态。

这里所说的"俗话说",用专业的术语来说,叫作"熟语"。所谓"熟语"[1],简单地说,是指人们长期习用、有某种历史渊源的、在长期的语言活动中反复加工锤炼而成的"固定词组或短句"。它一般包括成语、惯用语、谚语、格言、歇后语等。有趣的是,尽管这些"熟语"因

---

1 1960 年北京大学语言学教研室编的《语言学名词解释》指出,"熟语是从俄语的 фразеология 或英语的 phraseology 翻译过来的。熟语指语言中现成的、固定的词组或句子,包括词组、成语、谚语等。它是人们在长期使用语言的过程中形成的"。牛思涌. 熟语探微 [J]. 郑州大学学报(哲学社会科学版),1993(3):103–106, 94.

为具有固定程式或者说是固定搭配而常常被当作所谓"陈词滥调"，但它们却活跃在人们的日常交流之中，并顽强地存留于各民族的语言文化之中。

事实上，品牌同样以"熟语"的形式留存在人们的日常"谈说"之中，成为人们在脑海中储存的品牌知识，甚至成为人类文化重要的组成部分。不妨还是以耐克为例，来梳理一下它可能的品牌资产究竟是什么样的品牌知识。我们对学生展开了随机的访谈，发现每个学生关于耐克的记忆并不相同，有些是非常个人化的经历和体验，但有一些却是大家共同的记忆：

（1）勾；

（2）想做就做！

（不少人能够脱口而出它的英文版：Just do it！）

（3）篮球鞋；

（4）飞人乔丹；

（5）气垫。

而这些理所当然地成为耐克的品牌资产。需要说明的是，大家在阅读这些文字的时候，可能很难体会这些文字本来的"口语"特点。其实，绝大多数人都会轻易地将耐克标志表述成"勾"，而且还有一部分人会用"勾勾"这样的叠词来描述，本身就是一种典型的口语现象。

正因为如此，人们经常会给人或事物赋予口语化的"昵称"，如湖南卫视的台标被人看成"芒果"；卡帕（Kappa）标志则被叫作"背靠背"；广州塔被大家称作"小蛮腰"；大多数中国人知道"鸟巢""水立方"，却可能并不知道"国家体育馆""国家游泳中心"；同样，你可能知道某个远亲家的孩子叫"宝宝"，却并不记得他的大名……

对于这种"口语文化"现象，媒介环境学派第二代代表人物之一——沃尔特·翁曾经有过非常精彩的论述：在"口语文化里，为了有效地保存和再现仔细说出来的思想，你必须要用有助于记忆的模式来思考问题，而且这种思维模式必须有利于迅速用口语再现。在思想形成的过程中，你的语言必须有很强的节奏感和平衡的模式，必然有重复和对仗的形式，必然有头韵和准押韵的特征；你必然用许多别称或其他套语，必然用标准的主题环境（议事会、餐饮、决斗、有神助的英雄等等）；你必须用大量的箴言，这些箴言必然是人们经常听见的，因而能够立刻唤起记忆，它们以重复的模式引人注意、便于回忆……"

基于此，超级符号理论主张从文化母体中寻找人类共同的文化契约，利用词语权能，征用母体词组，运用修辞学的技术，借助固定程式的口语套话，打造品牌谚语；不仅如此，超级符号理论还主张所有图形都要来自文化母体，并具备"可言说性"，从而让消费者可以看图说话，即不仅通过"视觉"读懂图形的意思，而且还可以"口耳相传"进行分享和传播。

总之，品牌要活在消费者心中，更要活在消费者谈说中。那些脱口而出的"俗话说"，才是应该捕捉的品牌知识，也才是值得投资的品牌资产。

其一，品牌"熟语""套话"，是建立品牌知识的目标也是手段。"口语文化把知识纳入人生世界，把知识放进生存竞争的环境。""熟语""套话"是人们保存记忆的重要方式，也是人们日常生活智慧的来源。品牌只有以这样的形式留存于人们的记忆中，才能成为可以带来效益的品牌资产。

其二，可以"俗话说"的品牌记忆，才能不思而得、脱口而出。具有固定程式的"熟语""套话"，本身就来自文化母体，是消费者早就熟悉的文化"预制件"。超级符号理论只不过采撷了它们，将它们进行拼接、组合、编织，成为消费者的"俗话说"，让它们不思而得、脱口而出。

其三，"俗话说"是捕捉消费者整体品牌知识的重要方法。基于口语的思维是"前逻辑的"和巫术的思维（列维·布留尔，1923），人们不愿意把自己的思维塞进纯逻辑的形式里。因此，人们的"言说"往往具有整体性特征，即不仅展现出品牌的客观知识，也呈现出他们对品牌的主观知识及情感、态度等。

总之，超级符号以品牌言说为操作性的品牌资产，将语词、图形和媒介都转换成自动化装置，吸附来自文化母体的心理能量、社会能量和文化能量，推动品牌营销传播的成本最小化、产出最大化，从而根本性地解决营销传播效能问题（见下图）。

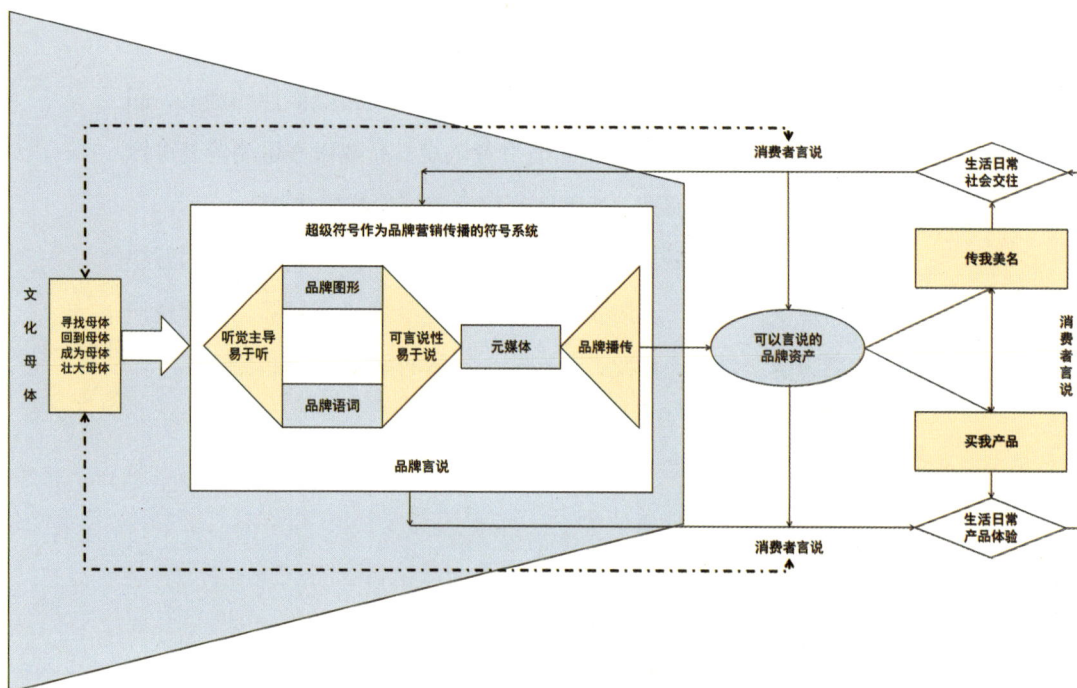

第三节
品牌管理：超级符号视阈下的品牌资产操作

前文已经给品牌资产分别做出了学理性的定义和操作性的定义，即品牌资产是可以给企业带来效益的消费者认知，品牌资产是消费者可以脱口而出的品牌言说。那么，品牌资产究竟应该怎样操作呢？

在我们看来，超级符号视阈下的品牌资产操作，可以具体分为五个环节，即品牌资产盘点、品牌资产排序、制定品牌资产目标、品牌资产投资以及品牌资产管理。在此，我们结合具体的案例，来加以阐述。

一、品牌资产盘点

所谓品牌资产盘点，就是指定期或临时对品牌资产进行清查、清点的一种作业。对于一个品牌而言，摸清楚"家底"，是品牌建设的基础，也是品牌发展的前提。对于品牌管理者和营销者们而言，品牌究竟有多少资产、有哪些资产，应该是要了然于胸的。

当然，怎么盘点？到哪里去盘点？不要忘了，我们在前面已经详细地论证了，消费者认知是品牌资产生成的支点；同时，从操作的角度来说，品牌资产可以理解为消费者可言说的品牌知识。因此，与一般意义的资产盘点不同，我们不能在企业内部去寻找，而只能是诉诸消费者调研，在消费者的记忆中，捕捉他们可以言说的品牌知识。

尽管消费者调研方法已经非常成熟，相关的教科书也很常见，但鉴于超级符号理论对于如何捕捉品牌资产有自己的独特理解，我们还是要再次强调我们对于消费者调研的三点要求：

其一，不要联想，而要联结；
其二，不要概括，而要脱口而出；
其三，不要书面语，而要俗话说。

相关的理论阐述，大家还可以再回过头看本章第二节。在此，我们不妨以西贝莜面村为例来稍加说明：

如果你这样问消费者："你对西贝的印象和感觉如何？"那么，他很可能会回答："还行。"如果这样，你实际上什么也得不到。

如果你问："你觉得你与西贝关系如何？你们之间有多少联系？"那么，他很有可能一脸愕然，当然更可能随便应付、胡说一通。

那消费者调研应该问什么问题呢？我们建议这样问：

提到西贝，你直接想到了什么？

你去西贝吃过饭吗？为什么去？

如果是朋友拉着去的或推荐去的，他当时怎么说的？

在西贝吃饭，最深刻的印象是什么？

哪道菜，你觉得最好吃？

你记得当时的服务员吗？他跟你说了什么？他做了什么？

你向朋友推荐过西贝吗？你怎么跟他说的？

在本书编写组看来，这些问题才是真问题，是可以捕捉品牌资产的真问题。只问那些让消费者直接回忆陈述就有答案的问题；不要让他们想象、思考，也不要让他们归纳、总结；调研报告也不要归纳、总结。罗列就行，罗列出来的"事实"（对于消费者报告的客观记录），才是有价值的。

这就好比警察审案，警察不会去问嫌疑人的观点、看法、感受，更不会要求嫌疑人去想象、推理、归纳，而只需要嫌疑人回忆，客观地回忆事发经过，事发现场的每个人，他们说了什么话、做了什么动作。有什么消费者调研，比案件调查更高级的呢？

本书编写组不要被各种概念所牵引，诸如品牌美誉度、忠诚度、品牌联想、品牌溢价能力等。在我们看来，这些概念常常令人困惑，还不知道该怎么操作；我们对于品牌资产这个概念，也是经过前文的仔细"清洗"，才好不容易厘清了它的内涵与外延，并找到可以捕捉它的操作性方法。

在本书编写组看来，品牌资产包括品牌名字、标识、产品、包装、店面、广告、促销活动、公关活动、社会活动等，与品牌有关的一切，能被消费者言说的，并能给品牌带来效益的部分。在此，我们继续以西贝莜面村为例，来试着盘点它的品牌资产，并罗列如下：

（1）西贝莜面村。

（2）I love 莜。

（3）闭着眼睛点，道道都好吃。

（4）牛大骨、面筋、烤羊排……

（5）25 分钟上齐一桌好菜。

（6）红格子桌布。

（7）每年情人节亲嘴打折。

（8）家有宝贝，就吃西贝。有专业儿童餐和儿童套餐。

（9）每年春天有香椿莜面。

（10）每年秋天那达慕草原美食节。

（1）西贝莜面村。	（2）I love 莜。
（3）闭着眼睛点，道道都好吃。	（4）牛大骨、面筋、烤羊排……

（5）25 分钟上齐一桌好菜。	（6）红格子桌布。
	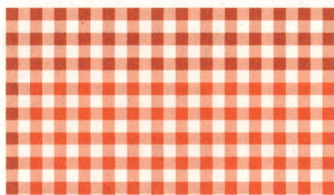
（7）每年情人节亲嘴打折。	（8）家有宝贝，就吃西贝。有专业儿童餐和儿童套餐。

（9）每年春天有香椿莜面。	（10）每年秋天那达慕草原美食节。
	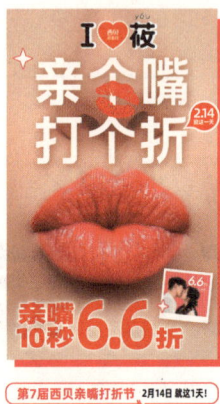

当然，如果继续追问下去，这个清单还可以不断延长。不过，本书编写组反复强调，超级符号所理解的品牌资产，一定是消费者可以言说的品牌知识。不可言说，就不可传播；不可传播，就无法成就超级符号；不能成就超级符号的，就不值得投资。在超级符号理论的体系中，口语在传播中具有至高无上的地位。因此，本书编写组主张不要书面语，而要俗话说。

以上这些话，就是西贝莜面村的"消费者口语报道"，就是西贝莜面村的品牌资产。品牌资产每一句话，都是一个具体的联结点，有人因为"25分钟上齐一桌好菜"来西贝莜面村，有人因为"家有宝贝，就吃西贝"带孩子来，有人冲着烤羊排来，有人在情人节带新交的女朋友来实现初吻……这些品牌言说，不需要再提炼概括，而是保留消费者原话，提炼概括之后，就不是品牌资产了。

二、品牌资产排序

在盘点品牌资产之后，接下来要进行的是品牌资产排序。如果说，品牌资产盘点的目的是弄清楚有哪些品牌资产，那么品牌资产排序则是对这些品牌资产按重要程度进行排序，确定投资的优先等级。《庄子·内篇·养生主》有说，"吾生也有涯，而知也无涯。以有涯随无涯，殆已；已而为知者，殆而已矣"。一个人的精力始终是有限的，想要有所专长，就必须要取舍、必须要分清轻重缓急。这是人生智慧，当然也应该是品牌智慧。

企业对于品牌资产的投资，必然受到企业资源的掣肘。事实上，无论是哪个企业，能投给品牌的资源始终是有限的。因此，我们不如倒过来，以有限的资源作为标准，来确定品牌资产的优先顺序。设想你在给品牌投放广告时，由于版面资源有限，你必须对一些内容进行取舍，那么你会最优先选择哪个品牌资产？次优先哪个？再接下来呢？……依次而定，就是品牌资产的排序。

我们依然以西贝莜面村为例，它的品牌资产也许可以这样排序：

第一，品牌资产：西贝莜面村这个名字。其实对于任何一个品牌而言，最基本的品牌资产一定是它的名字。如果没有名字，品牌就无法存在。因此，如果资源极其有限的情况下，一般都会选择露出品牌名称。这种操作可以说是常识，却暗含着对品牌名称最优等级的基本判断。

第二，品牌资产："I love 莜"标识。西贝莜面村的方块标识，既是标识，又是品牌名称。对于那些人们非常熟悉的品牌，品牌名字虽然排名第一，但却可以在营销传播中"缺席"。这些品牌已广为人知，广告中即使不出现它们的名称，哪怕只放它们的标识，消费者也可自行"脑补"回来。不过，对于西贝莜面村而言，"I love 莜"还无法取代它的名称。

第三，品牌资产："闭着眼睛点，道道都好吃！"通常来说，广告口号是品牌的第三资产。既然品牌资产是可以带来效益的消费者认知，那么消费者为什么会来西贝莜面村？对于餐厅来说，消费者总是冲着"吃"而来，也就是冲着"菜品"而来。到底是哪个菜，可以成为西贝莜面村的品牌资产？不同的顾客有他们自己的喜好，有人喜欢羊肉串，有人惦记面筋，有人忘不了烩炒牛心菜。因此，企业所要做的，就是控制一个范围，即推出几个招牌菜，然后，萝卜青菜，各有各爱，由消费者自己去选择。与此同时，用一句"闭着眼睛点，道道都好吃！"就将消费者的购买理由"一网打尽"。

第四，品牌资产："为中国美食出征，西贝莜面村走进联合国。"这个资产其实潜力巨大，到底可以带来多大的效益，要看西贝莜面村未来对它进行多大的投资。比如，茅台酒，它在 1915 年巴拿马万国博览会上获得金奖，这件事说了一百年。茅台作为"国酒"的地位，很大程度上是由这件事奠定的。品牌的传奇故事，需要一直说、一直重复，才能最终成为品牌资产。因此，"西贝莜面村走进联合国"，应该作为西贝莜面村的第四资产，永远放在菜单的第一页。

第五，品牌资产："25 分钟上齐一桌好菜"，同时还有一个配套的道具：沙漏。 对于消费者而言，菜品本身固然是选择餐厅的重要因素，但上菜速度常常直接决定他们的用餐体验。在人们越来越没有耐心的今天，"上菜快"本身就是最重要的"购买理由"之一。当然，"上菜快"这种表述太过于抽象，不同的人会有不同的标准，当然会有不同的理解。因此，西贝莜面村提出了"25 分钟上齐一桌菜"，并创造性地配套了"演出道具"——沙漏，增强戏剧效果，加大信号能量。如今，对于西贝莜面村而言，"25 分钟上齐一桌好菜"应该是当之无愧的第五资产。

再往后，应该是西贝莜面村的产品资产、服务体验资产、季节性活动资产；如 2 月的西贝亲嘴打折节，4 月的西贝香椿莜面，6 月的西贝儿童餐，等等。我们就不再一一列举和分析了。

通常，品牌资产的排序遵循着这样的基本顺序：从品牌名称，到品牌图形，再到品牌口号，再到产品，再到营销传播活动。不过，具体到不同的品牌，还要根据它们的实际情况来进行判断。排序不是刻板和教条的，而是会变化的。比如，当西贝莜面村推广新的主菜"牛大骨"的时候，"西贝牛大骨"就成为排序靠前的品牌资产，也就是要形成什么样的"品牌言说"。

三、制定品牌资产目标

企业发展，需要目标；品牌建设，也需要目标；品牌资产建设，当然也离不开目标。对于品牌营销传播而言，除了销售目标之外，品牌资产目标也是不可或缺的。华与华每年3月3日的"知胜大会"上，每一个项目在确定年度工作计划时，排在第一条的就是要明确品牌资产目标。这也是超级符号理论对于"品效合一"总目标的回应和落实。

制定品牌资产目标，其实就是针对通过品牌资产盘点、排序发现的问题，将企业战略目标和营销传播目标，转化为品牌资产目标的过程。以华与华公司为例：经过20年的发展，"超级符号理论"已经成为华与华最为重要的品牌资产之一。盘点起来，给华与华带来"买我产品、传我美名"双重效益的，主要是华与华的成功案例以及超级符号理论。比如，由于西贝莜面村的成功，很多餐饮客户找到了华与华；当然，更多客户则是奔着"超级符号理论"找到了华与华。"超级符号"就成为华与华最重要的品牌资产、品牌言说。

"超级符号理论"作为华与华原创的品牌营销传播理论和方法，于2008年开始正式在华与华的广告中亮相（见下图）；此后，"超级符号理论"的影响力不断扩大，逐渐成为行业内人士对于华与华的基本认知。随着《超级符号就是超级创意》一书于2013年出版（见下页图），加上成功案例的广泛传播，"超级符号理论"逐渐成为华与华的重要品牌资产。不过，"超级符号"概念在实际的使用过程中，存在广义和狭义的区别，狭义上往往被等同于品牌图形。因此，一些客户往往奔着视觉标识而来，误认为视觉标识导入一旦完成，华与华的服务也就可以结束了。

2013 第一版　　2016 第二版　　2019 第三版　　英文版

　　"超级符号"不只是指视觉标识，而是包含图形在内的品牌符号系统，是一个完整的品牌营销传播理论。在超级符号理论看来，语言才是最大的符号系统，因此它的底层学理并不是图像学，而是语言哲学。正如我们所强调的，消费者认知是品牌资产生成的支点，品牌资产是消费者脱口而出的品牌言说。顾客还无法完全理解"超级符号"的理论体系，而要直接改变他们的认知成本太高。

　　这个时候，就需要有针对性地制定新的品牌资产建设目标了。制定品牌资产目标，实际上，就是要设计一个顾客易于理解，也易于播传的"品牌言说"，让顾客为这个"品牌言说"而来，并且向别人介绍这个"品牌言说"。于是，华与华推出了"品牌五年计划"（见下页表）。"品牌五年计划"是一个理论体系，也是一个新产品开发——其实质是重新定义华与华的老产品，让它们成为一个可以言说且带来效益的品牌资产。

时间	第1年	第2~3年	第4~5年
重心	超级符号 持续改善	营销日历 品牌生物钟	企业社会责任 品牌积德
产品	模块1: 超级符号及品牌三角两翼模型 模块2: 元媒体开发及全面媒体化 模块3: 持续改善 模块4: 品牌传播策略及广告创意	模块5: 内部路演及营销教练 模块6: 品牌营销日历 模块7: 企业战略洞察	模块8: 产品结构及新产品开发 模块9: 公关及公益战略
效果	1. 创意超级符号与品牌谚语，传达核心的品牌认知，建立品牌资产 2. 开发元媒体系统，降低传播成本，加速购买决策，提升销售效率 3. 通过持续改善，提升流量转化，获得用户增长和销售额增加	1. 建立营销日历，对内、对外形成品牌生物钟，积累出固定的营销节拍，实现生产力和品牌文化领先 2. 通过内部路演及教练，打通战略设计到执行，降低内部沟通成本 3. 重新想象企业战略蓝图，绘制企业战略路线图	1. 成为行业首席知识官，成为社会公器，为品牌积德，为企业定心 2. 提出可行性新产品开发方案，提升产品开发成功率 3. 梳理产品结构，每一支产品的角色任务和推出次序，提升企业资源配置和营销投资的效率

需要特别强调的是，超级符号理论坚持认为，任何品牌资产都不是企业可以单方面"创造"出来的，更不能脱离产品或服务而进行所谓的符号"包装"。事实上，"品牌五年计划"的所有服务，无一例外，都是华与华早已打磨成熟的"产品"。只不过，一些顾客的理解存有偏差，或者说，华与华之前建立的品牌资产还存在不足。因此，从企业发展战略的角度来考量，华与华需要新的"语词"来表述自己的产品，从而更新客户的认知，将一些短期客户转变为长期客户，同时也让所有客户都可以发动"播传"，并最终使"品牌五年计划"成为华与华新的品牌资产。

四、品牌资产投资

在制定品牌资产目标之后，接下来则是品牌资产投资了。所谓品牌资产投资，其实就是根据企业所制定的品牌资产目标，将金钱和时间分配给特定的品牌资产，以达成品牌资产的创建或保值、增值的目的。

其一，按品牌资产排序的优先等级投入金钱。用金钱来投资，是大家对投资最基本的理解。正如前文谈到的，对于任何一家企业，能用于品牌的资源其实都是有限的。这里说的"资源"，无非是人力、物力、财力。其中，财力往往被认为是关键。正是因为这些资源都是有限的，我们才需要对品牌资产进行盘点和排序，从而在摸清品牌"家底"的同时，确定品牌资产投资的优先顺序及重要性等级。

按照前面给西贝莜面村的品牌资产排序，位列第一位的西贝莜面村名字当然应该得到最优先、最大份额的资金投入。在这个品牌资产没有建立之前，其他的品牌资产都不值得投资，至少不能优先投资。当然，在品牌名称成为品牌资产后，就可以再优先投入第二品牌资产，即"I love 莜"标识；接下来，第三、第四、第五⋯⋯依次类推。

其二，时间维度的投资是品牌的科学发展观。除了金钱之外，品牌资产投资还是一个时间范畴。有时候，时间比金钱更重要。追溯起来，人类所开展的品牌实践，至少已经有数千年的历史；而现代意义的品牌之所以出现，并成为现代商业社会的重要建制，很大程度上因为企业经营的"长期主义"。"长期主义"的本质，就是品牌的科学发展观，即时间维度上的品牌投资观。品牌发展紧紧地盯着品牌资产，一切从形成品牌资产、保值增值品牌资产来看问题。"以终为始"，"始终服务于最终目的"。只做那些能积累品牌资产的事，不做只火一把的事。人生的一切，企业的一切，品牌的一切，无一不是积累而来的。

好比每个城市都会有一些道地美食，藏在那些犄角旮旯的小胡同里。不要说内地的四五线小城市，就连一线的上海、北京等，也不乏散落在民间的美食老店。对于这些老店的知晓和熟悉，往往是区分本地人与外地人、一般"吃货"与资深"吃货"的重要标准。这些深藏于狭窄街道中的老店，只是年复一年、日复一日经营着自己的特色美食，除了门头店招之外，谈不上花钱做什么广告，却照样门庭若市、生意兴隆。正所谓，"日拱一卒无有尽，功不唐捐终入海"。这些小店对品牌资产拥有最为朴素的认识，即在时间维度上的投资，让自己成为人们脱口而出的民间"老字号"。

现代意义的品牌营销传播，不能停留在顾客自发传播的层次上，因此时间维度上的品牌资产投资，更突出地表现为体制化的、主动的品牌言说，从而推动顾客进行品牌播传，最终成就品牌资产。正如我们在前文所说的，茅台酒之所以拥有"国酒"的地位，很大程度上是它对"巴拿马万国博览会金奖"的持续言说。这个言说持续了 100 多年，成为人们对于茅台最为深刻的记忆，也成为茅台最为重要的品牌资产。

即使品牌没有这样的"传奇"，也一定会有自己的故事。对于这些故事，品牌自己不说（花钱），或者不坚持说（花时间），那就无法实现品牌播传，自然也就无法成为品牌资产。哪怕本来是传奇，都会湮没在历史的尘埃中了。

其三，品牌资产投资"只问耕耘，不问收获"。既然是投资，难免要进行成本和收益的评估和考量。超级符号理论主张，品牌资产投资应该"只问耕耘，不问收获"。所谓"不问收获"，不是漫无目标地进行品牌资产投资；恰恰相反，品牌营销传播的所有动作，都必须在品牌资产的目标的框架下进行，而且需要深谋远虑、进行战略布局；只不过，我们的眼睛不能盯着"收益"，更不能盯着所谓的"成功"。世界从来都不是一个"常数"，"不确定"才是这个世界的真相。谁也无法预测所有的突发事件，谁也无法排除所有的偶然因素。过分关注"成功"，只会滋生"期必"心，从而生出各种焦虑。

这些焦虑常常会严重影响我们的表现，让我们折腾出许多不必要的废动作。大家只要看看那些在赛场上的运动员：背负过多"包袱"的，往往容易表现失常；反而是那些享受比赛的，经常超水平发挥。超级符号理论强调"只问耕耘"，就是要专注于品牌当下的"做事"，像那些成熟的运动员一样，沉下来琢磨每一个"动作要领"。当然，超级符号理论之所以可以"只问耕耘"，其秘密在于它的"成本控制"：当我们盘点清楚了自己的品牌资产，并对这些品牌资产进行了优先等级的排序，再确定好下一步的目标之后，那些原本看起来纷繁复杂、花样翻新的"动作要领"一下子就变得格外清晰起来。事情少了，精力也就集中了，当然成本也就降低了。因此，我们当然可以专注于自己所制定的品牌资产目标，胸有成竹，"只问耕耘，不问收获"。

五、品牌资产管理

其实，品牌管理本质上就是品牌资产管理，即以品牌资产作为目标和标准，来统领一切品牌营销传播活动。如此说来，前面所说的品牌资产盘点、品牌资产排序、制定品牌资产目标以及品牌资产投资，广义上说都属于品牌资产管理范畴；只不过，品牌资产管理渗透进了品牌营销传播活动的所有环节之中，因此本书编写组还要再从横切面的视角来展现超级符号理论的主要观点：

其一，排除废动作——品牌资产管理的基本原则。

原则一：遵循有效投资、长效投资的方向。企业的营销实践要从品牌资产的形成、保值、增值去看问题；只做能积累品牌资产的事，不做一锤子买卖；企业的一切都是积累得来的。每一分钱的投资，都要形成资产；能形成资产就做，不能形成资产就不做。这样就能排除废动作，或者说是冗余动作。要以储蓄的观念去投广告，不能只关注一时的结果。品牌投资的效果如果像放焰火一样，绚烂但短暂，那么它并不适合作为品牌资产投资的选项。比如，每年都会看到一些"全网转发"的广告创意，短时间内火爆，但是两三天就没了，什么都不剩。这些"品牌焰火"，看似绚烂，瞬间灰飞烟灭，不留痕迹，更谈不上品牌资产。

原则二：树立坚守已有资产的理念。品牌资产的发展要在过去的、老的东西的基础上，不断地重复去做那些能形成资产、获取利息，以后还能再拿来贴现的事情。以这样的思维去做品牌，时间越长，与竞争者们拉开的差距就越大。再以茅台为例：想到茅台，你会想到什么？第一个会想到的，也许还是那个"巴拿马国际金奖"。其实，这个奖的含金量到底有多大，没人深究，也不需要有人深究。由于茅台一直讲一直"言说"，渐渐就变成了品牌资产。直到今天，茅台还在继续收取这个资产带来的利息；第二个会想到的，也许就是它的"酱香型"。其他的香型是可以调出来的，而酱酒是实实在在在那里放了三年、五年，才拿出来销售的。随着时间的推移，消费者的经验和知识越丰富，也就越愿意选择茅台。

原则三：建立慎重升级和改变的意识。很多时候一些企业会进行所谓的"品牌升级"，而且往往一说升级的时候，就是要抛弃过去的资产，再做点新的东西，或者说是创意的东西。这些其实都是典型的品牌资产流失。对于这个问题，本书编写组下面还会重点阐述。在此，我们只是要强调，慎重对待升级和改变；"人类在循环中演化，循环的部分是守旧，演化的部分是创新，创新基于守旧，创新的前提是守旧，一切创新首先要守旧"。因此，无论是"买我产品"，还是"传我美名"，只要可以带来这些效益，就是我们必须珍惜的品牌资产。因此，能形成品牌资产的事情，我就做；不能形成品牌资产的事，我宁愿歇着也不做。

其二，防止流失品牌资产管理的日常工作。

品牌资产的保值增值，重点是防止品牌资产流失。每一个企业，每一个品牌，每一天都有大量的品牌资产流失的冗余动作、负面动作。为什么会这样？大概率是因为企业的焦虑，怕自己没有体现新的发展，担心自己跟不上时代的步伐。其实，企业决策的很多动作都没有明确的目标和逻辑，而是决策者在缓解他自己的焦虑。

比如说恒大地产，当初搞粮油，搞恒大冰泉。恒大对粮油、快消品真的有任何见地和战略吗？完全没有。他们之所以如此决策，其实就是企业及企业决策者的战略焦虑。其结果可想而知，恒大粮油和恒大冰泉最终一地鸡毛。四年左右时间共投资 60 多亿元广告费的恒大冰泉，最终以累计 40 亿元亏损收场。

品牌资产流失也经常出现在一些知名品牌身上。比如，早在 20 世纪七八十年代初，"人头马一开，好事自然来"一经推出便风靡大江南北，其特别之处就在于它深谙中国人在生活哲学上的讲究与诉求：中国人的饮酒文化源远流长，生活与工作上的交际应酬讲究好彩头；而"好事自然来"顺口、易记，更秉承着中国文化中对吉利、好运的向往与追求，迅速为人头马这个拥有近三百年历史传承的干邑品牌打响了知名度。这句由香港"广告鬼才"黄霑创作的广告语，也成为至今仍让国人津津乐道的经典广告语之一。即使如此，人头马依然在2018年将广告口号"升级"为"人头马一开，人生更多彩"，以"升华人头马所倡导的'斜杠'生活哲学"，"鼓励并赞颂每个人进一步释放自己的多样才华，让自己的人生可以活得更加多姿多彩"。不过，在我们看来，这种所谓的"升级"其实是典型的品牌资产流失。对于消费者而言，谁都可以让人生多彩，但唯有人头马，才能"好事自然来"。这是多么珍贵的资产啊！

　　一边是"财大气粗"的品牌，莫名其妙地丢掉一些宝贵的品牌资产；另外一边是一些"精明"的品牌，慧眼识珠，从别人丢掉的东西里"寻宝"，从而"继承"那些宝贵的资产。东鹏特饮（见下页图）就是经典的案例：2013年红牛用"你的能量超乎你的想象"替换了宣传多年的"困了，累了，喝红牛"广告语。这一行为，不仅浪费掉红牛多年积累的品牌资产，还给其他品牌提供了见缝插针的机会。这个时候，东鹏特饮果断"接盘"，推出"累了，困了，喝东鹏特饮"[1]。这一举措让东鹏特饮收获这份资产所带来的巨额"利息"：2017年至2020年，东鹏饮料实现营业收入分别为28.44亿元、30.38亿元、42.09亿元、49.59亿元；2021年东鹏特饮成功上市，作为"中国功能饮料第一股"，其股价一路走高，总市值一度超过1100亿元。尼尔森数据显示，2020年12月至2021年11月，东鹏特饮在我国能量饮料市场份额（以销售量为标准）占比由27%上升至31.7%，一举超越红牛，成为我国销售量最高的能量饮料。

---

1 必须强调的是，红牛之前用的是"困了，累了，喝红牛"，而东鹏特饮宣称的是"累了，困了，喝东鹏特饮"。这两句广告口号，看起来好像一样，但实际上还是存在差异的。

广告界流传着一个故事，说的是美国的烟草品牌万宝路和它的广告公司，两位老板合作了50年。万宝路的老板说："咱们合作了50年，我付了你50年的钱，你就把给我做的第一稿设计用了50年，你这钱也赚得太容易了吧？"广告公司的老板回答："我容易吗？这50年间，为了不让你的人改掉这个设计，我付出了多少辛苦和努力。"这个故事的真实性有待考证，不过华与华董事长华杉的感叹却是绝对真实的。他多次提到这则故事，并表示："这个故事太打动我了，因为我想起来都是血泪史。阻止客户修改创意，告诉他真的不需要做新的东西，我为此磨破了多少嘴皮，撕破了多少脸。"

很多时候，品牌管理者所做的"工作经常都不是品牌咨询的工作，而是心理咨询的工作"。防止品牌资产流失，其实不是专业工作，而是常识工作，因此也成为品牌资产管理最日常的工作。

其三，零存整取——品牌资产管理的战略使命。

当然，品牌管理工作不仅仅是战术上"防守"（防止流失），更需要战略上的"进攻"（战略布局），即将企业战略转化为品牌资产目标，从战略层面上布局品牌建设，让品牌资产成为"储存罐"，实现企业持续的"零存整取"。

以往，企业在品牌营销传播上花的钱，往往会被当作"费用"（expenditure）；但在品牌资产的视角下，这里花的钱，并不是花掉了之后就花掉了，而要在品牌资产上"储存"起来，使企业可以持续地获得利息、获得复利（利滚利）。因为有了品牌资产，企业就可以不断地用新产品的开发去"贴现"这个品牌资产，从而把之前花出去的钱再"变现"出钱来。在此，用三句话来概括本书编写组的观点：

第一，用于品牌资产的钱，不是花掉了。花的钱"置办"成了品牌资产，因此这些钱不是费用，而是投资（investment）。

第二，投资形成了品牌资产，因此企业可以持续地获得利息，相当于定期存款，每年都拿利息，而且是利滚利，也就是复利。

第三，除了每年拿利息之外，企业还可以"零存整取"。企业在品牌营销上的所有花费，都可以变成品牌资产；以后企业可以用新的产品，套上这个品牌，就可以把存在品牌资产里的"钱"再贴现出来。

那么，如何做到品牌资产的零存整取？举一个50年都拿利息，用产品去贴现，品牌资产"零存整取"的案例——小葵花儿童药。

2008年，小葵花推出了一则非常成功的广告片："小葵花妈妈课堂开课了，孩子咳嗽老不好，多半是肺热，用葵花牌小儿肺热咳喘口服液，清肺热，治疗反复咳嗽，妈妈一定要记住哦。"我们之所以认为这则广告成功，是它在战略上为品牌种下了两颗品牌资产的"种子"：

第一颗种子：小葵花娃娃。这则广告从头到尾，除了中间妈妈问了一句："怎么办呢？"不到一秒的时间以外，其余的时间全部都是小葵花娃娃和包装的"戏"。也就是说，广告的画面上呈现的，全部都是小葵花娃娃，以及印有小葵花儿童药的包装。

第二颗种子："小葵花妈妈课堂"（见下页图）。广告的第一句话"一反常态"，没有直接提及"小儿肺热"，而是召唤一声："小葵花妈妈课堂开课啦！"其实，这则广告暗含着企业的战略意图和战略布局，即小葵花妈妈课堂不是只卖小儿肺热咳喘口服液，而是要卖所有的儿童药。也就是说，小葵花虽然做了小儿肺热咳喘口服液，但将来要做所有儿童药。

经过十多年的"耕耘"，这两颗种子开始发芽，长成了参天大树。如今，小葵花已经成为中国儿童药领域的领军品牌，并发展出了完整的儿童药产品体系：其中，7个单品销售过亿，分别是小儿肺热咳喘口服液、小儿柴桂退热颗粒、小儿氨酚黄那敏颗粒、金银花露、小儿氨酚烷胺颗粒、小儿肺热咳喘颗粒、小儿化痰止咳颗粒。

另外，小葵花儿童药还有10余个产品销售过千万，分别是芪斛楂颗粒、小儿清肺化痰口服液、小儿智力糖浆、小儿感冒颗粒、盐酸氨溴索口服溶液、葡萄糖酸锌颗粒、小儿止咳糖浆、小儿咳喘灵颗粒、小儿麦枣咀嚼片等。

特别值得一提的是，最早的广告"主角"——小儿肺热咳喘口服液（颗粒）高居儿童止咳品类榜首，2017年其单品销售率先突破6亿元，成为名副其实的明星产品。显然，这些收成来源于葵花药业于2007年启动的儿童药发展战略，以及2008年前述广告战略性地为小葵花种下的品牌资产"种子"。

因为累积了品牌资产，小葵花所有在广告上的"花费"都变成了

"投资"，让它可以持续地收取利息，并且可以随时推出新产品，"贴现"出钱来。再举一个例子，来看看小葵花到底是怎样"零存整取"的。这个例子就是小葵花 2016 年推出的新产品——小葵花金银花露（见下图）。

金银花露就是用金银花做的一个饮品，不过它不是一般意义的饮料，而是 OTC（即非处方药）。其实，伴随着 OTC 营销的"快销品化"，各大药企都在试水不同类型的 OTC 饮品，其中就包括了金银花露这种产品。客观地说，想要把这个产品做起来，即使不能说绝对不可能成功，也至少可以说成功的概率是极低的。

由于葵花药业在做这个产品之前，就已经做了十多年的小葵花广告，已经形成了小葵花的品牌资产，因此小葵花药业 2016 年推出金银花露这款新产品之后，第一年便拿下了 800 万销售额，第二年则达到了1.5 亿元，第三年更是跃升至 3.5 亿元，可以说是造就了行业神话！从这里，可以看到品牌资产管理的战略意义及战略使命。

最后，从操作性的角度出发，可以归纳出一个大致的等式关系，即品牌资产＝品牌言说＝消费者口语报道＝消费者原话（见上图）。也就是说，超级符号视阈下品牌资产操作的实质，就是寻找消费者原话、规划消费者原话；同时，品牌资产就是品牌的内容。比如，华与华公司的品牌资产，包括但不限于华与华（名称及标识），华杉、华楠兄弟两人的照片，机场和飞机上有广告，田七、三精蓝瓶、西贝莜面村、蜜雪冰城等经典案例，超级符号理论与实务，华与华百万创意大奖赛，"不投标、不比稿"，以及品牌设计展等。而正是这些品牌资产，构成了华与华这个品牌。

总之，超级符号为品牌建构和营销传播提供了一个全局、系统的理论框架和操作方法，即从文化母体、语词、图像、媒介和资产五个方面来极大地降低品牌传播成本，充分地放大品牌传播能量，并不断积累品牌资产，同时通过应用于企业与品牌的各个运作环节，如产品开发、传播创意、品牌建构、企业战略等层面，形成超级创意、超级产品、超级品牌、超级企业。

参考文献

第一章　超级符号：品牌传播的符号系统

1. 克劳德·霍普金斯.科学的广告 & 我的广告生涯 [M].长春：北方妇女儿童出版社，2016：112.

2. 张金海.20 世纪广告传播理论研究 [M].武汉：武汉大学出版社，2002：53.

3. 大卫·奥格威.一个广告人的自白 [M].北京：中国友谊出版社，1991：87.

4. Charles H.Sandage, Advertising as a social force:Selected speeches and essays, Stipes Publication(1998) 转引自 Anne C.Osboren,Jet I.Richards & Billy I.Ross 崔彤彦译，《当代广告教育的发展趋势分析》,《广告大观》理论版 [J].2006（3）：58.

5. 华杉，华楠.超级符号就是超级创意 [M].南京：江苏凤凰文艺出版社，2019：16.

6. 胡明扬.西方语言学名著选读 [M].北京：中国人民大学出版社，1988：86.

7. 查尔斯·莫里斯.指号、语言和行为 [M].上海：上海人民出版社，1989：116.

8. 威尔伯·施拉姆，何道宽译．传播学概论 [M]．北京：中国人民大学出版社，2010：47.

9. 刘志斌．媒介即讯息：麦克卢汉媒介思想浅析 [J]．理论界，2010（6）：165.

10. 曼昆．经济学原理：微观经济学分册 [M]．梁小民等，译．北京：北京大学出版社，2015：359–362.

11. 华杉，华楠．超级符号就是超级创意 [M]．南京：江苏凤凰文艺出版社，2019：2–5.

12. 特伦斯·霍克斯．结构主义和符号学 [M]．瞿铁鹏，译．上海：上海译文出版社，1987：139.

13. 吴文虎．广告的符号世界 [M]．广州：广州出版社，1997：32.

14. 爱德华·萨皮尔．语言论：言语研究导论 [M]．北京：商务印书馆，1985：15–22.

15. 胡易容．论完美符号："普天同文"的理论构想与传播机制 [J]．国际新闻界，2013（6）：40–46.

16. 米兰达·布鲁斯·米特福德，菲利普·威尔金森．符号与象征 [M]．北京：生活·读书·新知三联书店，2014：310.

17. 沃尔特·D·斯科特．广告心理学 [M]．北京：中国发展出版社，2004：1.

18. 彭冉龄．行为主义的兴起、演变和没落 [J]．北京师范大学学报，1984（3）：15–39.

19. 郭本禹，修巧燕．行为的调控：行为主义心理学 [M]．济南：山东教育出版社，2009：60.

20. 郭本禹，修巧燕．行为的调控：行为主义心理学 [M]．济南：山东教育出版社，2009：44.

21. 郝敬习．弗洛伊德精神分析理论及其人性观 [J]．湖州师范学院学报，2009（6）：59–62.

22. 安东尼·史蒂文斯.两百万岁的自性[M].北京：北京师范大学出版社，2014：11–12.

23. 约兰德·雅各比.荣格心理学[M].北京：生活·读书·新知三联书店，2018：113.

24. 华杉，华楠.超级符号就是超级创意[M].南京：江苏凤凰文艺出版社，2019：1.

25. 华杉，华楠.超级符号就是超级创意[M].南京：江苏凤凰文艺出版社，2019：52.

26. 华杉，华楠.超级符号就是超级创意[M].南京：江苏凤凰文艺出版社，2019：77–78.

27. 居伊·德波.景观社会[M].张新木，译.南京：南京大学出版社，2017：4.

28. 道格拉斯·凯尔纳.波德里亚：一个批判性读本[M].陈振维，译.南京：江苏人民出版社，2008：12.

第二章　文化母体：超级符号的创意来源

29. 汤姆·狄龙.怎样创作广告[M].北京：中国友谊出版公司，1991：188.

30. 《独家揭秘微信红包前传》，techweb科技网站，2014-02-20。

31. 《除夕夜微信红包收发10亿次》，中国日报网，2015-02-19。

32. 菲利普·科特勒.营销管理[M].上海：上海人民出版社，2003：176.

33. 德鲁·埃里克·惠特曼.吸金广告[M].南京：江苏人民出版社，2014：3-7.

34. 华杉，华楠.超级符号原理[M].上海：文汇出版社，2019：6-8.

35. 华杉，华楠.超级符号原理[M].上海：文汇出版社，2019：9.

36. 程太和.《民国"新生活运动"下的春节》，《江海晚报》，2021-03，

http://www.zgnt.net/jhwbszb/pc/c/202103/03/content_52153.html.

37. 华杉，华楠.超级符号原理 [M].上海：文汇出版社，2019：16.

38. （法）费尔南·布罗代尔.15 至 18 世纪的物质文明、经济和资本主义 [M].北京：生活·读书·新知三联书店，2002：18.

39. 《〈恭喜发财〉是中国第一新年 BGM》，百度百科 TA 说，2017–11–05.

40. 华杉，华楠.超级符号原理 [M].上海：文汇出版社，2019：7.

41. 戴维·斯沃茨.文化与权力：布尔迪厄的社会学 [M].上海：上海译文出版社，2012：116.

42. 爱德华·泰勒.原始文化 [M].桂林：广西师范大学出版社，2005：1.

43. 华杉，华楠.超级符号原理 [M].上海：文汇出版社，2019：7.

44. 华杉，华楠.超级符号原理 [M].上海：文汇出版社，2019：22.

45. 华杉，华楠.超级符号就是超级创意 [M].南京：江苏凤凰文艺出版社，2019：57–58.

46. 华杉，华楠.超级符号就是超级创意 [M].南京：江苏凤凰文艺出版社，2019：32.

47. 华杉，华楠.超级符号原理 [M].上海：文汇出版社，2019：28.

48. 刘润.《为什么我说他们是把代码植进人脑的"营销黑客"？》，豆瓣网，https://book.douban.com/review/10198395/，2019–05–23.

49. 玛格丽特·马克，卡罗·皮尔森.很久很久以前：以神话原型打造深植人心的品牌 [M].北京：商务印书馆，2003：3.

50. 卡尔·荣格.人类及其象征 [M].沈阳：辽宁教育出版社，1988：302.

51. 华杉，华楠.超级符号就是超级创意 [M].上海：文汇出版社，2019：23.

52. 叶舒宪，章米力，柳倩月.文化符号学——大小传统新视野 [M].西安：陕西师范大学出版社，2018：8.

53. 叶舒宪，章米力，柳倩月.文化符号学——大小传统新视野 [M].西安：陕西师范大学出版社，2018：10.

54. 保罗·杜盖伊，斯图尔特·霍尔，琳达·简斯，休·麦凯，基思·尼格斯. 做文化研究 [M]. 霍炜，译. 北京：商务印书馆，2005：12.

55. 提伯尔·西托夫斯基. 无快乐的经济 —— 人类获得满足的心理学 [M]. 北京：中国人民大学出版社，2008：31.

56. 华杉，华楠. 超级符号原理 [M]. 上海：文汇出版社，2019：49–51.

57. 华杉，华楠. 超级符号原理 [M]. 上海：文汇出版社，2019：21.

58. 《华楠：文化母体的四重境界》，华与华微信公众号。

59. 《加缪代表作〈局外人〉爆火》，南报网，2019 年 11 月 5 日。

60. 华杉，华楠. 超级符号原理 [M]. 上海：文汇出版社，2019：28.

61. 华杉，华楠. 超级符号原理 [M]. 上海：文汇出版社，2019：31.

62. 《新东方老师好：新东方品牌的聚焦之路！| 华与华百万创意大奖案例 3》，https://zhuanlan.zhihu.com/p/91802968

第三章　品牌语词：超级符号的语言技术

63. 郭庆光. 传播学概论 [M]. 北京：中国人民大学出版社，1999：28.

64. 阿尔伯特·拉斯克尔. 拉斯克尔的广告历程 [M]. 北京：新华出版社，1998：2.

65. 罗瑟·瑞夫斯. 实效的广告：达彼思广告公司经营哲学 USP[M]. 呼和浩特：内蒙古人民出版社，1999：202.

66. 克劳德·霍普金斯. 科学的广告 & 我的广告生涯 [M]. 长春：北方妇女儿童出版社，2016：112.

67. 大卫·奥格威. 一个广告人的自白 [M]. 北京：中信出版社，2015：161.

68. 马丁·海德格尔. 在通往语言途中 [M]. 北京：商务印书馆，2015：147.

69. 刘继超，曹春霞，刘如松. 修辞知识和运用 [M]. 北京：商务印书馆国际有限公司，2020：2.

70. 萨姆瓦．跨文化传通 [M]．北京：生活·读书·新知三联书店，1988：235.

71. 李彬．传播符号论 [M]．北京：清华大学出版社，2012：14.

72. 马丁·海德格尔．在通往语言途中 [M]．北京：商务印书馆，2015：1.

73. 华杉，华楠．华与华方法 [M]．上海：文汇出版社，2020：67.

74. 华杉，华楠．超级符号就是超级创意 [M]．南京：江苏凤凰文艺出版社，2019：60.

75. 沃尔特·翁．口语文化与书面文化：语词的技术化 [M]．北京：北京大学出版社，2008：1.

76. 埃利亚斯．符号理论 [M]．北京：商务印书馆，2018.

77. 怀特海．思维方式 [M]．北京：商务印书馆，2004.

78. 爱德华·伯内斯．宣传 [M]．北京：中国传媒大学出版社，2014：16–17.

79. 巫鸿．物尽其用：老百姓的当代艺术 [M]．上海：上海人民出版社，2011：9.

80. 杨玉成．奥斯汀：语言现象学与哲学 [M]．北京：商务印书馆，2002：54–56.

81. 克劳德·霍普金斯．科学的广告 & 我的广告生涯 [M]．长春：北方妇女儿童出版社，2016：87–88.

82. 华杉，华楠．超级符号就是超级创意 [M]．南京：江苏凤凰文艺出版社，2019：124.

83. 戴维·刘易斯．心理学家的营销术 [M]．广州：广东人民出版社，2015：48.

84. 大卫·奥格威．一个广告人的自白 [M]．北京：中信出版社，2015：137.

85. 沃尔特·翁．口语文化与书面文化：语词的技术化 [M]．北京：北京大学出版社，2008：17.

86. 华杉，华楠 . 超级符号就是超级创意 [M]. 南京：江苏凤凰文艺出版社，2019：66.

87. 沃尔特·翁 . 口语文化与书面文化：语词的技术化 [M]. 北京：北京大学出版社，2008：25-26.

88. 刘继超，曹春霞，刘如松 . 修辞知识和运用 [M]. 北京：商务印书馆国际有限公司，2020：87-91.

89.《购买理由是三个要素的博弈》，贺绩，华与华公众号。

90. 胡翼青，高小燕 . 论广告创意的神话 . 新闻大学 [J].2011（2）：74-78.

91. 滕咸惠 . 论王夫之诗论之贡献 . 山东大学学报（哲学社科版）[J].1990（2）：21-28.

92. 吴兴明 . 设计哲学论 [M]. 上海：上海人民出版社，2021：53.

93. 华杉，华楠 . 超级符号就是超级创意 [M]. 南京：江苏凤凰文艺出版社，2019：68.

94. 大卫·奥格威 . 一个广告人的自白 [M]. 北京：中信出版社，2015：37.

第四章　品牌图形：超级符号的图像方法

95. 杰尔布 . 文字史 [M]. 巴黎：弗拉马里翁出版社，1973. 转引自：（法）玛蒂娜·乔丽 . 图像分析 [M]. 天津：天津人民出版社，2012：6.

96. 克劳德·霍普金斯 . 科学的广告学 [M]. 上海：上海文化出版社，2019：65-66.

97. 克劳德·霍普金斯 . 科学的广告学 [M]. 上海：上海文化出版社，2019：67.

98. 威廉·伯恩巴克曾提出，"创意是广告的灵魂，是将广告赋予精神和生命的活动"。李世丁 . 广告创意 [M]. 广州：广东旅游出版社，1997：1.

99. 胡翼青，高小燕 . 论广告创意的神话 [J]. 新闻大学，2011（2）：74-78，88.

100. 卢泰宏，李世丁 . 广告创意：个案与理论 [M]. 广州：广东旅游出版社，1997：1.

101. 一 . design[EB/OL]. https://www.etymonline.com/word/design，2021-09-26.

102. 华杉，华楠 . 华与华超级符号案例集 [M]. 南京：江苏凤凰文艺出版社，2020：150.

103. 大卫·奥格威 . 一个广告人的自白（纪念版）[M]. 北京：中信出版社，2015：176.

104. 叔本华 . 叔本华思想随笔 [M]. 上海：上海人民出版社，2008.

105. 胡易容 . 图像符号学：传媒景观世界的图式把握 [M]. 成都：四川大学出版社，2014：32.

106. 贾永红 . 数字图像处理 [M]. 武汉：武汉大学出版社，2003：1. 转引自：胡易容 . 图像符号学：传媒景观世界的图式把握 [M]. 成都：四川大学出版社，2014：27.

107. 胡易容 . 图像符号学：传媒景观世界的图式把握 [M]. 成都：四川大学出版社，2014：28.

108. 曹方 . 视觉传达设计原理 [M]. 南京：江苏美术出版社，2005：7.

109. 高源 . 色彩与音乐的交融——论康定斯基的抽象绘画艺术 [J]. 科技信息，2012（12）：295-296.

110. 鲁道夫·阿恩海姆 . 视觉思维：审美直觉心理学 [M]. 成都：四川大学出版社，1998：47.

111. 鲁道夫·阿恩海姆 . 视觉思维：审美直觉心理学 [M]. 成都：四川大学出版社，1998：24.

112. 曹方 . 视觉传达设计原理 [M]. 南京：江苏美术出版社，2005：

64–65.

113. 丁宁 . 美术心理学 [M]. 哈尔滨：黑龙江美术出版社，2000：172–176. 转引自：曹方 . 视觉传达设计原理 [M]. 南京：江苏美术出版社，2005：62–63.

114. 陈毓芬 . 心象地图及其在地图设计中的作用 [J]. 解放军测绘学院学报，1995（12）：290–293.

115. Ehsan Shaghasemi & D. Ray Heisey. The Cross-Cultural Schemata of Iranian-American People Toward Each Other: A Qualitative Approach[J]. Intercultural Commnications Studies，2009（1）：143–146. 转引自：陈喜贝，刘明东 . 文化图式理论研究综述 [J]. 湖南第一师范学院学报，2011（6）：125–130.

116. 刘涛 . 视觉修辞学 [M]. 北京：北京大学出版社，2021：205.

117. （美）鲁道夫·阿恩海姆 . 艺术与视知觉 [M]. 成都：四川人民出版社，1998：54.

118. （美）鲁道夫·阿恩海姆 . 视觉思维 [M]. 成都：四川人民出版社，2019：123.

119. 刘涛 . 视觉修辞学 [M]. 北京：北京大学出版社，2021：222.

120. 韩丛耀 . 图像：一种后符号学的再发现 [M]. 南京：南京大学出版社，2008：115.

121. 费迪南·德·索绪尔 . 普通语言学教程 [M]. 北京：商务印书馆，1980：106.

122. 韩丛耀 . 图像：一种后符号学的再发现 [M]. 南京：南京大学出版社，2008：30.

123. （美）鲁道夫·阿恩海姆 . 视觉思维 [M]. 成都：四川人民出版社，2019：289.

124. （美）鲁道夫·阿恩海姆 . 视觉思维 [M]. 成都：四川人民出版社，2019：26.

125. 费迪南·德·索绪尔.普通语言学教程 [M].北京：商务印书馆，1980：104–105.

126. 费迪南·德·索绪尔.普通语言学教程 [M].北京：商务印书馆，1980：102–103.

127. 费迪南·德·索绪尔.索绪尔第三次普通语言学教程 [M].上海：上海人民出版社，2007：87.转引自：赵毅衡.符号学原理与推演（修订本 [M].南京：南京大学出版社，2016：64.

128. Ferdinand de Saussure, Course in General Linguisitics[M]. New York: McGraw-Hill, 1969: 65.转引自：赵毅衡.符号学原理与推演（修订本）[M].南京：南京大学出版社，2016：64.

129. 胡易容.图像符号学：传媒景观世界的图式把握 [M].成都：四川大学出版社，2014：7.

130. 高名凯，石安石.语言学概论（第 2 版）[M].北京：中华书局，1987：12.

131. Bertram D. Lewin: La vie dure de L'image, Jean-Paul Demoule: Ces images sans paroles, Nouvelle Revue de psychanalyse.转引自：韩从耀.图像：一种后符号学的再发现 [M].南京：南京大学出版社，2008：220.

132. 曹念明.文字哲学 [M].成都：巴蜀书社，2006：28–29.转引自：郑也夫.文字的起源 [J].北京社会科学，2014（10）：4–34.

133. B.A.伊斯特林.文字的产生和发展 [M].北京：北京大学出版社，1987：110.转引自：李葆嘉.人类文字起源多元发生论 [J].解放军外语学院学报，1995（6）：6–11.

134. 刘又辛.论假借 [C].刘又辛.文字训诂论集.北京：中华书局，1993：？.转引自：郑也夫.文字的起源 [J].北京社会科学，2014（10）：4–34.

135. 胡易容.图像符号学：传媒景观世界的图式把握 [M].成都：四川

大学出版社，2014：75.

136. 大卫·萨克斯.伟大的字母：从 A 到 Z，字母表的辉煌历史 [M].
广州：花城出版社，2008：9.

137. 郭东.论拉丁字母的符号象征性：从埃及文字、腓尼基字母、希腊
字母说起 [J].中外文论，2016（2）：147–158.

138. 鲁道夫·阿恩海姆.视觉思维 [M].成都：四川人民出版社，
2019：175.

139. W.J.T. 米切尔.文字与图像 [J].新美术，2007（4）：13–20.

140. 让－弗朗索瓦·利奥塔.话语，图形 [M].上海：上海人民出版
社，2012：255.转引自：刘涛.视觉修辞学 [M].北京：北京大学出版
社，2021：76.

141. 韩丛耀.图像：一种后符号学的再发现 [M].南京：南京大学出版
社，2008：7.

142. 周永明.原型论 [J].文艺研究，1987（05）：111–122.

143. 曹方.视觉传达设计原理 [M].南京：江苏美术出版社，2005：61.

144. 陈毓芬.心象地图及其在地图设计中的作用 [J].解放军测绘学院学
报，1995（12）：290–293.

145. （美）鲁道夫·阿恩海姆.视觉思维 [M].成都：四川人民出版
社，2019：120.

146. （美）鲁道夫·阿恩海姆.视觉思维 [M].成都：四川人民出版
社，2019：118–119.

147. 王楠.视觉图像的心理规律初探：从阿恩海姆的"图"到贡布里希
的"图式"[D].上海：上海师范大学出版社，2010：25.

148. 刘涛.视觉修辞学 [M].北京：北京大学出版社，2021：211.

149. 卡尔·荣格.人类及其象征 [M].沈阳：辽宁教育出版社，
1988：220.

150. 王楠.视觉图像的心理规律初探：从阿恩海姆的"图"到贡布里希

的"图式"[D]. 上海：上海师范大学出版社，2010：26.

151. 王霄冰. 文字、仪式与文化记忆 [J]. 江西社会科学，2007（2）：237-244.

152. 列维·布留尔. 原始思维 [M]. 北京：商务印书馆，1981：41.

153. 刘志雄，杨静荣. 龙与中国文化 [M]. 北京：人民出版社，1992：54-55.

154. 刘志雄，杨静荣. 龙与中国文化 [M]. 北京：人民出版社，1992：1.

155. 刘志雄，杨静荣. 龙与中国文化 [M]. 北京：人民出版社，1992：65.

156. 刘志雄，杨静荣. 龙与中国文化 [M]. 北京：人民出版社，1992：286.

157. 周宪. 审美现代性批判 [M]. 北京：商务印书馆，2005：157.

158. 北京大学哲学系美学教研室. 西方美学家论美和美感 [M]. 北京：商务印书馆，1980：19.

159. 曹方. 视觉传达设计原理 [M]. 南京：江苏美术出版社，2005：434.

160. 姜庆国. 信息论美学初探 [A]. 钱学森，刘再复. 文艺学－美学与现代科学 [C]. 北京：中国社会科学出版社，1986：491.

161. 林崇宏. 设计·美学与文化 [J]. 创意与设计，2015（01）：39.

162. Leech, Geoffrey N. Semantics[M]. Harmondsworth: Penguin，1974：2. 转引自：刘畅. 莫里斯符号学理论关照下的广告符号研究 [D]. 哈尔滨：黑龙江大学出版社，2016：44-45.

163. 周利群. 论标志设计中汉字的艺术特征 [J]. 包装工程，2006，27（2）：251.

164. 周爱民，苏建宁，阎树田. 基于视知觉图底理论的产品造型设计方法研究 [J]. 中国包装，2013（4）：43-46.

165. 邹智勇，程平. 图形——背景理论十年应用研究探析 [J]. 合肥工业大学学报（社会科学版），2013（5）：67-72.

166. 胡易容 . 图像符号学：传媒景观世界的图式把握 [M]. 成都：四川大学出版社，2014：27.

167. 周永明 . 原型论 [J]. 文艺研究，1987（05）：111-122.

168. 华杉，华楠 . 超级符号就是超级创意 [M]. 南京：江苏凤凰文艺出版社，2019：1.

169. 叶舒宪 . 文化文本的 N 级编码论——从"大传统"到"小传统"的整体解读方略 [J]. 白色学院学报，2013（1）：1-7.

170. 叶舒宪 . 玉兔神话的原型解读——文化符号学的 N 级编码视角 [J]. 民族艺术，2014（2）：32-37+44.

171. 杨晓燕 . 美国人的西部情结与万宝路牛仔形象的成功 [J]. 湖南科技学院学报，2015（12）：47-48.

172. 李青 . 略论美国历史上的牛仔与牛仔文化 [J]. 杭州师范学院学报（社会科学版），2004（1）：89-92，98.

173. 周钢 . 美国西部牛仔研究 [M]. 北京：人民出版社，2018：266.

174. 杜可富 . 牛仔神话：美国文化的表征 [J]. 安徽教育学院学报，2001（1）：74-76.

175. 李军 . 美国西部牛仔和牛仔文化 [J]. 社会科学论坛，2003（6）：45-50.

176. 威廉·W. 萨维奇 . 牛仔生活—重建美国神话 [M]. 俄克拉何马大学出版社，1987：5. 转引自：李军 . 美国西部牛仔和牛仔文化 [J]. 社会科学论坛，2003（6）：45-50.

177. 库尔特·考夫卡 . 格式塔心理学原理 [M]. 杭州：浙江教育出版社，1997：14-15.

178. 华杉，华楠 . 超级符号就是超级创意 [M]. 南京：江苏凤凰文艺出版社，2019：42.

179. —. Burberry 格纹 [EB/OL]. https://cn.burberry.com/the--burberry-check/，2021-10-21.

180. 华杉，华楠.超级符号就是超级创意 [M].南京：江苏凤凰文艺出版社，2019：42.

181. 王甦，汪安圣.认知心理学 [M].北京：北京大学出版社，1992：35.

182. 王甦，汪安圣.认知心理学 [M].北京：北京大学出版社，1992：36.

183. （美）玛格丽特·马特林.认知心理学：理论、研究和应用 [M].北京：机械工业出版社，2016：121.

184. Rosch, E. H. & Mervis, C. B. Family resemblance: Studies in the internal structure of categories. Cognitive Psychology，1975（7）：573–605.

185. 华杉，华楠.华与华方法 [M].上海：文汇出版社，2020：120.

186. 赵毅衡.符号学原理与推演（修订本）[M].南京：南京大学出版社，2016：2–3.

187. 胡易容.图像符号学：传媒景观世界的图式把握 [M].成都：四川大学出版社，2014：7.

188. 胡易容.图像符号学：传媒景观世界的图式把握 [M].成都：四川大学出版社，2014：38.

189. 赵毅衡.符号学原理与推演（修订版）[M].南京：南京大学出版社，2016：49.

190. —.湖南卫视台标含义湖南卫视标志变迁史及 logo 设计理念说明 [EB/OL].https://www.colostar.cn/5545.html?ivk_sa=1024320u，2021–08–27.

191. 赵毅衡.符号学原理与推演（修订版）[M].南京：南京大学出版社，2016：51.

192. 裘禾敏.《图像理论》核心术语 ekprasis 汉译探究 [J].中国翻译，2017（2）：87–92.

193. 胡易容.图像符号学：传媒景观世界的图式把握 [M].成都：四川大学出版社，2014：96.

194. 胡易容 . 符号修辞视域下的"图像化"再现——符象化的传统意涵与现代演绎 [J]. 福建师范大学学报（哲学社会科学版），2013（1）：57-63.

195. 华杉，华楠 . 超级符号就是超级创意 [M]. 南京：江苏凤凰文艺出版社，2019：25.

196. 周永明 . 原型论 [J]. 文艺研究，1987（05）：111-122.

197. 荣格 . 论分析心理学与诗的关系 [M]. 叶舒宪 . 神话 – 原型批评 [M]. 西安：陕西师范大学出版社，1987：101. 转引自：唐卉 . 从神话到品牌图腾——解读《很久很久以前》的文学人类学意蕴 [J]. 江西社会科学，2005（10）：34-37.

198. 周永明 . 原型论 [J]. 文艺研究，1987（05）：111-122.

199. 一 . 老干妈 2020 年实现销售收入超 54 亿元再创历史新高 [EB/OL].https://baijiahao.baidu.com/s?id=1692448897137069120&wfr=spider&for=pc，2021-02-03.

200. 郝北海 . 老干妈：一代商业传奇背后的奇特营销模式 [EB/OL].https://www.sohu.com/a/212701771_117373，2017-12-15.

201. 一 . 老干妈换新 logo 了？ [EB/OL].https://www.sohu.com/a/406429271_120181874，2020-07-08.

202. 唐卉 . 从神话到品牌图腾——解读《很久很久以前》的文学人类学意蕴 [J]. 江西社会科学，2005（10）：34-37.

203. 玛格丽特·马克，卡罗·皮尔森 . 很久很久以前：以神话原型打造深植人心的品牌 [M]. 汕头：汕头大学出版社，2003：39-40.

204. 卡尔·荣格 . 人类及其象征 [M]. 沈阳：辽宁教育出版社，1988：220.

205. Zhangjianru. 奥迪四个圈是怎么来的 [EB/OL].https://www.chinapp.com/gushi/183369，2019-05-29.

206. 胡绮 . 信息图形设计历史研究综述 [J]. 设计艺术研究，2018（3）：40-45，60.

207. Jean-Paul Sartre. Nausea[M]. New York: Atheneum，1978：4. 转引自：赵毅衡 . 广义叙述分类的一个尝试 [J]. 文艺研究，2014（7）：5–11.

208. 赵毅衡 . 符号学原理与推演（修订本）[M]. 南京：南京大学出版社，2016：143.

209. 一. 天猫（Tmall.com）2012 logo 及形象全球征集英雄帖 [EB/OL]. https://www.cnbeta.com/articles/deep/169009.htm，2012–01–11.

210. 艾媒网 . 淘宝商城正式更名为"天猫"网友大呼伤不起 [EB/OL]. https://www.iimedia.cn/c460/24434.html，2012–01–12.

211. willem. 天猫 logo 诠释下的购物标准 [EB/OL].https://www.rologo.com/tmall-new-logo-and-mascot.html，2021–09–14.

212. 申志民 . 中国人民银行：百元跪拜猫系战国漆器图案 [EB//OL]. http://collection.sina.com.cn/qbtd/20120208/075555035.shtml，2012–02–08.

213. 赵毅衡 . 符号学原理与推演（修订本）[M]. 南京：南京大学出版社，2016：140.

214. 熊铮铮 . 伴随文本对标志符号生成与解释的影响——以奥运会徽为例 [J]. 新闻大学，2016（6）：125–134，152.

215. HERVE. 苹果标志的真实含义是什么？ [EB/OL].https://www.zhihu.com/question/20233640/answer/16391342，2013–03–15.

216. 一. 苹果 logo（符号标志含义）[EB/OL].https://www.shijuepi.com/zixun/2136.html，2020–11–05.

217. HERVE. 苹果标志的真实含义是什么？ [EB/OL].https://www.zhihu.com/question/20233640/answer/16391342，2013–03–15.

218. 一. 苹果的 logo 上为什么会有个缺口？ [EB/OL].https://kuaibao.qq.com/s/20191013A0KGU400?refer=spider&ivk_sa=1024320u，2019–10–13.

219. 陈力丹. 传播是信息的传递，还是一种仪式？——关于传播"传递观"与"仪式观"的讨论 [J]. 国际新闻界，2008（8）：44-49.

220. Grimes, Ronald. *Beginnings in Ritual Studies*[M]. Columbia, S.C.: University of South Carolina Press，1995：41-42. 转引自：薛艺兵. 对仪式现象的人类学解释（上）[J]. 广西民族研究，2003（2）：26-33.

221. 薛艺兵. 对仪式现象的人类学解释（上）[J]. 广西民族研究，2003（2）：26-33.

222. Geertz, Clifford. *The Interpretation of Cultures: Selected Essays*[M]. New York: Basic Books，1973：113. 转引自：薛艺兵. 对仪式现象的人类学解释（上）[J]. 广西民族研究，2003（2）：26-33.

223. Edgra A. & P. Sedgwick (eds.). *Cultural Theory: The Key Concepts.* [M] London and New York: Routledge，2008：298.

224. 尚瑞花，张新萍. 美国大学"吉祥物"的文化内涵及价值实现——基于符号学原理的解读 [J]. 中国学校体育，2014（2）：7-11.

225. 乔治·桑塔耶纳. 美感 [M]. 北京：中国社会科学出版社，1982：9. 转引自：沈利华，钱玉莲. 吉祥物论 [J]. 东南文化，1996（3）：73-78.

226. 华杉，华楠. 超级符号就是超级创意 [M]. 南京：江苏凤凰文艺出版社，2019：125.

227. 一. 走进葵花 [EB/OL].http://www.kuihuayaoye.com/about-n.php，2021-9-22.

228. 社会跑腿哥. 足坛上经典的 5 个庆祝动作，满满的回忆，最后一个绝对霸气 [J].https://baijiahao.baidu.com/s?id=1623984306418596145&wfr=spider&for=pc，2019-02-01.

229. 一. Who is the Pillsbury Doughboy[EB/OL]. https://www.iiiff.com/article/330187，2020-07-18.

230. Pillsbury Kitchens. How Well Do You Know the Pillsbury Doughboy?[EB/OL]. https://www.pillsbury.com/doughboy，2016-11-08.

231. 李小霞 ."丑出天际"冰墩墩：一只冰糖熊猫的逆袭 [EB/OL]. https://baijiahao.baidu.com/s?id=1724612776933156942&wfr=spider&for=pc，2022-02-14.

232. 张美静 . 人际传播的符号回归——网络表情符号 Emoji 在社交媒体爆红的因素分析 [J]. 新闻爱好者，2015（12）：47-51.

第五章　品牌播传：超级符号的媒介逻辑

233. 丁俊杰，康瑾 . 现代广告通论 [M]. 北京：中国传媒大学出版社，2013：158.

234. 林文刚 . 媒介环境学：思想沿革与多维视野 [M]. 北京：大百科全书出版社，2019：3.

235. 马歇尔·麦克卢汉 . 理解媒介：论人的延伸 [M]. 南京：译林出版社，2011：67.

236. 王怡红 . 传播学发展 30 年历史阶段考察 . 新闻与传播研究 [J].2009（5）：7-21.

237. 郭庆光 . 传播学概论 [M]. 北京：中国人民大学出版社，1999：81.

238. 华杉，华楠 . 超级符号就是超级创意 [M]. 南京：江苏凤凰文艺出版社，2019：34.

239. 丁俊杰，康瑾 . 现代广告通论 [M]. 北京：中国传媒大学出版社，2013：159.

240. 胡翼青 . 再度发言：论社会学芝加哥学派传播思想 [M]. 北京：大百科全书出版社，2007：135.

241. 威廉·阿伦斯. 当代广告学 [M]. 北京：人民邮电出版社，2006：349.

242. 马歇尔·麦克卢汉. 理解媒介：论人的延伸 [M]. 南京：译林出版社，2011：259.

243. 尼尔·波兹曼. 娱乐至死 [M]. 桂林：广西师范大学出版社，2004：12.

244. 马歇尔·麦克卢汉. 理解媒介：论人的延伸 [M]. 南京：译林出版社，2011：111.

245. 罗瑟·瑞夫斯. 实效的广告 [M]. 呼和浩特：内蒙古人民出版社，1999：43.

246. 胡翼青. 再度发言：论社会学芝加哥学派传播思想 [M]. 北京：大百科全书出版社，2007：103.

247. 华杉，华楠. 华与华方法 [M]. 上海：文汇出版社，2020：218.

248. 亨利·福特. 超级产品的本质 [M]. 南京：江苏文艺出版社，2012：27.

249. 华杉，华楠. 超级符号就是超级创意 [M]. 南京：江苏凤凰文艺出版社，2019：199–217.

250. 胡翼青. 再度发言：论社会学芝加哥学派传播思想 [M]. 北京：大百科全书出版社，2007：85.

251. 胡翼青. 再度发言：论社会学芝加哥学派传播思想 [M]. 北京：大百科全书出版社，2007：86.

252. 胡翼青. 再度发言：论社会学芝加哥学派传播思想 [M]. 北京：大百科全书出版社，2007：87.

253. 《祝贺！你成为〈时代周刊〉的“年度人物”》，中国新闻网，2006–12–17。

254. 周鸿雁. 隐藏的维度：詹姆斯·凯瑞仪式传播思想研究 [M]. 北京：中国大百科全书出版社，2012：81.

255. 丁俊杰，康瑾. 现代广告通论 [M]. 北京：中国传媒大学出版社，

2013: 163.

256. 丁俊杰，康瑾. 现代广告通论 [M]. 北京：中国传媒大学出版社，
2013: 169.

257. 曼昆. 经济学原理（微观经济学分册）[M]. 北京：北京大学出版
社，2015: 361.

258. 华杉，华楠. 华与华方法 [M]. 上海：文汇出版社，2020: 199.

259. 华杉，华楠. 华与华方法 [M]. 上海：文汇出版社，2020: 207.

260. 艾丽丝·泰伯特，蒂姆·卡尔金斯. 凯洛格品牌论 [M]. 北京：人
民邮电出版社，2006: 5.

261. 罗瑟·瑞夫斯. 实效的广告 [M]. 呼和浩特：内蒙古人民出版社，
1999: 49.

第六章　品牌资产：超级符号的价值实现

262. 胡晓云. "品牌"定义新论 [J]. 品牌研究，2016（2）：26–32，78.

263. 里克·莱兹伯斯，巴斯·齐斯特，格特·库茨特拉. 品牌管理 [M].
北京：机械工业出版社，2005: 6.

264. Keller, K.L. Conceptualizing, Measuring, and Managing Customer-
Based Brand Equity[J]. *Journal of Marketing*，1993，57（1）：1–22.

265. 凯文·莱恩·凯勒. 战略品牌管理（第3版）[M]. 北京：中国人民
大学出版社，2009: 34.

266. Loh, Oliver. *Brand equity as customer equity driver: the differential
effect of brands on the value of the customer base and the differences between
industries*[D]. Universiteit Maastricht，2007: 3.

267. Keller, K.L. Conceptualizing, *Measuring, and Managing Customer-
Based Brand Equity*[J]. Journal of Marketing，1993，57（1）：1–22.

268. 里克·莱兹伯斯，巴斯·齐斯特，格特·库茨特拉. 品牌管理 [M]. 北京：机械工业出版社，2005：138.

269. 饶广祥. 品牌与广告：符号学叙述学分析 [M]. 成都：四川大学出版社，2020：108.

270. 赵毅衡. 符号学原理与推演（修订版）[M]. 南京：南京大学出版社，2016：95.

271. 赵星植. 论皮尔斯符号学中的传播学思想 [J]. 国际新闻界，2017（6）：87-104.

272. 林恩·阿普超. 塑造品牌特征 [M]. 北京：清华大学出版社，1999：8.

273. 胡晓云. "品牌"定义新论 [J]. 品牌研究，2016（2）：26-32，78.

274. 让·若埃尔·卡普费雷尔. 战略品牌管理（第5版）[M]. 北京：中国人民大学出版社，2019：33.

275. デービッド·アーカー著，阿久津聡译. ブランド論—無形の差別化を作る20個の基本原則 [M]. ダイヤモンド社，2014年9月24日，第一刷発行，14ページ. 转引自：胡晓云. "品牌"定义新论 [J]. 品牌研究，2016（2）：26-32，78.

276. 里克·莱兹伯斯，巴斯·齐斯特，格特·库茨特拉. 品牌管理 [M]. 北京：机械工业出版社，2005：11.

277. Farquhar, P. H. Managing brand equity[J]. *Marketing Research*, 1989（9）：24-25. 转引自：Loh, Oliver. *Brand equity as customer equity driver: the differential effect of brands on the value of the customer base and the differences between industries*[D]. Universiteit Maastricht，2007：3.

278. 凯文·莱恩·凯勒. 战略品牌管理（第3版）[M]. 北京：中国人民大学出版社，2009：第3版中文版前言.

279. 里克·莱兹伯斯，巴斯·齐斯特，格特·库茨特拉. 品牌管理 [M]. 北京：机械工业出版社，2005：139-140.

280. Sapprito B. Has-been brands go back to work[J]. *Fortune*，1986-04-28: 123. 转引自：黄合水，彭冉龄. 论品牌资产——一种认知的观点 [J]. 心理科学学报，2002（3）：350-359.

281. Crawford M. *New Products Management*[M]. Homewood, IL: Irwin，1993. 转引自：黄合水，彭冉龄. 论品牌资产——一种认知的观点 [J]. 心理科学学报，2002（3）：350-359.

282. 艾丰. 名牌战略：振兴民族经济之路——名牌论纲 [N]. 经济日报，1996-07-08. 转引自：黄合水，彭冉龄. 论品牌资产——一种认知的观点 [J]. 心理科学学报，2002（3）：350-359.

283. 李桂华. 品牌价值：评估理论与方法研究 [M]. 北京：经济管理出版社，2020：3.

284. 卢泰宏，黄胜兵，罗纪宁. 论品牌资产的定义 [J]. 中山大学学报（社会科学版），2000（4）：17-22.

285. Keller K.L., Lehmann D.R. How Do Brands Create Value?[J]. *Marketing Management*，2003，12：26-31. 转引自：王海忠. 不同品牌资产测量模式的关联性 [J]. 中山大学学报（社会科学版），2008（1）：162-168.

286. 凯文·莱恩·凯勒. 战略品牌管理（第3版）[M]. 北京：中国人民大学出版社，2009：287.

287. 黄合水. 品牌资产（上）[C]. 马谋超. 品牌科学化研究 [M]. 北京：中国市场出版社，2005：93.

288. Gersuny, C., Rosengren, W. R. *The Service Society*[M]. Cambridge, MA: Schenkman Press，1973. 转引自：张国军，陈传明. 顾客资产研究的关系视角 [J]. 中国工业经济，2006（7）:103-109.

289. 谢斯，米托. 消费者行为学：管理视角（原书第2版）[M]. 北京：机械工业出版社，2004.

290. 雷祺，刘晓梅. 浅谈 AMA 关于市场营销定义的演变 [J]. 市场营销导刊, 2009（02）: 43-46.

291. 菲利普·科特勒, 加里·阿姆斯特朗. 市场营销原理（亚洲版·原书第4版）[M]. 北京: 机械工业出版社, 2021: 4.

292. 王涛, 徐岚. 经营顾客资产 [J]. 经济管理, 2001（10）: 39-42.

293. 刘建新, 陈雪阳. 顾客资产的形成机理与增值策略 [J]. 商业经济与管理, 2005（03）: 42-49.

294. 菲利普·科特勒, 凯文·莱恩·凯勒. 营销管理（第15版）[M]. 上海: 格致出版社, 上海人民出版社, 2006: 6.

295. Lisa Keefe. Marketing Defined[N]. Marketing News, 2008-01-15: 28-29. 转引自: 菲利普·科特勒, 凯文·莱恩·凯勒. 营销管理（第15版）[M]. 上海: 格致出版社, 上海人民出版社, 2006: 6.

296. 马克思, 恩格斯. 马克思恩格斯选集（第1卷）[M]. 北京: 人民出版社, 1995: 56. 转引自: 赵家祥. 马克思关于人的本质的三个界定 [J]. 思想理论教育导刊, 2005（07）: 20-26.

297. 马克思, 恩格斯. 马克思恩格斯全集（第42卷）[M]. 北京: 人民出版社, 1979. 转引自: 赵家祥. 马克思关于人的本质的三个界定 [J]. 思想理论教育导刊, 2005（07）: 20-26.

298. 刘铁芳. 论说的教育 [J]. 教育理论与实践, 2001（10）: 1-4.

299. 一. 春秋谷梁传·僖公二十二年 [EB/OL].https://www.gdwxcn.com/article/49041.html, 2022-01-27.

300. 高名凯, 石安石. 语言学概论（第2版）[M]. 北京: 中华书局, 1987: 12-13.

301. 菲利普·科特勒, 凯文·莱恩·凯勒. 营销管理（第15版）[M]. 上海: 格致出版社, 上海人民出版社, 2006: 6.

302. 凯文·莱恩·凯勒. 战略品牌管理（第3版）[M]. 北京: 中国人民大学出版社, 2009: 51.

303. 蒋廉雄. 从单向视角到整体视角: 品牌知识研究回顾与展望 [J]. 外

国经济与管理，2008（6）：42-50.

304. Kevin Lane Keller. Brand synthesis: The multidimensionality of brand knowledge[J]. Journal of Consumer Research，2003，29（4）:34-45.

305. Keller, K.L. Brand synthesis: The multidimensionality of brand knowledge[J]. Journal of Consumer Research，2003，29（4）：595-600. 转引自：蒋廉雄 . 从单向视角到整体视角：品牌知识研究回顾与展望 [J]. 外国经济与管理，2008（6）：42-50.

306. 王海忠 . 中国消费者品牌知识结构图及其营销管理内涵 [J]. 财经问题研究，2006（12）：59-66.

307. 金吾伦，蔡仑 . 对整体论的新认识 [J]. 中国人民大学学报，2007（03）：2-9.

308. 金吾伦 . 整体论哲学在中国的复兴 [J]. 自然辩证法研究，1994（8）：3-4.

309. 黄前程 . 整体论概念的梳理与整合 [J]. 长沙理工大学学报（社会科学版），2013，28（05）：61-65.

310. 陈少华，郑雪 . 整体与部分之和——一种整体论的心理学模式 [J]. 自然辩证法研究，2000（08）：1-4，14.

311. 于伟 . 消费者品牌知识形成及后向影响机制研究 [D]. 山东大学，2008：26.

312. 于伟 . 消费者品牌知识形成及后向影响机制研究 [D]. 山东大学，2008：27.

313. 斯滕伯格（Sternberg.R.J.）. 认知心理学（第三版）[M]. 北京：中国轻工业出版社，2006：15-16.

314. 斯滕伯格（Sternberg.R.J.）. 认知心理学（第三版）[M]. 北京：中国轻工业出版社，2006：12.

315. 胡咏萍 . 桑代克教育心理学思想述评 [J]. 江西教育学院学报，1997（5）：56-58.

316. 吴新辉，袁登华．消费者品牌联想的建立与测量 [J]．心理科学进展，2009（2）：451-459．

317. 黄合水．品牌资产（上）[C]．马谋超．品牌科学化研究 [M]．北京：中国市场出版社，2005：93．

318. 华杉，华楠．超级符号就是超级创意 [M]．南京：江苏凤凰文艺出版社，2019：1．

319. 凯文·莱恩·凯勒．战略品牌管理（第3版）[M]．北京：中国人民大学出版社，2009：111．

320. 马谋超，王詠，雷莉等．品牌特质及其检测的心理学探讨——反应时技术的运用 [C]．全国广告学术研讨会，2003．

321. 雷莉，樊春雷，王詠，马谋超．反应时技术在品牌联想测查中的应用 [J]．心理学报，2004（5）：608-613．

322. Geraldine R. Henderson, Dawn Iacobucci, Booby J. Calder. Brand diagnostics: Mapping branding effects using consumer associative networks[J]. European Journal of Operational Research, 1998（2）: 306-327.

323. 牛思涌．熟语探微 [J]．郑州大学学报（哲学社会科学版），1993（3）：103-106，94．

324. 一．不想被叫"大裤衩儿"央视新楼征名遇尴尬 [EB/OL].https://ent.ifeng.com/movie/news/mainland/200811/1110_1845_869821.shtml，2008-11-10．

325. 沃尔特·翁．口语文化与书面文化：语词的技术化 [M]．北京：北京大学出版社，2008：25-26．

326. 沃尔特·翁．口语文化与书面文化：语词的技术化 [M]．北京：北京大学出版社，2008：38．

327. 华杉，华楠．华与华方法 [M]．上海：文汇出版社，2020：153-154．

328. 财经先声．曾"砸"60亿打广告，巨亏40亿后，被18亿贱卖的

矿泉水，咋样了？[EB/OL].https://baijiahao.baidu.com/s?id=1700
645836649364909&wfr=spider&for=pc，2021-05-24.

329. VOGUE服饰与美容."人头马一开／人生更多彩"Rémy Martin
人头马推出全新品牌概念[EB/OL].https://baijiahao.baidu.com/s?id=
1589264635246309171&wfr=spider&for=pc，2018-01-11.

330. 一.销量首次超越红牛！今天，东鹏特饮交出上市后首
份年报[EB/OL].http://app.myzaker.com/news/article.
php?pk=621cdb428e9f091352649f2f，2022-02-28.

331. 华杉，华楠.华与华方法[M].上海：文汇出版社，2020：152.

332. 华杉，华楠.华与华方法[M].上海：文汇出版社，2020：156.

333. 同花顺财经.儿童用药市场超1500亿葵花药业抢先发力未来五年
布局三大品类[EB/OL].https://baijiahao.baidu.com/s?id=1638108
521242338809&wfr=spider&for=pc，2019-07-04.

334. 一.药届新星"小葵花露"——挖掘其背后的成功秘密[EB/OL].
https://www.sohu.com/a/298588429_377305，2019-03-02.